Analysis of Modern Current Business · Economy

현대시사 경영 · 경제분석

이 재 기 저

청목출판사

머리말

세계경제는 2009년에 국제금융시장 불안정, 미국경제의 침체에 따른 파급효과, 국제원자재 가격의 불안정 등 위험요인이 복합적으로 작용하면서 성장률이 최저수준에 이를 것으로 예상된다. 중국, 인도 등 주요 신흥국의 성장세 유지가 세계경제 성장의 관건이 될 것으로 보이며 미국의 경기침체(recession)가 장기화될 경우 일본, 유럽연합(EU)은 물론 신흥국을 포함한 세계경제의 동반 침체 가능성을 배제할 수 없다.

국제금융시장은 서브프라임 모기지(subprime mortgage, 비우량 주택담보대출) 사태 및 그 전개방향에 큰 영향을 받는 가운데 금융시장의 불확실성(uncertainty of financial market)으로 인해 환율, 주가 등의 변동성 확대가 지속될 것으로 보인다. 국제통상환경의 경우 도하개발아젠다(DDA) 협상은 협상진전에 결정적 역할을 하는 농업 및 NAMA 분야 핵심쟁점에 대해 주요 국가간 입장차이가 큰 상황에서 세계 각국이 경쟁력(competitiveness) 강화 및 자원 확보 등의 수단으로 자유무역협정(FTA) 정책에 비중을 두고 있어 당분간 각국의 활발한 FTA 추진이 지속될 것으로 전망된다.

본서는 급변하는 세계경제 및 경영환경 하에서 시사경영 및 시사경제 이슈를 이해하는 데 있어서 저자를 비롯한 여러 학자들의 시각과 논리, 그리고 관련 참고문헌과 자료를 될 수 있는 대로 다양하게 소개하려고 시도하였다. 경우에 따라서는 논리적인 비약도 있으리라 생각된다. 본서가 가지고 있는 내용상의 미흡함에 대해서는 넓은 아량으로 이해해 주기 바란다. 선배 제현과 독자 여러분의 아낌없는 질타와 조언을 기대해 보며 오류로 지적되는 부분이 있으면 차후에 이를 수정할 계획이다.

본서가 나오기까지 여러 동료 교수님들의 성원과 도움이 있었으며 이에 깊은 감사의 말씀을 드리는 바이다. 또한, 원고정리에 많은 수고를 아끼지 않았던 본교에 재학하고 있는 하재영 군에게 각별히 고마운 마음을 전한다.

출판계의 어려운 사정에도 불구하고 본서의 출판을 흔쾌히 허락해 주신 청목출판

사의 유성렬 사장님과 편집에 여러모로 수고해 주신 편집부 여러분에게 진심으로 감사의 말씀을 드린다. 본서의 집필기간 동안 가정에 소홀했음에도 불구하고 항상 사랑과 격려를 보내주고 편안한 안식처를 제공해 준 사랑하는 아내 경심과 군 복무를 무사히 마친 소중한 아들 형진에게 무한한 감사의 마음을 전한다.

2009년 2월 5일
안서동 연구실에서
이 재 기

차 례

제 4 편 현대시사 경제 이슈

제 1 편

현대경영 환경의 변화

제 1 장

글로벌 경영의 불확실성 증대

1990년대 이후 세계화의 급진전으로 인해 세계 각국 기업들은 치열한 경쟁에 직면하게 되었다. 경제사적 측면에서 세계화는 인류의 창의적 발전과 기술혁신(creative development of mankind and technological innovation)에 의해 지속적으로 진행되어 온 역사적 과정으로 해석할 수 있으나 1990년대 이후에는 인터넷을 비롯한 정보통신기술의 급속한 발전으로 세계경제의 통합속도가 이전보다 훨씬 가속화되고 있다. 따라서 세계 각국 기업들에게는 미래에도 생존할 수 있는 기업을 창출하기 위해 새로운 경영 패러다임이 그 어느 때보다 절실히 요구되고 있으며 이러한 급변하는 대내외적인 경영환경의 변화에 적응하기 위해서 경영진들은 기업경영에 필요한 최신 경영전략과 실질적인 경영수단에 대한 이해가 필수적이라고 할 수 있다.

글로벌 경영환경의 변화를 다음 5가지 측면에서 살펴보고자 한다.

제 1 절　핵심역량의 제고

최근 미국의 대표적 에너지기업인 엔론과 거대 통신기업인 월드컴의 회계부정에서 알 수 있듯이 기업경영진은 단기적인 기업성과보다는 중장기적으로 지속가능한 성장(sustainable growth)을 이끌 수 있는 기업 핵심역량(core capacity)을 확충하는 데 총력을 기울여야 한다.

1. 경영진의 보수체계 개편

기업 핵심역량의 제고와 관련하여 경영진의 보수체계에 있어 단기성과에만 집착하여 무리한 경영을 시도할 가능성이 큰 스톡옵션(stock option, 자사주식 매입 선택권)을 지양하고 중장기적인 기업성과에 초점을 맞춰 장기적인 보상이 가능하도록 개편되어야 한다.

2. 무형자산의 축적

기업의 재무제표(financial statements)에 나타난 여러 종류의 수치나 주가만이 기업성과를 보여주지는 않는다. 또한, 재무제표상의 수치는 수치 그 자체의 의미보다는 이러한 수치가 지속가능한 것인지, 어떠한 과정을 거쳐서 이러한 수치가 형성된 것인지가 더욱 중요하게 인식되어야 한다. 결국 기업의 핵심역량을 제고시키는 데는 대차대조표, 손익계산서 등 기업의 회계장부상에 나타나지 않은 무형자산(intangible asset)의 축적이 더욱 중요하다. 이는 비즈니스 거점확보, 단골고객, 미래 성장엔진이 될 수 있는 전략적 사업에 대한 투자 등이 중장기적인 측면에서 기업의 핵심역량 강화에 보다 중요한 요소가 될 수 있기 때문이다.

3. 친사회적 경영

지속적 혁신, 경쟁우위를 확보할 수 있는 기술력, 풍부한 자금력, 우수한 인적자원 등이 기업경쟁력을 제고시킬 수 있는 요소들임에는 틀림없으나, 장기적인 생존을 보장받을 수 있는 지속가능한 기업이 되기 위해 필요한 전제조건으로서 친환경·친사회적인 경영, 즉 기업의 사회적 책임(CSR : Company Social Responsibility)이 지적되고 있다.

3.1 친사회적 경영의 개념

친사회적 경영이란 기업의 사회적 책임을 중시하는 경영활동을 의미하며 단순히 기업윤리(corporate ethics)의 차원을 넘어 소비자, 임직원, 지역사회 발전을 책임지는 사회적 주체로서 기업활동을 포괄한다. 기업의 사회적 책임과 관련하여 최근 들어 기업들이 사회적 책임을 자발적으로 수용하여 경영전반에 반영할지 아니면 정부 등 규제당국이 최소한의 표준(minimum standard)을 제정하여 기업들이 CSR을 의무적용하도록 강제할지가 이슈가 되고 있다.

3.2 친사회적 경영의 중요성 및 효과

(1) 친사회적 경영의 중요성

기업의 최고경영자(CEO : Chief Executive Officer)부터 환경·지역사회문제에 대한 기업의 사회적 책임을 인식하고 적극적인 해결방안을 모색하는 밀착경영을 통해 기업의 중장기적인 성과를 제고시킬 수 있으며 직원들도 사고 및 업무방식은 물론 성과목표와 보수체계를 기업의 사회적 책임과 연계해야 한다. 결국 기업은 친환경·친사회적인 기업활동을 통해 기업 및 주주가치(value of corporate and shareholder)를 높일 수 있다.

(2) 효과

친사회적 경영의 중요성을 인식하는 기업은 그만큼 기업평판(corporate reputation)이 좋아지고 제품구매 고객이 증대하면서 매출이 확대될 수 있다. 또한, 기업의 평판이 좋아질수록 우수한 인재들이 몰리게 되어 기업의 장기적인 경쟁력도 제고시킬 수 있게 된다. 반면에 사회적 책임을 등한시하게 되면 단기적으로는 생존할 수 있어도 중장기적으로는 도태될 수밖에 없으며 이는 최근 회계부정 파문에 연루되어 기업신뢰도(corporate credibility)가 크게 저하되어 파산하게 된 엔론 및 월드컴의 사례에서 충분히 알 수 있다.

3.3 친사회적 경영의 현황 및 사례

(1) 현황

최근 들어 친사회적 경영의 중요성을 인식하여 기업의 실적을 경제·환경·사회적 측면에서 양적으로(quantitatively) 측정할 수 있도록 이들 3가지 측면을 고려한 기업재무제표를 제출하는 기업들이 증가하고 있다. 1990년대 초반에만 해도 이 같은 정보를 제공하는 기업은 극소수에 불과하였으나 최근 로열더치쉘, 에릭슨, 포드, 캐논, BASF 등 전세계적으로 2,500여개 이상의 기업이 이 같은 자료를 공식문서로 공개하고 있다.

(2) 사례

① 유럽

유럽지역에서는 기업들이 임직원과 시민의 권리를 보호하는 사회적 책임자로서의 역할을 자발적인 참여(voluntary participation)만으로는 충분히 달성하기 어렵다는 인식이 시민단체와 비정부기구(NGO) 등을 중심으로 확산되고 있다.

유럽의 대표기관인 유럽위원회(EC)는 CSR을 기업에 강제적으로 적용하는 것에는 반대하나 CSR을 기업경영에 적용하는 기업들이 환경·사회적인 측면에서 가치창출에 일조(一助)하고 있다는 점은 인정하고 있다. 따라서 최선의 CSR 적용방식과 요령, 관리기법을 개발하여 개별기업들이 이를 적극 활용할 것을 권장하고 있다. 일례로 프랑스에서는 모든 상장기업이 어떠한 친환경·사회적 활동을 전개하고 있는지에 대한 정보를 주주에게 보고하도록 하는 법(누벨 레귤라시옹 에코노미크, NRE)을 제정하여 시행하고 있다.

② BT

BT(British Telecom)는 기업경영에 CSR을 적극적으로 활용하고 있는 대표적인 기업으로 지적되고 있다. BT는 일찍이 기업평판(corporate reputation)과 소비자 만족(consumer satisfaction) 간에 강력한 상관관계가 있다는 것을 인식하였다. 따라서 자체적으로 기업실적과 기업의 친환경·사회적 활동의 상관관계를 조사한 결과 기업실적을 제고시키는 변수 중 최소 25%가 기업의 사회적 책임과 밀접한 관계가 있음을 발견하였다. 예를 들면, CSR을 소홀히 했을 경우 기업에 대한 소비자 만족도가 10%가량 하락하였는 데 이는 곧 기업이 사회적 책임을 등한시 할 경우 고객이탈을 가져와 사업손실과 이익감소를 야기시킨다는 것을 나타내고 있다.

③ CSR에 대한 설문조사결과

CSR에 대한 자발적 또는 강제적 적용여부와는 관계없이 기업의 차원에서 보다 중요한 점은 CSR을 기업경영에 적용시킨 결과 실제로 기업수익에 도움이 되는가 하는 점이다. 2002년초 프라이스워터하우스쿠퍼스(PwC)가 시행한 설문조사결과 글로벌 최고경영자의 70%가 CSR이 기업수익성에 핵심적인 역할을 하고 있다고 응답하였다. 인바이로닉스 인터내셔널이 세계 25개국 1,000명을 대상으로 설문조사한 결과에서도 대다수의 응답자가 기업들이 전문지식과 기술을 활용하여 환경·사회문제를 해결함으로써 기업의 가치를 제고시킬 수 있다는 의견을 표명한 바 있다.

〈표 1-1〉 기업의 장기생존력의 확보 과정

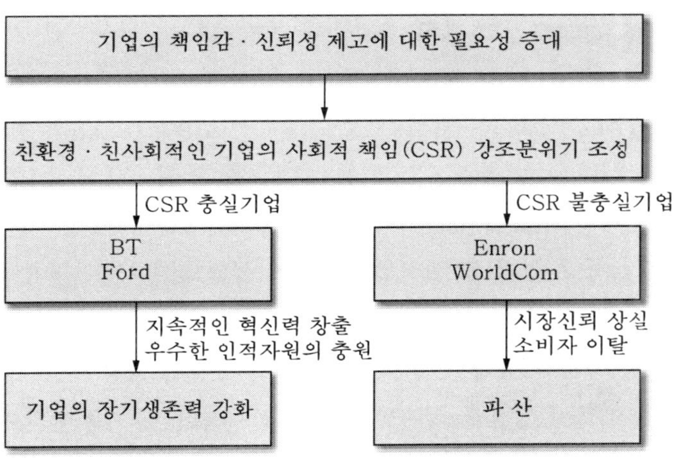

제 2 절 글로벌 다양성에 대한 인식

신경영 패러다임에서는 1990년대 이후 급추진되고 있는 세계화(globalization)에 대한 올바른 인식이 중요하게 부각되고 있다. 어떤 기업도 세계화의 물결에 동참하지 않고서는 지속가능한 성장(sustainable growth)을 할 수 없다는 것이 주요 다국적기업 CEO들의 공통된 시각이라고 할 수 있다. 그러나 세계화를 확산시키기 위한 주요 국제회의(IMF · IBRD총회 등)나 정상회담이 개최될 때마다 McDonald's, Nike 등 다국적기업의 경제제국주의(economic imperialism)를 반대하는 반(反)세계화 시위가 거세지고 있다. 이는 세계화가 가져다 주는 부작용(빈부격차의 심화, 상품 및 금융시장의 불확실성 증대 등)이 그만큼 크기 때문이다.

그러나 이처럼 양립하는 극단의 상황 하에서 세계화에 대한 올바른 시각은 글로벌 다양성(global diversity)에 대한 폭넓은 인식에 있다고 할 수 있다. 우선 세계화란 특정 다국적기업이 그들의 방식을 전세계에 강요하는 것을 의미해서는 안되며 오히려 세계로부터 다양성을 적극적으로 수용하는 것이 세계화의 핵심이 되어야 한다. 이와 관련하여 이미 일부 기업들은 세계화를 기존 개념처럼 획일화된 제품이나 상품생산방식을 활용하여 전세계시장을 장악하거나 미국식 자본주의를 주입하는 것으로 인식하고 있지 않으며 기업의 다양성을 강화시킬 수 있는 기회로 생각하고 있다.

사실 그동안 대다수 기업의 경영진은 자국에서 통일된 제품생산, 서비스, 생산공정을 구축한 후 제조된 상품을 국가별 다양성을 무시한 채 무차별적으로 전세계에 확산시키는 것을 세계화로 간주하였으나 이 같은 획일화된 경쟁은 기업에 전혀 도움이 되지 않는다고 할 수 있다. 획일화된 상품(standardized product)이 시장에 넘쳐날수록 시장은 완전경쟁에 접근하게 되며 서비스 및 경영전략도 유사한 상태에서 기업들은 경쟁기업을 극복하기가 지극히 어렵게 된다. 따라서 제품의 수익률이 저하되고 이는 결국 주주나 최고경영자(CEO) 모두에게 불만족스러운 결과를 야기시키게 된다.

수익률하락을 해소하기 위해 박리다매(薄利多賣, small profits with quick returns)를 위한 기업규모를 증대시켜 시장을 과점하려는 시도도 근본적인 해결책이 될 수는 없으며 이는 공격적인 기업 인수·합병(M&A : Merger and Acquisition)을 통해 기업규모의 증대를 시도했던 비벤디나 월드컴의 실패 사례에서 확인할 수 있다.

결국 세계화에 대한 올바른 인식은 글로벌 시장에서 경쟁자와 구별될 수 있는 제품차별화전략(product differentiation strategy)에 있다고 할 수 있다. 즉, 국가별 시장의 다양한 특성을 발견하고 이를 최대한도로 활용하여 기업 및 제품차별화를 심화시키는 것이 21세기 세계화에 대한 올바른 인식이라고 할 수 있다.

따라서 진정한 세계화란 획일적인 상품으로 세계시장을 공략하는 것이 아니라 세계시장의 다양성을 인식하여 국가별로 제품차별화를 시도함으로써 구현된다고 할 수 있으며 세계시장을 지배한다는 인식보다는 세계시장에서 다양성을 발견하여 기업의 경쟁력을 제고시킨다는 자세가 무엇보다 중요하다.

제 3 절 혁신적 비즈니스 모델의 구축

모든 부문에서 치열한 경쟁이 보편화되고 있는 21세기의 글로벌 시장에서 기업의 경영진에게는 혁신(innovation)에 대한 새로운 시각이 필요하다. 기업 내 혁신이 부족할 때 일반적으로 경영진들은 창의적인 아이디어(creative idea)가 부족하다고 판단하게 된다.

그러나 최근 창의적인 아이디어로 설립된 닷컴(.com) 기업들의 몰락에서 알 수 있듯이 기업혁신의 부재는 아이디어의 빈곤 때문이 아니라 아이디어를 수익성 있는 사업모델(profitable business model)로 전환하는 데 실패하였기 때문이라는 분석이 제기되고 있다. 결국 기업혁신의 핵심은 창의적 아이디어를 사업으로 연결할 때 장애가 될 수 있는 요소들을 제거하는 데 있다. 즉, 창의적인 아이디어가 미래의 사업모델이 될 수 있도록 창의적인 아이디어를 사업모델로 연결할 수 있는 과정을 획기적으로 개선하여 혁신의 라이프사이클을 창출해내야 한다.

〈표 1-2〉 신경영 패러다임에 대한 인식

부문	과거상황		현재 및 미래의 전개방향
	특징	부작용	
세계화 (globalization)	· 특정기업의 가치를 전세계에 확산시킴 · 획일화된 제품으로 세계시장 공략	· 동일한 상품 · 서비스는 완전경쟁 시장을 초래시킴 - 수익률 하락 - 주주 · 기업 모두 피해를 봄	· 세계화를 글로벌 다양성(global diversity)으로 인식 · 글로벌 다양성을 수용하여 기업 차별화 시도
혁신 (innovation)	· 창의적 아이디어와 혁신을 동일시함 · 혁신부족을 아이디어 부재로 인식함	· 닷컴기업의 붕괴 · 풍부한 아이디어가 혁신으로 연결되지 못함	· 아이디어만으로 혁신을 이룰 수 없음 · 아이디어를 사업모델로 연결하기 위한 과정이 중시됨
기업성과 (business performance)	· 단기적 기업성과에 치중함 · 기업실적 · 주가만으로 경영성과를 판단함	· 엔론 · 월드컴의 회계부정 · 기업의 장기적 비전 부재	· 지속가능한 중장기 비전 수립을 통한 사업역량 확충이 중시됨 · 무형자산 축적(거점확보, 단골고객, 전략적 사업계획 등)에 주력

제 4 절 고객의 평생가치에 대한 인식

최근 들어 단골고객관리(loyalty management)라는 경영기법이 부각되고 있다. 즉, 단골고객을 집중 관리해야 기업이익의 극대화를 달성할 수 있다는 것이다.

베인&컴퍼니는 최근 10년 동안 상이한 30여개 산업군을 대상으로 연구한 결과 단골고객에 대해 다음과 같은 3가지 사실을 발견하였다.

① 기업이익 창출의 핵심 요소

단골고객은 총 고객의 15~20% 정도이며 기업이익의 70~80%가 단골고객으로부터 창출된다.

② 고객관리 비용의 저렴성

신규고객을 확보하는 데 소요되는 총비용[기회비용(opportunity cost)을 포함]은 기존고객에게 상품을 판매할 때 들어가는 비용보다 5배 이상 높으며 일부산업은 10배 이상 높다. 즉, 단골고객 한명을 관리하기 위해 한명의 영업인력이 필요하다면 신규고객 한명을 얻기 위해서는 5명의 영업인력이 소요된다고 할 수 있다.

③ 저렴한 애프터서비스 운영비용

애프터서비스 및 서비스센터 운영비용의 대부분은 수익성이 낮은 고객으로 인해 발생된다. 즉, 단골고객이 많으면 많을수록 애프터서비스 비용이 적게 든다. 일례로 홈쇼핑 업체의 가장 큰 비용이 반품서비스에 들어가는 비용인데 반품을 가장 많이 하는 고객들이 바로 일회성(一回性) 고객들이라고 할 수 있다.

결국 단골고객을 어떻게 관리하는가가 기업의 수익성(corporate profitability)과 직결된다고 할 수 있다. 기업이 단골고객을 제대로 관리하기 위해 실천해야 하는 5가지 사항을 정리하면 다음과 같다.

① 단골고객의 파악 및 세분화

다수의 사람들이 단골고객을 VIP고객과 동일시하나 반드시 일치하지는 않는다. 예를 들면, 은행의 VIP고객은 은행과 거래 시 한 번에 대규모 금액을 예치하지만 막상 은행의 서비스이용에 있어서는 간혹 기본적인 입출금 서비스만 이용할 수 있다. 반면에 어떤 고객은 예금규모는 작지만 은행에 자주 방문하여 은행의 수익(수수료 등)을 가져다 주는 거래를 빈번하게 발생시킨다. 이러한 고객은 VIP고객이라고는 할 수 없지만 은행의 수익창출에 크게 기여하는 중요한 단골고객이다.

② 단골고객 전담조직 구성

단골고객은 모든 기업에 있어서 가장 중요한 고객이므로 적극적으로 관리해야 한다. 단골고객의 관리를 전담하는 조직은 최고경영진에게 직접 보고하는 채널을 구축해야 한다. 예를 들면, 항공회사의 경우 최고경영자와 임원의 중요 업무 중의 하나가 단골고객과 함께 대화의 장을 마련하여 고객의 의견을 적극적으로 경영에 반영하는 것이라 할 수 있다.

③ 근로자의 충성심 제고

회사에 애사심이 크고 충성스러운 근로자가 많을수록 단골고객이 많다고 할 수 있다. 회사의 경영방식과 문화에 대한 직원들의 로열티(loyalty)를 측정할 수 있는 지표를 개발하여 정기적으로 이러한 지표를 활용하여야 한다.

④ 기존고객의 유지 주력

기업경영에 있어서 고객만족(customer satisfaction)이 중요한 사항임에는 틀림없으나 단순히 고객을 만족시키는 것만으로는 충분하지 않다. 만족한 고객을 지속적으로 해당기업의 고정고객으로 남도록 해야 한다. 즉, 고객의 유지가 경영의 궁극적인 핵심목표가 되어야 하며 고객유지의 효율성을 제고시키기 위해 고객유지비율을 계량화할 수 있는 지표를 개발하고 이를 정기적으로 점검하여야 한다.

⑤ 단골고객 유지와 관련한 인센티브 제공

기업의 영업직원은 기존고객의 유지와 더불어 신규고객 확보에도 주력할 수 있는데 이는 신규고객 확보에 대한 판매수당이 주요한 요인이라고 할 수 있다. 신규고객의 확보도 중요하지만 단골고객의 유지에도 소홀히 할 수 없는 만큼 단골고객의 유지를 영업직원의 인센티브 체계(incentive system)에 포함시켜 기존고객에 대한 서비스를 강화할 수 있는 제도를 마련하여야 한다. 단골고객의 중요성에는 누구나 동감하지만 단골고객의 중요성을 진정으로 이해하고 체계적인 관리를 하는 기업은 많지 않다고 할 수 있다. 결국 단골고객 관리를 제대로 하는 기업만이 성공적인 기업경영을 수행하게 된다.

제 5 절 무형자산가치에 대한 인식

세계화가 급추진되고 국내외 기업간 경쟁이 무한경쟁(unlimited competition)으로 치달으면서 기업의 경쟁력(corporate competitiveness)을 결정하는 핵심요소가 유형자산에서 무형자산으로 변화하고 있으나 브랜드, 인적자원, 기업문화, 최고경영자(CEO)의 경영능력 등 무형자산의 가치는 계량화하기가 쉽지 않다.

일례로 SK Telecom의 시가총액은 2002년 8월말 기준으로 20조 9,509억원인데 이에 비해 순자산(대차대조표상의 자본부분 합계)은 2002년 6월말 기준으로 5조

7,946억원에 불과하다. 이 경우 유형자산(tangible asset)(공장, 기계, 부동산 등 눈에 보이는 자산을 지칭함)은 시가총액의 27%로 1/3에도 못 미친다고 할 수 있다. SK Telecom이 모든 자산가치를 회계에 제대로 반영했다면 나머지 73%는 눈에 보이지 않는(invisible) 무형자산이 되는 것이다. 따라서 무형자산의 가치는 SK Telecom의 사례에서처럼 시가총액과 유형자산의 가치를 비교하는 것이 가장 쉬운 방법이라고 할 수 있으며 보다 현실적인 방법은 기업의 인수·합병(M&A) 때 실거래 가격과 유형자산가치를 비교하는 것이다.

〈표 1-3〉 무형자산(지식자산)의 기본개념

대차대조표	자산	부채 자본
숨겨진 가치	· 회계상 인식되는 무형자산 (특허, 지적재산권, 개발비 등)	지식 자본
	· 회계상 인식되지 않는 무형자산 (조직 노하우, 인적 능력, 브랜드 가치 등)	

자료 : 한국생산성본부

〈표 1-4〉 미국 상장기업의 시가총액에서 차지하는 자산별 비중

(단위 : %)

연 도	자 산	
	유형자산	무형자산
1950년대	70	30
1970년대	50	50
1990년대	30	70
2010년(예상)	20	80

자료 : 인터브랜드

SK Telecom의 경우처럼 국내에서 전체 시가총액 중 무형자산의 비중이 유형자산을 압도하는 사례가 흔치는 않다고 할 수 있다. 그러나 무형자산의 비중이 증가하는 선진국형 자산구조가 1990년대 후반 이후 일부 대기업을 중심으로 점차 확산되고 있는 추세를 보이고 있다.[1)]

1) 삼성전자의 시가총액은 2003년 8월말 기준으로 55조 8,710억원으로 이 중 유형자산은 40%

무형자산(intangible asset)은 문자 그대로 눈에 보이지 않아서 전술한 바와 같이 객관적인 평가(objective evaluation)를 하기가 쉽지 않다. 기업을 매각하는 과정에서 매도가격과 유형자산의 장부가격 사이에 차액이 발생할 때 무형자산은 '영업권'으로 모습이 전환되어 나타날 뿐이다.

〈표 1-5〉 국내 시가총액 상위 기업의 무형자산 비중

(단위 : 조원, %)

기업명	시가총액(A)	순자산 (자본총계 B)	시가총액에서 무형자산이 차지하는 비중 (A-B)/A
삼성전자	55.9	22.7	59.4
SK Telecom	21.0	5.8	72.4
KT	15.8	9.3	41.1
한국전력	13.5	34.7	-
포스코	10.6	11.2	-
현대자동차	8.2	10.1	-
LG전자	6.4	3.0	53.1
삼성SDI	4.4	3.1	29.5
삼성전기	4.2	1.8	57.1
기아자동차	3.8	3.9	-
신세계	3.4	1.3	61.8
한국담배인삼공사	3.2	2.3	28.1
LG화학	3.0	1.4	53.3
하이닉스반도체	2.8	4.8	-
현대모비스	2.2	1.2	45.5
SK	2.0	5.8	-

주 : 1) 시가총액(우선주 포함)은 2002년 8월말, 자본총계는 2002년 6월말 기준
2) 비중 표시가 안 된 것은 순자산이 더 많은 경우임

자료 : 증권거래소

에 불과하다. 신세계, LG전자, 삼성전기, 현대모비스, LG화학 등도 무형자산의 비중이 50% 수준에 이를 정도로 커지고 있다. 10대 그룹(상장계열사) 중엔 유일하게 삼성그룹의 무형자산 비중이 50%에 가까운데 이는 삼성 브랜드의 시너지 효과가 관련계열사의 자산가치 상승으로 나타난 것으로 평가할 수 있다(동아일보, 2002. 9. 24. 참조).

세계적인 브랜드컨설팅회사인 인터브랜드(Interbrand)의 지적에 따르면 영국에서는 브랜드를 대차대조표에 자산으로 나타내고 있다. 일례로 영국의 종합식품업체인 랭크스 호비스 맥도걸(RHM)이 1988년 적대적인 인수・합병(hostile M&A)에 대항해서 자산가치를 제고시키는 수단으로 연결대차대조표에 자사브랜드를 계상한 바 있다. 따라서 기업으로서는 브랜드 가치 등 비재무적인 정보를 투자자들에게 적극적으로 알릴 필요가 있으며 이를 위한 방안으로 회계보고서상 각주 사항의 일부로 표시하거나 보다 적극적인 방법으로 '지식자산보고서'를 만드는 방안을 검토해야 한다.

제 2 장

디지털경영의 부상

제 1 절　디지털혁명의 발생

신석기 시대(B. C. 7000년경)의 농업혁명(agricultural revolution), 17~18세기의 산업혁명(industrial revolution)에 이어 현재 인류 역사상 3번째 변혁인 디지털혁명(digital revolution)이 급진전되고 있다. 디지털혁명은 19세기 말~20세기 초에 발명된 정보통신기술(IT : Information Technology)과 1980년대 후반의 디지털기술(digital technology)이 결합하면서 전송능력, 연산능력, 네트워킹에 혁명적인 변화가 발생하였고, 1990년대에 인터넷(internet)이 결합되면서 빅뱅(Big Bang)이 시작되었다.

디지털혁명은 정보통신 인프라와 인터넷망을 통해서 신속하게 전세계로 파급되었다. 농업혁명의 파급은 5,000년, 산업혁명은 200년이 소요되었으나, 디지털혁명은 30년만에 전세계로 확산되었다. 첫 도입 이후 이용자의 수가 5,000만이 되는데 소요된 시간은 라디오가 38년, TV가 13년인데 비해 인터넷은 단지 5년이 걸렸다.

디지털은 전자기기 등에 자료를 인식하고 저장하는 방식의 하나로 아날로그(analogue)와 대비되는 개념이다. 디지털은 0과 1의 조합을 통해 모든 정보를 표현하는데, 연속적인 신호나 현상을 그 자체의 물리량으로 나타내는 아날로그에 비해 디지털은 이진법의 수치에 대응시켜 개별적인 수량으로 취급한다.[1] 컴퓨터는 디지털 방식으로 정보를 수용하고 저장하는 대표적 기기라고 할 수 있다.

이러한 디지털은 정보의 처리 및 전달 과정에서만 존재한다. 인간이 보고 듣고 느끼는 모든 신호(음성, 화상 등)는 아날로그 신호이며, 아날로그 신호는 발신자와 수신자 사이에서 전달, 공유, 가공 처리되는 과정에서의 다수의 장점들 때문에 디지털신호로 전환하게 된다.

디지털기술의 특징으로 광속성(빛과 같은 속도로 이동하면서 정보를 전달), 무한 반복재현성(반복 사용해도 정보가 감소하거나 질이 저하되지 않음), 조작 및 변형의 용이성(정보 가공이 용이하고 다양한 형태로 변형), 쌍방향성(정보의 쌍방향 전달이 가능함), 압축성(방대한 정보처리를 위한 압축 가능) 등을 지적할 수 있는데 이러한 특징을 가진 디지털기술은 데이터→음성→영상의 순으로 확산되었다.

디지털기술은 1950년대 컴퓨터 상용화를 계기로 텍스트, 숫자 등 데이터 부문에 먼저 도입되었다. 음성(통신) 부문은 교환기가 등장하면서 디지털화(digitalization)가 시작되었고, 목소리에 비해 정보량이 많은 음악의 디지털화는 1980년대 CD가 등장하면서부터 시작되었다. 동영상(방송)의 디지털화는 MPEG 등 디지털 압축기술이 개발된 1990년대 초반 이후에 본격화되었다.

디지털혁명의 실체는 디지털기술과 on-line network의 결합이다. 디지털기술이 미디어의 전(全)영역으로 확산됨과 동시에 인터넷에 의해 on-line network화되면서 전세계가 디지털조류(digital trend)의 영향권 하에 직면하게 되었다. On-line network화는 1994년 인터넷 서비스 회사인 넷스케이프가 인터넷 사용서비스(WWW : World Wide Web)를 개시하면서 일반화되었다. 전세계는 '네트워크의 네트워크'인 인터넷에 의해 단일망으로 통합되었다.

---

1) 예를 들면, 인간의 목소리를 아날로그로 표시하면 연속파형의 형태로 나타나지만 디지털화하면 0과 1의 조합으로 표시된다(김승환 외, 글로벌시대의 디지털경영전략, 도서출판 두남, 2002. pp. 217~226 요약 · 재구성).

제 2 절 디지털혁명의 파급효과

디지털혁명은 기술, 산업, 경제, 생활은 물론이거니와 국가 간의 관계에 이르기까지 총체적이면서 획기적인 변화를 유발시키는 데, 이러한 디지털혁명은 장기호황 속의 물가안정이라는 신경제(New Economy) 현상을 초래하였다.

디지털 신제품 출현, 제조업과 유통 및 금융의 효율성(financial efficiency) 제고, 가상공간(cyber space)에서의 경제활동 등에 따라 막대한 가치가 새롭게 창출되었으며, 1848년 이후 캘리포니아에서 총 20억 달러 상당의 금이 발견되었듯이 디지털혁명은 새로운 부의 창출(creation of new wealth)을 가능하게 하였다(New Gold Rush).

디지털혁명, 디지털기술 등 다양한 디지털 요소들은 사회경제적으로 다음 4가지 측면의 변화를 초래시켰다.

1. 디지털혁명은 기존 상품 및 경제활동의 재구성과 새로운 상품 및 경제활동의 출현을 초래시켰음

이러한 재구성과 새로운 출현은 직접적으로 PC와 AV업체, 전화, 케이블(Cable), 방송사의 사업영역을 변형시키고 있다. 즉, 새로운 상품과 시장이 출현하고 새로운 경제활동이 발생하였으며, 가상공간을 활용한 레저도구와 활동이 증가하고 있다. 컴퓨터 네트워크는 새로운 인프라로 정의되고 새로운 시장으로도 작용하고 있는데 전자상거래 전자쇼핑의 등장, 사이버 공동체의 형성 등을 그 예로 지적할 수 있다.

2. 디지털기술을 응용한 상품이 고성장하고 인터넷 기반 전자상거래가 급진전하고 있음

세계적인 경영분석기관인 보스턴 컨설팅 그룹(Boston Consulting Group)은 미국의 기업간 전자상거래(B2B : Business to Business) 비중이 1998년 7%에서 2004년에는 24%로 제고될 것으로 전망한 바 있다. 이러한 디지털기술이 직접 응용되는 음악, 문서, 사진 등이 우선적으로 디지털화되고 있다.

3. 디지털 기술의 확산은 신사업군의 창출과 기존 산업의 디지털화를 진전시키고 있음

디지털 관련 신산업이 출현하고 기존 산업에도 디지털기술의 접목이 가속화되고 있는데 디지털 관련 소프트웨어, 컨텐츠, 정보통신 기기와 부품산업, 정보통신서비스, 전자상거래, 광산업 등 신산업군이 이미 출현하였다.

4. 정부와 기업도 인터넷 사용이 보편화되고 수평적 구조(horizontal structure)로 변화되고 있음

정책결정, 지식 축적과 활용, 행정서비스 제공 등 여러 부문에 인터넷의 활용이 확산되고 있으며 인터넷 기술을 바탕으로 기업내 및 기업간 업무 프로세스의 통합, 구매비용 절감, 재고 감소 등을 목적으로 전자상거래(EC : Electronic Commerce)를 활용한 조달이 확산되고 있다.

제 3 절 디지털혁명 하의 기업경영

미국은 1957년 구소련이 통신위성을 먼저 발사한 것에 자극되어 ARPA 프로젝트를 구상하였다. 이것은 네트워크를 통해 군사정보(military information)를 공유하고 핵공격에 대비하는 것이 주요 내용이었는데, 이 프로젝트의 일환으로 1980년대에 인터넷의 원천기술인 TCP/IP(인터넷 프로토콜)가 개발되었다. 1994년 TCP/IP 기술이 상업화되면서 인터넷 시대가 개막되고 디지털기업들이 본격적으로 등장하기 시작하였다.

특히, 마크 안데르센이 웹 브라우저 모자이크를 개발하고, 벤처 캐피털리스트(venture capitalist)인 짐 클라크의 협력으로 넷스케이프가 창업하였으며, 실리콘밸리(Silicon Valley)와 대학의 고급인력, NASDAQ의 IPO시장이 결합되면서 디지털 관련 창업 붐이 조성되었다. 또한 포털, 판매, 중개, 컨텐츠 그리고 디지털 지원 비즈니스(통신 하드웨어와 소프트웨어) 등에서 디지털기업들이 대규모로 출현하게 되었다.

1990년대 말에는 마이크로소프트(MS), Oracle, AOL, 야후(Yahoo), 아마존(AMAZON) 등 디지털기업이 세계의 산업지도를 새롭게 형성하기 시작하였다. 마이크로소프트의 경우 1999년 기준 응용소프트웨어(application software) 분야의 90%를 점유하고 있으며, AOL은 타임워너(Time Warner)와 합병함으로써 회원 및 구독자 1억여명을 확보하였다. 아마존의 서적판매 시장점유율 역시 1998년 5%에서 지속적으로 상승하고 있다.

디지털기업의 등장은 전통적인 비즈니스 영역에도 지각변동을 초래하였다. 아마존은 무점포 사이버거래로 유통혁명을 촉발하였으며, 금융부문에서는 E-Trade의 등장으로 지점없는 투자회사의 시대가 개막되었다. 이러한 변화는 디지털기업의 시장가치가 전통기업의 시장가치를 추월하게 하였다. IBM의 아웃소싱(outsourcing) 기업으로 출발한 MS는 현재 시장가치가 IBM의 2배를 초과하고 있다.

디지털시대(digital era)의 경쟁구도는 '디지털화'와 '네트워크화'의 축을 중심으로 다음 4가지 유형을 형성하게 된다.

1. 제1유형

제1유형은 동일한 비즈니스 영역 내에서 유사한 비전과 전략으로 접전을 벌이는 것이다. 이것은 한 사이트에서 통합서비스를 목표로 하고 사업영역을 고객 라이프 스타일(customer life style) 중 단일 패턴에 맞추는 것을 의미한다. 예를 들면, 야후는 디지털 최고 브랜드파워(brand power)의 유지가 목표이며, AOL은 디지털 컨텐츠(digital contents) 제국의 왕좌를 지향하고 있는데, 야후는 '네트워크 연합', AOL은 '아웃소싱 능력'을 핵심역량(core capacity)으로 하고 있다.

2. 제2유형

제2유형은 기존의 표준과 독점에 대해 새로운 컨텐츠와 반독점(anti-monopoly) 연합으로 도전하는 양상을 보인다. 마이크로소프트는 MS-DOS와 윈도우(Window)로 컴퓨터 운용체계의 표준(standard of computer operating system)을 선점하여 시장 고착화(Lock-In)에 성공하였다. 한편, 리눅스는 소스 코드를 무료 공개하고 제작 과정을 일반 참여자에게 개방하였는데, 리눅스는 반독점 무드로 소수파 연합 전선을 형성하는 데 성공하였다

3. 제3유형

제3유형은 전통기업과 신생 디지털 기업이 동일 고객층을 대상으로 경쟁하는 양상이다. 1995년 창업한 인터넷 서점 아마존이 전통서점인 반즈앤노블을 위협하고 있는데 반즈앤노블은 이에 대응하여 1997년 온라인 서적소매상인 barnesandnoble.com을 출범했고 최근 사이트명을 보다 단순한 bn.com으로 변경하였다.

아마존은 인터넷 시장의 선점 지위를 이용하여 사업의 다각화(business diversification)를 추진하고 있는데, 현재 서적 이외에도 CD, 비디오/DVD, 전자제품, 소프트웨어, 장난감, 비디오게임, 공구 등을 판매하고 있으며 경매사업까지도 확장하였다.

4. 제4유형

제4유형은 전통산업군에서 디지털화 변신을 위해 노력하는 기업군이다. GE의 구매/조달 관리시스템인 TPN(Trading Process Network)이 기업간 전자상거래의 모범 사례로 확산되고 있다.

제 4 절 디지털경영의 특징

디지털혁명으로 초래된 디지털기업의 경영 특징으로 다음 6가지를 지적할 수 있다.

1. 인터넷 선점 및 성장지향 경영

디지털환경(digital environment) 하에서 경쟁하는 다수의 기업들은 무료 서비스 및 할인경쟁을 도입하는 등 초기 고성장 전략을 채택하여 고객의 임계치(critical mass)를 확보하는 데 주력하게 된다. 아마존은 특유의 하이퍼링크 서비스와 업무제휴를 통해 시장 진입 후 4년만인 1999년말 기준 160여개국에서 800여만명의 이용자를 확보하고 있다.

2. 뉴 비즈니스 모델의 창출

기존의 사업방식을 초월하는 참신한 아이디어로 새로운 사업방식을 개척하고, 가능하면 배타적인 권리 행사가 가능하도록 특허를 등록하는 것이 좋다. 1998년 미국의 Priceline.com은 뉴 비즈니스 모델(new business model)인 역경매를 특허로 등록하여 구매자가 가격을 제시하는 기존 방식과는 역으로 판매를 원하는 개인이 인터넷상에서 원하는 가격을 제시하도록 하였다.

디지털환경에서는 비즈니스 모델과 관련하여 특허 분쟁이 빈번하게 발생하고 있다. 아마존은 자사가 고안한 온라인 발주기법인 Express Checkout을 경쟁사인 반즈앤노블이 침해했다고 제소하여 승소한 바 있다. 한편, 야후는 원스톱 온라인 쇼핑시스템(one-stop on-line shopping system)과 관련하여 한 개인발명가로부터 제소를 당했다.

3. M&A와 분사의 적극적 활용

고객의 다양한 니즈(various needs of customer)를 선점하기 위해 전략적 제휴(strategic alliance)나 M&A를 통해 사업을 다각화해야 한다. AOL은 PC 통신업체로 출발하였으나 고객에게 다양한 컨텐츠를 제공하기 위해 반즈앤노블 등 수십개의 관련 업체와 전략적인 제휴를 맺고 있다. 또한, 최근에는 타임워너와의 합병으로 고객에게 양질의 컨텐츠를 제공하는 기반을 구축하게 되었다.

분사화를 통해서도 신기술 개발이나 신규사업을 효율적으로 수행해야 한다. 반즈앤노블은 아마존에 대응하기 위해 bn.com을 분사화하여 인터넷 비즈니스(internet business)에 참여하고 있다. 국내의 벤처기업들도 운영효율성(operational efficiency) 제고, 신분야 개척, 코스닥(KOSDAQ) 등록 등을 목표로 분사화를 착수하고 있다.

4. 가상공동체를 수익원으로 활용

디지털경쟁(digital competition)에서는 가상공동체의 규모가 수익의 원천(profit source)임을 인식하고 회원확보와 공동체 관리에 중점을 두어야 한다. 리눅스는 소프트웨어 개발 과정에 가상공동체를 참여시켜 제품의 질적 향상과 새로운 표준 정립을 추구하고 있으며 도시바(Toshiba)의 경우에는 가상공동체의 중요성을 인식하지 못하고 고객불만에 잘못 대응하여 기업이미지(corporate image)가 크게 손상된 바 있다.

5. 기업간 전자상거래의 본격 진출

기업간 전자상거래(B2B : Business to Business)의 중요성을 인식하고 신속하게 대응해야 한다. GE는 1998년 10억 달러 규모의 물자를 전자상거래를 통해 구매했으며, 2000년대 초까지 50억 달러 규모로 증가시킬 계획이다. GE는 이를 통해 연간 5억~7억 달러의 구매비용을 절감하는 효과를 기대하고 있다. 최근에는 ERP가 인터넷과 결합되는 추세를 보이고 있다. B2B는 전세계 전자상거래의 80%(2002년)를 차지하는 등 기업간 전자상거래가 선택이 아닌 필수조건으로 부상하고 있다. 부품조달, 기술구매 등 기업자원조달이 전자상거래로 편입되는 추세이며, 국내에도 기업간 전자상거래를 전담하는 전문사이트(bizclick.net 등)가 등장하였다.

6. 새로운 경영전략의 수립

인텔(Intel)의 앤디 그로브 회장은 지금은 출구를 알 수 없는 전략적 변곡점에 직면해 있으며 디지털이 만드는 미래에는 과거와는 전혀 다른 새로운 경영전략이 필요함을 지적한 바 있다. 즉, 디지털환경에서 기업은 새로운 경영패러다임(new business paradigm)을 구축하고 이를 체질화해야 한다. 이를 위하여 기업들은 원자재 공급업체에서 최종고객에게 이르는 연결고리를 유기적으로 통합하여 효율적인 전자상거래 네트워크를 구축해야 한다.

6.1 사업전략

① 경영환경의 변화에 따라 즉각적으로 대응하는 이동표적형 전략 구사
② 미래를 내다보는 비전제시형 리더십(visionary leadership) 발휘

6.2 마케팅전략

① 연속적으로 대형 히트상품 창조(블록버스터 마케팅)
② 개개인을 하나의 목표시장(target market)으로 하여 접근(표적 마케팅)
③ 가상사회(virtual community)를 네트워킹으로 연결

6.3 운영전략

① SCM 구축
② 디지털 신경체계(DNS : Digital Nervous System) 구축

6.4 인사전략

① 자생력을 가진 프랙탈(Fractal = 분할(frature) +파편(fraction)) 조직 구축

② 유능한 인재를 확보하고 성과공유 보상프로그램(reward program) 도입

제 2 편

현대경제 환경의 변화

제 3 장

글로벌 경제의 불확실성 증대

1990년대 이후 세계경제적인 측면에서 새롭게 등장한 조류(global trend)는 세계화(globalization)의 진전과 정보통신산업의 발전이라고 할 수 있으며 세계정치적인 측면으로는 냉전(Cold War)의 종식을 지적할 수 있다.

세계경제 및 정치면에서 나타난 이러한 3가지 조류는 세계자원 이용의 효율성 증대, 생활의 편의성 및 생산성 증대, 세계정치의 안정 등을 통해 세계경제 발전에 기여하고 있다고 평가할 수 있다. 그러나 한편으로 이러한 조류들은 세계빈부격차의 심화, 다극체제(multipolar system)의 붕괴 등을 초래하여 불확실성(uncertainty)을 증대시키는 요인이 되고 있다. 이러한 불확실성 증대의 여파는 한국과 같이 소규모 개방경제(small open economy) 체제에서 외부충격(external shock)에 취약한 대외의존적 경제구조를 가지고 있는 국가에는 더욱 더 큰 영향을 미치게 된다.

제 1 절 불확실성의 개념 및 경제적 의의

1. 불확실성의 개념

불확실성은 미래에 발생할 수 있는 사건의 개연성이 명확하지 않거나 측정 불가능한 상태(the situation that the likelihood of future events is indefinite or incalculable)를 의미한다. 불확실성이 리스크(risk)와 상이한 점은 리스크는 위험이 발생될 수 있는 확률(probability)이 어느 정도 알려져 있는데 비해 불확실성은 그것이 알려져 있지 않다는 점에서 차이가 있다.

2. 불확실성의 경제적 의의

불확실성이 증가하면 결국 경제적 비용(economic cost)이 수반되고 자원배분의 효율성(efficiency of resource allocation)이 저하된다.

2.1 경제적 비용의 초래

경제주체들은 불확실성이 증가하는 상황 하에서는 어떤 경제사건(economic event)에 대해 장기적인 시각에서 의사결정(decision making)을 내리기가 어렵게 된다. 따라서 다수의 경제활동이 단기적 관점에서 이루어지게 되어 사회의 안정성(social stability)이 저해되어 결국 사회 전체적으로 경제적 비용이 초래된다.

2.2 자원배분의 효율성 저하

경제주체들은 불확실성의 증가로 인해 발생할 수 있는 모든 가능성에 대한 준비를 철저히 해야 하므로 자원의 투입이 과다해지게 되고 결국 자원의 효율적 배분이 이루어지지 않게 되어 국민경제의 후생(welfare of national economy)이 저하된다.

9·11 미 테러사태 이후 세계 각국은 테러에 대한 불안감으로 인해 사회안전(social security)에 대한 불안감이 증폭되었다. 결국 미국은 테러방지와 사회안전을 보장하기 위해 경제의 생산성 제고와 무관한 분야에 막대한 자금을 투입하게 되었으며 1990년대 초반이래 경기침체(recession)에 시달리고 있는 일본도 경기침체로 인한 고용불안 및 소득감소의 가능성이 증가하고 정부부채 누증에 따른 국민들의 연금제도 불신 등으로 인해 불확실성이 증가하면서 민간부문의 소비감소와 저축증대 현상이 나타나고 있는데 이것이 경기침체의 장기화와 디플레이션(deflation, 물가하락)의 주요 요인이 되고 있다.

2.3 경제정책의 유효성 저하

불확실성의 증가가 정책당국의 정책실패(policy failure)에 의해 초래된 경우에는 정부정책에 대한 경제주체들의 신뢰상실(loss of confidence)로 이어져 경제정책의 유효성(effectiveness of economic policy)을 저하시키게 된다.

제 2 절 이라크전 이후의 경제적 불확실성

이라크전이 예상보다 신속하게 종결되었으나 세계경제의 불확실성(uncertainty of global economy)은 여전히 남아있다. 일부 경제학자들은 전쟁이라는 불확실성만 제거되면 2000년 이후 미국경제를 비롯하여 세계경제가 침체되고 있는 현상이 어느 정도 극복될 수 있을 것으로 기대하였다. 그러나 신속한 이라크전의 종결에도 불구하고 해소될 수 없는 성격의 불확실성이 여전히 세계경제를 짓누루고 있다. 이라크전 이후 세계경제의 불확실성을 야기시키고 있는 6가지 측면을 살펴보고자 한다.

1. 기업투자

시장의 기대대로 전쟁이 종료되면 기업은 설비투자가 활성화되고 기업수익이 증가할지 여부부터 불확실하며 현재로서는 가능성이 크지 않다고 할 수 있다. 이러한 전망의 근거는 기업들이 전쟁종결을 기다리고 설비투자 시기를 지연시키고 있는 것이 아니라는 점이다. 아직도 대다수의 기업들은 신규설비를 확대해 생산능력(production capacity)을 제고시키기보다는 오히려 과잉설비 문제를 어떻게 해결하느냐에 역량을 집중시키고 있다. 세계산업계는 1990년대 말 정보통신부문을 비롯한 일부 산업분야에서 이루어진 과도한 시설투자의 부작용에서 아직도 완전히 벗어나지 못하고 있는 실정이다.

2. 고용

전쟁 이후에도 고용시장의 불안요소는 여전히 남아 있다고 할 수 있다. 세계적인 경기침체에서 생존하기 위해 비용절감(cost reduction)에 나선 기업들은 가장 먼저 인력감축을 단행하였다. 최근 들어 글로벌 경기침체(global recession)가 심화되면서 다수의 기업들이 구조조정을 단행하고 있으며 경쟁의 심화로 인해 개별 기업들의 가격통제력이 감소되면서 상품가격이 하락하고 이에 따른 수익감소로 기업들은 신규고용을 자제하고 있다.

고용시장의 불확실성(uncertainty of job market)이 지속되면서 일부 경제전문가들은 본격적인 경기회복 전에 수년간 경기가 침체국면에서 벗어나지 못할 개연성도 지적하고 있다.

3. 가계소비

세계경제의 기관차인 미국경제를 지탱해왔던 가계소비가 지속될지의 여부도 불분명하다고 할 수 있다. 차입을 통한 가계지출이 증대하면서 미국의 가계부채는 급증하여 국내총생산(GDP) 대비 83%를 기록하고 있다. 이는 1991년 걸프전 때의 64%에 비해 무려 19% 포인트가 증가한 수치다. 이례적인 저금리 추세와 주택시장 활황으로 인해 가계차입·지출이 급증했지만 이러한 급증세는 최근 들어 변화조짐을 보이고 있다.

4. 재정적자

미국의 재정적자(fiscal deficit)가 통제불능상태로 확대될지에 대한 불확실성도 정책당국(policy authorities)의 커다란 부담이 되고 있다. 2003 회계연도(2002년 10월~2003년 9월) 첫 5개월간 미 재정적자 규모는 1,939억 달러로 증가한바 있다. 이는 전년도 동 기간에 기록한 재정적자 규모(677억 달러)의 3배에 이르는 액수이다. 부시 행정부는 재정적자의 심각성에 대해 평가절하시키고 있지만 이라크 전비, 재건비용, 감세로 인한 세수의 축소, 경기부양 조치 등으로 정부지출 수요가 지속적으로 확대될 수밖에 없어 재정적자는 당분간 미국의 구조적인 문제가 될 것으로 예상된다.

특히, 재정적자가 급증하여 미국 정부가 이러한 적자를 보전하기 위해 대규모 국채발행을 단행할 경우 시중금리가 급등하여 미 경제전반에 악영향을 미치게 될 가능성도 큰 것으로 지적되고 있다.

5. 경상수지 적자

이미 2002년 국내총생산(GDP)의 5% 수준으로 확대된 경상수지 적자는 이후에도 지속적으로 증대되고 있다. 쌍둥이적자(twin deficit)가 커지게 되면 달러화의 가치가 급락하고 미 달러표시자산에 대한 선호도가 감소되면서 주가가 하락하게 되고 금리가 상승하게 되어 미 경제에 상당한 부담을 주게 된다.

6. 지정학적 불확실성

이라크 전쟁 이후에도 여전히 지정학적인 리스크는 상존하고 있다. 이는 부시 대통령이 악의 축(axis of evil)으로 규정한 북한, 이란 문제가 아직도 해결되지 않고 있기 때문이다. 또한, 반전입장을 표명했던 독일, 프랑스와 무역마찰을 일으킬 가능성과 함께 반미감정 확산으로 대미 보복테러가 자행될 가능성도 여전히 남아 있다.

모건스탠리(Morgan Stanley)의 스티븐 로치 수석이코노미스트의 지적은 이러한 문제의 심각성을 더하고 있는데 그는 현재 세계의 상황에 대해 1991년 걸프전(Gulf War) 때보다 훨씬 불안정하다고 위험스러운 상황이 되어가고 있다고 진단한 바 있다.

〈표 3-1〉 이라크전 종전 이후에도 해소되지 않는 불확실성

불확실성	파급여파
기업 설비투자 활성화 · 이익 증가	기업 과잉설비 축소에 주력 → 신규투자여력 빈약 기업 가격통제력 축소 → 기업실적 악화
고용시장 회복	기업 비용절감 → 인력감축, 신규고용 축소 고용시장 위축 → 개인 가처분소득 감소 → 소비지출 둔화
가계소비지출	미 가계부채 급증 · 주택경기 거품 조짐 → 소비둔화 가능성
재정적자 지속	재정적자 통제불능 확대 → 달러자산 매력 추락 국채발행 급증 → 금리급등, 기업실적 부담
미 정부 경기부양능력	미 금리 41년래 최저 → 추가 인하 여력 소진
지정학적 불확실성	북한 · 이란 문제 → 지정학적 불안요인 상존
무역마찰	독일 · 프랑스 등 반전국과의 무역마찰 → 국제무역질서 혼란 우려

자료 : 매경, 2003. 3. 25.

제 3 절 불확실성 하의 기업전략

생산량의 결정, 생산제품의 결정, 제품가격의 결정, 표준모델의 설정 등 기업이 당면하는 경영의사 결정과정(business decision-making process)은 각종 예측과 그에 따른 계획의 연속이라고 할 수 있다. 그러나 이러한 미래를 정확히 예측하기란 사실상 불가능하다. 1968년 독일의 공학자 디트리히 브라이스가 발표한 '브라이스의 역설'은 지극히 상식적이고 단순한 예측도 틀릴 수 있음을 보여주는 고전적인 사례(classic example)로 지칭된다. 브라이스는 수년에 걸친 연구결과 고속도로를 확장하는 것이 항상 교통소통을 원활하게 하는 것은 아니며 가끔씩은 교통혼란을 가중시키는 경우도 있음을 발견하였다. 이는 차로가 증가하면 운전자가 차로를 변경하려는 욕구가 더욱 강해지기 때문에 발생하게 된다.[1)]

이러한 사례는 최근 과학계에서 이슈가 되고 있는 복잡성(complexity)으로 설명할 수 있다. 개체가 상호역할을 주고받으며 움직일 경우 전체의 움직임이 어느 방

1) 동아일보, 2003. 4. 9. 참조

향으로 움직일지는 예측하기 어렵다. 수많은 개인이 참여하고 수많은 변수가 작용하는 주가(stock price)의 움직임이 복잡성의 대표적인 사례라고 할 수 있다. 저명한 증권분석가들도 주가의 상승과 하락을 알아맞히는 확률 50%의 게임에서 숱하게 오류를 범하게 된다. 이러한 상황을 인식해서 주가를 설명하는 이론 중의 하나인 'random walk theory'도 파생되었다고 할 수 있다.

에이전트기반모형(agent-based modeling)은 이 같은 복잡성을 인식해서 개체의 행위를 실제 상황에 유사하게 프로그램밍한 다음 컴퓨터를 통해 모의가상실험(simulation)을 해보는 방법이다. 이 방법은 주로 수학공식으로 풀 수 없는 동적인 상황(dynamic situation)을 예측할 때 사용된다. 세계적 경영컨설팅기업인 캡 제미니 언스트 앤드 영은 최근 휴렛팩커드(HP)의 조직변화 프로젝트를 수행한 바 있다. HP의 경영진은 서비스부문을 강화하기로 결정한 후 기업충성도(corporate loyalty)는 낮지만 해당업무에 경험이 많은 컨설턴트들을 상다수 채용하여 조직의 약점을 보완하는 방안을 검토했는 데 이는 기존 직원들의 충성도가 워낙 높았기 때문에 별 문제가 없는 것으로 판단했기 때문이다. 그러나 '에이전트기반모형'을 이용한 시뮬레이션 결과는 예상과는 달리 충성도가 높았던 직원들의 이직을 촉진시켜 기업의 존립기반이 위태로울 수 있다는 결과가 나왔다. 또한, 기업전체의 지식수준도 저하되는 것으로 나타났으며 따라서 HP는 결국 수년에 걸친 점진적인 변화를 선택하게 되었다.

기업을 둘러싸고 있는 환경변화를 예측해서 대응하는 것도 중요하지만 기업이 불확실성에 대처하는 가장 최선의 방법은 미래를 만들어 나가는 것이라고 할 수 있다. 즉, 타 기업보다 앞선 기술력과 양산능력을 기반으로 시장의 주도권을 획득하여야 한다.

〈표 3-2〉 불확실성 하의 기업전략

	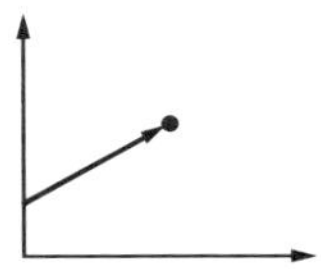 미래가 분명한 경우	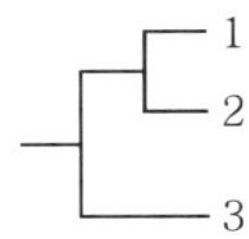 몇 가지 경우의 수	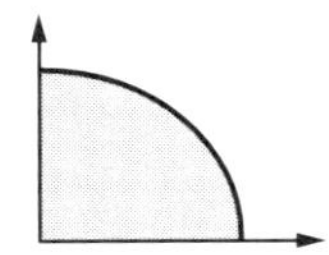 미래의 범위	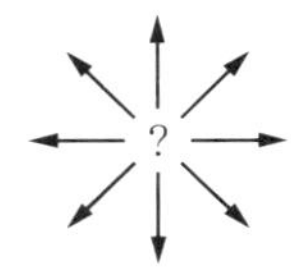 진정한 불확실성
의미	· 명확하게 하나의 예측이 가능할 때	· 미래의 몇몇 서로 다른 결과	· 발생할 수 있는 결과의 범위가 있을 때	· 미래를 예측할 근거가 없을 때
분석 도구	· 전통적인 전략 기법	· 의사분석 · 옵션평가모형 · 게임이론	· 잠재수요 예측 · 기술예측 · 시나리오계획	· 유추/형태 인식 · 비선형 동적모형
사례	· 저가 항공사의 진입에 대한 대응	· 규제가 풀린 지역 통신시장 진입을 위한 장거리 전화 회사의 전략	· 인도처럼 신흥 시장에 진입할 때	· 1992년 러시아 시장진입

자료 : Harvard Business Review

제 4 절 세계경제의 변화

1990년대 이후 세계경제의 변화를 다음 2가지 측면에서 살펴보고자 한다.[2)]

1. 세계화

세계화는 1990년대 이후 자유무역협정(FTA : Free Trade Agreement)의 확산, 금융자유화(financial liberalization)의 추진 등으로 급속히 진행되고 있다. 세계화의 영향에 대해서는 긍정적 시각과 부정적 시각이 동시에 존재하고 있고 논란이 지속되고 있지만 세계경제의 전체적인 관점에서 볼 때는 무역자유화·자본자유화의 진전으로 인해 무역과 자본거래가 크게 증가하여 자원배분의 효율성이 증대되면서 국

2) 한국은행, 한은정보, 2001. 12. 참조

제교역질서에서 시장경제원리(principle of market economy)가 보편적인 가치규범으로 적용되고 있다.

따라서 세계화는 선진국뿐만 아니라 개발도상국의 경제성장과 생활수준(life standard)의 향상에 도움이 되며 궁극적으로 세계경제의 후생(welfare of global econmy) 증대에도 기여하고 있다는 것이 일반적인 견해로 받아들여지고 있다.

〈표 3-3〉 세계 교역신장률 및 GDP 성장률

(단위 : %)

기 간	연평균 교역[1] 신장률		연평균 GDP 성장률		
	상품 및 서비스	상품	세계	선진국	개발도상국
1983~1992	5.3	5.6	3.4	3.3	4.7
1993~2002	6.9	7.2	3.5	2.7	5.4

주 : 1) 수출 + 수입(물량기준)
자료 : IMF, World Economic Outlook, 2001. 10.
한국은행, 한은정보, 2001. 12.

한편, 세계화가 진전되면서 경제의 개방도가 제고되고 경제주체들의 활동영역, 특히 다국적기업들의 활동무대가 전세계로 확산되면서 세계경제는 그만큼 불확실성이 증대되고 있다. 세계화로 인해 초래되는 세계경제의 불확실성을 다음 2가지 측면에서 간략히 살펴보고자 한다.

1.1 상품시장의 불확실성 증대

세계화의 진전으로 전세계 GDP 대비 교역규모(수출 + 수입)의 비율은 1970년 28%에서 1999년에는 52%로 급증하였다. 1990년대 이후 세계경제의 불확실성은 전세계적으로 무역의존도가 증대되면서 외부충격에 따른 수출입변화에 의해 초래되고 있다.[3)]

전세계적으로 무역의존도가 심화되는 가운데 다국적기업(MNCs : Multinational Corporations)의 활동이 강화되면서 세계 주요 기업들은 세계시장에서 경쟁할 수 있는 제품의 생산에 특화(specialization)하게 되고 이러한 특화된 산업에서 경기변동

3) 한국의 경우 동 기간 중 GDP 대비 무역규모의 비중은 37%에서 77%로 크게 증가하였다.

(business cycle)이 발생하는 경우에는 경제의 변동성(economic variability)이 증가하게 된다. 또한, 세계단일시장의 출현이 가시화되면서 치열한 경쟁이 발생하게 되며 개별기업들은 신상품 및 신기술개발, 원가절감 등 경쟁력 강화에 총력을 기울이게 되고 경쟁력을 확보하지 못하게 되면 시장에서 퇴출될 수 있는 경영상의 불확실성에 노출되고 있다.

1.2 금융시장의 불확실성 증대

1990년대 이후 금융자유화의 추진으로 세계 각국 금융시장의 개방도가 증대되면서 금융시장의 통합(integration of financial market)이 급속도로 진행되고 있다.

금융통합의 진전으로 선진국 금융기관들은 투자기회의 다양화와 이로 인한 투자수익의 증대를 이룰 수 있게 되었고 자본이 부족한 신흥시장국의 입장에서는 경제발전에 필요한 자본을 원활히 조달할 수 있게 되고 자국에 진출한 선진금융기관으로부터 첨단 금융기법을 습득할 수 있게 되었다. 그러나 금융통합이 진전되면서 주요국의 금리조절 등 통화정책의 변화, 대규모 국제투자펀드(international investment fund)의 동향, 주요 통화간 통화가치의 변동 등 국제금융시장에서 발생되는 변화가 자국금융시장에 즉각적으로(immediately) 전파되면서 신속하고도 지대한 영향을 미치고 있다.

이 같이 금융시장을 통해 전파되는 영향은 사전예측이 어려울 뿐만 아니라 파급시차도 매우 짧기 때문에 금리, 환율, 통화량, 주가, 물가 등 주요 거시경제변수의 변동가능성이 그 만큼 커지게 되었고 이로 인해 경제전체의 불확실성이 증대되고 있다.

2. 정보통신산업

1990년대 이후 세계경제 측면에서 나타난 두 번째 조류는 정보통신산업의 비약적 발전이라고 지적할 수 있다. IMF의 분석에 의하면 컴퓨터, 유・무선 통신, 소프트웨어로 대변되는 정보통신산업은 1990~1998년 중 선진국 경제성장의 상당부분을 차지하고 있는 것으로 나타났다. 이 기간 동안 정보통신산업의 주요국 경제성장에 대한 기여도를 살펴보면 실질 GDP 성장률에 있어서 미국(3.2%)이 가장 크게 나타나고 있으며 그 뒤를 네덜란드(2.5%), 캐나다(2.1%), 영국(2.1%), 덴마크(1.8%) 등이 잇고 있고 일본(1.4%)은 이탈리아(1.4%), 프랑스(1.3%)와 비슷한 수준을 보이고 있다.

IT 산업은 향후에도 주요국 경제성장의 가장 중요한 요인 중의 하나로서 기여할 것으로 기대되지만 다음과 같은 불확실성도 내포하고 있다. IT 산업의 발전으로 인해 세계경제에 초래되는 불확실성은 다음 2가지 측면에서 살펴볼 수 있다.

2.1 기술발전 및 신상품개발

정보통신산업은 '무어의 법칙'(Moore's Law)이 시사하는 바와 같이 그 발전속도가 매우 빠른 것이 특징이다.[4] 이 같이 기술발전속도(speed of technological development)가 매우 빠르게 때문에 기업들은 이러한 추세에 적응하기 위해 끊임없는 기술개발을 이루어내야 하며 이러한 상황에 적응하지 못할 경우 경쟁에서 낙오하게 되고 궁극적으로는 시장에서 도태되게 된다. 즉, 산업의 특성상 기술주기(technology cycle)가 매우 짧고 생산설비의 교체도 빈번하게 이루어지는 만큼 투자의 적정 시점과 규모(proper time and size of investment)를 파악하기 힘들기 때문에 과잉투자가 발생될 가능성이 커지게 된다.

정보통신산업의 과잉투자의 전형적인 예로 광통신케이블(fiber optics cable)을 지적할 수 있다. 현재 전세계에 매설되어 있는 광통신케이블 중 상시 이용되는 비율은 1~2%에 불과한 것으로 나타나고 있어 90% 이상의 설비가 과잉투자되고 있다.

한편, 정보통신산업에 속하는 기업들은 상기한 측면 이외에 타 산업에 비해 새로운 상품과 사업모델을 지속적으로 개발해야 하는 부담을 안고 있으나 이러한 사업의 수익성(profitability)은 매우 불투명한 것이 사실이다.

2.2 승자독식의 원칙

정보통신산업은 선도자의 이익(pioneer advantage)과 승자독식(winner-takes-all)의 특성을 가지고 있어서 소비자로부터 호평을 받는 신상품을 시장에 먼저 소개하

4) '무어의 법칙'이란 마이크로칩(microchip) 기술에 관련된 것으로 마이크로칩에 집적할 수 있는 트랜지스터의 양이 매년 2배씩 증가한다는 법칙을 말한다.

거나 IT 제품의 표준경쟁에서 경쟁사의 제품을 물리치고 자사제품이나 기술이 채택될 경우에는 시장에서 발생될 수 있는 이익의 대부분을 차지할 수 있지만 그렇지 못할 경우에는 시장에서 도태될 가능성이 그 만큼 커지게 된다.

제 4 장

디지털경제의 부상

1990년대 이후 세계경제는 급속도로 국경없는 세계경제(borderless global economy), 즉 단일경제권으로 통합되고 있다. 무역 및 투자자유화(trade and investment liberalization), 경제통합의 확대(expansion of economic integration), 정보기술(IT) 및 물류혁명 등 경제의 범세계화를 촉진하는 다양한 요소 중에서도 가장 두드러진 현상은 정보기술혁명(IT revolution)이라고 할 수 있다. 전자상거래와 그의 원천이 되는 정보기술산업의 급속한 성장으로 21세기는 소위 인터넷과 정보기술에 기반을 둔 디지털경제(digital economy)의 시대가 될 것으로 전망된다. 현재 태동기에 있는 디지털경제는 향후 세계경제환경에 지대한 영향을 미칠 것임은 자명한 사실이다.

디지털경제의 등장은 18세기 후반의 산업혁명(industrial revolution)에 비유되는 새로운 혁명으로서 정보기술혁명 또는 신산업혁명으로 지칭되고 있으며, 세계경제를 그 어느 때보다 신속하게 통합시키는 동시에 새로운 국가 및 기업경영의 형태를 만들어 내면서 소득과 고용을 창출하는 세계경제성장의 원동력이 될 것으로 기대된다.[1)]

1) 인터넷 비즈니스는 1990년대 중반 가능성 모색 단계를 거쳐서 이제 본격적인 사업화 단계에 진입했다. 인터넷은 21세기 산업발전의 원동력이 될 것으로 전망되고 있다. 각종 미디어의 이용자 수가 5천만명을 돌파하는 데에 소요된 시간을 기준으로 볼 때, 라디오가 38년, TV가 13년, PC가 16년이 소요된 데 비해 인터넷은 불과 4년에 지나지 않았다는 점에서 인터넷은 인류역사상 가장 급속도로 확산된 미디어라는 평가를 받고 있으며 그 내용면에 있어서도 인터넷 비즈니스는 유통은 물론이고, 금융, 주식거래, 경매, 오락, 택배서비스 등 산업전반으로 급속히 확산되고 있다(강인수 외, 국제경제학원론, 박영사, 2003. pp. 425~439 요약 · 재구성).

제 1 절 통신기술의 혁명적 발전

1. 국경없는 경제의 실현

1990년대 이후 정보통신기술(IT)의 발달은 디지털기술(digital technology)의 급속한 발전으로 인해 가능해졌다. 이전에 디지털은 기술적 의미로만 사용되어 왔으나 1990년대 이후 산업전반을 변화시키는 원동력으로 강력한 영향력을 행사하고 있다.[2)]

1950년대 컴퓨터의 상용화를 계기로 출현한 디지털기술은 1980년대까지 정보기기 및 통신기기의 디지털화가 실현되면서 더욱 급속히 진전되었다. 1990년대 들어 인터넷의 보급은 본격적인 디지털경제시대를 가능하게 하는 촉매제 역할을 하고 있는데 이제 디지털은 기술발전과 인프라구축의 차원을 넘어서 향후 지식기반사회(knowledge-based society)의 핵심이 되고 있다.

디지털경제 하에서 가장 두드러진 현상은 경제통합의 가속화(acceleration of economic integration)에 따른 국경없는 경제(borderless economy)의 실현이라고 할 수 있다. 즉, 디지털화되어 전자전송이 가능한 서비스로 인해 이제 전세계적인 생산과 단시간 내의 유통이 가능하게 되었다. 이에 따라 상품 및 서비스의 거래가 지역이나 시간 또는 국경에 관계없이 이루어질 수 있게 되었다.

시간과 공간의 제약성을 극복한 정보통신기술의 발달은 엄청난 경제적 효과를 파생시키고 있다. 이러한 경제적 효과는 다음 4가지 측면에서 살펴볼 수 있다.

① 공급자와 수요자 사이에 존재해 왔던 복잡한 유통단계를 제거시킴으로써 일반 소비자나 기업들이 지불해야 할 거래비용(transaction cost)을 크게 절감시키고 있다.

---

2) 디지털은 연속적인 신호나 현상을 그 자체의 물리량으로 나타내는 아날로그(analogue) 신호를 '0과 1의 조합'으로 나타낸 것이다.

② 거래시간이 단축되고 중간상의 필요성이 없어지면서 거래비용이 대폭적으로 감소됨에 따라 소비자들이 지불해야 할 가격 역시 파격적으로 낮아지게 된다.
③ 신규기업의 시장진입에 부수되는 비용이 제거된다. 디지털경제 하에서는 수많은 기업, 특히 새롭게 영업을 하려는 기업들의 시장진입이 보다 용이해지면서 일부 기업의 독과점적 지위의 유지가 실질적으로 어렵게 된다.
④ 디지털시대에는 모든 기업이 경쟁상황에 직면하게 되고 그에 따라 소비자뿐만 아니라 중소기업까지도 커다란 혜택을 볼 수 있게 된다. 이제 대기업이나 중소기업 등 기업규모에 관계없이 모든 기업들이 범세계적 시장에 완전한 참여가 가능하게 된다.

2. 지식과 정보의 중요성 증대

디지털경제시대에서의 또 다른 중요한 특징은 지식(knowledge)과 정보(information)가 가장 중요한 생산요소로 부상하게 되고 세계경제통합(global economic integration)의 가장 주된 동력을 제공한다는 것이다. 글로벌 경제를 실현시키는 데에는 정보가 핵심요소가 되고 있다. 1980년대에는 무역 및 투자의 급증이 경제의 범세계화에 추진력을 제공했으나, 이제는 국경없는 경제를 형성하는 기술에의 접근능력이 그 추진력이 되고 있다. 물론 기술의 확산은 최근에 갑자기 등장한 것은 아니지만 컴퓨터, 전화, 팩스기 등이 경제의 범세계화를 가속화시킴과 더불어 그 범위도 한층 확대시키고 있다.

특정 지역이나 국가에 국한되지 않는 디지털경제는 토지나 노동력 또는 자본에 기반을 둔 전통적 경제사회와는 근본적으로 구별되고 있다. 정보기술에 기반을 둔 디지털경제는 어느 곳에서나 생성·발전하면서 과거에 경제적 잠재력(economic potentials)을 결정했던 토지, 노동, 자본 등 전통적 생산요소들의 특성을 약화시키고 있다. 즉, 전통적 생산요소가 절대적으로 부족한 국가나 지역들도 무한한 성장가능성을 가지게 됨으로써 새로운 국제관계를 형성하는 계기가 된다.

〈그림 4-1〉 디지털경제에서의 경제구조변화

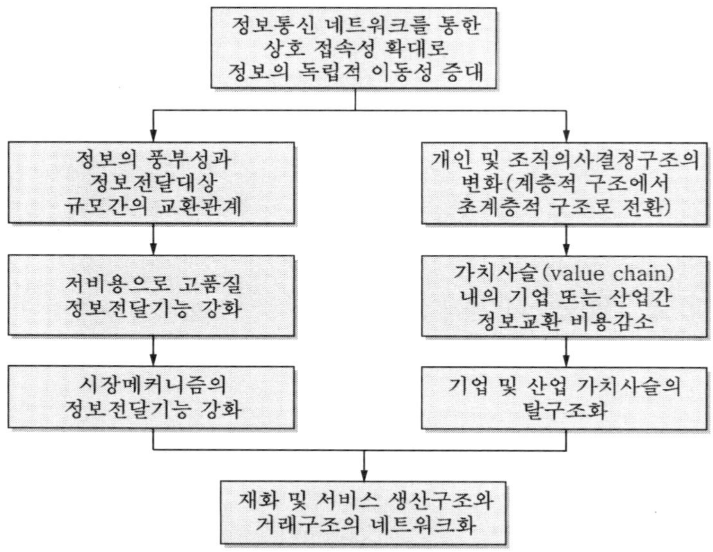

자료: 강인수 외, 국제경제학원론, 박영사, 2003, p. 429

3. 전자상거래의 발전

전자상거래(EC : Electronic Commerce)란 일반적인 의미에서 사이버 비즈니스(cyber business)라고도 하여 컴퓨터통신망을 통한 기업이나 정부기관과 같은 조직간, 또는 조직과 개인간 상품과 서비스의 구입, 판매, 광고, 고객 마케팅, 조달 등의 거래행위를 의미한다. 보다 광의의 의미로는 사이버 비즈니스는 물론이고 광속상거래(CALS : Commerce at Light Speed)도 포함하기도 한다.[3] 한편, 경제협력개발기구(OECD)는 전자상거래를 문자, 소리, 시각이미지를 포함하여 디지털화한 정보의 전송, 처리에 기초하여 이루어지는 모든 형태의 상업적 거래로 정의하고 있다.

세계 전자상거래 규모는 1994년 약 2억 5,000만 달러에서 2000년에는 1조 6,000억 달러, 2010년에는 5조 달러에 이를 것으로 전망되고 있다. 그러나 전자상거래에 대

3) CALS란 제품의 기획, 설계, 생산, 유통, 폐기에 이르기까지 수명주기(life cycle) 전반에 관련된 데이터를 통합하여 공통의 표준(common standard)을 사용하거나 교환하여 생산성향상을 추구하는 일련의 과정을 의미한다.

한 명확한 정의가 확립되어 있지 않고, 전자상거래의 성장 및 변화속도가 매우 신속하고 다양하며, 전자상거래와 전통적인 거래가 동시에 수행됨에 따라 그 구분이 모호하다고 할 수 있다. 따라서 전자상거래 활동과 관련된 가치를 정량화하는 것은 용이하지 않다.

전자상거래의 발전은 기본 무역방식의 형태를 혁명적으로 변화시키고 있다. 인터넷은 양방향 마케팅, 주문처리, 대금결제, 고객지원 등을 가상공간(cyber space) 상에서 가능하게 한다. 따라서 무역 EDI를 통한 무역자동화뿐만 아니라 재화와 용역을 국제적으로 매입하고 매도하는 데 있어서 시간과 공간의 제약을 넘어 거래비용을 최소화하고 있다. 따라서 기존의 비통합적이면서 단편적인 무역시장은 가상공간에서 구현되고 있으며 신용장 발행, 수출입 승인이나 추천, 보험증권 발행, 수출입 신고 등 복잡한 무역절차가 간소화되거나 폐지되고 있다. 예를 들면, 거래처 개발과 광고마케팅의 필요성은 여전히 존재하지만 이를 구현하는 방법이 크게 변화되고 있는 것이다. 또한, 대금결제에 전자화폐 등 새로운 수단이 이용되고 상품의 운송이나 물류에 항공운송이나 국제특송 등이 활발하게 이용되고 있다.[4)]

이러한 변화는 국가 간의 거래형태에 대한 변화뿐만 아니라 국가경제의 총체적인 변화와 함께 경제, 사회, 문화 등 경제의 각 부문에서도 다양한 변화를 야기시키고 있다. 즉, 정보통신기술의 발전에 따른 새로운 정보통신기기 및 서비스는 인터넷 등 전자적인 매체에 의한 거래에 새롭고 편리한 기능을 제공하게 되었고 이는 시장 구성원 간의 관계를 재구성하게 되며 기업간, 산업간, 국가 간에 있어서도 새로운 환경을 전개하는 계기가 되고 있다.

4) 기존에는 세계시장의 단일화에 따라 현지생산과 배달이 급속히 발전하고 통신망의 발전에 따른 국가 간의 서류교환이 급속도로 적어져 국제특송시장이 위축될 것으로 예상되었으나 오히려 인터넷을 통한 소액물품거래의 활성화에 따른 상품배송의 확대로 인하여 오히려 국제특송시장은 상대적으로 발전하고 있다.

제 2 절 경제환경의 변화

1. 소비 및 생산활동

디지털경제는 소비자의 소비활동이나 기업의 경영 및 생산활동에도 지대한 영향을 미치고 있다.

1.1 소비활동

(1) 제품선택기회의 확대 및 제품 질의 향상

소비자의 경우에는 정보통신의 발달로 물품을 구입할 수 있는 지역적 범위가 전 세계로 확대됨으로써 제품선택의 폭이 넓어진다. 시장공간의 제한이 제거되면서 제품의 종류도 다양해질 뿐만 아니라 개개의 제품에 있어서도 가격이나 질적인 차이를 고려하여 소비자기호(consumer tastes)에 적합한 물품을 구입할 수 있는 기회가 훨씬 확대되는 것이다. 현재 세계무역기구(WTO)에서는 전자상거래를 통상차원에서 취급함으로써 인터넷을 통한 거래에 대해 무관세는 물론이고 새로운 조세의 신설을 금지하는 등 전자상거래의 자유화 보장을 위한 다자간협상을 추진하고 있다. 현재에도 잠정적이나마 인터넷을 통한 물품구입에는 관세를 부과하지 못하도록 하는 데에 WTO 회원국 간의 합의가 이루어진 상태이다. 이 같은 다자간 차원의 노력이 성사될 경우 전자상거래에 대한 시장진입장벽(market entry barrier)이 낮아짐으로써 경쟁이 촉진되고, 그에 따라 제품의 질도 전반적으로 향상될 것임은 주지의 사실이다.

(2) 거래비용의 절감

인터넷을 통해 간편하고 신속한 절차에 의한 물품구입이 가능해짐으로써 소비자의 거래비용도 현저하게 절감시키는 효과가 발생된다. 즉, 전자상거래와 관련된 모든 서류도 전자문서로 대체되고 대금지급까지도 인터넷상의 사이버 은행을 통해 전자카드로의 결제가 가능하게 되는 등 각 단계별 중개 메커니즘을 거치지 않음으로써 소비자의 편의는 물론이고 거래비용도 대폭 절감되게 된다.

(3) 가격인하효과

디지털경제 하에서는 경쟁이 촉진되고 유통단계에서의 중개기능이 제거됨으로써 유통마진의 축소에 따른 가격의 인하효과가 발생된다. 현재, 전자상거래가 급속히 확산되는 과정에서도 가격하락이 크게 발생하지 않고 있는데 그 주된 이유는 아직까지 기존의 전통적인 유통망의 영향력이 크기 때문인 것으로 분석되고 있다. 그러나 최근 들어 인터넷을 이용한 구매형태의 신뢰도가 제고되고 가격인하가 확산되고 있다. 예를 들면, 인터넷 상점은 일반상점에 비해 가격이 10~15% 정도 저렴한 것으로 조사되고 있다. 향후 인터넷으로 인해 전통상점의 가격인하가 사회 전체로 확산될 것으로 예상된다.

1.2 생산활동

전술한 모든 현상은 디지털경제 하에서 모든 경제활동이 소비자 중심으로 이루어진다는 것을 의미한다. 이는 결국 소비자뿐만 아니라 기업의 경제활동도 크게 변화시키게 된다. 디지털경제가 정착됨에 따라 기업들의 조달 및 물류비용, 재고비용, 판매비용, 유통비용 등 제반비용이 대폭 절감된다. 그러나 이 같은 효과는 정도의 차이만 있을 뿐 모든 기업들에게 공통적으로 적용되는 일반적 효과이며 시장진입장벽이 현저히 낮아져 경쟁이 심화된 상황에서 개별기업들이 효율적으로 경쟁하기 위해서는 정보기술투자를 대폭 확대해야만 한다. 소비자기호의 변화에 신속히 부응하기 위해 소비자에 대한 신속한 정보수집을 바탕으로 제품의 다양성을 확보하는 동시에 개별 소비자의 취향에 맞추어 신속히 제품을 생산할 수 있는 능력을 갖추어야만 한다.

(1) 정보기술투자의 확대

기업들은 과거의 대량생산체제(mass production system)에서 다품종 소량생산체제로 전환해야 되는데, 이를 위해서는 디자인 능력이나 제품혁신 능력이 필요하다. 따라서 기업들에게는 효율적 정보수집 및 네트워크체계를 기반으로 하는 정보기술

투자의 확대가 절대적으로 요구된다고 할 수 있다.

(2) 고급인력에 대한 수요증가

자동화투자, 전산화투자 등 기업의 정보기술투자가 확대되면서 정보기술 등을 구비한 전문인력, 즉 고급인력에 대한 노동수요도 증가하게 된다. 고급인력에 대한 노동수요의 증가는 사회전반에 걸쳐 노동생산성(labor productivity)을 증가시키는 효과를 야기시킬 것이며, 이는 결국 개개인의 경제활동을 변화시키는 동시에 전반적인 산업구조를 지식기반산업 중심으로 개편하는 결과를 초래하게 된다.

〈표 4-1〉 디지털경제에서의 경제활동의 변화

구분	산업사회		디지털경제	
	가치창출의 주요 수단	필요 생산요소, 기술 및 능력	가치창출의 주요 수단	필요 생산요소, 기술 및 능력
제품 및 기술 개발	대량생산용 제품개발	복제기술, 공정혁신	다양성, 맞춤성, 짧은 제품수명주기 (product life cycle)	디자인 능력, 제품혁신, 적기 시장화능력 (time to market)
조달 및 물류	수직적 결합 (vertical integration) 을 통한 구매력 확보	자본력 및 시장지배력	가상적 결합 (virtual integration), 전방위조달 (global sourcing)	네트워크효과, 정보수집 및 교환능력
제품 생산	규모의 경제 (economies of scale) 를 통한 비용절감	대기업, 대량생산	다품종 소량생산을 통한 재고감축	전문기업, 대량고객상대 주문생산 (build-to-order, just-in-time)
판매 및 유통	대규모 시장과의 근접성, 시장점유율	대리점, 영업사원, 홍보물	개별판매 (ono-to-one marketing)	소비자 DB확보, 사이버무역 (cyber trading), 정보 인프라
A/S	불량품의 회수 및 수리	담당인력의 확보	효율적 활용을 위한 도움	Q/A, DB 및 알기 쉬운 설명서 (smart manual) 제공, 소비자 의견수렴의 원활화

자료 : 강인수 외, 전게서, p. 434

2. 산업구조

디지털경제의 정착에 따른 세계화(globalization)의 진전은 지식과 정보를 기반으로 하는 각국의 산업을 고도화시키게 된다. 1990년대 이후 세계화가 전세계에 확산되면서 세계의 다수국이 지향하고 있는 '지식기반산업'으로의 이행은 이 같은 현상을 잘 설명하고 있다. 사실상 지식기반산업에 대해 국제적으로 확립된 정의는 없으며 오히려 OECD 등 국제기구에서는 '산업'(industry)이라는 용어보다는 '경제'(economy)라는 용어를 자주 사용함으로써 오히려 '지식기반경제'라는 용어가 국제적으로는 더욱 활용되고 있는 편이다. 다만 지식기반경제로의 이행은 결국 산업구조의 변화를 필수적으로 필요로 한다는 측면에서 지식기반산업이라는 새로운 용어가 탄생한 것으로 이해할 수 있다. 새로운 지식이 창출되는 과정에서 지식과 정보는 산업구조의 고도화를 위한 핵심적인 자원이며 생산요소인 동시에 그 자체가 제품이나 서비스가 될 수 있다.

지식기반산업을 구축하는 데에 주도적 역할을 수행하는 것이 바로 정보통신기술이라고 할 수 있다. 따라서 토지, 노동, 자본 등 전통적인 생산요소에 대부분의 기반을 둔 현재의 산업구조는 정보와 지식을 기반으로 하는 첨단기술산업이나 하드웨어, 소프트웨어 등 컴퓨터관련 산업, 그리고 제조업의 부가가치를 제고시키는 각종 서비스산업 위주의 산업구조로 전환되게 된다. 이 같은 산업구조상의 변화가 반드시 정보통신산업에만 국한되는 것은 아니다. 지식집약도가 높은 산업, 지식 자체가 거래대상이 되는 산업, 또는 지식을 투입함으로써 부가가치나 생산이 증가하는 산업 등이 모두 지식기반산업으로 분류될 수 있다. 따라서 전자 · 통신기기, 소프트웨어, 데이터베이스(database) 등 정보통신산업뿐만 아니라 정밀화학, 신소재, 생명공학, 디자인, 환경에너지 등 지식이 투입되는 모든 산업이 지식기반산업이라고 할 수 있다.

한편, 다수의 경제학자들은 디지털경제시대에는 정보통신산업이 모든 산업의 기간산업이 될 것으로 보고 있다. 즉, 정보통신기술을 바탕으로 신산업이 등장함과 더불어 기존 산업 역시 정보통신의 활용도를 제고시켜 고부가가치를 창출하는 고부가

가치형 산업구조가 형성되게 된다. 정보통신기술의 발달은 모든 산업에 있어서의 생산력을 비약적으로 증대시키고, 인간의 삶에 대한 관심이 제고되면서 생명공학이나 환경산업분야 역시 급속히 발전하게 된다.

3. 교역환경

디지털경제시대에는 각종 정보기술이 통합적으로 활용되어 가상공간(cyber space)에서 전자방식을 이용한 국경간 재화 및 서비스의 거래가 활성화된다. 국경간 기업들이 개방형 네트워크인 인터넷을 활용하여 가상공간에서 상품 및 서비스를 주문하고 지불하는 거래형태가 일반화되는 데 이는 곧 무역환경의 엄청난 변화를 의미한다. 정보수집 및 광고단계에서부터 의사교환, 계약체결, 대금결제, 물류운송에 이르기까지 기업들의 모든 상행위 및 관습이 대인적 거래방식에서 컴퓨터와 정보통신을 활용하는 비대인적인 거래방식으로 전환되게 된다.

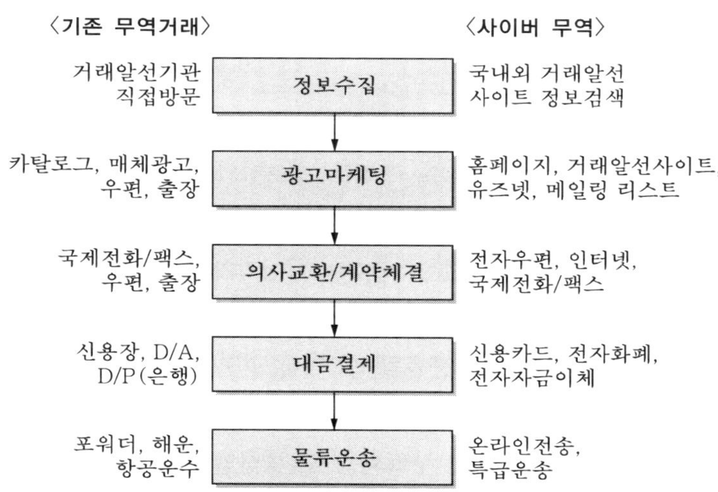

자료: 강인수 외, 전게서, p. 438

〈그림 4-2〉 기존 무역거래와 사이버 무역의 비교

3.1 인터넷의 역할 증대로 인한 국제교역의 확대

다수의 공급자와 수요자가 거래할 수 있는 시장이 인터넷상에 생성되어 특정제품이나 서비스의 공급자와 수요자가 사이버 공간을 통해 직접적으로 접촉하게 된다. 즉, 인터넷이 기존의 무역중개상 역할을 대신하고 수요자는 이를 통해 정보를 수집하는 동시에 거래관련 의사교환을 하게 된다. 따라서 인터넷상의 무역알선사이트가 생산자와 구매자를 알선하여 거래가 가능하도록 중개상의 역할을 하게 된다.

이러한 경우 신속한 거래와 거래비용의 절감이라는 이점과 함께 다수의 공급자와 수요자가 접촉하게 함으로써 국제교역의 대폭적인 확대가 이루어지게 된다.

3.2 전자적 수단에 의한 계약체결 및 결제방식의 확대

이전의 물리적 우편방식으로 전달되는 서류 또는 직접 대면에 의한 계약체결 방식보다는 전자적 수단에 의한 계약체결 방식이 적극적으로 활용된다. 물론 이를 위해서 전자문서에 대해 국제적으로 공통된 인증 및 표준제도가 마련되어야 한다. 결제방식에 있어서도 이전의 은행의 신용장을 중심으로 이루어지던 결제방식이 신용카드, 전자현금, 전자수표, 전자대금이체 시스템으로 대체되게 된다. 현재에는 기업과 개인 간의 소액거래에 대한 결제만이 전자수단에 의해 이루어지고 있으나 향후 기업 간의 대규모 거래를 포함한 모든 거래에 대해서 전자결제수단이 활용되게 된다.

3.3 물류운송의 변화

물류운송에 있어서는 제품과 서비스 간에 있어서 현격한 차이가 있을 것으로 보인다. 제품의 운송에 있어서는 이전의 해운이나 항공운송이 지속적으로 활용될 것이나 공급자 간의 경쟁촉진으로 보다 신속한 운송이 가능한 특급운송의 형태가 지속적으로 개발될 것으로 보인다. 제품에 따라서는 각국의 투자환경개선에 따라 상업적 주재에 의해 해당지역의 구매자 취향에 적합한 현재생산 및 배달도 활성화되게 된다. 그러나 전자상거래의 발달에 따라 운송에 있어서 획기적인 변화가 예상되는 부분은 무엇보다도 서비스의 운송이라고 하겠다. 과거에는 구매자나 공급자가 직접적으로 국경을 이동하거나 혹은 기업의 현지 주재, 즉 상업적 주재에 의해서만 가능하던 서비스의 거래는 다수의 분야가 이제 인터넷을 통해서 구매자에게 직접 전달되는 것이 가능하게 된다. 금융, 통신, 법률서비스는 물론이고 교육 및 의료서비스까지도 인터넷을 통한 거래가 가능하게 될 것으로 예상된다.

상기한 제반무역환경의 변화가 어느 정도 신속하게 발생할 것인지의 문제는 모든 국가가 얼마나 신속하게 전자상거래의 기반을 구축하느냐의 여부에 좌우된다고 할 수 있다. 현재에도 대부분 국가의 수출입업체의 경우 인터넷을 통한 무역정보서비스의 이용은 물론이고 자사의 홈페이지를 설치 · 운영하는 사례가 급증하고 있다. 따라서 사이버 무역이 기존무역을 신속하게 대체해갈 것으로 전망된다.

제 3 편

현대시사 경영 이슈

제 5 장

경영환경의 변화에 따른 CEO의 미래상

제 1 절 경영환경의 변화에 따른 CEO 역할의 정립

1. CEO는 기업전략의 핵심

1.1 CEO(Chief Executive Officer, 최고경영자)는 경영환경의 변화를 인식해서 이에 적절하게 대응하는 기업전략의 핵심 역할을 수행함

1.2 CEO의 역할은 시대흐름에 따라 변화하며 국내 CEO의 경우 창업가형에서 사업확장형, 관리형 및 구조조정형 등으로 변화하고 있음

(1) 창업가형(~1960년대) : 기업가정신(entrepreneurship)을 기반으로 신규사업 개척

(2) 사업확장형(1970~1980년대) : 창업가형 CEO의 성공모델을 기반으로 다양한 분야로 사업영역 확장(전문경영인의 등장)

(3) 관리형(1980~1990년대) : 주력산업의 성숙기 진입, 경쟁심화, 사업의 한계수익률 하락 등으로 경영합리화 및 조직안정성(organizational stability) 중시

(4) 구조조정형(1998~2008년) : 기업의 생존을 담보하고 기업경쟁력(corporate competitiveness) 강화를 위한 구조조정 추진 (영미형 지배구조에 부합하는 전략가형 CEO)

2. CEO의 미래상은 창조형 CEO임

2.1 최근의 정치, 경제, 사회 전반에 걸친 경영환경 변화는 기업전략(corporate strategy)은 물론 CEO가 과거와는 상이한 역할을 수행해야 함을 시사함

〈표 5-1〉 국내외 환경변화에 따른 CEO의 역할

최근의 경영환경		시사점
정부	・신정부 출범 : 실용주의, 친기업성향	・규제완화(Deregulation) 등 기업여건 개선
경제	・저성장 기조 ・국제원자재 가격 상승, 환율 급등락 등	・국내외 시장위축 ・원가상승, 환리스크 확대
사회	・사회적 요구 증대 : Green Economy, 사회적 책임(CSR) 등 강조	・다양한 이해관계자에 대한 고려
소비자	・감성적 소비 : 디자인, 브랜드 등 소프트 요소 중시	・창의적 소프트 요소(creative soft factor)의 중요성
경쟁환경	・글로벌 경쟁 심화 : 신흥국 기업 부상, FTA 확산 등 ・산업간 영역파괴(컨버전스)	・경쟁자의 범위가 국적과 지역을 초월함 ・타 산업에서의 경쟁자 진입 확대
기업	・인재확보 전쟁	・창의적 인재확보 및 후계자 육성

2.2 현재 직면해 있는 경영환경의 불확실성(uncertainty of business environment)을 극복하고 보수화된 경영체질을 탈피하기 위해서는 창조적 리더십(creative leadership)을 갖춘 창조형 CEO가 필요함

(1) 과거식 모방전략(fast follower)에 집착해서는 샌드위치(nutcracker) 상황을

결코 탈피할 수 없음

> ※ 프로세스 개선, 비용절감 등 효율성을 제고시키는 수준에 그칠 경우 치열한 글로벌 경쟁(global competition)에서 한계에 직면하게 됨

(2) 특히, 최근의 상황은 실용지향적 신정부 출범, 경기침체(recession) 가능성, 글로벌 경쟁 격화, 기업에 대한 사회적 요구 등으로 CEO의 창조적 역량이 그 어느 때보다 중요하게 부각되고 있음

제 2 절 CEO가 경계해야 할 주요 사안

1. 개관

1.1 경영환경의 변화와 더불어 CEO를 둘러싼 CEO 환경에도 다수의 변화가 발생하고 있음

(1) CEO의 경영실적 평가주기가 단축되고 여론(public opinion) 및 이해관계자의 감시가 강화되는 등 CEO 지위가 갈수록 불안정해지는 추세임

(2) 기업가치(corporate value)에 미치는 CEO의 영향력이 증대되면서 CEO 브랜드가 출현하고 CEO의 이직 및 전직이 활성화되는 등 CEO 시장이 정착되고 있음

(3) TMT(Top Management Team) 및 IT 인프라 구축을 통해서 시스템경영(system management)이 정착되면서 CEO가 고유의 전략적 역할을 수행할 여건이 조성되고 있음[1)]

1) 다양한 이해관계의 조정 능력, 글로벌 감각, IR 역량, 전략적 제휴(strategic alliance) 및 인수합병(M&A) 협상 역량, 인문학적 소양 등 소위 전방위적 CEO가 요구되고 있다(삼성경제연구소, CEO Information 제650호, 2008. 4. 16. 요약 · 재구성).

1.2 CEO가 경영환경의 변화 흐름을 인식하지 못하고 단지 자신과 관련된 CEO 환경의 변화에만 신경을 쓸 경우 기업경영이 위험에 직면하게 되는 상황에 처하는 경우가 종종 발생하고 있음

〈표 5-2〉 CEO 환경의 변화와 CEO가 경계해야 할 주요 사안

CEO 환경의 변화	CEO가 경계해야 할 주요 사안
① 지위의 불확실성 증대	① 단기성과 집착, 과도한 성과·팽창주의
② CEO 브랜드 강조	② 개인 보상 및 Showing-Off 치중
③ 시스템경영 정착	③ 의사결정 및 책임 회피, 현실 안주, 무사안일식 경영
④ CEO 요구역량 다양화	④ 적당하고 무난한 리더십, 다수의 영향에 관심(역량) 분산

2. 단기성과 집착

경영실적이 분기별로 공개되고 투자자 등 이해관계자들에 대한 책임이 강화되면서 CEO의 평균 재임기간이 점차 단축되는 추세를 나타내고 있다. 이에 따라 CEO들은 경영성과(business performance)를 과장하거나 기업규모를 단기간에 확대시키고자 하는 유혹에 노출되어 있다.

※ 베인 앤 컴퍼니가 포천(Fortune) 글로벌 500대(大) 기업을 대상으로 조사한 결과 최근 10년간 CEO의 평균 재직기간은 8년에서 5년으로 단축된 것으로 나타났음

※ 마이크 암스트롱 전(前) AT&T CEO는 매출급감을 만회하기 위해 대규모 자금을 투입하여 1999년 CATV 업체를 인수했으나 2002년 매입가격의 50%에 재매각하였음

※ 제프리 스킬링 전(前) 엔론(Enron) CEO는 매출을 과장하기 위해 약 6억 달러의 회계부정을 감행한 결과 결국 2001년 파산하게 되었음

3. 개인 보상 치중

CEO 브랜드가 강조되면서 기업의 경영성과보다는 자신의 브랜드가치(brand value)를 제고시키는 데에만 치중하는 경우도 발생하고 있다.

※ 이는 결국 주주, 이해관계자들과의 갈등으로 연결되고 기업가치의 하락을 야기시키게 됨

4. 의사결정 및 책임 회피

시스템경영(TMT 정착. IT 인프라 구축 등으로 CEO의 역할이 시스템에 의해 대체됨)의 정착 등으로 CEO가 전략적 사고(strategic thinking)를 할 수 있는 여건이 마련되었음에도 불구하고 반대로 의사결정 및 책임에 대한 의무감에서 탈피하여 현실에 안주하는 부작용도 발생하고 있다.

※ CEO가 민감한 사안에 대해 최고재무경영자(CFO : Chief Financial Officer), 최고정보경영자(CIO : Chief Information Officer), 최고운영경영자(COO : Chief Operating Officer) 등에 의지하는 등 독자적이고 과감한 의사결정이나 책임을 회피하는 상황이 다수 발생하고 있음

※ 이데이 노부유키 전 소니 CEO는 2001년에 브라운관 TV를 대체할 LCD, PDP 등 초박형 TV가 등장하는 상황에도 불구하고 과감한 투자결정을 하지 못해 결국 경영실적 악화로 연결되었음(연결영업이익이 2000년 2,471억엔에서 2003년 353억엔 연결영업손실로 전환되었음)

5. 적당하고 무난한 리더십

전방위적 CEO에 대한 대내외 요구가 다양해지면서 핵심역량(core capacity)을 발굴·집중하는 데 주력하기 보다는 관심과 역량을 다양한 곳에 분산시키고 있다

※ 주주, 고객 등 이해관계자의 다양한 요구에 대해 현명한 판단력을 상실할 경우 자신의 장점을 망각한 채 산만한 사업확장으로 집중력을 상실하게 됨

〈**참고 1**〉 모토롤라의 사례

1. 모토롤라는 1983년 세계 최초로 휴대폰(cellular phone)을 발명하는 등 휴대폰 업계의 선두주자로 부상하였음
2. CEO 크리스토퍼 갤빈은 2000년에 핵심역량을 도외시한 채 PC, 메인 프레임 컴퓨터(main frame computer) 및 인공위성 등 여러 분야에 역량을 분산하다 휴대폰의 디지털 전환이 지연되었음

이에 따라 모토롤라는 휴대폰 시장 1위를 노키아(Nokia)에 넘겨주었을 뿐만 아니라 삼성(Samsung) 등 후발기업의 맹추격에 직면하게 되는 결과를 초래하였음(CEO 크리스토퍼 갤빈은 2003년 해임되었음)

제 3 절 미래 CEO의 구비 조건

미래 CEO는 창조형 CEO로도 인식되고 있다. 창조형 CEO는 창조적 파괴활동을 통하여 신사업, 신제품 및 신시장을 개척하는 창조적 의지와 역량을 발휘하는 리더를 의미한다. 급변하는 경영환경은 CEO에게 새로운 수익의 원천을 찾고 '게임의 규칙'(rules of game)을 변화시킬 수 있는 창조역량(creative capability)을 요구하고 있다. 기업에게 경쟁우위(competitive advantage)를 제공하는 전략의 본질은 운영의 효율성(operational efficiency)이 아니라 경쟁기업과의 차별성이며 이를 달성하기 위

해 기업과 CEO에게 필요한 역량이 바로 창조성이라고 할 수 있다.

※ 제프리 이멜트 GE 회장은 새로운 사업 아이디어에 관한 창조성(creativity)과 용기인 상상력(imagination)을 성장리더의 중요한 자질 중 하나로 지적하고 있음

미래 CEO의 구비 조건을 다음 5가지 측면(① 부단한 성장 추구, ② 인재 확보 및 후계자 양성, ③ 창조적 정신 고취, ④ 글로벌 시장 개척, ⑤ 사회와의 원만한 의사소통)에서 살펴본다.

1. 부단한 성장 추구

1.1 전략적 의지의 확립

(1) 기업이 당면한 위기를 극복하고 새로운 성장기회를 발굴하기 위해서는 CEO의 전략적 의지(strategic intent)가 무엇보다 중요함

※ 전략적 의지는 현재 기업이 보유한 역량을 초과하는 야심이자 동시에 승리에 대한 집념으로서 기업성공의 중요한 요소로 평가됨

(2) 저성장의 시기는 기업생존을 위협하기도 하나 한편 기존업계의 판도를 변화시키면서 도약할 수 있는 기회도 제공하는 양면성을 지니고 있음

① 저성장 하에서도 성장모멘텀(growth momentum)을 추구하겠다는 CEO의 의지와 신념이 중요함

② 골드만삭스, 버크셔 해서웨이 등 강력한 경쟁력을 보유하고 있는 글로벌 투자그룹(global investment group)은 시장질서의 제정자(market maker)로서 금융시장이 동요할수록 시장지배력을 강화하고 있음

(3) 저성장 하에서 신사업기회(new business opportunity)를 찾아내는 조직의 창조역량을 배양해야 함

① 조직의 창조역량은 기존사업에 관한 지식과 창의적 사고능력, 그리고 동기부여(motivation)의 유형과 수준에 의해 결정됨

② 현장중시경영(MBWA : Management By Wandering Around)을 통해 조직 하부에까지 경영의 활력과 긴장감을 부여함

※ 샘 월튼(전 월마트 CEO)은 생전에 수천명에 이르는 현장 판매원의 이름을 일일이 기억할 정도로 철저한 현장주의자였음

1.2 미래상황에 대비한 투자 확대

(1) 저성장기에도 미래 유망사업에 대한 투자를 지속적으로 확대해 향후에 도래할 호황기에 대비해야 함(저성장기의 투자는 미래성장을 위한 원동력임)

① 인텔(Intel)은 2000~2001년 IT 버블 붕괴(IT bubble collapse)에 따른 수익성(profitability) 악화로 주가가 63%나 폭락해 대규모 구조조정을 단행하는 중에도 광(光)스위치 등 차세대 제품개발을 위한 예산은 오히려 20% 이상 확대하였음

② 일본 기업의 경우 '모노츠쿠리(최고제품 만들기)' 정신을 추구한 결과 '10년 불황' 하에서도 R&D 투자는 지속적으로 확대하였음

(2) 악화되는 경영환경을 새로운 사업기회로 반전시켜 기존에는 존재하지 않던 새로운 제품 및 서비스를 통해 새로운 고객을 확보해야 함

① GE는 환경에 대한 감시가 강화되는 추세 하에서 환경사업(environmental business)을 통해 기업이미지(corporate image)를 개선하는 한편 이익도 창출

하였음(ecomagination)

② 불황을 재도약의 기회로 전환시키기 위해서는 제품구성 확대를 통한 전략적 유연성(strategic flexibility) 확보가 중요함

1.3 위기관리시스템 구축

(1) 경영환경의 불확실성이 높은 상황에서 새로운 사업기회를 추구하려면 적절한 위기관리시스템(crisis management system)을 구축할 필요가 있음

① IGM세계경영연구원이 국내 CEO 113명을 대상으로 설문조사한 결과 국내 CEO의 97%는 기업의 위기관리능력에 따라 위기발생 시 결과가 크게 상이해진다고 응답하였음

※ 최근 국제원자재 가격의 급등과 환율의 불안정성 증대, 세계경제의 연계성(global economic linkage) 강화로 기업의 경영환경은 매우 불확실한 상황임

② 위기관리시스템이 미비된 상황에서 공격적인 사세확장은 위기발생 시 기업의 존속을 위협하는 결과를 초래할 수 있음

※ 공격적 투자성향이 강했던 미국 5위의 투자은행 베어스턴스(Bear Stearns)의 경우 최근 서브프라임 모기지(subprime mortgage, 비우량 주택담보대출) 사태에 의한 유동성(liquidity) 악화설이 제기된 지 4일 만에 본사 건물가격의 20%도 안 되는 금액으로 피인수가 결정되었음

(2) 위기관리가 정상적인 경영시스템으로 정착되기 위해서는 전담조직 및 CRO(Chief Risk Officer) 임명이나 매뉴얼 작성도 중요하나 사전에 준비된 원칙에 따른 관리가 중요하며 CEO의 인식이 결정적인 요소가 됨

① 엔론(Enron)사는 파산 당시에 CRO는 물론 150명의 위험평가 및 관리부서를 보유하고 있었으나 결정적인 위기에 대처하는 데는 실패하였음
② 최근 국내 식품업계에서도 생쥐머리, 곰팡이 등 이(異)물질이 잇따라 검출되면서 기업이미지가 손상된 바 있음

2. 인재확보 및 후계자 양성

2.1 인력 및 지식과 경험의 다양성 확보

(1) 창의적 조직(creative organization)을 구축하고 경영성과를 도출하기 위해서는 연령, 성별과 인종의 다양성(racial diversity)뿐만 아니라 지식과 경험의 다양성 확보가 중요한 관건임

① GE의 2007 Corporate Citizenship Report는 인력의 다양성은 영속적인 아이디어와 기회를 창조함을 지적하고 있음
② 소수자(minority)가 조직에 정착하고 능력을 발휘할 수 있도록 제도적, 문화적 지원을 제공해야 함

※ 존슨앤드존슨(Johnson & Johnson)은 '다양성이 성과를 파생시킨다'는 다양성 비전을 수립하고 직원들의 공감대 확산을 위해 '다양성 대학'을 운영하고 있음

※ IBM은 다양한 인력관리를 위해 CDO(Chief Diversity Officer)를 두고 출신지역 및 전공분야를 대표하는 20여명의 관리자를 중심으로 '다양성 관리팀'을 운영하고 있음

(2) CEO는 다양한 인재들이 기업의 경영이념(business ideology)과 핵심가치(core value)를 충분히 체화할 수 있도록 공유가치의 구심점으로서의 역할을 수행해야 함

2.2 후계자 육성 프로그램 운영

체계적인 후계자 육성 프로그램을 운영함으로써 조직의 공유가치 및 역량을 유지하고 강화해야 한다.

(1) 장기적이고 객관적인 검증 프로세스를 통해 후계자를 선발하고 집중 육성할 필요가 있음

※ 크레이그 배럿 전 인텔 CEO는 퇴임 2년 6개월 전에 이미 비(非)엔지니어 출신인 폴 오텔리니를 후계자로 지명하고 차세대 무선네트워크에서 마이크로 프로세서 설계에 이르기까지 50회 이상 집중 교육하였음

(2) 핵심 인재군(群)을 대상으로 급변하는 기업환경에 유연하게 대처할 수 있는 현장과 경험 중심의 교육 프로그램을 운영할 필요가 있음

※ 미국의 건강보험업체 웰포인트는 핵심리더(core leader)를 대상으로 다양한 비즈니스 시나리오를 직·간접적으로 체험하게 하는 '경영체험프로그램'을 실시하고 있음

2.3 진취적인 기업문화 조성

(1) 실패를 두려워하지 않는 진취적인 기업문화 조성

① 성공과 실패를 이분법적으로 구분하거나 도전을 일회성 게임으로만 인식하지 않도록 다양한 성공모델(success model)을 제시하고 건설적인 실패(constructive failure)를 독려해야 함

② 실패할 경우에는 재(再)도전의 기회를 부여하되 동일한 실패가 반복되지 않도록 그 원인을 분석한 후 조직이 공유할 필요가 있음

(2) 직원들이 바람직한 방향으로 스스로 진행해 나갈 수 있도록 권한과 책임을 부여하는 등 임직원의 사기 제고와 인재관리를 강화해야 함

① 뒤에서 리드하기(leading from behind)와 섬김의 리더십(servant leadership)을 적극적으로 실천해야 함
② 업무 중심의 미시적 관리에서 탈피하여 상하간 신뢰(credibility)를 기반으로 인간(人) 중심의 관리를 수행해야 함

※ 짐 스키너 맥도날드(McDonald's) CEO는 핵심 매니저 200명의 경력과 발전 상황을 직접 관리하고 있음

(3) 일하기 좋은 직장을 만들기 위해 지속적인 관심과 지원을 제공해야 함

① 근무환경 개선을 통해 직원들의 삶의 질(quality of life)을 제고시키고 업무에 몰입할 수 있도록 동기를 부여해야 함
② 단순한 복리후생 차원을 넘어 기업전략(corporate strategy)과의 적합성을 높여 장기적으로 기업경쟁력(corporate competitiveness)을 강화해야 함

3. 창조적 정신 고취

3.1 창조적 정신의 원천 다양화

(1) 인문학적 상상력을 기반으로 조직 내에 창조적 정신(creative spirit)을 배양해야 함

① 문학, 철학, 역사 등 인문학을 통해 상상력과 통찰력을 습득하고 이를 기업경영에 적용시켜야 함

〈참고 2〉 인문학의 중요성
1. 인공섬과 사막 스키장을 건설하여 '두바이의 CEO'로 지칭되는 셰이크모하메드 국왕은 수천편의 시를 발표한 시인임
2. 스티브 잡스 애플 CEO는 윌리엄 블레이크 등 고전 영시를 탐독하고 있음
3. 독서광인 빌 게이츠 마이크로소프트(MS) 회장은 인문학 없이는 나도, 컴퓨터도 있을 수 없다며 기업경영에 있어서 인문학의 가치를 높이 평가하고 있음

② 최근에는 인문학을 체계적으로 학습하는 CEO도 증가하고 있음

※ 서울대 인문학 최고위과정인 '아드 폰테스 프로그램(AFP)' 등 국내외 유수 대학에 CEO 인문학 과정이 개설되고 있음[2)]

(2) 다양한 분야에 관심을 가지고 모험을 즐기며 파격을 통해 조직에 신선한 자극을 제공해야 함

① 리처드 브랜슨 버진그룹 회장은 열기구를 타고 세계 일주를 감행하는 등 모험을 통해 조직에 실험정신과 청년정신을 심고 있음
② 상식을 초월하는 기행과 파격적 연출을 통해 직원들의 상상력을 자극할 필요가 있음

3.2 디자인과 브랜드 중시

(1) 기업가치를 결정하는 핵심요소로서 디자인의 중요성을 인식하고 트렌드(trend)를 선도하는 디자인을 권장해야 함

2) AFP는 Ad Fontes Program(아드 폰테스는 라틴어로 '원천으로'의 의미임)을 뜻한다.

① 삼성경제연구소가 2008년 3월 경영자 262명을 대상으로 설문조사한 결과 응답자의 96.2%가 '디자인이 미래의 핵심자산'이라고 응답하였음
② 디자이너의 자율성(autonomy)과 독립성(independence)을 보장하고 디자인 주도의 제품개발을 장려해야 함

> ※ 톨번 소렌슨 뱅앤올룹슨(덴마크의 명품 오디오업체) CEO는 대부분의 가전제품이 기술을 먼저 개발한 다음에 디자인을 고려하고 있으나 우리는 디자인을 먼저 결정하고 나서 기술을 접목함을 지적하고 있음

(2) 제품과 고객을 연결하는 상징으로서 브랜드자산을 구축해 고객의 로열티(loyalty)를 제고시켜야 함

> ※ CEO가 직접 고객을 만나 제품에 대한 그들의 경험을 공유할 필요가 있음

4. 글로벌 시장 개척

4.1 글로벌 시장 공략을 도약의 발판으로 삼아야 함

(1) 자유무역협정(FTA : Free Trade Agreement)의 확산과 신흥개도국의 부상은 국내기업들에게 위협(threat)과 기회(opportunity)를 동시에 제공하고 있음

① 다각적인 FTA 체결로 한국은 향후 5년 내 세계에서 가장 개방된 시장 중 하나로 변화할 것으로 보임
② 글로벌 시장이 재편되는 초기에 주도권을 확보하지 못할 경우 글로벌 경쟁(global competition)의 후발자로 전락하게 됨

※ 글로벌화의 가속화(acceleration of globalization)가 기업의 성공을 좌우하는 핵심 요소로 부상하고 있음

〈참고 3〉 3대 글로벌 신소비계층의 부상

1. 선진국의 은퇴자 시장(Silver Market)
① 미 베이비붐 세대 7,700만명, 日 단카이세대 700만명
② 여유가 있는 세대로서 적극적인 소비로 연결됨

2. 삶의 질을 추구하는 신흥개도국의 중산층
① 세계은행(World Bank)은 1인당 소득 4,000~17,000달러의 글로벌 중산층이 4억명으로 추산하고 있음
② 고유가 지속 등으로 인해 중동 등 자원부국의 소비가 활성화되고 있음

3. 거대 잠재시장의 등장
- 40억명에 이르는 개발도상국(developing country) 저소득층의 소비패턴이 생계형 소비를 넘어 최소한도의 삶의 질을 추구하는 방향으로 변화하고 있음

(2) 글로벌 경영을 적극적으로 추진하여 기업의 브랜드가치를 제고시키고 국내시장에서의 경쟁우위(competitive advantage)도 확보해야 함. 즉, 글로벌 개척자(global explorer)가 되어야 함

① 하이얼

하이얼(Haier, 중국의 대표적 가전업체)은 미국, 유럽 등 선진시장(advanced market)에 먼저 진출한 후 내수를 공략하는 전략을 구사하고 있다.

② 두산인프라코어

두산인프라코어는 미 잉거솔랜드의 3개 사업부문(밥캣, 유틸리티 이큅먼트, 어태치먼트)을 2007년 49억 달러에 인수하여 세계 7위의 건설 중장비 회사로 도약하였다.

③ 아모레퍼시픽

아모레퍼시픽은 롤리타렘피카 향수를 세계 최고의 화장품시장인 프랑스에 출시해 성공시킴으로써 글로벌 기업의 위상을 확립하였다.

4.2 글로벌 경영의 신모델 개발

(1) 글로벌 경영에서도 모방자가 아니라 신경영모델을 구축해 경쟁을 주도할 필요성 증대

윤윤수 Fila Korea 회장은 Fila 브랜드를 활용하여 글로벌 시장 진출과 브랜드 라이선싱(brand licensing)이라는 복합전략을 구사하고 있다.

※ 윤회장은 70여개국 18개 업체와 라이선스 계약을 체결하여 매년 4,000만 달러의 로열티를 확보하고 있음(Fila USA와 Fila Korea는 직영임)

(2) 효율적인 글로벌 경영모델을 구축하여 활용할 수 있는 역량 배양

기업이 보유한 핵심역량과 진출지역의 입지적 강점을 결합하여 경쟁자가 모방하기 어려운 경쟁우위를 창출해야 한다.

① 올리 페카 칼라스부오 노키아(Nokia) CEO는 자사의 막강한 브랜드 파워(brand power)와 세계 각 지역에 소재하고 있는 위탁생산 전문업체를 활용한 대량생산체제(mass production system)를 결합하여 강력한 원가 경쟁력을 확보하였음

② 1990년대 초반 루 거스너 전 IBM CEO는 글로벌 IT환경의 변화와 자사의 핵심역량인 컴퓨팅・네트워크 솔루션을 결합해 IBM을 시스템컨설팅 기업으로 재(再)탄생시킴

(3) 자사의 핵심경쟁력(core competitiveness)을 글로벌 수준에서 활용할 수 있는 체제 구축

도요타(Toyota)는 생산부문에 국한되었던 TPM체제를 글로벌 경영 전반으로 확

산시킴으로써 글로벌 경쟁우위를 확보하고 있다

※ 오쿠다 히로시 전 도요타 CEO는 일본 내 글로벌 생산센터(Global Production Center)는 각국의 인재를 대상으로 TPM을 교육하여 최고의 생산방식을 전세계에서 동시에 실시한다는 슬로건 하에 도요타의 글로벌 전사(戰士)를 육성하는 곳임을 강조하였음

5. 사회와의 원만한 의사소통

5.1 사회와의 의사소통 능력이 기업가치 증대의 주요 요소가 되고 있음

(1) 현대 CEO들에게 있어 기업 이해관계자들을 포함한 사회와의 의사소통 능력은 매우 중요한 역량으로 대두되고 있음

① 2009년부터 발효될 ISO 26000을 비롯해 기업의 사회적 책임(CSR : Corporate Social Responsibility)에 대한 관심이 증대되면서 환경·윤리·투명경영에 대한 사회의 요구수준이 제고되고 있음

※ ISO 26000은 기업 등의 사회적 책임에 대한 국제표준(international standard)으로서 환경(environment), 인권(human rights), 노사관계(labor-management relations)와 기업지배구조(corporate governance) 등 7대 이슈에 관해 논의하고 있음

② 사회와의 의사소통능력이 큰 CEO가 이끄는 기업은 이해관계자의 지지를 얻는 데도 유리하게 작용함

(2) 글로벌 기업의 CEO들은 사회와의 의사소통을 기업경영의 핵심요소로 인식하고 있음

① Center for Corporate Citizenship이 2007년 751명의 기업경영자를 대상으로 실시한 기업시민정신 현황 설문조사 결과 미국 경영자의 73%가 경영에 있어서 중요한 핵심 고려대상으로 '기업시민정신'을 선택하였음

※ 기업시민정신이 기업수익성(corporate profitability)에 실질적인 공헌을 한다는 응답도 61%로 나타났음

② 글로벌 기업들은 주주의 이익극대화(profit maximization of shareholders)라는 과거의 패러다임에서 탈피하여 다양한 이해관계자를 만족시킴으로써 중장기 성과 및 지속가능성(sustainability)을 제고시키고 있음

※ 필 나이트 나이키(Nike) 회장은 21C에 나이키를 비롯한 모든 글로벌 기업들은 매출 및 이윤 증가와 동일한 비중으로 인간의 삶의 질(quality of life)에 미친 영향에 대해서도 성과를 평가받을 것임을 지적하였음

(3) 전략적 이해관계자관리(Strategic Stakeholder Management)를 경영의 핵심사안의 하나로 인식하고 적극적으로 관리할 필요가 있음

※ 전략적 이해관계자관리는 중·장기적으로 기업의 수익성과 가치 증대에 기여하게 됨

5.2 기업과 사회의 상생방안 모색

(1) CEO는 사회적 요구에 대한 수동적 대응이나 일방적·시혜적 사회공헌을 지양(止揚)하고 기업과 사회의 상생(相生)방안을 모색할 필요가 있음

사회공헌활동을 통해서 진정한 기업시민으로 거듭나는 한편, 기업의 경쟁우위 창출에도 기여하는 '전략적 사회공헌'(strategic philanthropy)에 대한 관심이 제고되고 있다.

〈참고 4〉 이해관계자관리(Stakeholder Management)와 주주가치

1. 캐나다 웨스턴온타리오대학교(Western Ontario University)의 힐만(Amy J. Hillman) 교수의 실증연구에 의하면 주주, 근로자, 공급자, 고객과 지역사회 등 주요 이해관계자관계를 효과적으로 관리한 기업은 사회적 무형자산(social intangible asset)을 생성하여 장기적으로 경쟁자들에 비해 더욱 높은 가치를 창출하였음
2. 특히, 힐만교수는 전략적 이해관계자관리가 중장기적으로 주주의 부를 증가시킨다는 것도 실증적으로 입증하여 이해관계자 전체의 이익을 균형적으로 고려하는 것이 장기적으로 주주의 부(富)를 극대화하는 데 기여한다고 판단하고 있음

※ 전략적 사회공헌은 기업이 사회공헌활동을 실행할 때에도 기업이 가진 역량과 사회적 니즈(social needs) 간에 효과적인 결합을 통해 가장 큰 성과를 낼 수 있는 분야를 선택하고, 가장 효율적으로 자원을 동원할 수 있는 시스템을 구축해야 한다는 개념으로 도입되었음

(2) 윤리적 소비자(ethical consumer)의 확대와 같은 사회적 현상을 사업기회(business opportunity)로 승화시킬 수 있는 능동적 자세를 견지해야 함

과거 합리적 소비자들(rational consumers)이 가격 대비 양호한 품질을 최우선으로 고려했던 데 비해 환경보호(environmental protection) 등 사회적 가치(social value)를 중시하는 윤리적 소비자가 대두되고 있다.

제 6 장

헤지펀드의 동향 분석

제 1 절 펀드규모의 급성장

최근 헤지펀드(hedge fund)는 지난 수년 간의 저금리기조와 풍부한 유동성(liquidity)을 기반으로 자산규모가 급성장하면서 2000년 이후 은행·채권·주식시장의 성장세를 상회하였다.[1)]

> ※ 헤지펀드 운용자산(2006년말 기준)은 1.5조 달러, 펀드 수는 8,900개로 1995년에 비해 운용자산은 15.5배, 펀드 수는 3.2배 각각 증가하였음

〈표 6-1〉 세계 헤지펀드 규모 추이

(단위 : 억 달러, 개)

	1990	1995	2000	2006
운용자산	250	970	4,080	15,000
펀드수	683	2,800	4,800	8,900

주 : 1) 연말기준
자료 : International Financial Services, London(IFSL); Banque de France 등

1) Barclayhedge에서는 펀드 운용자산이 2007년 9월말 기준 2조 달러까지 성장한 것으로 추정하고 있다(한국은행, 해외경제정보. 제2007-80, 2007. 11. 요약·재구성).

제 2 절 펀드규모의 대형화

헤지펀드의 급성장과 함께 펀드당 운용자산규모가 1995년 0.35억 달러에서 2006년에는 1.69억 달러로 약 5배 정도 확대되는 등 규모도 대형화되고 있다.

1. 특히, 세계 10대 헤지펀드의 자산규모가 170억~330억 달러 수준으로 펀드 평균규모를 크게 상회하고 있으며 100대 헤지펀드가 전세계 헤지펀드 자산에서 차지하는 비중도 2003년말 54%에서 2006년 말에는 67%로 크게 확대되었음

〈표 6-2〉 세계 10대 헤지펀드 현황

(단위 : 억 달러)

순위	명 칭	자산규모	소 재 지
1	JP Morgan Asset Mgmt	331	미국 뉴욕
2	Goldman Sachs Asset Mgmt	325	미국 뉴욕
3	Bridgewater Associates	302	미국 코네티컷주
4	D.E. Shaw Group	273	미국 뉴욕
5	Farallon Capital Mgmt	262	미국 샌프란시스코
6	Renaissance Technologies Corp.	260	미국 뉴욕주
7	Och-Ziff Capital Mgmt Group	210	미국 뉴욕
8	Barclays Global Investors	190	영국 런던
9	Man Investments	188	영국 런던
10	ESL Investments	175	미국 코네티컷주

주 : 1) 2006년 말 기준
자료 : Alpha Magazine

〈표 6-3〉 대형업체의 부문별 시장점유율[1)]

(단위 : %)

시장점유율	헤지펀드	뮤추얼펀드[2)]	자산운용펀드[3)]	은행
세계 10대 업체 기준	16.7	49.0	7.4	22.3
세계 100대 업체 기준	66.7	-	20.1	78.7

주 : 1) 헤지펀드・뮤추얼펀드・자산운용펀드(위탁운용자산)는 운용자산 기준, 은행은 자산총액 기준, 2006년말 기준
2) 미국 기준
3) 주식・채권시장 시가 대비

자료 : IFSL, The Banker, ICI

2. 또한, 헤지펀드의 경우 레버리지 활용도가 높아 투자전략에 따라 일반적으로 2~20배까지 투자자산규모가 확대되기 때문에 금융시장에 미치는 영향력도 확대되고 있음

※ 헤지펀드는 ① 자기자본(자산 - 부채)을 초과하는 자금을 외부에서 차입하거나 주식을 공매도, ② 브로커회사에 있는 신용거래계좌를 통해 자금을 차입하여 투자, ③ 선물계약, 파생상품 등을 이용하는 방법 등을 통해 레버리지를 확대하고 있음

〈표 6-4〉 헤지펀드의 주요 전략별 레버리지

(단위 : 배)

전략	레버리지
채권 차익거래형 투자	10~15
파생금융상품 투자	10~15
CDS 투자	20
MBS 및 ABS 차익거래형 투자	6~8
전환사채 차익거래형 투자	3~4
신흥시장 투자	3~4
주식형 투자	2

자료 : Fitch Ratings

〈표 6-5〉 헤지펀드의 레버리지 추이

(단위 : %)

1995	1996	1997	1998	1999	2000
133	132	128	125	159	138
2001	2002	2003	2004	2005	2006
117	121	141	148	155	161

자료 : IFSL, 2007.

제3절 유럽 비중의 확대

헤지펀드시장에서 미국의 비중은 감소하는 반면 유럽의 비중은 크게 확대되고 있다.

1. 헤지펀드의 지역별 비중을 보면 미국이 2002년 81.6%에서 2006년에는 63.0%로 하락한 반면, 유럽은 동 기간 중 12.3%에서 25.8%로 크게 확대되었음

〈표 6-6〉 헤지펀드의 지역별 비중

(단위 : %)

	2002	2004	2006
미 국	81.6	72.1	63.0
유 럽	12.3	20.6	25.8
아 시 아	4.9	5.5	8.0
기 타	1.2	1.8	3.2

주 : 연말기준
자료 : IFSL, 2007.

2. 특히, 영국 런던의 경우 전세계 헤지펀드에서 차지하는 비중이 2002년 10%에서 2006년에는 21%로 크게 확대되었으며 유럽지역만으로 볼 때 2006년말 기준 64.3%로 유럽 최대의 헤지펀드 자금원으로 부상하였음

※ 세계 100대 헤지펀드(2006년말 기준)는 국가별로는 미국(77개), 영국(19개)에, 도시・주별로는 뉴욕(44개), 런던(19개), 코네티컷주(10개), 매사추세츠주(8개) 등에 대부분 소재하고 있음

〈표 6-7〉 뉴욕・런던 헤지펀드의 운용자산규모 비중

(단위 : %)

	2002	2003	2004	2005	2006
뉴욕	42	40	38	36	33
런던	10	14	18	19	21

주 : 1) 연말기준
자료 : IFSL, 2007.

제 4 절 투자수익률의 부진

1. 헤지펀드는 최근 들어 수익성(profitability)이 제고되고 있으나 펀드 수 증가에 따른 경쟁심화, 안정적 수익률 추구, 차입비용 상승 등으로 상대적 투자수익률은 부진한 편임

※ 헤지펀드의 투자수익률은 2003~2006년 평균 11.6%, 2007년 1~10월 중 13.4%로 MSCI 세계지수의 동 기간 중 수익률 18.1%, 16.3%를 각각 하회하였음

〈표 6-8〉 헤지펀드 및 주식시장 수익률

(단위 : %)

지수	2001~2002	2003~2006	2006	2007. 1~10
헤지펀드	3.7	11.6	13.9	13.4
다우존스	-11.9	11.0	16.3	11.8
S&P 500	-18.2	13.0	13.6	9.2
MSCI 세계	-18.9	18.1	18.8	16.3

주 : 1) 연평균
자료 : Bloomberg

2. 특히, 2007년 6월 미국 베어스턴스(Bear Stearns)사 계열 2개의 헤지펀드가 서브프라임 모기지(subprime mortgage, 비우량 주택담보대출) 부실화에 따른 투자실패 등으로 청산위기에 직면하면서 금융시장 불안요인으로 작용함에 따라 투자수익률이 불안정한 모습을 나타내고 있음

2.1 헤지펀드의 월평균 투자수익률은 2007년 1~6월 1.4%에서 7월 0.0%, 8월 -1.5%로 하락하였으나 9~10월에는 2.9%로 반등하였음

> ※ 투자종류별로는 채권 차익거래형(Fixed Income Arbitrage), 선물투자(Managed Futures), 전환사채 차익거래형(Convertible Arbitrage) 등 채권에 주로 투자하는 헤지펀드가 MBS(Mortgage Backed Securities) 가격급락 등으로 큰 손실을 경험하였음

〈표 6-9〉 헤지펀드 투자전략별 월평균수익률

(단위 : 전월대비, %)

	2006	2007				
		1~6월	7월	8월	9월	10월
주식형투자	1.14	1.56	-0.69	-1.38	3.31	3.73
거시경제형 투자	1.07	1.29	0.96	-0.62	4.10	2.72
선물 투자	0.68	1.25	-4.79	-4.61	5.13	4.06
채권 차익거래형	0.70	1.73	-1.96	-0.87	1.85	1.15
전환사채 차익거래형	1.12	0.85	-1.11	-1.08	1.97	2.18
상황추구형 투자[1]	1.23	1.73	0.97	-1.88	1.60	2.91
혼합전략형 투자[2]	1.14	1.35	-0.26	-1.40	1.77	3.02

주 : 1) Event driven
2) Multi-strategy

자료 : Credit Suisse/Tremont

2.2 헤지펀드로의 자금유입도 2006년 이후 증가세를 보였으나 2007년 8월에는 서브프라임 모기지 사태에 따른 수익률 저하로 2007년 중 월별 최저수준을 기록하였음

제 5 절 헤지펀드의 경영참여 확대

최근 들어 헤지펀드가 지분취득 후 경영진 교체, 자산분할 등 투자대상기관의 경영에 영향을 미치는 소위 행동주의(activism)가 유럽을 중심으로 증가하고 있다.

※ 투자자문사인 Thomson Financial은 2007년 11월 지난 4년간 30건의 헤지펀드 행동주의 사례를 분석한 결과 행동주의 목표기업의 최대 소재지는 영국(23%), 프랑스(20%) 순이었으며 목표업종으로는 금융서비스업이 가장 많았다고 분석하였음

1. 헤지펀드 TCI(The Children's Investment Fund)는 2005년 독일 증권거래소(Deutsche Börse)의 런던증권거래소(LSE) 인수합병(M&A)을 저지하면서 독일 증권거래소 대표이사(CEO) 등을 퇴진시킨 바 있음

1.1 TCI는 2003년 케이만제도에서 법인설립을 하고 런던에서 투자활동을 하는 공격적 행동주의를 선호하는 헤지펀드로서 전세계를 대상으로 투자하고 있음. 펀드명칭은 수익금 일부를 개발도상국(developing country) 어린이를 위한 자선기금으로 기부하는 데서 유래하며 영국 최대의 자선기관임

1.2 또한, TCI는 2007년 2월 중 네덜란드의 투자은행인 ABN Amro의 지분 1%를 인수하면서 ABN Amro측에 은행 사업부 분할 또는 여타은행과의 합병을 요구하였음

2. 미국소재 헤지펀드인 아이칸(Carl Icahn)은 2005년 및 2006년 미국 최대 미디어업체인 Time Warner 케이블에 비용 삭감, 경영진 교체, 200억 달러의 자기주식취득(stock buyback) 등을 요구하였음

3. 미국 소재 헤지펀드인 Knight Vinke Asset Management는 2007년 7월 HSBC의 전략변경을 요구한 바 있음

〈표 6-10〉 헤지펀드의 행동주의 추이

(단위 : 건)

연 도	헤지펀드	여타펀드
1995	1	0
1998	1	2
1999	3	0
2000	1	7
2001	3	4
2002	10	19
2003	28	31
2004	39	40
2005	65	51

주 : 1) 지분율이 5% 이상으로 상승한 경우 미국 증권거래위원회(SEC)에 보고된 내용을 기준으로 함

자료 : A. Klein & E. Zur(2006)

〈표 6-11〉 헤지펀드의 기업주식 취득목적

(단위 : 건)

요구내용	헤지펀드	여타펀드
경영진구성 변경	41	35
기업전략 변경	29	40
M&A 반대	18	5
기업 매각·합병	16	5
특정기업 주식매입	12	24
자기주식 취득	4	0
주주 세부현황	4	8
고위험 투자	4	10
기업지배구조 변경	3	8
CEO 교체	3	2
CEO 연봉삭감	2	0
현금배당	2	0
기타	13	17

주 : 1) 지분율이 5% 이상으로 상승한 경우 미국 증권거래위원회(SEC)에 보고된 내용을 기준으로 함

자료 : A. Klein & E. Zur(2006)

제 7 장

유럽의 그린구매 동향에 따른 기업의 진출전략

제 1 절 그린구매의 이해

1. 그린구매의 개념

1.1 협의

그린구매(Green Procurement 및/또는 Buying Green Products/Services)는 환경에 미치는 영향을 최소화하기 위하여 생산과 소비과정에서 될 수 있는 대로 자원을 적게 소비하거나 유해물질(온실가스 포함)을 적게 배출하거나 함유하는 일련의 제품 또는 서비스를 구매하는 행위를 의미한다.

1.2 광의

광의로는 재질 자체가 천연소재인 친환경제품(environment-friendly products)을 구매하거나 사용자재 또는 관련활동이 환경친화적인 서비스도 포괄한다.

2. 그린구매의 주체 · 방법 및 대상

2.1 주체

그린구매의 주체는 일반 소비자, 기업, 정부(중앙정부 및 지방정부), 기타 공공기관(지자체, 공기업 등) 등 다양하게 구성되어 있다.

2.2 방법

조달사업, 아웃소싱(outsourcing), 전문 환경상품 및 서비스 전시회, 일반 유통점 등 다양한 경로를 통해 수행된다.

2.3 대상

그린구매의 대상은 기존의 제품 · 서비스 중 보다 환경친화적인 아이템(environment-friendly items)은 물론 친환경을 지향하는 새로운 아이템 등도 포함되는 등 매우 포괄적이다.

〈표 7-1〉 그린구매 대상품목의 현황

분 야	해당 상품 또는 서비스
에너지 절약(고효율)	전기 · 전자제품, 사무용품(컴퓨터 등), 주택
연료 절약(고효율)	차량
유해가스 · 물질 저(무)배출	차량, 발전소, 공장, 재생에너지 분야
저(무)소음	기계, 전기 · 전자
폐기물 · 폐수 최소화(재활용 포함)	전기 · 전자, 차량, 기계, 포장지, 발전소, 공장
유해물질 함유 최소화	배터리, 식품류
기타(환경부담 최소화, 토양 정화 등)	관광, 음식점, 농업

환경의식이 널리 보편화되어 있고 환경규제(environmental regulation)가 엄격하여 그린구매가 가장 활성화되어 있는 지역으로 평가되고 있는 유럽의 그린시장(Green Market) 동향 및 구매 특성을 살펴보고 한국 기업들의 진출 확대를 위한

시사점을 도출한 KOTRA의 보고서를 중심으로 살펴본다.[1]

제 2 절 유럽의 그린구매 동향

1. 소비자

1.1 개관

그린구매에 대한 유럽 소비자의 관심은 대체적으로 큰 편이나 실제 구매에 미치는 영향은 국가별 및 품목별로 상이하게 나타나고 있다.

(1) 벨기에

벨기에의 소비자 연구기관인 'Crioc'의 2007년 조사에 따르면 벨기에 소비자들의 그린구매 추세가 지속적으로 증가하는 것으로 나타났다.

(2) 독일

독일 Marburg대학에서 2년마다 실시하고 있는 독일 소비자의 환경인식조사에서도 응답자의 41%가 그린구매(Green Purchase)를 실천하고 있다고 답변하였다.

(3) 스위스

스위스의 경우 친환경제품에 대한 소비자의 정보입수 노력이 증대되고 있으며 에코라벨(eco-label)이 부착된 제품 및 그 밖에 친환경제품에 대한 수요가 증가하고 있다.

1) KOTRA의 보고서는 우리보다 환경기술 및 그린구매가 앞서있는 서유럽 국가(조사대상국가 : EU 전반, 네덜란드, 덴마크, 독일, 벨기에, 스웨덴, 스위스, 영국, 오스트리아, 프랑스)에 초점을 맞추고 있다(KOTRA, Global Business Report 08-006, 2008. 3. 28. 요약·재구성).

※ Topten(www.topten.ch)은 에너지 효율(energy efficiency)이 높은 가정용 및 산업용 전기·전자제품을 소비자에게 소개하는 인터넷 사이트로 2006년 한 해 동안 동 사이트를 방문한 스위스 소비자는 3,400만명에 이르고 있으며 각 소비자당 평균 연간 4회 이상 동 사이트를 방문한 것으로 나타났음

① 스위스 시장조사기관인 IHA-GFM에서 설문조사한 바에 따르면 소비자의 건강에 대한 관심(46%)과 가축 애호적 사육(45%), 화학원료 사용자제(43%) 등이 에코라벨 부착제품의 주요 구매요인으로 나타났음

② 일례로 대형 유통업체인 Coop은 식료품, 생활용품과 의류에 에코라벨을 부착하여 판매하고 있는데 라벨을 처음 도입한 1993년에는 매출이 2,100만 스위스 프랑이었으나 도입 10년 후에는 12억 3,500만 스위스 프랑으로 60배 정도 증가한 것으로 나타났음. 2008년에는 20억 스위스 프랑에 이를 것으로 전망됨

(4) 영국

영국 환경부가 2006년 11월 실시한 설문조사(Defra Sustainable Consumption and Production)에 의하면 영국 소비자의 30%가 환경문제를 크게 우려하고 있으나 실제 그린구매 비율은 2% 미만인 것으로 나타났다.

(5) 프랑스

프랑스의 경우에도 환경에너지관리공사(ADEME) 후원으로 그린구매 조사기관(mescoursespourlaplanete.com)이 최근 발표한 보고서에 따르면 그린구매 의사를 표명한 소비자가 전체 응답자 중 40%를 상회한 데 비해 실질구매는 4%에 불과한 것으로 나타났다.

1.2 주요 구매상품군

(1) 농산물·식음료

농산물과 식품군은 특성상 친환경성이 강하여 유기농 식품에 대한 선호도가 큰 편이다.

① 유럽의 유기농 식품 매출 규모(2006년 기준)는 143억 유로에 이르고 있으며 독일(46억 유로)이 동 시장의 약 1/3을 차지하고 있음. 이어 영국(28억 유로), 이탈리아(19억 유로), 프랑스(17억 유로) 순임

가. 독일

독일 유기농 업체인 Bioland에 따르면 2007년 독일의 유기농 식품의 매출규모는 52억 유로 규모(2006년 대비 13% 성장)이며, 2008년에도 15% 이상의 증가율을 나타낼 것으로 전망되고 있다.

나. 네덜란드

네덜란드 유기농 시장(2006년 기준 약 4.3억 유로)의 경우에도 최근 연평균 15%의 높은 성장률을 지속하는 등 유기농 식품의 선호경향은 유럽 전역에서 나타나고 있다.

※ 네덜란드 농무부는 2010년 네덜란드 소비자들이 지불하는 식음료 비용 중 약 10%가 유기농 제품 구입에 사용될 것으로 전망하고 있음

다. 스위스

스위스 유기농 시장은 2007년에 전년 대비 6% 성장하였다. 특히 과일, 채소 및 계란에 대한 수요가 급격히 증가한 것으로 나타났다.

라. 프랑스

프랑스의 경우에도 유기농 식품의 판매가 급속히 증가추세(1999년 이후 연 평균 9.5% 이상)를 나타내고 있다. 2005년의 경우 계란 및 유제품에 있어서 전체 판매 중 유기농 제품이 차지하는 비중은 21%인 32,600만 유로를 기록하였다.

마. 스웨덴

스웨덴에는 Krav Label이라는 유기농·친환경 식품에 대한 검사인증서가 있다. 해당식품의 2006년 판매액은 약 21억 SEK(약 3.3억 달러)에 이르고 있다. 이 같은 수요증가로 인해 Krav Label 상품수는 2007년까지 4,127개에 이르렀으며 2007년 한

해에만 1,000여개의 상품이 신규로 해당인증을 취득하였다.

※ Krav Label은 농부, 유통업계, 소비자, 목축업계, 환경단체 등 30여개에 이르는 기관이 1985년 공동 설립한 민간기업으로서 유기농·친환경 식품 검사 및 인증서비스를 제공하고 있음. 동 인증은 생산부터 소비까지 전 과정에서의 환경성을 평가하여 부여되며 스웨덴 소비자에게 독보적인 인지도를 보유하고 있음. 동 인증 취득제품은 기타 통상제품에 비해 약 10% 정도 고가임

② 유기농 식품의 유통망은 크게 3가지(일반 수퍼마켓, 전문 판매점, 인터넷 판매)로 구분됨. 대형 유통업체들이 고유 브랜드로 다양한 유기농 식품 판매를 전문화하고 있어 이들의 판매 비중은 점점 확대되고 있는 실정임

(2) 전기·전자제품

'에너지 효율 등급 표시제'가 적용되는 제품들 위주로 에너지 고효율 제품의 시장 수요가 증가하는 추세를 보이고 있다.

① 냉장고, 세탁기 등 에너지 효율 등급 표시제가 적용되고 있는 제품들의 경우 에너지 효율이 높은 제품들에 대한 유럽 소비자들의 수요가 급속히 증가하고 있음

가. 벨기에

벨기에의 경우 에너지 효율성(energy efficiency)이 낮은 재래형 가전제품을 에너지 효율성이 높은 가전제품(A^{++}와 A^{+})으로 대체할 때 장려금을 지불하면서 에너지 효율성이 높은 가전제품의 수요가 증가하고 있다.

나. 프랑스

프랑스에서는 2006년 판매된 냉동, 냉장고 중 에너지 효율등급 A와 A^{+} 등급이 총매출의 85%를 차지한 것으로 나타났다.

② 컴퓨터 등 IT 제품의 경우 에너지 절약형 친환경 제품에 대한 일반 소비자들

의 인식이 부족한 것으로 나타나고 있음

※ Fujitsu Siemens Computer의 CEO인 Bernd Bischoff는 일반 소비자들이 장기사용에 따른 에너지 비용 절감 효과를 나타내는 Green PC보다 400~700유로대의 중저가 제품을 여전히 선호하고 있다고 언급하면서 소비자들의 인식 전환을 위해 컴퓨터를 포함한 IT 제품에도 에너지 효율 등급제 적용의 필요성을 강조하였음

(3) 건축자재

① 태양열 집열판 사용 증가

유럽 각국의 이산화탄소(CO_2) 배출 감축을 장려하는 세제 혜택 또는 장려금과 고유가 등의 영향으로 일반 가정에서 태양열 집열판 사용이 증가하고 있는 가운데 동 자재에 대한 수요가 증가하고 있다.

〈표 7-2〉 EU 주요 국가의 태양열 집열판 설치 현황(2006년 기준)

(단위 : m^2)

국가	평판형 집열기	무창 집열기	진공관식 집열기	총계
독 일	1,350,000	30,000	150,000	1,530,000
프 랑 스	284,000	6,000	11,000	301,000
오스트리아	289,745	6,935	2,924	299,604
그 리 스	235,200	-	4,800	240,000
이 탈 리 아	156,240	3,720	26,040	186,000
스 페 인	127,199	-	7,464	134,663

자료 : EurObser'ER 2007, ESTIF(European Solar Thermal Industry Federation)

가. 스위스

스위스의 경우 2006년 판매된 난방 및 급탕용 태양열 집열기(평면 집열기에 한함)는 전년 대비 33% 증가한 50,355㎡로 사용용도를 보면 다세대주택의 급탕용이 35%, 단독주택의 급탕용이 25.2%, 단독주택의 난방 및 급탕용이 19.4%였다. 스위

스 태양열에너지협회에 따르면 태양열 집열기는 2010년까지 매년 20% 성장할 것으로 예상된다.

나. 프랑스

프랑스 보쥬(Vosges) 지방에서는 사회임대 서민주택(HLM) 30채를 목재주택으로 건설하면서(2008년 3월 1일 기준) 태양열 집적기 및 1,000㎡ 태양열판 설치로 ㎡당 에너지소비를 15kWh로 한정하였다.

② 자연원료의 건축 자재 수요 증가

가. 에너지 상실을 방지하고 소음과 습기를 막기 위한 건축자재로 자연식물로 제조된 건축자재가 출시되고 있으며 수요가 증가할 것으로 보임

나. 절연(Isolation)용 자재로 석면과 유리섬유가 사용되는 데 이러한 제품은 원료가 폴리스티렌으로 만들어져 열이 가해지면 폴리스티렌에서 건강과 환경에 해로운 독성가스가 발생하는 단점이 있음. 최근 이를 대신하는 절연용 자재로 삼베나 린넨, 양털, 목재, 셀룰로즈, 코르크, 펠트 등 식물성 건축자재가 개발되어 시장에 출시되고 있음

③ 기타

건물 난방용으로서 지열 펌프 및 목재 보일러 등의 수요가 증가하고 있다. 프랑스의 경우 2006년 25,000개의 지열 펌프설비가 신축 주택에 설치되었으며 목재 보일러의 경우 2000년부터 매년 평균 5%씩 지속적으로 증가하여 2005년에는 390,000대가 판매되었다.

(4) 섬유 · 의류군

에코마케팅(eco-marketing)을 통해 친환경 소재 의류에 대한 수요가 증가하는 추세를 보이고 있다.

① 특히, 2006년 말부터 환경친화적인 의류의 수요가 증가하고 있음

가. Levi Strauss 유럽사의 벨기에 본부 혁신그룹장인 De Conti는 섬유분야의 차기 환경추세를 Futureco로 지적한 바 있음

나. Levi Strauss는 청바지에 'blue on the outside but green on the inside'라는 문구를 넣어 자사의 친환경적인 이미지(environment-friendly image)를 부각시키고 있음. 또한, 동 사의 에코진은 주머니에 유기면을 사용하고 있음

② 에코패션 인터넷 소매업체인 Adili는 소비자들이 점차 사회적이고 환경적인 이슈에 민감해지는 점을 고려하여 윤리 패션에 대한 수요를 충족시키기 위한 별도 사이트(adili.com)를 운영하고 있음. 윤리적인 방식으로(예를 들면, 개도국에서 아동 노동을 통해 생산된 제품이 아닌 경우) 생산된 의류와 액세서리에 대해 자체 라벨 도입을 계획하고 있음

(5) 차량

이산화탄소(CO_2) 배출이 적은 차량의 수요가 증가하는 추세를 보이고 있다.

① 독일

독일의 경우 CO_2 배출량이 130g/km 미만인 자동차의 매출액은 2007년에 전년 대비 57% 상승하는 등 환경친화적 자동차 소비가 급격히 증가하고 있는 것으로 조사되었다.

② 프랑스

프랑스에서도 신차의 에너지/CO_2 등급표시 의무화로 2006년 A, B, C 등급 차량의 시장점유율(market share)이 47%로 나타났으며 394억 8,000만 유로의 매출을 기록하였다(특히, 도요타의 하이브리드 자동차인 프리우스(Prius)는 2006년 6,400대가 판매됨).

③ 스위스

스위스에서 2007년말 신규 등록된 천연가스 자동차는 6,000대로 나타나 2006년 말보다 2,500대가 증가하였다. 스위스에는 100여개의 천연가스 충전소가 있다. 스위스에서는 천연가스(바이오가스)가 디젤과 가솔린 가격보다 약 30% 저렴하고 천연가스 자동차 구입 시 금전적 지원이나 조세감면 등의 혜택이 있어 천연가스 자동차 수요는 더욱 증가할 것으로 보인다.

전반적으로 차량구입 시 친환경성의 중요성이 증가하고는 있으나 최근 오스트리아에서 실시한 설문조사 등에 따르면 유럽 소비자들은 차량 구매결정 요소로서 가격, 안정성 등 다른 요인들을 우선시하는 것으로 나타났다. 다국적 보험회사인 Generali Insurance가 1,000명의 오스트리아 운전자들을 대상으로 한 설문조사에 따르면 차량 가격이 구매결정 시 가장 중요한 고려요소로 나타났다.

〈표 7-3〉 오스트리아 소비자의 차량구매 시 결정요소

(단위 : %)

순 위	요 소	응답비율
1	차량 가격, 구입 비용	78
2	안정성	73
3	신뢰성	72
4	사용 · 유지비용	66
5	신차 · 중고차 여부	39
6	모터의 성능	34
7	차량 타입(세단, 콤비, SUV 등)	34
8	친환경성	31
9	차량 외관(디자인, 색상 등)	27
10	모델, 제조사의 이미지	26

자료 : Generali-Autostidie

(6) 기타

① 절전형 전구

유럽 소비자들의 절전형 전구에 대한 수요가 급증세를 보이고 있다(스위스의 경우 2008년 하반기부터 에너지 소모가 많은 F, G 등급의 전구사용이 금지될 예정임).

가. 최근 들어 Migros, Coop 및 IKEA 등 유럽의 대형 소매유통 매장의 절전형 전구 매출이 급증 추세를 보이고 있어서 절전형 전구 생산 주요 기업인 Philips, Osram 등은 가동률을 100% 유지하고 있음에도 불구하고 해당 수요

를 충족시키지 못하고 있는 실정임

나. Osram, Philips 등 제조업체들의 적극적인 홍보 노력이 성과를 거두고 있는 가운데 2008년 6월부터 프랑스 등에서 공공장소(관공서, 공공건물, 병원 등) 내 절전형 전구 사용이 의무화되고 2008년 또는 2009년 상반기부터는 일반 가정에도 확대 적용될 것으로 보여 지속적으로 수요가 증가할 것으로 보임

② 천연화장품

파라벤(Parabens) 성분의 잠재적 독성이 2005년 초에 소비자단체 등 비정부기구(NGO)에 의해 언급되면서 천연화장품에 대한 관심이 증대되고 있어 프랑스의 경우 동년 40%의 매출증가를 보였다. 프랑스의 2006년 천연화장품 매출은 1억 5,000만 유로로 전체 화장품 시장의 0.96%를 차지한 것으로 나타났다.

2. 기업

2.1 기업이미지 제고 및 지속적으로 성장하는 그린구매 수요를 선점하기 위하여 환경·윤리마케팅을 적극적으로 활용하는 기업들이 증가하고 있음

일례로 300여개의 스위스 기업들이 자발적으로 친환경연합인 'Oebu(Work for Sustainability)'를 조직하고 회원사 대상 지속가능한 발전(sustainable development)을 위한 정보교환의 장을 마련하여 매년 지속가능 친환경기업의 우수사례를 발굴하여 수상 및 홍보하는 활동을 전개하고 있다(www.oebu.ch).

2.2 특히, 섬유·의류 대형 유통체인이 적극적이며 청정 화학제품 사용, 유기면 사용, 라벨링 제도, 리사이클링(recycling) 비율 목표 설정 및 시행, 물 사용량과 에너지 절약을 위한 30도 세탁 권고 등을 활용하고 있음

(1) Migros

스위스의 대형 유통업체인 Migros는 2003년부터 구매, 생산, 운송, 판매 및 폐기 등 제품의 전과정을 통해 생산자, 소비자, 운송업체 등 시장참여자와 공동으로 지속

가능한 환경정책(sustainable environmental policy)을 실시하고 있다.

(2) Coop

스위스의 대형 유통업체인 Coop도 By Air 로고를 도입하여 모든 식료품의 항공운송을 자제하고 있으며 임원들의 출장 시에도 항공기 이용을 절제하고 있다. 즉, 제품변질 우려 또는 수급에 막대한 영향을 미치는 경우를 제외하고는 항공운송을 자제한다는 내부규정을 마련하고 있다. 동 사는 2009년까지 운송의 90%를 해상수송하는 것을 목표로 하고 있으며(현재는 50% 수준) 회사 임원의 출장 시 비행기 탑승 자제 및 해외 환경단체(WWF 등) 지원을 강화하고 있다.

(3) H&M

스웨덴의 H&M(Hennes & Mauritz, 유럽 3대 의류 소매체인)은 2005~2009년간 온실가스 배출량을 10% 감축한다는 목표의 일환으로 이미 2006년에 CO_2 배출량을 9% 감축한 바 있다. 2007년 10월 초에도 온실가스의 추가적 감축을 위한 새로운 친환경전략을 발표한 바 있다.

H&M은 감축목표를 달성하기 위해 자사 매장에 재생가능한 에너지를 공급하고 상품운송 시 오염이 덜한 운송수단을 이용하며 공급자들로 하여금 보다 환경친화적인 관행을 채택하도록 의무화할 계획이다. 이에 따라 H&M은 전세계 1,432개의 매장에 제품을 육상운송이나 항공이 아닌 해운을 이용하여 인도할 계획이다. 또한, 납품업체에 대해서 납품 시 디젤이나 유황 함유량이 적은 연료를 사용하여 운송하고 운전자들에게 환경친화적인 운전교육을 강화하도록 의무화하고 있다.

(4) Mango

스페인 여성용 의류 소매업체인 Mango 역시 자사제품의 환경에의 영향을 감소시키기 위한 노력을 전개하고 있으며 유통과정 중 CO_2 배출 감축을 추진하고 있다. 즉, 육상운송을 전체 물류량의 최대 35%로 유지하며, 나머지 65%에 대해서는 항공보다 해운을 이용하도록 계획하고 있다. 또한, 에너지 소비량을 감소시키기 위해 바르셀로나에서 개장한 신규 물류센터에서는 태양에너지를 활용하고 있다.

3. 공공기관

3.1 EU 공공 그린구매 당국은 정부조달시장에서 그린구매가 용이한 분야들을 제시하고 각 분야에 해당하는 환경기준을 마련하고 있음

> ※ EU 환경총국의 공공 그린구매 부서는 EU가 권유하는 품목별 환경기준 자료를 제공하고 있음(http://ec.europa.eu/environment/gpp)

> ※ 각 회원국 정부도 그린구매 정보 사이트를 마련하여 그린구매 기준, 방법과 제품, 공급업체에 대한 정보를 제공하고 있음. 일례로 벨기에에서는 http://www.achatsverts.be를 운영하고 있음

(1) EU의 그린구매 장려분야는 세척분야, 원예농업 서비스, 의료기기 및 의약품, 전기기계 및 통신기기, 에너지, 화학제품, 고무, 플라스틱, 식품, 음료, 요식업 서비스, 건축, 설계, 건설, 하수오물, 폐물, 오물처리 서비스, 운송기기, 사무용기기, 토목, 건축자재(난방, 냉방, 조명기기 포함), 가구 및 여타 제조제품, 종이, 인쇄물, 인쇄서비스, 운송 및 통신 서비스 등임

(2) 그린구매 선정 시에는 에너지 효율 등이 구매기준으로 고려되고 있음. 그 기초로 에너지 스타(Energy Star), 에코라벨(Eco Label) 등 환경마크가 중시되고 있음

3.2 EU 회원국 중 실제조달에서 환경기준을 충분히 반영하는 국가들은 여전히 소수임

'Green Public Procurement in Europe(2006)'에 따르면 EU-25 회원국 중 공공입찰에서 환경기준을 포함한 입찰이 40% 이상인 회원국은 오스트리아, 덴마크, 핀란드, 독일, 네덜란드, 스웨덴, 영국 등 7개국에 불과한 것으로 나타났다.

※ 덴마크의 경우 공공구매(1년 소비규모 : 약 280억 달러)에서 친환경제품이 차지하는 비중이 50%를 상회하고 있음. 이 중 10~15% 정도는 제품에, 나머지 85~90%는 서비스 및 컨설팅 부문에 해당됨

※ The Swedish Environmental Protection Agency가 2007년 8월 스웨덴 내 17개 지방정부, 229개 지자체, 181개 정부기관을 설문 조사한 결과 설문에 응답한 모든 지방정부가 72%의 정부기관이, 82%의 지자체가 공공조달 시 환경영향평가지침을 보유하는 등 환경영향을 고려하는 것으로 나타났음

설문항목	2004	2007	변화율
환경영향평가 지침보유 공공기관 비율	41%	78%	+37%
환경친화조달 교육과정 이수 담당자 비율	34%	45%	+11%

그린구매의 장애요소로는 친환경 제품 및 서비스 가격이 전반적으로 일반 제품·서비스보다 고가라는 점, 공공구매 책임자들의 환경지식 부족, 그린구매에 대한 관리 운영 및 정치적 지원 부족, 그린 제품·서비스의 결여 등이 지적되고 있다.

제 3 절 그린구매 활성화 정책

1. EU

1.1 조달기관 간의 그린구매 네트워크 구축

EU는 BIG NET(Buy It Green Network), 'Eurocities', 'Procura+' 등을 통해 회원국 공공당국의 그린구매를 촉진하고 있다.

※ BIG NET은 Iclei Europe(지속가능 발전을 위한 유럽 지방당국 단체) 내 지속가능 구매협력 네트워크로서 유럽 지방당국간 그린구매 협력을 강화함으로써 지속가능한 발전(sustainable development)에 효율적으로 기여하기 위해 구축되었음

※ Eurocities는 1986년에 창설된 유럽도시 당국간 네트워크로 30여개 유럽국가의 130여 도시가 회원으로 가입되어 있음. Eurocities는 유럽도시의 목소리로 EU 법규, 정책, 도시와 시민들에게 영향을 미치는 프로그램 등 도시 관련 문제에 대해 EU 당국과 의견을 교환하고 도시의 지속가능 발달을 도모하는 기구로 경제 발전, 사회결속정책, 공공서비스, 환경, 운송, 이동성, 고용, 사회, 문화, 교육, 정보 및 지식사회, 통치, 국제협력 등의 문제를 광범위하게 취급하고 있음

※ Procura+는 Iclei Europe이 2004년에 발족한 그린구매 캠페인으로서 유럽 지방당국들이 지속가능 공공구매를 통해 지속가능한 발전에 효과적으로 기여할 수 있도록 하는 것이 목적임. 현재 동 캠페인에 참여하고 있는 국가는 덴마크, 프랑스, 이탈리아, 영국, 포르투갈, 스페인, 스위스임. 이 외 다수의 EU 회원국 소속 기관들이 파트너로서 참여하고 있음

1.2 EU 에코라벨(Eco-Label) 제도

(1) EU가 1992년 유럽 소비자들의 그린구매에 대한 인식을 제고시키기 위해 도입한 이후 현재 26개 품목 그룹에 대해 에코라벨 기준이 규정되어 있으며 동 라벨 취득업체 수는 535개사임

(2) EU 당국은 에코라벨을 활성화시키기 위해 2004년부터 유럽에서 개최되는 전시회나 주요 이벤트에 참가하여 홍보활동을 전개하고 있음

※ 2006년에 지방당국 조달 전시회(Salon des Maires)부터 여행 및 관광전시회(Caravan Salon Dusseldorf, Reisemesse Essen, Reispavillon, CMT, BIT Milan, Ferienmess Vienna 등), 친환경 건축 자재 전시회(Ecobat Fair) 등 12개 전시회에 참여하였음

〈표 7-4〉 EU 에코라벨 취득가능 품목

품목군	세부 품목
세제	다용도 세제 및 화장실, 욕실용 세제, 식기 세척기용 세제, 세탁용 세제, 비누, 샴푸 등
가전제품	식기 세척기, 열펌프(규정 수립 중), 전구, PC, 휴대용 PC, 냉동고, TV, 진공청소기, 세탁기
종이제품	복사지 · 그래프지, 인쇄지(규정 수립 중), 종이 티슈(규정 재검토 중)
가정 · 정원용품	침대 매트리스(규정 재검토 중), 목재가구(규정 수립 중), 내부 페인트 · 왁스(규정 재검토 중), 토양 개선제, 섬유제품(규정 재검토 중)
의류	신발, 섬유제품(규정 재검토 중)
관광	관광 숙박 서비스 등
윤활유	윤활유

자료 : http://ec.europa.eu/environment/ecolabel/product/index_en.htm

1.3 환경기술개발 지원

EU집행위원회는 환경기술 육성 사업(ETAP)에 주력하고 있는 동시에 경쟁력 제고 정책, 연구개발(R&D) 프로그램, 사회결속 정책 등 다양한 정책에 환경이슈를 포함시키고 있을 뿐만 아니라 비중도 확대하고 있다.

※ 7개년(2007~2013년) 경쟁력 제고 정책 예산 중 20%를 환경기술의 개발 및 혁신 프로그램 지원에 할당하고 있으며, 제7차 R&D 프로그램과 신규 사회결속 정책(2007~2013년)에서도 환경분야에 주력하고 있음

2. 주요 국가

2.1 네덜란드

(1) 일반정책

① 그린구매를 장려하기 위해 Nuon, Eneco 등 전력관련 기업들이 소비자에게 신재생에너지 공급 비율을 확대할 수 있도록 지원하고 있음. 이를 통해 네덜란드 내 그린에너지(Green Energy)를 구매하는 가정이 증가하고 있음

가. 에너지별 발전단가에 대해 최대 10년간 보조금 지원
나. 신재생에너지 발전단가 보조금제도(MEP)
다. 신재생에너지 시설 및 에너지 효율설비 설치 투자 시 전체 투자금액의 최대 20%까지 보조금을 지원하는 제도(EINP)
라. 신재생에너지 및 에너지 절약기술 개발투자 시 최대 19%까지 세금을 감면해 주는 제도(EIA)

② 에너지 절약 정책과 연계하여 2008년 2월 1일부로 에너지 소비수준에 따른 자동차세 차등 할인세, CO_2 배출량에 따른 도로세 차등 적용이 실시되고 있음

〈표 7-5〉 네덜란드 자동차 에너지 등급세율

에너지 등급	2007년	2008년 변경세율	등급기준(평균 대비)
A	1,000유로 할인	1,400유로 인하	20% 이상 절감
B	500유로 할인	700유로 인하	10~20% 절감
C			0~10% 절감
D	135유로 추징	400유로 추징	0~10% 증가
E	270유로 추징	800유로 추징	10~20% 증가
F	405유로 추징	1,200유로 추징	20~30% 증가
G	540유로 추징	1,600유로 추징	30% 이상 증가

(2) 공공구매

① 네덜란드는 여타 유럽국가보다도 국가 주도로 그린구매를 활성화하고 있으며, 2007년부터는 '지속가능공공구매(DIP : Duurzame Inkoop Programma) 프로그램'을 실시하고 있음

② 이를 통해 연간 약 400억 유로 규모의 중앙정부 조달을 2010년까지 100% 지속가능한 그린구매로 실시할 계획임. 지방정부 및 기타 정부조달품은 2010년까지 50%, 2015년까지 100% 그린구매 달성을 목표로 하고 있음

가. 13개의 그린 공공구매 분야는 케이터링, 위생・청소, 업무용 운송수단(자동차, 자전거 등), 문구류, ICT 하드웨어, 인쇄, 공공 운송수단(버스), 시멘트 제품, 의류(유니폼 등), 에너지, 유압 오일, 제지, 조명임

나. 네덜란드의 공공조달 사업공고 및 관련정보는 관보 또는 인터넷을 통해 공개되고 있음(www.aanbestedingskalender.nl)

다. 구매원칙은 그린구매 우선 적용(환경라벨, 환경규격 등), 디지털 입찰확대(최소 50% 이상), 비차별, 투명, 공정 입찰 등임

③ 네덜란드 정부는 동 목표를 실현하기 위해 기업과 시민을 대상으로 각종 워크숍 및 홍보활동을 전개하고 있음. 일례로 2007년 10월 공무원, 공공기관 구매담당자, 일반인 등 500여명이 참가한 대규모 홍보 워크숍을 개최한 바 있음

2.2 독일

(1) 일반정책

① 에너지 효율등급 표시 의무화

독일에서는 EU 정책에 따라 국내에 판매되는 모든 냉장고, 세탁기, 건조기 등에 에너지 등급을 표시하고 있다.

> ※ 독일에서는 소비자의 85% 이상이 가전제품 구입 시 에너지 효율등급을 고려하는 것으로 나타남

② 자동차 관련 환경규제

가. EU의 CO_2 배출량(2010년까지의 목표 : 120g/km) 규제 관련, 자동차 제조업체와 판매 매장은 소비자들이 용이하게 CO_2 배출량을 확인할 수 있도록 충분한 정보를 제공해야 함

나. 또한, 2008년 1월 1일부터 대도시를 중심으로 미세분진 배출량의 기준치를 초과하는 차량에 대해 빨간색 스티커를 부착하도록 의무화하고 동 차량의 대도시 진입을 금지하여 친환경차량의 구매를 촉진함

③ 태양열 에너지 활용 인센티브

독일 정부는 태양열 에너지 사용을 장려하기 위해 태양열 발전 설비 구매자들에게 인센티브를 제공하고 있다.

> ※ 동 인센티브에 따라 생산되는 전력 1kW당 20년간 54센트가 지급되고 있으나 태양열 에너지 발전 비용이 점차 감소함에 따라 연차적으로 보조금을 감소시켜 나갈 예정임. 현재 독일에서 조성되고 있는 태양열 에너지 산업의 붐에도 불구하고 태양열 에너지가 독일 전체 전력 소비량에서 차지하는 비중은 3%대에 불과한 실정임

④ 친환경라벨

독일은 세계에서 가장 먼저 친환경라벨을 도입한 국가 중 하나로 'Der Blaue Engel'은 친환경제품의 척도로 인식되고 있다. 현재는 80여개 제품군에 대해 950개 업체의 12,000개의 제품과 서비스에 적용되고 있다.

(2) 공공구매

독일의 중앙정부와 주정부는 그린구매에 대한 지침을 마련하여 공공구매 시 적용하고 있다.

> ※ 독일은 중앙정부의 각 부처마다 독자적인 조달부서가 있으며 이들이 구매결정 권한을 가지고 있음. 또한, 주정부에서도 자체 조달청이 있어 필요 제품을 독자적으로 조달하고 있음

〈참고 1〉 공공구매의 일반적인 절차

1. 필요물품 신청 : 각 부서에서는 신청물품의 조달 필요 여부를 검토한 후 조달담당부서에 신청함
2. 시장조사 : 공고 이전에 시장가격을 조사하면서 필요 물품 카테고리에 환경친화적인 제품이 존재하는지 여부 및 적용될 수 있는 환경기준 등에 대한 정보를 수집함
3. 공고 게시 : 필요한 제품의 기능 및 성격을 기술하면서 평가기준을 명확히 표기함. 이 때 포장재질을 포함하여 제품의 납품 시 유의해야 하는 환경관련 특성과 해당 환경기준을 명시하여야 함. 예를 들면, 환경청에서 승인한 Der Blaue Engel 인증, 환경관리시스템인 Oekoprifit, DIN ISO 9002 등의 인증이나 독일 위험물질관리지침 혹은 폐기물처리지침의 준수 여부 등을 구매선정의 기준으로 제시함
4. 견적서 검토 : 필요물품의 경제적, 생태적, 전 생명주기의 비용 측면 등을 종합적으로 검토함. 경제적인 측면에서는 납품가뿐만 아니라 에너지 절약성 등의 추가적인 요인을 검토해야만 함
5. 구매 결정 : 납품업체가 확정되면 선정사유 및 공급조건 등을 명기하여 통보하고 납품계약을 체결함

대상품목 및 선정기준은 다음과 같다.

① 배터리

태양열 전지를 사용하는 제품이 선호되고 있으며 유해물질이 적은 제품을 구매해야 한다. 배터리 규정에 따라 카드뮴과 납 포함 제품은 구매가 불가능하다.

② 종이제품을 제외한 사무용품

연필, 볼펜, 형광펜, 자 등의 사무용품은 일반적으로 플라스틱 제품보다는 나무, 금속, 마분지 소재 제품이 선호되며 사용기간 및 리필 가능성을 중점적으로 고려한다.

③ 사무용 전자기기

에너지 효율이 높은 제품 및 대기 시에도 스탠바이 모드(standby mode)나 슬립모드를 통해 에너지의 낭비를 최소화하는 제품이 선호되고 있다. 제품선정 시에는 'www.energylabel.de'나 'www.office-topten.de' 등의 사이트에서 발표하는 제품 평가의견이 중요한 기준으로 작용하고 있다. 또한, 토너의 폐기 및 재활용 가능성 여부도 제품의 선정 여부에 큰 영향을 미치고 있다.

④ 일회용 식기

외부 행사 등 극히 일부 경우를 제외하고는 사용이 금지되어 있다.

⑤ 폐기물 처리

폐기물 관리방식과 재활용 비율 등을 고려하여 폐기물 처리 업체를 선정한다.

⑥ 페인트

실내공기에 나쁜 영향을 미치지 않는 제품으로 Der Blaue Engel 인증을 받은 제품을 구매해야 한다.

⑦ 부식 방지제

교량, 전봇대, 건축물 등의 철근 구조물에 사용되는 부식방지제의 경우 납 함유제품은 사용이 금지된다. 염소 또는 아연함유 제품 등은 가급적 사용을 자제하고 물에 용해되며 유해물질 함유량이 적은 제품의 사용이 권장되고 있다.

⑧ 바닥재

목재, 타일, 카펫, 리놀륨 등은 문제가 없으나 PVC 제품은 사용이 금지된다.

⑨ 식료품

유기농 재배방식이나 동물보호를 고려한 방식으로 제조된 제품을 우선적으로 구매한다. 모든 식료품은 재활용이 가능한 형태로 포장되어야 한다.

⑩ 자동차

가능한 소형차를 구매하고 동급 차종에서도 에너지 효율이 가장 높고 배기량 배출이 가장 적은 제품을 선택해야 한다. 이를 위해 천연가스(natural gas), 바이오 에탄올, 바이오 디젤, 하이브리드 모터를 사용하는 제품이 선호되고 있다. 타이어의 경우에도 저항력이 적어 에너지 소모가 적고 소음발생이 적은 제품이 선호되고 있다.

⑪ 전구 및 전등

에너지 효율이 높은 제품을 구매하며 백열전구 제품은 가급적 사용하지 않는다. 그러나 건물 전체의 조명시스템이 변경되어야 하는 경우에 한해서는 예외적으로 백열전구 제품의 구매를 허용하고 있다.

⑫ 가구

PVC 사용제품은 구매가 불가능하며 가구 표면에 포름알데히드가 함유되어서도 안 된다. Der Blaue Engel 인증을 취득한 제품에 대해서만 구매가 허용되며 열대우림 목재로 만든 가구는 구매가 불가능하고 지속가능한 삼림에서 벌목한 목재로 만들었다는 인증을 첨부해야 한다(FSC-인증). 가구에 사용된 섬유는 모두 Oekotex 인증을 부착해야 하며 모든 부속품은 분리, 폐기가 가능해야 한다. 폐기는 될 수 있으면 납품업체가 책임져야 한다.

⑬ 쓰레기봉투

100% 폴리에틸렌(PE)으로 이루어져야 하며 재생이 가능해야 한다.

⑭ 종이 및 종이제품

공공기관에서 사용되는 종이제품은 모두 재활용 용지와 동일한 품질기준(RAL-UZ 14)을 준수해야 한다. 이는 책이나 인쇄물과 관련된 발주에도 해당된다. 복사용지도 Der Blaue Engel 인증을 부착한 제품만이 구매가 허용되며 염소 파라핀 함유 제품의 사용은 금지된다.

⑮ 생화

해충제거제나 제초제를 사용하지 않고 인근지역에서 재배된 제품의 구매를 권장하고 있다. 이에 따라 Flower Label 부착 제품이 선호된다.

⑯ 비누

기존의 비누제품들은 일반적으로 큰 문제가 없으나 여러 측면에서 거품비누의 사용이 권장되고 있다. 거품비누를 사용하면 고형(固刑)비누 대비 사용량 자체가 40~50% 절약될 수 있으며 물의 사용량도 감소한다. 또한, 손을 씻는 시간 자체도 감소하고 손의 건조함도 방지할 수 있는 이점이 있다.

⑰ 토너

기본적으로 수은, 납, 카드뮴, 크롬IV 등을 함유해서는 안 된다. 또한, Azo 색소 포함도 금지되어 있으며 독일 연방정부의 위험물질 규정을 준수해야 한다. 리필 가능한 토너의 경우에는 공신력 있는 업체와의 협력을 통해 리필(refill)을 보장해 주는 제품을 구매해야 한다.

2.3 스웨덴

(1) 일반정책

① 친환경 차량 촉진정책

가. 스웨덴 정부는 친환경차량 구매 시 10,000SEK(약 1,700달러)를 지원(지원기간 : 2007. 1. 1 ~ 2009. 12. 31)하고 있으며 주차장 이용 및 혼잡통행료 징수 시에도 혜택을 제공하고 있음

나. 이를 통해 스웨덴은 현재 전체 등록차량 중 약 18%가 친환경차량이며 친환경차량의 판매증가율이 세계 최고수준을 기록하고 있음

② 대체에너지 활용 촉진정책

개인주택이 등유난방 또는 직접전기 난방을 지열, 간접전기, 태양열, 바이오 에너지 난방시스템으로 교환할 경우 보조금을 지원하고 있다.

가. 태양열 시스템으로 교체할 경우 집열판의 에너지 생산정도에 따라 보조금을 차등 지원하고 있음[법규 : SFS No. 2000:287(태양열 난방 보조금 관련 법규)]

※ 보조금 규모 : 2.5SEK/kWh(단독주택의 경우 최대 7,500SEK 보조 ; 아파트의 경우 최대 5,000SEK 보조)

나. 직접전기 난방을 지열난방으로 교체할 경우

㉠ 시공가격 중 자재비(배관, 라디에이터 등 공급시스템 자재)와 인건비, 열교환기 지원

㉡ 다만 최대 지원금은 전체 시공가격의 30%를 상회할 수 없음

③ 유기농 생산 장려정책

스웨덴 정부는 유기농 생산을 장려하기 위해 매년 550백만 SEK을 보조금 예산으로 책정하고 있다.

(2) 공공구매(Action Plan for Environmental Public Procurement, 2007~2010년)

친환경 공공조달(규모 : 연 5,000억 SEK(약 800억 달러)) 정책을 통해 스웨덴 사회가 지속가능한 소비와 생산(sustainable consumption and production)을 추구할 수 있도록 인도하고 환경친화산업을 육성하기 위해 제정되었다.

※ 주요 내용은 공공부문 사용 차량의 35%를 친환경차량으로 대체, 공공부문 사용 전력의 50%를 신재생에너지로 대체, 공공부문에서 사용하는 전구의 50%는 에너지 A 등급의 전구로 대체하는 것임

2.4 영국

(1) 일반 정책

① 친환경 교통정책 실시

영국 정부는 차량의 배기가스 배출량에 따라 자동차세, 도심 혼잡세, 주차비를 징수함으로써 소비자 인지도 제고 및 친환경 차량 판매를 촉진하고 있다.

〈참고 2〉 환경분야 영국 중앙 정부기관
1. 환경전반(Department for Environment, Food and Rural Affairs : www.defra.gov.uk)
2. 기업 경영분야의 환경이슈(Department of Trade and Industry : www.dti.gov.uk)
3. 지속가능 투자(Her Majesty's Treasury : www.hm-treasury.gov.uk)

※ 최근 영국 내 신차 등록 차량 중 친환경적 성향을 지닌 초미니, 미니, 소형 차량의 비율이 70% 수준에 이르고 있음

② 시장변화 프로그램(Market Transformation Programme)

영국 정부는 시장변화 프로그램(MTP)을 통해 강제적 에너지 라벨링, 에너지 효율성 요구 및 업계의 자발적 조치 등을 유도하면서 그린구매 및 공급을 장려하고 있다.

※ 에코라벨 담당기관 : DEFRA(Department for Environment, Food and Rural Affairs)

가. 강제적 에너지 라벨링 부착

냉장고, 세탁기, 드라이어, 식기세척기, 조명기기, 에어컨, 전기오븐 등에 있어 최종소비자에게 전력소비량 및 성능 정보를 제공해야 한다.

나. 강제적 에너지 효율성 요구

냉온방기 및 냉장고, 전열, 조명기구 등 에너지 소모 제품류에 대해 최소한의 에너지 효율성이 요구된다.

다. 기업의 자발적 조치

영국 소매협회(BRC), Tesco, ASDA, Sainsbury's 등 대형 소매업체, 에너지 공급업체들이 2007년 11월 에너지 저효율제품의 자발적 판매중지 및 고효율제품 판매촉진 등에 합의하고 정부의 그린정책 지원을 표명하였다. 이미 세탁기 및 식기세척기 업체들이 영국 내 저효율 세탁기 판매를 중지하기 시작하였으며 대형 유통업체들이 매장 조명시설을 에너지 절약형 전등으로 교체하고 있다.

(2) 공공구매

영국 공공 조달시장(약 1,500억 파운드 규모)에 대해 '친환경 개발 전략'(Securing the Future) 및 '정부 친환경 조달 이행안'(UK Government Sustainable Procurement Action Plan) 등에 입각하여 그린구매가 적극적으로 추진되고 있다.

① 영국 정부부처 및 공공기관의 상품·서비스 공급체인 및 공공 서비스 운영 전반에 있어 저탄소, 저폐기물, 효율적 수자원 관리를 위한 그린구매가 활성화되고 있음

※ 2005년부터 친환경개발위원회(SDC : Sustainable Development Commission)라는 감시기관을 별도로 두고 각 정부부처의 친환경조달정책을 포함한 친환경개발 계획안 이행 여부 분석 및 보고 임무를 부여하고 있음

② 'Quick Wins 2007'이라는 제목 하에 친환경조달 품목 및 기준을 명시하고 2007년에는 기존의 컴퓨터, 사무기기, 백색가전 등의 구매 시 에너지 효율성을 고려하던 것에서 해당품목이 54개 품목으로 확대되었으며 그 기준도 강화되었음

가. 'Quick Wins 2007'에 따른 영국 정부의 주요 조달품목

사무용 전자기기(PC, 모니터, 노트북, 프린터기, 스캐너, 복사기, 팩스기, 휴대폰, 휴대용 충전기), 사무용품(복사용지, 인쇄용지, 봉투), 목제품(가구), 자동차, 보일러·난방시스템, 가전용품(냉장고·냉동고, 세탁기, 식기세척기, 드라이어, 전기오븐, TV(CRT, LCD, 플라즈마, 디지털), VCR, DVD 플레이어, 지상파 디지털아답터), 냉·온방 시설(에너지 조절기어, Thermal Screen, 냉장고 캐비닛, 에어컨, 셀러쿨링 기기, 콘덴서), 조명기기, 일반 소모품(키친타월, 화장실 휴지, 백열등, 페인트, 토양제품, 섬유, 세제), 화학품(유압유, 전기톱 윤활유), 가정용품(수세식변기, 샤워기, 창문) 등이다.

나. 그린구매 선정 기준

기본 요구조건(에너지 및 자원효율성 극대화, 재활용 소비재료 활용, 오염 최소화, 강한 내구성 및 업그레이드 및 수리 용이성, 포장 최소화, 재사용 및 재활용 가능), 인증 요구조건(환경관리시스템으로는 EMAS/ISO 14001 등의 인증 획득제품 선호, 에코라벨 획득제품, Energy Star 순응제품, 정부조달에 있어 Quick Win 스탠더드 엄수, 계약·하도급 업체의 친환경정책 이행도)이 고려된다.

다. 한편, 목재생산품의 경우 2008년 4월 1일부터 친환경 인증을 획득한 기관이나 FLEGT(Forest Law Enforcement, Governance and Trade)의 라이선스를 확보하고 있는 파트너들만 정부 조달이 가능하며 2015년 이후에는 법적으로 허용된 친환경 목재만이 허용됨

〈**참고 3**〉 영국 공공구매 담당기관

1. OGC(The Office of Government Commerce) : 영국 내 모든 공공기관의 상품 및 서비스 조달을 포괄적으로 책임짐(www.ogc.gov.uk)
2. OGCbuying.solutions : OGC의 산하기관임(http://online.ogcbuyingsolutions.gov.uk)

2.5 프랑스

(1) 일반정책

① 각종 친환경 라벨을 통해 그린구매를 장려하고 있음

가. 프랑스 에코라벨(NF Environnement)

※ 제품수명, 상세한 제품정보 존재 여부, 최소 40%의 재생 가능원료 및 중금속, 플라스틱 사용정도가 기준이 됨

나. EU 규정에 따른 프랑스 무공해 농산물 라벨(AB)

※ 살충제, 화학비료 및 유전자변형작물 불포함 기준

② 환경친화적 개발을 목적으로 6개 분야(에너지, 농업, 교통, 건설, 교육, 기업과의 협업)에 있어 친환경정책과의 연계를 추진하고 있음(Grenelle del'environnement). 이 중 그린구매와 관련있는 정책은 다음과 같음

가. 에너지관련 주요 정책

㉠ '전기난방주택에 배기시설 의무화'로 목재 난방설치를 용이하게 함

㉡ 보일러, 단열재, 열펌프 등 재생에너지를 이용한 건축자재 구입 시 세제혜택을 부여하고 있음

나. 농업관련 주요 정책

㉠ 2010년까지 현재 2%에 불과한 무공해 작물 경작면적을 6%까지 증대시키고 농업 종사자들의 참여를 유도하기 위해 세제혜택을 연장할 계획임

㉡ 2015년까지 무공해 식품의 가격을 50% 인하할 계획임

㉢ 무공해 식품구매에 공공기관 구내식당 예산에 20%를 할당할 예정임

다. 교통관련 주요 정책

2008년 1월 1일부터 CO_2 배출량에 따라 신차 구매 시 보너스를 지급하거나 분담금을 부과하는 제도(일명 Eco-pastille)를 시행하고 매년 CO_2 배출 기준을 5g씩 낮추기로 결정하였다.

㉠ 1km 주행당 100g 이하 배출 차량 구매자에게는 1,000유로, 101~120g 배출 차량 구매자에게는 700유로, 121~130g 배출 차량 구매자에게는 200유로의 보너스를 지급함

㉡ 이와는 달리 1km 주행거리당 161~165g 배출 차량 구매자에게는 200유로, 166~200g 배출 차량 구매자에게는 750유로, 201~250g 배출 차량 구매자에게는 1,600유로, 250g 이상 배출 차량 구매자에게는 2,600유로의 부담금을 각각 부과하게 됨

라. 건설관련 주요 정책

㉠ 자연원료 단열재 사용, 재생에너지 활용설비, 에너지 고효율 목조주택 건설 등 환경친화적 건축을 장려함

㉡ 2010년부터는 모든 공공건물 및 설비의 에너지소비량을 50kWh/m^2로 제한함

③ 친환경 교통수단 구매

파리시에서 2020년까지 40%의 운행차량 감소를 목표로 2007년 7월부터 무인자전거 대여시스템(Velib)을 시행하고 있다.

㉮ 1,451개 대여소에 총 20,600대의 자전거를 설치함

㉯ 파리시는 설치, 운영 및 관리를 옥외광고업체 JC드코(JCDecaux)에게 위임하여 투자비용 없이 이용요금 이익을 얻고 있음

(2) 공공구매

① 프랑스에는 현재 50,000개 공공 입찰기관 및 200,000개 전문 공공구매자가 있으며(GDP의 15% 규모), 2009년까지 EU에서 가장 환경친화적 공공구매(environment-friendly public procurement)를 지향하고 있음

2003년 6월 30일 통과된 '지속적 개발 국가전략(SNDD)'의 방침 중 공공기관의 모범실천에 의거하여 구체적 목표를 설정하고 있다.

가. 20%의 물 절약, 10%의 에너지 절약 및 온실가스 감축 목표
나. 20%를 청정 자동차로, 5%를 전기자동차로 대체
다. 행정 공무차량의 식물성 대체연료 사용
라. 가격만큼 환경규정 준수를 구매 시 주요 기준으로 삼음
마. 구매 시 제품수명 고려 체계화
바. 고위공무원 임직 전 의무 환경교육 실시
사. 2012년까지 행정업무 시 용지소비를 50% 감소하고 100% 재생용지로 교체
아. 2008년부터 신축 행정건물의 50%를 환경 고급화

② 2006년 8월 1일부터 공공구매법에 그린구매 관련 조항이 명시되어 의무적으로 납품업체 선정 시 고려해야 함

대개의 경우 공식 에코라벨 및 환경라벨을 우선적으로 고려하는 추세를 나타내고 있다. 이 외에도 컴퓨터 및 주변기기용 로고(Energy Star) 또는 국제환경규격(ISO 14000)도 중요한 참고사항이 된다.

〈표 7-6〉 그린구매 관련대상 및 환경기준

대상분야	환경기준
사무용 용지(우편봉투, 편지지, 복사용지, 인쇄용지 등)	· 다량 재생원료 포함 또는 환경규정에 따라 관리되는 숲에서 생산된 용지 사용 · 염소계 표백제는 사용하지 않음
사무용품(레이저프린터 카트리지, 전구, 형광펜 등)	· 인체 유해성분이 적음 · 제품수명이 길며 재생원료를 사용함 · 형광펜 및 유성펜 교체잉크 사용 권장
조명제품[1)]	· 에너지 효율성이 높음(특히, 콤팩트 형광전구 권장) · 유해성분이 적음 · 제품수명이 길며 설치 및 재활용이 용이한 제품
전자제품(컴퓨터, TV, 청소기 등)	· 자동절전 기능 · 에너지 효율성이 높은 복합기능 · 유해 성분 및 중금속 불포함 · 재생제품과의 호환성 · 프린터의 경우 양면인쇄 가능 제품 권장
사무용 집기(사무용품, 칠판)	· 제품수명이 길고 복합기능 제공 · 재생원료 활용
비료	· 유기 폐기물의 재활용 · 1회 사용분 측정 용이
녹색 공간 관리용품(쓰레기 봉투, 절단기, 정원용 기기)	· 오염성분 및 가연 시 독성 배출이 적음 · 전기모터 장착
스포츠시설 및 용지	· 재생원료 사용 · 휘발성 유기화합물(VOCs) 배출이 적음 · 목재 원산지 고려
의류세탁 및 섬유제품 관리(의류용 세제, 섬유제품, 신발, 드라이클리닝 등)	· 에너지 효율성 · 휘발성 유기화합물의 배출이 적음 · 친환경 세제
건설용 부품	· 방향 및 기후조건을 고려한 단열구조 · 생산 및 사용 전 과정에서 오염물질 및 환경·인체에 유해한 물질 방출이 적음 · 폐기물의 분리수거 및 재활용 제도를 갖춘 공급업자 선택 권장
수도공급 자재(개수대, 파이프, 수도꼭지)	· 빗물 저장 시스템 · 재생원료 사용 · 긴 제품수명 및 에너지 효율성
자동차 및 이륜자동차	· 친환경차량 대여 권장 · 냉난방이용 자제 권장

교체 고무제품	·무수규산 강화 타이어 및 재생타이어
자동차 수리 및 관리	·친환경 방식 세차 및 폐기물 관리시스템 구축업체 선정
도시 위생시설 (화장지 및 청소용품)	·물 절약 및 유럽 에코라벨 기준에 해당하는 제품
도시 조명자재(가로등)	·재생에너지 사용 ·에너지 효율성 ·중금속 포함률이 적으며 사용수명이 김
노상시설 관리	·환경 및 인체 유해물질 함유가 적은 세척제 사용 ·사용한 부품 수거업체 선정 권장
학교시설 및 기타용품	·옷걸이, 휴지통 및 사무용 가구 ·제품수명이 길고 복합기능 제품 ·재생원료 및 단일자재 사용
카트리지 및 오프셋 인쇄잉크	·재활용 가능 여부 및 재생원료 사용 ·재활용 목적 직접 수거
파일 등 정리용 용품	·재생원료 사용 ·유해 접착제 및 색소 비사용
난방시설 및 온수기	·재생에너지 사용 ·고효율 난방 ·질소산화물(NOx) 저배출 난방
건물 청소용품(쓰레기봉투, 화장지, 흡수종이, 다용도 청소용품 및 유리 세척액)	·유해물질 및 휘발성 유기화합물 극소 함량 ·높은 생분해성 원료 포함 및 부영양화 원료 최소량 포함 ·재생가능 포장재 사용업체 선정 권장

주 : 1) 현재 공급되는 사무용전구는 콤팩트 형광전구 25%, 할로겐전구 40%, 나머지가 일반 백열전구임

③ 구매절차는 크게 4가지(형식화된 구매, 공개경쟁 입찰, 제한경쟁 입찰, 조건절차에 따른 구매)로 구분할 수 있음

가. 형식화된 구매

㉠ 구매자가 원하는 환경기준을 명백히 기재한 조건명세서로 일반경쟁 입찰공고임

㉡ 각종 증명서, 서류 명기와 함께 해당서류를 준비할 수 없는 공급업자들을 위해 대체 가능한 증명서류도 기재해야 함

㉢ 보다 엄격한 환경기준을 적용할 수 있으나 사전 공고 및 조건명세서에 언급된

내용이어야 함

나. 공개경쟁 입찰

㉠ '공공구매 전담기구(UGAP) 입찰계획'을 '정부조달공보(BOAMP)' 또는 'EU 관보(JOUE)'로 확인함

㉡ 각 부처 웹 사이트(web site)에서도 확인가능함

㉢ 공개입찰 여부 확인 후 담당자 접촉

㉣ 입찰서 제출 후 1차 평가에 선정된 업체는 2차 평가를 거침

㉤ 관련법규 및 추가기준에 따라 참가업체 평가 후 최고 배점을 받은 업체가 선정됨

다. 제한경쟁 입찰

㉠ 경매자가 입찰공고 시 입찰 참여업체 수를 결정함

㉡ 이하는 상기 절차와 동일함

라. 조건절차에 따른 구매

㉠ 계약체결 이전 조건 및 형식에 구매자가 원하는 기준범위를 정할 수 있음

㉡ 경쟁 입찰공고 매체도 구매규모에 따라 달라짐

3. 주요 기업

3.1 네덜란드

(1) 에너지

전력회사들은 네덜란드 정부의 지속가능 그린정책에 맞춰 신재생에너지 등 그린에너지 개발 및 공급확대에 주력하고 있으며 소비자 인식전환을 위해 적극적으로 홍보하고 있다.

※ 네덜란드 최대의 전력공급 기업인 Eneco는 2006년에 100% 그린에너지만 판매하는 전문 전력기업인 Green Choice와 그린에너지 공급계약을 체결하고 2007년까지 150,000 가정에 그린에너지를 공급하는 성과를 거둔 바 있음

(2) 식음료

재활용 가능 유리병 및 PET, 캔, 종이팩 등의 수거를 위한 관련기업들의 예치금 적립 및 소비자 환불제가 실시되고 있다.

(3) 유통

2007년부터 Albert Heij, Super De Boer, C1000 등 모든 네덜란드 수퍼체인에서는 비닐 쇼핑백을 유로로 판매함으로써 소비자들이 비닐 쇼핑백을 재사용하도록 유도하고 있다.

3.2 독일

대부분의 독일 기업들은 친환경 사무용품 사용을 통한 에너지 소비 절약 및 CO_2 배출 감소, 친환경 생산방식 및 업무 프로세스 도입 등을 위해 주력하고 있다. 이의 대표적 사례를 들면 다음과 같다.

(1) HIPP

① 독일의 세계적인 유기농 식품 제조업체인 HIPP에서는 100% 재생에너지를 사용하고 있으며 모든 사무용품을 환경친화적인 제품으로 구입하는 원칙에 따라 Der Blaue Engel 인증 혹은 이에 상응하는 기준을 준수한 제품만 구매하고 있음

② 동 사는 환경친화적인 구매정책을 통해 연간 3,200톤의 CO_2를 감축시켰으며 전기요금을 4,000유로 이상 절약하는 성과를 거두었음

(2) BSR

① 독일 베를린시의 민간위탁 청소업체인 BSR에서는 2003년에 이미 동종 업계에서는 최초로 50대의 수거차량을 천연가스 차량으로 교체한 바 있음

② 교체비용은 EU의 'Environmental Mitigation Programme'의 지원금을 받아서 마련하였으며 자체적인 천연가스 충전소까지 설립하였음. 천연가스 차량의 도입으로 소음과 배출가스가 현저히 감소하는 성과를 거두었음

(3) BVG

① 독일 베를린시의 교통공사인 BVG(ISO 9000 인증 보유)는 제품 구매에서부터 교통서비스 제공, 폐기물 처리까지 통합된 환경관리체제를 구축하고 있음
② 1999년부터 미세분진 필터를 장착하여 버스에서 배출되는 입자를 감소시키고 있으며 현재 운영되는 모든 디젤버스는 2008년부터 적용되는 EURO 5 규정뿐만 아니라 환경친화적 차량 규정인 'EEV(Environmentally Friendly Enhanced Vehicle)'를 준수하고 있음
③ 또한, 현재 운행되고 있는 1,400대의 버스 대부분이 환경친화적 필터시스템을 장착하고 있음
④ 이 외에도 버스 제조업체 MAN과 협력하여 10대의 수소버스를 운행하고 있으며, 천연가스 공급회사 GASAG와 협력하여 5대의 천연가스 차량을 운영하고 있음
⑤ 이에 따라 1998~2004년에 CO_2의 배출량을 82%, 탄화수소의 배출량을 97% 이상 감축시키는 성과를 거두었음

(4) DHL

① 독일의 대표적인 운송기업인 DHL에서는 2005년 이후 170대의 천연가스 운송차량을 Berlin, Muenchen, Stuttgart, Bremen, Duesseldorf에 투입하였음. 동사는 100대의 미세분진 제거 필터를 장착한 차량을 사용하여 운송거리에 대한 계획을 최적화하며 시간 및 연료소모를 최소화하는 프로젝트를 추진하고 있음
② DHL은 미세먼지 필터를 통해서 85% 이상의 배출입자를 감소시켰으며 천연가스 차량을 통해 입자 배출을 완전히 차단하였음
③ 또한, GoGreen이라는 브랜드로 배기가스를 적게 배출하는 배달 서비스를 실시하고 있음

(5) KfW

① 독일 중소기업은행인 KfW는 독일 정부의 지속가능 지침을 수용하여 '환경 보호 및 지속가능한 발전을 위한 성명'을 발표하고 자체적인 환경관리시스템을 구축하여 환경친화적인 구매와 에너지 절약을 실천하고 있음

② KfW에서는 CO_2 배출량을 감축시키고 건물과 차량, 사무용품 등의 에너지 효율성을 증가시키기 위해 주력하고 있으며 점진적으로 재생에너지의 사용량을 증대시키고 있음. 이로 인한 CO_2 감소량은 연간 9,600여톤에 이르는 것으로 추정되고 있음

(6) Tchibo

① 독일의 대표적인 커피 유통업체인 Tchibo에서는 2006년말 구매 및 공급체인 전반에 걸쳐 환경친화적인 요소를 통합시키는 LOTOS(Logistics towards Sustainability)라는 프로그램을 수립하였음

② 2015년까지 CO_2 배출량을 30% 이상 감축하는 것을 목표로 하고 있음

3.3 스웨덴

스웨덴은 택시회사 친환경 차량 보유 정책을 추진하고 있는데 고객의 친환경 차량 배차 요청이 증가함에 따라 스웨덴의 택시회사들은 친환경 차량 보유비중을 확대시키는 추세를 나타내고 있다.

※ 친환경 차량 판매동향
- 2007년 스웨덴에 신규 등록한 친환경 차량은 총 55,000대임
- 스웨덴 전체 자동차시장 중 약 18%를 차지하고 있으며 총 50종의 친환경 차량이 판매되고 있음

3.4 스위스

(1) Swisscom IT Services

① 스위스의 대표적인 통신업체인 동 사는 친환경경영 표준 ISO 14001, ISO 9001을 획득하였음

② 동일한 제품군에서 가장 에너지효율이 높은 제품만 구매하고 친환경적 제품과 서비스를 제공하는 기업과 협력관계를 유지하고 있음

③ 이 외에 수력, 풍력 및 태양광으로 생산된 재생에너지 브랜드인 Naturemade Star를 연간 1,000,000kWh 사용하고 있음

④ 2010년까지 CO_2 배출을 17% 감소시키고 에너지효율 증진을 추진하고 있음

(2) Migros

① 스위스의 대형 유통업체인 동 사는 2003년부터 구매, 생산, 운송, 판매 및 폐기 등 제품의 전과정을 통해 생산자, 소비자, 운송업체 등 시장참여자(market participant)와 공동으로 지속가능한 환경정책(sustainable environmental policy)을 실시하는 한편, 친환경 자체 대표 브랜드인 Engagement Label을 도입하였음

② 이 외에 에너지효율이 높은 절전형 제품의 판매를 적극적으로 실시하고 있음

가. Migros의 전등제품군 중 25% 이상이 에너지효율이 높은 제품만 취급하고 있음. 2007년 10월부터는 절전형 전구에 대해 가격을 12~17% 인하하고 에너지 에티켓을 될 수 있는 대로 크게 표기하여 소비자들이 용이하게 절전형 제품임을 인식할 수 있도록 함

나. Migros 자체 브랜드인 Mio Star의 냉동고가 경쟁제품 대비 40% 이상 에너지효율이 높은 편이며 냉장 및 냉동고는 에너지등급(에너지에티켓) A 또는 A 이상의 제품만 판매하고 있음

3.5 오스트리아

(1) 오스트리아의 대표적인 식음료 및 생활필수품 유통매장인 Interspar는 2007년 6월부터 전국 53개 매장에서 고객들에게 판매하는 쇼핑백 제품에 기존의 비

닐, 종이제품 이외에 친환경 바이오 쇼핑백을 추가하였음

(2) 동 쇼핑백은 감자 녹말(전분)을 주 원료로 하여 제작되었으며 자연적으로 폐기 처분이 가능함

(3) 현재까지 쇼핑백을 구입하는 소비자들 중 25% 정도만이 동 친환경 쇼핑백을 구입하는 것으로 나타남으로써 당초 기대에 다소 못 미치는 실정임

> ※ 이의 주요 요인으로 비닐 쇼핑백(21센트)에 비해 상대적으로 높은 가격(29센트)을 지적할 수 있음. 환경에 대한 높은 관심에도 불구하고 일반 소비자들에게는 가격이 가장 중요한 구매의사 결정 요인으로 작용하고 있음을 시사함

3.6 프랑스

(1) 자체 품질보증 라벨 부착

① Monoprix·Cora

특히, 유통업체들이 자체 환경라벨 활용에 적극적인 편이다. 모노프리(Monoprix)는 바이오 면제품 라벨(Coton Biologique) 및 생필품 환경라벨(Monoprix Vert), 코라(Cora)는 지속가능 개발 환경라벨 등을 추진하고 있다.

② BNP Paribas·Norauto

환경라벨 부착 상품을 구매하는 기업들이 증가하는 추세를 보이고 있다. BNP Paribas 은행은 환경라벨인 Imprim'Vert 부착용지를 구매하고 있으며, 자동차 정비업체인 노로토(Norauto)는 프랑스 에코라벨 부착 쇼핑백을 사용하고 있다.

(2) 재생에너지 활용

① ACCOR

호텔그룹 ACCOR는 2010년까지 태양열판 200개 설치를 목표로 현재 100개의 태양열판을 신축호텔에 설치하였다.

② Super U

2007년 9월 오픈한 대형유통업체인 Super U는 4,200m^2 매장에 2,000m^2 태양 광전지를 설치하여(100만 유로 규모) 10만kWh의 전력을 조달할 예정이다.

(3) 납품업체와 환경규범 준수를 위한 협력방안 모색

① 미쉐린 타이어

미쉐린(Micheline) 타이어는 환경 주제 사보를 통해 납품업체들도 환경문제에 관심을 가지도록 유도하고 화학물질관리제도(REACH) 등에 대해서는 해당규제 준수를 위해 납품업체들과 협약을 체결하고 있다

② 토탈

토탈(TOTAL) 정유회사는 납품업체 선정 시 환경경영체제(ISO 14001) 인증 여부를 우선시하고 있다.

③ 오샹

대형 유통업체인 오샹(Auchan, 까르푸 그룹의 자회사)은 포장비를 절감한 500~700개 위생용품 및 무게로 판매하는 식품 생산기업을 선별하여 Self Discount 코너를 별도로 마련하고 있다.

제 4 절 그린구매 및 그린마케팅 사례

1. 공공분야 차원

1.1 네덜란드

(1) 환경친화적 거주지(Eco Districts)

① 네덜란드 환경주택 전문건설기업인 MW2가 조성한 암스테르담 및 클렘버그 환경주택단지는 환경친화적 거주지로서 인식되고 있음(2005년 시작, 2007년

완공)

> ※ 각각 약 100여 가구로 구성된 암스테르담 및 클렘버그 환경주택단지의 특성은 재생에너지(풍력에너지, 태양열에너지 등) 사용, 내부 바닥재는 통나무로 시공, 통풍은 자연통풍이 이루어질 수 있도록 설계, 내외벽 도장은 무공해 페인트 사용, 주택단지 내로는 자동차 진입 금지 등임

② MW2는 동 환경거주단지 사업을 안락함을 추구하는 노인층을 타깃으로 추진하였으나 중장년층들의 입주신청이 쇄도함에 따라 사업을 확대해 전국 각지에 환경거주단지 조성을 계획하고 있음

(2) 친환경 하이브리드 자동차

① 네덜란드에 2002년에 처음 소개된 하이브리드(hybrid) 자동차인 도요타의 프리우스(Prius)가 자동차 분야의 대표적 그린상품으로 이미지를 구축하였음

> ※ 2003년 네덜란드에서 총 18대가 판매되었던 Prius는 2007년 약 2,300대가 판매됨으로써 본격적인 하이브리드 자동차시장을 형성하였음

② Prius의 인기요인은 고유가와 온실가스 배출 등 환경문제가 세계경제의 주요 이슈로 부상하면서 차세대 유망 자동차로 등장했기 때문으로 분석됨

가. 하이브리드 자동차는 휘발유 등에 전적으로 의존하는 기존의 자동차에 비해 엔진과 전동기가 동력의 상당부분을 분담하기 때문에 연료소비량 및 배기가스의 배출이 대폭 감소됨

나. 평균연비는 리터당 28km로 동급차종에 비해 2배 이상 뛰어난 반면에 배기가스 배출량은 50% 수준임

③ 네덜란드 정부는 하이브리드 자동차의 구매자에 대해 약 20%의 매입세를 면

제함에 따라 환경친화적인 자동차의 대중화를 선도하고 있음

1.2 덴마크

(1) 국세청

덴마크 국세청은 환경파괴(environmental destruction)를 최소화하기 위하여 재생용품의 사용을 적극적으로 추진하고 있다.

① 복사용지, 레터지 등을 재생용지 제품으로 사용하고 레이저 프린터용 토너도 재생토너를 사용하고 있음

② 재생용품을 사용함으로써 절약한 예산은 지붕의 태양열 집광판 설치 작업에 투자하고 있음

(2) Danmarks Radio

① 덴마크 최대 방송사인 DR(Danmarks Radio)은 방송사의 특징상 IT 장비, 스튜디오의 프로젝터 조명, 냉방기 등을 과다하게 사용함으로써 불가피하게 많은 에너지를 소비해 왔음

② 그러나 제품구매 시 환경요소를 고려하기 시작하면서 증가한 방송시간에도 불구하고 동일한 양의 에너지만을 소비하게 되었음

※ 1999년부터 2004년까지 TV 방송시간은 거의 40%가, 라디오 방송의 경우 190% 정도 증가하였으나 에너지 소비량은 동 기간 중 4%가 감소한 것으로 나타났음

1.3 독일

독일의 하노버시에서는 1992년부터 공공제품 조달 시 환경보호(environmental protection) 측면을 가장 중요한 기준으로 고려하고 있다. 최근에는 시 전체에서 사용되고 있는 전자제품 15,000여대를 모두 에너지 절약형 환경친화 제품으로 교체한 바 있다.

(1) 하노버시의 중앙 조달부서에서는 PC, 모니터, 프린터, 팩스 등을 구매할 때 전적으로 Energy Star, Der Blaue Engel, Eco-Label 등의 기준을 충족하는 제품만 구매하고 있음. 또한, 전체 에너지 소비의 15%를 재생에너지로 충당하고 있음

(2) 이 같은 환경친화적인 구매정책으로 연간 25,000~40,000유로의 경비가 절감되는 것으로 추정됨

1.4 스웨덴

(1) SJ(www.sj.se)는 스웨덴의 국철운영 국영회사로 스웨덴의 철도서비스 시장에서 가장 큰 시장점유율(market share)을 보유하고 있음. 2005년 5월까지 전기차량과 디젤차량을 혼합하여 운영하다가 2005년 5월 이후에는 전기차량만 운영하고 있음

〈참고 4〉 SJ사의 환경친화 전기(Green Electricity) 구매현황

1. 환경보호에 대한 책임을 수행하기 위해 1994년부터 환경친화 전기를 구매하기 시작하여 1997년부터는 사용전기의 100%를 환경친화 전기로 구매하고 있음(연 최소 600GWh를 사용)
2. 총 사용전기의 30%는 스웨덴 자연보호원이 발행하는 'Bra Miljoval'(친환경적인 선택이라는 의미) 라벨을 획득함
3. 동 라벨을 획득하기 위해서는 CO_2 배출량뿐만 아니라 탄화수소, 질소산화물, 휘발성입자 배출량, 에너지 사용 및 관리, 기차차량의 처분 등과 관련하여 엄격한 기준에 부합해야 함

(2) SJ의 구매기준 및 절차는 전력 공급회사 선정 시 입찰자들의 환경정책을 평가하여 가장 친환경적인 업체를 우선시하는 것임

이에 따라 Fortum AB가 공급자로 선정되었으며 동 사의 주요 환경정책은 다음과 같다.

① 대부분의 전력생산원이 친환경 전력임(수력(95% 이상), 풍력)
② 연어를 보존하기 위해 수력발전소 주변으로 연어의 회귀루트를 변경하는 등 전력생산시설의 환경위해를 최소화하고 있음
③ 기차역 지붕에 솔라셀(solar cell) 설치 및 열차 내 에너지 모니터링 장치를 설치함으로써 SJ의 친환경정책에 적극적으로 부응함

(3) 이 외에 SJ는 에너지 효율을 고려하여 가벼운 소재를 채택한 차량을 구입할 뿐만 아니라 운행정지 시에는 자동으로 난방과 조명이 꺼지는 기능을 가지고 있도록 하여 구형차량에 비해 약 30%의 에너지를 절감하고 있음

(4) 또한, 구형차량 폐기 시 부품의 99%를 재활용하고 있으며 홈페이지를 통해 다른 운송기관과의 CO_2 배출량 비교표를 제공함으써 SJ 철도운영의 친환경성을 부각하고 사용고객으로 하여금 환경친화적인 선택이었다는 인식을 가질 수 있도록 홍보하고 있음

① 자기(磁器)를 제외한 전(全) 부품을 재활용하고 있음
② 폐기에 따라 수거되는 철은 대부분 중국으로 판매하고 있음
③ 연간 158량을 재활용하고 있는데 이는 약 6,000톤에 달함

1.5 스페인

(1) 바르셀로나 시당국은 환경과 지속가능개발을 추구하는 도시로서 '지속가능개발 도시위원회 프로그램(Sustainable City Council Program)' 하에 공공조달 절차에 환경기준을 통합하고 있음

(2) 바르셀로나 시당국은 2005년 500개의 신규 버스 매표소를 설치하고 1,200개의 기존 버스 매표소를 개조하기 위해 도시거리 가구(Street Funiture) 관련 공개입찰을 실시하였음

※ 이 때 입찰조건 내 환경기준이 포함되어 재생・재활용 원자재, 무(無)오염 제품 및 제조방법 사용 등이 언급되었음

(3) 입찰자는 버스매표소 개선안(예 : 클리닝 등 서비스질 향상)을 제안하도록 했음. 이러한 요구조건이 입찰자로 하여금 새로운 아이디어와 기술을 개발하여 가장 적절한 해결방안을 모색하도록 촉진하는 수단이 되고 있음

(4) 동 입찰에는 JCDecaux가 낙찰을 받았음. 동 업체는 여타 입찰업체와 달리 비누나 세제를 사용하지 않고 청소하는 신기술을 제안하였으며 입찰조건이 아니었던 환경관리시스템에서 ISO 14001을 획득하여 제시했음. 또한, 지붕안 자재, 광고패널, 클리닝 시스템(cleaning system) 등에서 새로운 환경해결책과 환경기술도 제안한 바 있음

① 지붕안 자재

버스 천장 자재로는 재생 가능하면서 500kg/m^2를 지탱할 수 있는 자재를 사용한다. 한편, 지붕구조 안의 자재로는 벌집모양의 가벼운 섬유 유리(Beehive-shaped Fibreglass Material)를 개발하여 지붕을 강화하는 동시에 수명을 다했을 때 분해가 용이하고 재생할 수 있도록 한다(이전 모델은 폴리스틸렌으로 되어 있어 다른 자재와 구별할 수 없고 재생이 불가능함).

② 광고패널

전기소모가 큰 재래식 전구 4개 대신 저에너지 전구(35W의 T5 램프) 3개 사용, Side Panel Reflectors로 전등 빛 파급, 1개의 안정기(Electric Ballast)만 사용(이전에는 4개의 안정기 사용) 등 동 사의 조명시스템은 여타 입찰자가 제안한 시스템에 비해 훨씬 우수한 편이다.

③ 클리닝 시스템

일반 물을 사용하지 않고 반삼투 작용에 의해 염화물과 용해염이 제거된 물(빗물이나 맹물 사용)로 청소하는 친환경적 신기술을 제안하였으며 청소차도 Biodiesel 10(바이오 연료 10%, 디젤 90% 혼합한 연료)을 사용한다.

1.6 영국

(1) 건강안전청(Health and Safety Executive)은 Merseyside의 Bootle에 신축되는 본사 건물에 EX-OR Limited의 태양광 이용 조명시스템(EX-OR Managed

Lighting Systems)을 설치함(구매시기 : 2006년 10월, 구매금액 : 약 17만 파운드)

(2) 23,000m^2 규모인 4층 건물의 조명시설이 동 시스템의 통제를 받으며 회의실과 교육실 등은 동 사의 조명조절시스템인 SceneSelect II가 설치됨. 구매 시 자연광을 이용한 에너지 절약 극대화의 효과가 높이 평가되었음

1.7 프랑스

프랑스 우체국(La Poste)은 2008년에 공무용 전기자동차 500대를 구입할 예정으로 있다.

(1) 2007년 4월 유럽 경쟁 입찰로 전기자동차 제조업체인 클레아노바(Cleanova)가 선정되었음

(2) 동 사는 이미 2005년 프랑스 우체국, 전기공사(EDF), 수질관리 업체 베올리아(Veolia), 호텔그룹 아꼬르(Accor) 및 쌩떼띠엔(Saint-Etienne)시에 전기자동차 30대를 공급한 바 있음

2. 기업차원

2.1 벨기에

(1) 벨기에계 다국적 유통업체인 Delhaize(2006년 기준 수입 192억 유로)는 1980년대 들어 웰빙(Well-Being)이 시장 트렌드(market trend)로 부상하자 유기농 브랜드인 Bio를 성공적으로 도입하여 고급스러운 이미지에 합리적 가격의 수퍼마켓이라는 이미지를 구축하였음

(2) Delhaize가 Bio 브랜드를 통해 소비자들에게 전하는 메시지는 'Clean, Green and Back-to-Earth'로 Bio 식품의 포장에 오렌지색과 초록색 라벨을 사용하는 이유도 이를 상징하는 색상이기 때문으로 분석됨

(3) Bio 제품 도입초기에는 매장 내 별도코너에 분리하여 진열하지 않고 일반상품과 같은 코너에 진열하여 소비자의 인지도를 제고시키는 전략을 사용함

(4) 소비자들의 Bio 제품에 대한 인식이 확대되자 1997년 Bio를 단순 라벨링 표기가 아닌 Delhaize의 자체 로고(PL)로 전환하고 적용대상 품목을 다양화하였음

> ※ 초기에는 4종류의 식빵에 불과했던 것이 2004년에는 스파게티, 커피, 소스, Couscous(육류 조제식품), 음료, 채소, 과일 등 400여종의 식품으로 증가하였고 2006년에는 햄, 치즈, 양파 등이 추가되면서 650여종 이상으로 늘어났음

(5) 브랜드가 확대되면서 포장, 품질보장 등 브랜드 이미지를 유지하기 위한 다수의 어려움이 발생하였음

> ※ 특히, 품질보장을 위해 Bio 대상제품의 원재료뿐만 아니라 소비자에게 배달되기 전까지의 모든 유통과정에 대한 정확한 정보 및 품질유지가 필요했음

(6) Delhaize는 자체 이력 추적관리시스템(traceability)을 개발하고 납품업체들이 해당기준을 준수할 것을 요구함. 또한, 소비자들의 신뢰를 얻기 위해 동 시스템에 대한 책자를 발간하여 일반 소비자들에게 배포하는 한편, 이를 매장 내 포스터 또는 각종 언론매체를 통해 적극적으로 홍보함

(7) 공공의 신뢰감을 더욱 제고시키기 위해 벨기에 내 환경인증기관인 Ecocert와 Blik로부터 인증을 받았음. 또한, EU 주최 각종 친환경 행사와 범유럽 환경마크인 에코라벨 행사에 참가하여 자사 친환경 이미지와 Bio 제품을 적극적으로 홍보하고 있음

(8) Delhaize는 자체 에코브랜드인 Bio 제품 외에도 주방용 종이티슈, 화장지, 식기세척용 세제, 다목적용 세제, 세탁용 세제 등에서 친환경상품 판매를 장려하고 있음

2.2 영국

(1) 북동부지역 대학교 구매그룹(NEUPG)의 그린 구매

① 문구류(공급업체 : Guilbert Ltd)

가. 접착제, 수정액 : 무독성, 저용매제품

나. 봉투, 파일 · 바인더, 플립차트 · 노트 · 포스트잇, 볼펜 : 재생, 재활용, 리필 가능 제품

② 가구(공급업체 : Broadstock Office Furniture)

가. 동 공급업체는 영국 가구산업 연구협회에 의해 발족된 Club Green 회원사로서 ISO 14001 스탠더드 인증을 보유하고 있음

나. 동 사는 플라스틱 사용을 최소화하고 천연접착제를 사용하며 폐품은 압축기를 사용하여 1/3로 축소 가능하게 하고 매립폐기를 최소화하고 있음

제 5 절 전망

1. 유럽 그린구매에 대한 포괄적인 통계치는 부재하나 아직은 대부분의 경우 공공분야(특히, 정부조달)에 의해 주도되고 있음. 그러나 유럽의 일반기업 및 소비자들의 그린구매 성향도 다른 선진국에 비해 높은 편이며 갈수록 강화되고 있음

※ 그린구매의 대상이 되는 친환경 및 에너지 절약형 제품은 별도의 제품이 아닌 기존제품 중 보다 환경친화적인 제품들을 의미하므로 해당제품들을 기존제품들로부터 명확히 구분하는 것은 어려운 실정임. 이에 따라 대부분의 그린구매 관련 연구보고서들은 시장트렌드 및 시장전망 조사에 치중하는 경향이 있음

1.1 환경의식의 강화와 윤리경영의 중요성 증대에도 불구하고 민간 소비자(최종소비자 및 기업)의 그린구매는 비용측면으로 인해 다소 제한적일 수밖에 없음

(1) 에너지 고효율 제품 등은 사용 시 비용절감효과가 있으나 친환경제품 전반으

로 볼 때 일반제품에 비해 구입단가가 높으므로 민간 소비자의 자발적 구매에는 한계가 있음

(2) 고유가와 원자재 가격상승 등으로 유럽 전반에 걸쳐 물가가 상승하는 것을 고려할 때 그린구매를 통한 초과비용은 가계에 큰 부담이 되고 있는 실정임

1.2 정부나 공공기관의 경우에는 환경정책 목표의 달성 및 친환경시장 활성화를 위해 그린구매를 주도하는 경향이 있음

(1) 이에 따라 대부분의 그린구매가 정부, 지방자치단체 및 공공기관 등을 통한 공공조달을 통해 이루어지고 있음.

(2) 이 같은 구매활동도 친환경 또는 에너지 절약형 구매가 명시적으로 추진되는 것이 아니라 각 분야별로 환경 및 에너지 소비 관련 일정기준을 마련하고 그 기준을 충족하는 제품만이 입찰에 참가할 수 있게 하는 방식이어서 사실상 유럽 정부조달의 대부분이 그린구매의 성격을 지니고 있다고 할 수 있음

2. 고유가와 환경정책의 지속적 강화는 환경에 부담이 되는 경제적 활동이나 소비행위의 억제와 비용부담 증가로 이어짐에 따라 유럽의 그린구매는 지속적으로 증가될 것으로 보임. 유럽시장의 규모가 크고 그린구매의 소비패턴이 거의 전품목 분야에 걸쳐 형성되고 있으므로 유럽시장, 보다 폭넓게는 선진시장(advanced market)을 공략하기 위해서 그린구매에 대한 적극적인 대비가 필요한 상황임

제6절 기업의 진출전략

유럽의 그린구매 동향에 따른 기업의 진출전략은 다음 8가지 측면에서 살펴볼 수 있다.

1. 공공구매 입찰 시 수시 정보 체크 및 현지 업체와의 협업 모색

1.1 유럽의 그린구매는 다른 지역보다 활성화되어 있으나 아직은 정부 및 공공기관에 의한 구매가 주를 이루고 있으므로 유럽 공공조달시장 진출과 유사하게 진출방안을 모색할 필요가 있음

> ※ 이에 따라 공공기관의 조달정보(입찰에 필요한 제품기준, 환경기준 등)를 수시로 체크하고 담당자와의 지속적인 접촉이 요구되고 있음

1.2 또한, 최근 들어 원료선정부터 생산과정 및 포장, 판매 후 관리, 폐기까지 전(全)과정에 환경적 요소를 부여하는 추세를 보이고 있어 유럽 그린 공공구매에 참여하기 위해서는 친환경적 생명주기를 고려하여 제품을 생산할 필요가 있음

1.3 유럽 공공조달시장은 원칙적으로 외국기업에 개방되어 있으나 실제 입찰에 있어 현지 여건을 충분히 알고 있고 낙찰경험 등이 풍부한 현지 업체에게 낙찰되는 가능성이 큰 편임. 이에 따라 적절한 현지 파트너를 물색하고 협업 가능성을 타진하는 것이 중요함

2. 각종 환경라벨을 이용한 그린마케팅 활용

유럽 소비자들은 환경친화적인 생활습관에 익숙하고 친환경성 판단기준으로 에코라벨이나 에너지 라벨 등 각종 환경인증을 신뢰하고 있어서 유럽이나 국제적 차원의 환경라벨을 획득하는 것이 그린마케팅(Green Marketing)에 절대적으로 유리하다.

3. 친환경트렌드를 제품의 고부가치화 기회로 활용

3.1 특히, 북유럽(스칸디나비아 국가들)의 경우 친환경 제품으로 분류되면 일반 제품에 비해 약 10%의 높은 가격을 용인하는 것이 시장추세임

3.2 따라서 친환경 제품으로의 신속한 전환을 통해 제품의 고급화·브랜드화 및 고부가가치화의 기회로 활용해야 함

> ※ 특히, 후발 아시아 국가들과의 경쟁에서 우위를 확보하기 위한 고급화 전략으로 제품의 환경친화성을 부각시키면서 이들과의 차별화를 시도할 필요가 있음

3.3 또한, 제품의 운송방식, 포장재 선택, 제품폐기 시에도 환경에 대한 영향을 고려하는 전략이 필요함

4. 환경친화 제품 전문매장 진출 강화

독일의 경우 전국에 BASIC, Alnatura 등 수퍼마켓 형식의 대형 유기농 매장이 450개 이상 존재하고 있다. 이 외에도 도시마다 다수의 Reformhaus(유기농 및 환경친화 제품 전문매장)가 존재하는 등 환경친화 제품에 대한 전문적인 유통망이 잘 형성되어 있으므로 이를 집중적으로 공략할 필요가 있다.

5. 유통체인 진출 시 환경성 강조

일반 유통체인의 경우에도 그린마케팅 차원에서 자체 브랜드(PL)의 도입 등을 통해 친환경 상품의 판매를 확대하고 있어서 유통체인시장 진출 시 환경적인 요인을 적극적으로 강조할 필요가 있다.

6. 친환경 기업 및 브랜드 이미지 확립

환경친화적 기업 및 브랜드(environment-friendly corporate and brand)에 대한 유럽 소비자들의 인식이 제고되고 친환경성 여부가 제품 구입 시 중요한 기준이 되고 있어서 친환경 기업 및 브랜드 이미지 확립이 시급한 과제가 되고 있다.

6.1 제품 및 기업 소개 브로셔 또는 홈페이지를 통해 기업이나 제품의 친환경성을 적극적으로 홍보하는 것이 바람직함

6.2 제품의 인체 · 환경 위해성 여부에 대한 정보를 제공함으로써 신뢰제고 뿐만 아니라 동 제품을 사용함으로써 고객으로 하여금 환경보호에 기여하고 있다는 인식을 부차적으로 제공할 수 있어야 함

7. 자체적 환경관리시스템 구축

독일의 완성차 업체 및 자동차 부품업체 등에서는 납품업체 선정 시 납품 가격과 품질 이외에도 환경친화적인 생산공정을 포함한 총체적 환경관리 능력을 중요시하고 있어서 ISO 9000 및 QS 등의 환경관리인증을 조기에 확보할 필요가 있다.

8. 국가별 그린구매 수요증가 품목에 대한 정보체제 구축

8.1 회원국별로 친환경 상품 및 에너지 고효율 제품 판매촉진을 위한 각종 장려조치가 실시되고 있으며 이러한 조치에 해당하는 품목들의 수요가 증가하고 있는 실정임

> ※ 유럽 전반에 걸쳐 과거에는 주로 복사기, 팩스 등 사무용품 중 친환경 상품이 유망했으나, 최근에는 Green PC 등 친환경 IT 제품에 대한 수요증가가 기대되고 있음

8.2 이에 따라 소비수요 추세를 정확하게 파악하여 제품을 경쟁자보다 신속하게 출시하는 것이 시장선점을 위해 필요함

제 8 장

동남아시아 주요 국가의 투자환경 분석

제 1 절 ASEAN 주요 국가의 외국기업 진출동향

1. 개관

ASEAN 주요 국가에 대한 외국기업의 투자진출은 최근 들어 증가추세를 보이고 있다. 특히, 2005년에서 2006년은 증가율이 두드러진 것으로 나타났다.[1]

〈표 8-1〉 ASEAN 주요 국가의 외국인투자 동향

(단위 : 백만 달러)

	인도네시아	베트남	태국	말레이시아	필리핀
2000	16,015	2,839	6,306	5,223	1,576
2001	15,202	3,143	n.a.	4,216	1,224
2002	9,955	2,999	4,154	3,047	892
2003	14,278	3,192	5,988	4,116	627
2004	10,416	4,548	7,624	3,459	3,103
2005	13,579	6,840	12,388	4,731	1,739
2006	15,659	12,004	8,112	5,557	3,233

자료 : 인도네시아(투자조정청, BKPM), 베트남(General Statistic Office, Ministry of Planning & Investment), 태국(Board of Investment of Thailand), 말레이시아 산업진흥청(MIDA), 필리핀(BOI, PEZA)

1) 예를 들면, 최근 5년 기준 인도네시아 투자액이 가장 많았으며 베트남, 태국, 필리핀의 순으로 나타나고 있다(KOTRA, Global Business Report 07-037, 2007. 9. 18. 요약·재구성).

1.1 인도네시아

(1) 2006년 외국인투자 승인은 1,718건에 156억 6,000만 달러로 전년 대비 30.4% 증가하였음

신규투자는 46억 2,700만 달러로 전년 대비 16.5% 감소하였으나 기(旣) 진출기업의 증액투자는 59억 1,900만 달러로 전년 대비 22% 증가하였다. 특히, 기업인수 등을 통한 투자변경건이 127.9%나 증가한 1,300만 달러를 기록하였다.

(2) 2007년에 들어 1분기까지 투자승인은 급격히 증가하여 전년동기 대비 5배 정도 증가한 141억 달러를 기록하여 전년도 연간 승인실적에 근접하고 있음

1.2 베트남

베트남은 1987년 대외개방하여 20년이 지난 상태이다.

(1) 1988~1996년까지 지속적인 투자증가세를 보이다 1997년 외환위기(foreign exchange crisis) 이후 주춤했으나 2003년부터 다시 높은 증가세를 보여 2006년에는 120억 달러를 초과하는 외국인투자를 유치하였음

(2) 2007년 1월 11일 세계무역기구(WTO) 공식회원국이 되고 베트남 시장이 더욱 개방됨에 따라 현재 전세계가 주목하는 투자지로 부상하고 있음

1.3 태국

외국인투자가 2003년 이후 지속적인 증가세를 나타내고 있다.

(1) 2000년에는 태국 정부의 새로운 투자유치정책이 발효되어 외국인투자가 크게 증가했으나 일본을 포함한 세계경제의 침체로 2002년에는 투자금액이 대폭 감소하였음

(2) 2003년에는 일본 도요타 자동차의 대형투자가 이루어지면서 금액기준으로

2002년 대비 129%나 증가하였음

(3) 2004년 외국인직접투자(FDI : Foreign Direct Investment)는 전년에 비해 건수 기준으로 30%, 금액 기준으로 44% 증가했으며 이 같은 추세는 2005년에도 지속되었음

1.4 말레이시아

(1) 말레이시아는 1970년대 초반부터 한국의 경제개발계획(economic development plan)과 유사한 말레이시아 개발계획(2006~2010년 : 9차 개발계획 진행 중)을 수립하여 제조업의 기반을 조성하고 있음

(2) 말레이시아는 경제개발 초기에 외국인투자 유치를 통한 제조업 육성(특히, 전기·전자산업)에 중점을 두어 1970년대와 1980년대를 거쳐 세계 주요 다국적기업들(MNCs : Multinational Corporations)의 말레이시아 투자가 급속히 진행되고 있음

① 1990년대와 2000년대 초반은 중국과 인도 등 주변국가의 외국인투자 유치 강세현상과 아시아외환위기(Asian Foreign Exchange Crisis) 등의 영향으로 외국인투자 증가세가 둔화되었음

② 2005년과 2006년 세계적인 석유가격 상승에 따른 유전 탐사 및 석유화학산업 투자 증대, 대중국 외국인투자가들의 말레이시아 복귀 및 말레이시아의 투자 수익률 상승 등으로 외국인투자가 다시 증가하였음

1.5 필리핀

(1) 필리핀 외국인 투자동향은 2006년에 전년 대비 급증하였음

※ 2005년 대비 2006년의 투자신고액 급증의 원인으로 제조업 투자의 66.3% 증가와 2005년까지는 미약했던 무역업 투자의 급증을 지적할 수 있음

(2) 필리핀 투자의 주요 이점으로 다음 3가지를 지적할 수 있음

① 시장접근성과 풍부한 광물자원 보유

※ 한국, 일본, 중국 등 동북아시아와 베트남, 말레이시아, 인도네시아 등 동남아시아 국가들과 인접해 있으며 크롬, 니켈 등 매장량이 풍부하여 세계 10위권의 매장량을 보유하고 있음

② 우수한 인적자원

※ 다른 동남아시아 인접국가 보다 낮은 문맹률(6.6%, 2003년 기준)과 높은 영어사용률을 기반으로 한 우수한 노동력을 보유하고 있음

③ 상대적으로 낮은 문화종교적 배타성

※ 외국인에 대한 문화 및 종교적 이질감이 적어 해외투자자들에게 상대적으로 유리한 진출 여건 보유

2. ASEAN 주요 국가에 대한 국가별 · 산업별 투자동향

2.1 인도네시아

(1) 국가별 투자동향

① 투자금액

최대투자국은 말레이시아(2006년 기준)로서 23.3억 달러의 투자를 승인받아 전체 투자승인액의 14.9%를 차지하고 있다. 이어 싱가포르가 21.8억 달러, 세이셸공화국 14.1억 달러, 영국 10.4억 달러에 이어 한국은 8.8억 달러로 5번째를 기록하였다.

② 투자승인 건수

투자승인 건수 기준으로는 한국이 313건으로 인도네시아에 대한 최다 투자국으로 나타났다. 건수 기준 2위국인 말레이시아의 203건과 비교해 보면 한국 기업들의 인도네시아에 대한 투자관심이 상대적으로 높은 것을 시사한다.

〈표 8-2〉 대인도네시아 국가별 투자순위(투자승인 기준, 2006년)

순위	국가	승인건수(건)	승인액(백만 달러)	점유율(%)
1	말레이시아	203	2,329	14.9
2	싱가포르	245	2,186	14.0
3	세이셸공화국	10	1,410	9.0
4	영국	123	1,039	6.6
5	한국	313	887	5.7
6	스위스	4	478	3.1
7	일본	55	444	2.8
8	홍콩	16	399	2.5
9	프랑스	23	356	2.3
10	대만	27	219	1.4
	합계	1,718	15,659	100.0

자료 : 인도네시아 투자조정청(BKPM)

③ 누적투자 기준

누적투자 기준으로는 일본이 최대 투자국으로 1967년부터 2006년까지의 투자승인 누계 기준 394억 2,000만 달러로 전체 인도네시아 투자승인 금액의 12.2%를 차지하였다.

※ 한국의 누계기준 투자금액은 전체 7위이면서 건수로는 1위를 차지하였음

(2) 산업별 투자동향

산업별 투자동향을 보면 2006년의 분야별 투자승인 실적은 금속 · 기계 · 전자분야

가 가장 많아 84건, 29.2억 달러를 기록하였다. 다음은 건설분야로 46건, 25.6억 달러였으며 화학·의약품, 종이 및 제지 등의 순으로 나타났다.

〈표 8-3〉 대인도네시아 산업별 투자동향

산업분야	투자건수	투자금액(천 달러)
Food Crops & Plantation	51	779,981
Livestock	9	52,526
Forestry	5	13,750
Fishery	5	104,695
Mining	92	325,742
1차산업 소계	162	1,276,693
Food Industry	45	1,035,237
Textile Industry	85	163,014
Leather Goods Industry	12	32,628
Wood Industry	15	137,918
Paper & Printing Industry	23	1,170,552
Chemical & Pharmaceutical	57	1,541,083
Rubber & Plastic Industry	34	100,720
Non Metalic Mineral Industry	8	785,160
Metal, Machinery, Electronics Industry	84	2,923,546
Medical, Optic & Measurement Equipment	1	2,430
Vehical & Transport Equipment	28	399,419
Other Industry	30	32,446
2차산업 소계	422	8,324,154
Electricity, Gas and Water	16	1,180,126
Construction	46	2,562,138
Trade & Reparation	641	1,170,508
Hotel & Restaurant	74	268,385
Transport, Storage	82	296,060
Real Estate, Industrial Estate	24	73,571
Other Service	251	507,478
3차산업 소계	1,134	6,058,267
전 체	1,718	15,659,115

주 : 2006년 투자승인 기준
자료 : 인도네시아 투자조정청(BKPM)

2.2 베트남

2007년 7월 기준 전세계 77개국이 베트남에 투자했으며 아시아 국가로부터의 투자가 69.7%(이하 금액 기준), 유럽 13.9%, 미국 13.4%로 나타났음

(1) 국가별 투자동향

한국이 대베트남 1위 투자국이며 한국, 싱가포르, 대만, 일본, 홍콩 등 상위 5개국이 전체 투자의 60.5%를 차지하였다.

〈표 8-4〉 대베트남 국가별 투자동향

(단위 : 백만 달러)

순위	국가	2004		2005		2006	
		건수	금액	건수	금액	건수	금액
1	대만	156	453.4	164	366.9	115	218.1
2	싱가포르	47	123.9	63	164.1	52	270.5
3	한국	159	339.7	227	592.3	207	2,683.0
4	일본	61	224.3	107	437.0	137	996.2
5	홍콩	38	198.1	41	407.8	21	1,142.0
6	영국령버진 군도	25	176.7	36	112.3	19	348.3
7	네덜란드	4	48.2	10	33.0	11	100.9
8	프랑스	9	6.8	23	24.1	19	36.1
9	미국	30	74.9	56	157.2	51	769.8
10	말레이시아	26	83.8	21	172.3	18	16.5
11	기타	87	125.6	76	860.9	94	1,093.4
	외국인 투자 총계	723	2,222.2	922	4,268.5	833	7,839.0

자료 : 베트남 계획투자부(MPI)

(2) 산업별 투자동향

산업별 투자동향을 살펴보면 제조업 투자 62.4%, 서비스업 투자 31.49%, 농·수산·임업 6.1%로 나타났다.

〈표 8-5〉 베트남 산업별 투자동향

산업	건 수	투자금액(백만 달러)
공업, 산업	5,182	43,859.63
석유, 가스 산업	34	2,082.54
경공업	2,207	11,934.54
중공업	2,247	21,979.01
식품공업	289	3,451.06
건설업	405	4,412.48
농업, 수산업, 임업	885	4,182.93
농업, 임업	766	3,830.74
수산업	119	352.19
서비스업	1,669	22,487.91
수송 및 통신업	197	4,175.82
호텔, 여행업	197	5,159.44
금융업	64	840.15
교육, 건강, 문화산업	245	1,159.46
신도시 개발	8	3,227.76
아파트, 사무실 건설	131	4,735.16
산업단지 개발	23	1,138.52
기타	804	2,051.59
합계	7,736	70,530.47

자료 : Vietnam Investment Review, 2007. 8. 13.

2.3 태국

2006년 태국 투자청의 총 투자승인 건수는 751건, 총 투자금액은 약 70억 달러로 전년 대비 각각 3.9%, 1.3% 감소한 것으로 나타났다.

(1) 국가별 투자동향

주요 투자국가는 일본, 미국, 싱가포르, 스위스 등이었으며 한국의 투자금액은 약 1억 600만 달러를 기록하였다.

〈표 8-6〉 대태국 국가별 투자동향

(단위 : 백만 달러)

순위	국가	2005		2006	
		건수	금액	건수	금액
1	일본	354	4,266.14	353	3,037.29
2	미국	48	215.77	46	1882.67
3	싱가포르	69	358.14	62	494.35
4	대만	57	408.64	63	276.1
5	홍콩	18	55.18	18	264.47
6	스위스	20	375.02	11	208.76
7	네덜란드	17	368.12	28	164.89
8	말레이시아	36	506.73	35	141.53
9	한국	31	36.88	24	106.12
10	인도	16	27.46	18	70.42
11	기타	110	580.38	99	225.78
총 계		782	8,091.12	751	7,030.13

(2) 산업별 투자동향

① 산업별 투자동향을 살펴보면 최근 5년간 금속가공 및 전기전자 산업 위주로 투자가 증가하였으며 2006년에는 화학, 제지분야에 대한 투자가 증가한 것으로 나타났음

가. 최근 5년간 투자규모가 가장 큰 분야는 금속가공 및 전기전자 산업으로서 건수 및 금액 기준 모두 수위를 차지하고 있으며 이의 대부분은 일본 기업의 투자였음

나. 일본은 2006년에 총 353건, 약 30억 3,700만 달러를 태국에 투자하였음. 이 중 금속가공과 전기전자 분야가 일본 투자규모의 각각 39%, 29%를 기록하였음

② 2006년의 경우 금속가공, 전지전자 분야에의 투자가 총 외국인투자의 약 42%를 차지했으며 이 외에 화학, 서비스, 농업 및 경공업 등의 분야에도 투자가 이루어졌음. 특히, 화학·제지분야의 투자는 전년 대비 182% 증가한 26억 달

러를 기록하였음

가. 금속가공 및 전기전자 분야에 대한 투자집중 현상은 일본의 자동차, 전자산업 투자와 밀접한 연관이 있음. 도요타(Toyota), 혼다(Honda)를 비롯한 대부분의 일본 승용차 메이커가 태국에 진출해 있으며, 태국은 내수 및 ASEAN 역내시장을 겨냥한 일본의 전진 생산기지로서의 입지를 굳히고 있음

나. 최근 태국이 호주, 뉴질랜드 및 일본과 FTA 체결을 완료함에 따라 생산기지로서 태국의 활용도가 제고되고 있으며 이들 일본 기업의 대태국 재투자도 증가하고 있음

〈표 8-7〉 대태국 산업별 투자동향

(단위 : 백만 달러)

분야	2005		2006	
	건수	금액	건수	금액
금속 가공	227	3,502.12	232	1,430.04
전기전자	162	2,131.14	166	1,527.55
화학, 플라스틱, 제지	129	886.67	81	2,654.88
서비스 및 인프라스트럭처	125	831.82	137	811.34
농업생산품	45	283.83	39	294.02
경공업	76	239.49	75	245.22
광물・세라믹	18	216.08	21	67.08
총계	782	8,091.12	751	7,030.13

주 : 승인기준, 해외자본 10% 이상 투자기준
자료 : BOI(태국투자청), 2007. 8.

2.4 말레이시아

(1) 국가별 투자동향

2006~2007년간 외국인투자는 일본, 네덜란드, 싱가포르, 미국 등 국가로부터의 투자유입이 가장 많았으며, 일본이 최대 투자국으로 19억 5,860만 달러를 기록하였다.

〈표 8-8〉 대말레이시아 국가별 투자동향

(단위 : 백만 달러)

순위	국가	2007(1~6월)		2006	
		건수	투자유치액	건수	투자유치액
1	이 란	2	874.4	-	-
2	일 본	31	756.6	81	1,202.0
3	독 일	13	467.4	15	63.2
4	네 덜 란 드	3	410.1	13	894.8
5	싱 가 포 르	58	408.1	130	513.5
6	미 국	17	299.2	38	674.8
7	케이만군도	1	254.8	2	234.4
8	한 국	12	250.6	18	119.2
9	호 주	9	78.1	20	697.5
10	버 뮤 다	1	44.6	1	21.7
11	기 타	120	290.8	-289	1,090.5
	총계	267	4,134.7	607	5,511.6

자료 : 말레이시아 산업진흥청(MIDA)

(2) 산업별 투자동향

2006~2007년간 산업별 투자동향을 살펴보면 전자, 화학과 석유화학 분야의 투자가 가장 많았으며 전자 및 전자부품 분야는 45억 4,700만 달러를 기록하여 가장 많은 투자가 이루어졌다. 이란의 투자가 2007년에 가장 많은 것은 20만 배럴 용량의 정유공장 및 운송 파이프라인 건립 등 대규모 프로젝트에 의한 것으로 이란의 국영 석유회사에서 출자한 건이다.

〈표 8-9〉 대말레이시아 산업별 투자동향

(단위 : 백만 달러)

산 업	2007(1~6월)		2006	
	건수	투자유치액	건수	투자유치액
Petroleum Products(Incl. Petrochemicals)	1	848.1	5	164.8
Electronics & Electrical Products	64	2,203.2	125	2,343.7
Basic Metal Products	8	28.0	17	623.46
Chemical & Chemical Products	31	260.2	97	826.02
Non-Metallic Mineral Products	5	250.2	19	262.18
Food Manufacturing	16	66.2	39	243.96
Machinery & Equipment	25	106.9	53	179.0
Paper, Printing & Publishing	7	23.9	14	25.45
Transport Equipment	11	80.7	24	59.02
Rubber Products	8	97.6	23	70.2
Plastic Products	29	72.5	49	206.32
Fabricated Metal Products	19	12.2	62	167.93
Wood & Wood Products	8	4.8	17	78.04
Furniture & Fixtures	12	6.3	17	14.99
Scientific & Measuring Equipment	4	28.6	14	181.09
Textiles & Textile Products	9	7.2	19	41.46
Beverages & Tobacco	3	0.057	2	0.27
Leather & Leather Products	0	0	1	0.27
Miscellaneous	7	37.57	10	23.34
합계	267	4,134.74	607	5,511.68

자료 : 말레이시아 산업진흥청(MIDA)

2.5 필리핀

(1) 국가별 투자동향

국가별 대필리핀 외국인직접투자 신고액(2006년 기준)은 한국 약 10억 5,800만 달러, 미국 약 7억 4,400만 달러, 일본 약 3억 9,100만 달러, 중국 약 3억 4,900만 달러, 영국 약 1억 1,400만 달러의 순으로 나타났다. 특히, 한국이 미국과 일본을 추월하여 필리핀 투자 1위 국가로 부상하였다. 한국의 2006년 투자액은 전년 대비

401.7%가 급증하여 한국의 필리핀 진출 활성화를 반영하고 있다.

※ 삼성전자, 한국전력, 삼성전기, 한진중공업 등 주요 대기업들이 현지에 진출하여 전기전자, 전력, 조선 등의 각 분야에서 사업성과를 거두는 것은 물론 사회기여 활동에도 많은 참여를 하고 있음. 삼성전자(필리핀 법인)는 2006년 필리핀 정부로부터 수출과 사회기여 부문 최우수업체로 선정되기도 하였음

〈표 8-10〉 대필리핀 국가별 투자동향

(단위 : 백만 페소)

국가	2003	2004	2005	2006
호주	986	170	563	689
프랑스	20	330	46	1,106
독일	452	306	418	1,345
일본	8,841	26,596	27,539	20,066
한국	713	3,260	10,828	54,327
말레이시아	45	10	69	856
네덜란드	3,866	1,473	19,208	7,188
중국	311	127	195	17,935
싱가포르	295	1,524	890	6,396
대만	2,554	1,654	1,394	1,953
영국	2,381	1,683	195	5,887
미국	10,432	27,108	14,913	38,199
기타	3,114	109,654	19,549	9,933
계	34,010	173,895	95,807	165,880

(2) 산업별 투자동향

① 산업별 투자동향을 살펴보면 제조업, 무역, 서비스업 중심으로 투자가 이루어진 것으로 나타났음

가. 2006년 대필리핀 업종별 외국인직접투자(FDI) 유치동향을 볼 때 제조업, 무역, 서비스업이 전체 투자신고액의 90%를 차지하고 있음. 이의 주요 요인으

로 저렴한 노동력을 기반으로 하는 노동집약적 산업(labor-intensive industry)과 주재국의 서비스산업 활성화(전체산업 중 약 54%를 차지)를 지적할 수 있음

나. 또한, 공공서비스업의 경우 필리핀은 전기, 수도, 가스시설과 같은 국가 기간시설의 확충을 위한 자체 기술력이 미흡하여 외국기술 및 외자의존도가 큰 편임

② 2005년 대비 2006년 투자신고액 급증의 주요 요인으로 제조업 투자의 66.3% 증가와 2005년까지는 미약했던 무역업 투자의 급증을 들 수 있음

가. 제조업 투자는 인텔, 삼성, 엠코, 도요타 등 전기전자 및 자동차산업 부문의 다국적기업들(MNCs)이 현지 생산거점화 전략으로 투자하여 외국인투자를 주도하였음

〈표 8-11〉 대필리핀 산업별 투자동향

(단위 : 백만 달러)

산업	2003	2004	2005	2006
농업	0	0	5	46
광업	16	4	133	14
제조업	381	782	1,230	2,196
전기	2	36	197	9
가스	34	1,722	17	0
물	0	0	0	0
건설	47	20	1	1
무역	14	1	2	187
수송	4	0	7	26
창고업	6	3	0	0
통신	22	0	0	58
금융·부동산	17	5	4	149
민간서비스	85	528	159	339
계	627	3,103	1,739	3,233

나. 2006년에는 한국의 한진중공업이 수빅조선소에 10억 달러를 투자하는 등 향후 전기전자 및 조선부문이 주도할 것으로 보임

제 2 절 ASEAN 주요 국가의 투자여건 비교

1. 외자유치제도

1.1 인도네시아

(1) 외국인투자법

① 인도네시아 정부는 외국인투자를 유치하기 위하여 대폭적인 투자환경(investment environment) 개선정책을 도입하고 있음. 특히, 1980~1990년대 다수의 규제완화(deregulation)가 실시되어 1994년부터는 일부 분야를 제외한 외자 100% 투자가 가능함

② 2007년 4월에는 기존의 내국인투자법과 외국인투자법을 합친 신투자법이 발효되었음. 신투자법은 1967년의 외국인투자법, 1968년의 국내투자법을 통합해 투자에 관한 기본법으로서 재정비되었으며 인도네시아의 투자환경을 개선할 수 있는 긍정적인 규정들을 다수 포함하고 있음

③ 신법의 주요 내용은 내·외국인 투자자 동등대우, 투자자의 소유권 보호, 과실송금 이전의 자유(본국 송금 포함), 조세혜택, 재산권 강화, 거주 편의 강화 및 통합투자서비스 제도의 시행, 투자분쟁의 국제중재 처리 규정으로 이루어져 있음

④ 향후 투자정책의 수립과 이행관련 투자조정청(BKPM)과 정부부처(무역부 등) 및 지방정부 간의 역할, 각종 허가권 발급기관 문제, 통합투자서비스 시스템의 원활한 이행 여부 등은 향후 신투자법 보완규정(대통령령 및 각종 시행령)의 추이를 통해 알 수 있음

(2) 투자제한규정

① 인도네시아 정부는 2007년 4월에 발효한 개정 투자법 '2007년 제25호'의 시행세칙에 맞추어 대통령령 '2007년 제76호'와 '제77호'에 의하여 새로운 투자제한 분야를 2007년 7월 3일부터 발효시킴

※ 이번 규정에는 25개 업종을 투자금지업종으로 규정하였으며 15개 분야 120개 업종에 대해서는 업종별로 외국자본 출자 비율에 대한 상한선을 규정하고 있음

※ 신규정이 발효하기 이전에 승인된 투자는 대상에서 제외하며 승인 시의 내용을 변경할 때는 새로운 규정이 적용됨

② 통신・환경, 식량안보(food security) 및 천연자원 다양성 보존 등과 관련된 11개 분야에 대해서는 투자제한 강도를 제고시킴

③ 대중매체의 경우 외국인 소유지분을 최대 20%로 제한하며 대중교통회사는 49%, 전력생산 배분・공급회사 95%, 25헥타르 이상의 야자유 농장 95%, 의약품 회사는 75%로 외국인 지분이 제한됨

④ 민간병원의 경우 외국인 지분이 65%까지 허용되고 보건서비스지원사업이나 의료장비 대여업 같은 부문에서는 외국인 지분이 49%까지 허용됨. 호텔이나 여관, 가라오케, 마사지업소 등을 포함한 14종류의 관광산업군에 대해서는 외국인 지분이 50%까지 허용됨. 농업은 위치제한이 있으며 지방정부규정을 준수해야 함

⑤ 교통・통신분야의 항공 운송업은 49%, 정보통신분야의 유선전화 49%, 이동통신 및 위성전화는 65%까지 외국자본출자가 가능함

※ 통신분야의 종전 규정은 최대 95%까지 외국자본의 출자를 허용하였으나 유무선 통신회사 등 국가안보(national security)에 직결되는 분야에 대해서는 외국인 소유지분 상한제를 도입하게 됨. 이미 상한선을 초과한 기업에 대해서는 더 이상 외국인 소유지분을 허용하지 않기로 함

⑥ 또한, 정부가 지방정부규정에 의거해 특정지역의 경우 19개 사업군에 대해서만 투자를 허용하기로 결정함

가. 메단과 수라바야에서는 민간병원과 유치원이 위치제한을 받고 자카르타에서는 보건지원서비스(의료장비임대업)도 위치제한을 받게 됨

나. 네거티브 리스트 규정(대통령령 76호 및 77호/2007년 7월 3일)

(3) 투자우대규정

① 외국인 투자자에 대한 세금우대 등의 혜택은 아직까지는 광범위하게 시행되지 못하고 있으며 다음 분야에서 일부 혜택이 있음

※ 신규투자에 해당하는 설비 및 기계수입, 최초 2년간 생산에 필요한 원재료 수입에 대하여 마스트리스트를 작성하여 최고 5%의 수입관세 납부(재무부령 2000년 135호)

② 특정분야 및 지역에 대한 세금우대에 대한 규정(Regulation No.1/2007)이 2007년 초에 발표되었음

③ 동 규정은 그동안 유명무실하였던 첨단산업분야 투자에 대한 소득세 면제(대통령령 7호, 1999년 1월 14일) 규정을 실질적으로 대체하게 됨

가. 대상

2007년 1월 이후 BKPM으로부터 투자승인을 받은 기업(신규투자기업 및 기 투자업체의 확장투자도 포함) 중 식품, 섬유, 제지 등 정부지정 15개 업종을 대상으로 한다.

나. 내용

㉠ 소득공제

・고정자산 투자의 30% 상당액을 6년에 걸쳐 과세소득에서 공제(매년 5%)

・상업생산개시일 기준으로 하며 실사를 통하여 세금당국이 결정함

㉡ 가속상각

유형고정자산 그룹	내용 연수	감가상각 및 이연상각	
		정액법	정률법
1. 비건축물			
Category Ⅰ	2년	50%	100%
Category Ⅱ	4년	25%	50%
Category Ⅲ	8년	12.50%	25%
Category Ⅳ	10년	10%	20%
2. 건축물			
영 구	10년	10%	-
비영구	5년	20%	-

ⓒ 이중과세방지협정에 근거한 배당 원천세 경감

ⓓ 결손금 손실보상기간 5년, 특정조건 하에서 최대 10년

1.2 베트남

(1) 외국인투자 유치 정책

① 베트남은 국민경제 발전, 천연자원 개발, 노동력 및 기타 국가성장 잠재력 제고 등을 위해 외국자본 및 기술을 적극적으로 유치하기 위해 1987년 12월 외국인투자법을 제정하였으며, 1988년 9월에는 외자법 시행령을 공포한 바 있음

> ※ 이후 보다 유리한 외국인투자환경을 조성하기 위해 4차례에 걸쳐 개정 작업을 실시하였음

② 2005년 말에는 세계무역기구(WTO) 가입을 위해 국내외 기업간 차별철폐, 토지 및 부동산 취득에 대한 규제완화(deregulation) 등을 핵심으로 하는 '신기업법', '반독점법' 등을 제정하는 등 외국인투자환경을 획기적으로 개선하기 위해 주력하고 있음

※ 최근에는 WTO 가입을 위해 내외국인 차별제거를 기본취지로 한 신규 투자법/기업법이 2006년 7월 1일부로 발효되었음

〈표 8-12〉 외국기업 관련 구법과 신법의 주요 차이점

	구법(舊法)	신법(新法)
목적	· 2006년 7월 1일 이전에는, 즉 새로운 투자법과 기업법의 효력 발생일 이전에는 외국회사는 외국인투자법에서 정한 회사 방식만을 선택할 수 있었음	· 2006년 7월 1일자로 외국기업도 기업법에서 정한 모든 종류의 회사를 베트남 기업과 동일하게 설립할 수 있음
투자허가서 (IC) 발급기관	· 3개의 기관 : 중앙정부 계획투자부(MPI), 지방정부 계획투자부서(DPI), 지방정부 공단관리위원회(BOM) · 투자자본금(1,000만 달러 이하)과 관련하여 성이 시 정부에 제한된 권한을 부여함	· 2개의 기관 : 지방정부 계획투자부(DPI), 지방정부 공단관리위원회(BOM) · DPI와 BOM는 투자허가서(IC)의 발급을 위해 수상의 승인이 필요없는 사업에 한해서 IC를 발급할 권한이 있음 · 중요한 사업은 투자자본금에 상관없이 또는 투자자본금이 1조 5,000억 VND 이상(9,375만 달러)인 사업일 경우 수상의 승인이 필요함
투자허가서 발행조건	· 투자자본금 · 토지 면적 · 프로젝트 유형	· 투자자본금 · 프로젝트의 유형 : 수상의 비준이 필요한 프로젝트에만 해당
투자허가서 취득절차	· 평가 또는 등록 · 투자자가 직접 투자승인허가서 발급기관에 제출하여야 함	· 더욱 간단해짐 · 평가 또는 등록 · 조건부 프로젝트 또는 수상의 비준이 필요한 프로젝트지도 계획투자처 또는 관리위원회에 투자승인허가서 관련서류를 제출함
투자허가서 발행에 필요한 서류	· 외국법인이 투자하는 경우 투자자의 은행잔고증명 또는 최근 2년간 감사된 재무제표를 제출하여 투자자의 재정능력을 증명해야 함	· 은행잔고증명이나 재무제표를 반드시 제출할 필요는 없음 · 투자자는 개인적으로 재정능력보고서를 준비하여 책임을 져야 함

〈표 8-12〉 (계속)

투자형태	·베트남 정부가 국내회사(공공, 전자, 통신, 방송, 교통, 운송업서비스 등)를 통제 또는 보호하고 있으므로 BCC 또는 합작회사의 형태로 투자하여야 함	·정해진 투자형태는 없음 ·여전히 조건부 프로젝트의 경우에 합작 필수사항이 존재함. 베트남 정부는 세부적인 필요조건에 관한 관계시행령이나 회람(통지부)를 아직 확정하지 않았음
정관자본 법정자본	·제한 : 외국기업의 법정자본은 최소한 총 투자자본의 30%를 차지해야 함 ·기존법에서는 법정자본금은 투자자에 의해 출자된 자본금을 의미함 ·외국투자법 제16조에서 법정자본금을 감자하는 것은 금지하였음	·제한 없음 : 투자법의 어느 조항과 시행령 No. 108에도 관련 규정이 없음 ·신규법 하에서 투자자에 의해 출자된 자본금을 법정 자본금이란 개념 대신에 정관 자본금으로 표현함 ·정관자본의 감자에 대한 제한은 없음(1인 유한회사의 경우 규제조항 있음)
만장일치 승인조건	·외국투자법의 제14조에서 합작회사의 조직과 운영에 관련하여 가장 중요한 사항, 즉 대표이사의 임명과 면직, 합작회사 정관의 수정이나 추가 사항 등은 이사회 구성원 전원의 만장일치 투표에 의해서만 결정될 수 있음	·만장일치 승인 필수사항 삭제. 이는 기업법에서도 동일함. 중요한 사안에 있어서 이사회 구성원이나 주주의 만장일치 승인이 필요 없음 ·중요 사안 결정에 참여하는 이사회 구성원들(주주)이 정관자본의 최소 65~75%를 소유하는 경우 이들이 내린 결정은 유효함

1.3 태국

(1) 외국인투자 유치 정책

① 국가경제에 기여하는 프로젝트에 대한 지원

세제 지원 등 투자청(BOI)의 각종 인센티브는 기본적으로 태국의 국가경제에 기여하는 프로젝트에 한하며 BOI의 인센티브 혜택을 받는 기업은 인센티브를 받은 사업에 대한 결과를 BOI에 보고해야 한다.

② 태국산업의 경쟁력 강화

태국산업의 질 및 생산기준을 제고시켜 국제경쟁력(international competitiveness)

을 강화하기 위해 THB 1,000만(약 26만 3,000달러) 이상의 투자는 반드시 ISO 9000 등 유사한 국제인증을 받아야 한다.

③ 수출 및 국산품 이용규정 철회

국제교역 및 투자에 관한 협정을 준수하기 위해 협정에 위반되는 생산품의 수출비율 및 원료의 국산품 이용 규정은 철회되었다.

④ 지역의 균등발전 목표에 부합되는 투자 우대

저소득 및 저개발지역(low income and underdeveloped region)에 대한 투자는 특별 혜택을 부여하고 있다.

⑤ 중소형 투자 중시

최소 THB 100만(약 26,300달러) 이상의 자본금을 투자하는 중소형 투자도 BOI 인센티브 대상이 될 수 있다.

⑥ 투자장려 분야에 대한 우선권 부여

농업 및 농업생산품, 고도기술 및 인적자원(human resources) 개발, 공익 및 사회기반시설(social infrastructure), 환경보호(environmental protection), 기타 정부지정 특정산업에 대한 투자는 우선권을 부여하고 있다.

(2) 외국인투자 제한 분야

태국은 제조업 투자의 경우에는 일부 특정 산업분야를 제외하고 외국인투자에 대한 제한 규정이 없으나 서비스업 전반에 대해 외국인투자를 제한하고 있다. 외국인기업법(Foreign Business Act 1999)은 투자 금지 및 제한 업종을 3가지로 분류하고 있다. 외국인투자가 제한되는 업종의 경우 외국인의 경영권을 보호하기 위한 방안의 일환으로 Paper Company를 설립하거나 우호지분을 확보하는 방법을 통해 우회적인 진출을 보장하는 경우도 있다. 대다수 외국계기업의 경우 이 같은 방법으로 태국에서의 경영권을 확보하고 있는 실정이다.

〈표 8-13〉 외국인투자 제한 분야

구분	내용	해당 업종
Category A	투자금지 업종, 다만 특별법이나 조약에 의해 별도로 승인된 경우는 제외	신문방송업, 쌀 경작, 조경사업, 축산업, 산림업, 태국 영해 내 수산업, 태국식물 채취업, 태국 골동품, 문화재 교역 또는 경매, 부처상 주조사업, 토지매매
Category B	원칙적으로 금지됨. 다만 정부(내각)의 사업승인을 받은 경우에만 가능하나 미국인의 경우 태국-미국간 상호협정에 의거하여 미국인임을 증명하는 서류와 함께 신청 시 내각 승인없이 투자가능	〈그룹 1〉 국가안보와 관련된 분야 · 무기, 탄약, 화약, 폭발물 및 부분품의 생산, 판매, 관리 · 전쟁 장비, 선박, 항공기, 군용 차량의 생산, 판매, 관리 · 모든 종류의 전쟁 장비 및 부분품의 생산, 판매, 관리 · 국내 육상, 수상, 항공 운송 관련 사업 〈그룹 2〉 예술, 문화, 전통, 민속공예품에 영향을 미치는 사업 · 골동품 매매 · 목각 생산 · 양잠, 견사 생산, 직조, 프린팅 · 태국 전통 악기 생산 · 금, 은, 동 그릇 · 태국 도자기 생산 〈그룹 3〉 천연자원 및 환경 관련사업 · 사탕수수로부터 설탕 제조 · 염전 · 광산 개발 · 가구용 목재 제조 사업
Category C	· 원칙적으로 금지됨. 투자청, 투자위원회 또는 상무부로부터 외국인기업 허가(Alien Business Licence)를 득할 경우에만 가능 · 주로 외국인기업에 비해 태국기업의 경쟁력이 떨어지는 분야	제분업, 수산업(양어업), 임업, 합판제조업, 라임 생산, 회계서비스업, 법률서비스, 건축서비스업, 엔지니어링서비스업, 건설업(예외조항 별도), 브로커, 에이전트업(예외조항 별도), 경매업(예외조항 별도), 국내무역, 소매업(총자본금 THD 1억 이하), 도매업(점포당 자본금 THD 1억 이하), 광고업, 호텔업(호텔경영 예외), 가이드를 동반한 관광, 식음료 판매업, 식물재배 및 증식업, 기타 서비스업(정부규정에 명시된 것 예외)

1.4 말레이시아

(1) 투자 인센티브

① 말레이시아 정부는 투자 인센티브(investment incentive)와 관련하여 내·외국인 구분없이 동일하게 적용하고 있어 외국인 투자가라고 해서 별도의 인센티브 제도는 없음. 그러나 내·외국인에게 동일하게 적용되는 투자 인센티브를 활용하여 투자하는 외국기업은 점차 증가하고 있음

② 말레이시아의 투자 인센티브는 보조금 형식이 아니고 모두 세금감면 형태로 주어지며 크게 2가지(신규투자 및 재투자, 사안별 기타 인센티브)로 구분됨. 신규투자 및 재투자에 관한 인센티브는 투자진흥법을 근거로 하며 기타 인센티브의 경우에는 개별 특별법에 기초하고 있음. 투자 인센티브의 80% 이상은 개척자자격(Pioneer Status)과 투자세 공제(ITA)를 통해 제공되고 있음

(2) 제조업에 대한 외국인투자 100% 허용

① 말레이시아 정부는 제조부문에 대한 외국인투자를 환영하고 있으며 제조활동에 대한 자국민의 참여를 확대시키기 위해 말레이시아 기업과 외국기업 간의 합작투자를 장려하고 있음

② 말레이시아 산업정책의 최대 과제는 산업구조 고도화로 외국인 투자정책 역시 이러한 산업정책의 일환으로 볼 수 있음. 따라서 섬유산업이나 단순 조립산업과 같은 노동집약적이거나 저부가가치산업에 대한 투자는 선별적으로만 허용되고 있음

③ 말레이시아 정부는 2002년에 외국인투자가 급속히 감소하자 제조업에 한해 2002년 말까지 외국인 단독투자를 허용하겠다고 발표하였음. 2003년 7월부터는 외국인투자를 유치하기 위해 외국인 지분 소유한도를 완전 자유화하였음. 이에 따라 기존의 수출비중이나 팜 오일, 플라스틱, 목재 등 말레이시아 전통산업 투자여부에 상관없이 제조업에 관한 한 100% 외국인에 의한 지분 소유가 허용되고 있음

④ 금융업과 유통업을 포함한 각종 서비스 업종의 경우 업종에 따라 상이하나 일반적으로 지분제한 규정이 있음. 서비스 업종의 경우 그동안 말레이계(부미푸

트라)가 전체 지분의 70% 이상(외국인 30%)을 소유하도록 되어 있었으나 2004년 말부터 유통업을 시작으로 외국인투자 지분 제한이 완화되었음. 전체 지분의 30%는 말레이시아 국민 중 말레이계가 소유해야 한다는 규정 이외의 대부분의 제한이 철폐되었음

(2) 관련법규

① 말레이시아의 외국인직접투자(FDI)와 관련된 기본 법규와 지침은 1986년에 제정된 '투자진흥법'(The Promotion of Investment Act 1986)과 외국인투자 위원회(Foreign Investment Committee)에서 제정한 '외국인투자 가이드라인'(Foreign Investment Guideline)이 근간임

가. 투자진흥법은 통상산업부에서 주관하여 국회의 의결을 거쳐 제정된 투자법령으로서 전반적인 투자진흥을 규정하고 있음. 외국인투자 가이드라인은 외국인투자자를 위한 일종의 투자지침임

나. 외국인투자 가이드라인은 2001년 4월에 개정된 것으로 말레이시아 내·외국인 투자자가 모두 준수해야 하는 규정임. 외국인투자위원회는 투자분야별, 규모별 승인권한을 가지고 있는 기관으로 모든 외국인 투자가들이 거쳐야 하는 곳임

(3) 부문별 투자 인센티브

① 제조업체에 대한 주요 인센티브

개척자자격(Pioneer Status) 또는 투자세 공제(Investment Tax Allowance) 중 한 가지만 선택 가능하다.

가. 개척자자격

개척자자격을 부여받은 회사는 5년간 소득세의 부분감면 혜택이 부여된다. 법정소득액의 30%에 대해서만 세금이 부과되며 세금감면기간은 생산일(생산수준이 생산능력의 30%에 이른 달)로부터 5년 간이다. 추가 감면혜택으로 투자촉진 지역인 페릴주, 사바주, 사라왁주와 말레이시아 반도의 동쪽 회랑(클란탄주, 트렝가누주, 파항주, 조호주의 머싱 지역)에 위치하는 회사는 5년 간의 세금 감면기간 동안 법정

소득액에 대한 세금이 전액 면제된다.

나. 투자세 공제

투자세 공제는 최초 투자개시일로부터 5년 이내의 자본지출에 대해 60%의 공제혜택이 제공된다. 동 공제액은 과세연도 법정소득의 70%까지 공제 가능하며 남은 금액은 총 공제액이 소진될 때까지 그 다음해로 계속 이월이 가능하다. 투자촉진지역인 페릴주, 사바주, 사라왁주 및 말레이시아 반도의 지정된 동쪽회랑에 소재한 회사의 경우 5년 내 발생한 자본지출에 대해 100%의 공제혜택이 부여된다.

② 사업운영본부(OHQ) 장려책

가. 자본금 RM 50만 이상, 총 사업지출 연간 RM 150만 이상의 회사로 말레이시아 내 설립되어 말레이시아 외의 관계회사나 사무소에 다음 3개 이상의 서비스를 제공하는 기업

㉠ 경영・관리 서비스
㉡ 재무・자금관리 서비스
㉢ 기업재무자문 서비스
㉣ 연구개발(R&D)
㉤ 교육훈련 및 인사관리

나. 상기 서비스의 제공대가로 받는 수입(사업소득, 이자, 로열티)에 10년간 소득세가 면제되며 회사의 필요여건에 따라 외국인 파견직 승인이 가능함

다. 국외 관계회사의 재무 및 자금관리상 필요한 외환자금의 경우 중앙은행 승인 없이 말레이시아 내에서 자유롭게 차입이 가능함. 말레이시아 내에서 사용할 현지화의 경우 최고 5,000만 링깃까지 자유롭게 차입가능하며 말레이시아 내 차입금이 5,000만 링깃을 초과하지 않고 이에 상당하는 외화송금을 할 경우에는 국외의 관계회사에 대한 대출 또는 외국증권 취득이 허용됨

> ※ 어느 은행이든 지정은행을 정하여 외환계정(1통화 및 복수통화)의 개설이 가능하며 동 계정을 통해 외환형태로의 대금영수가 가능함

라. 말레이시아 내에서 제공 불가능한 전문서비스의 경우 외국기업으로부터 제공받을 수 있도록 허용됨

(4) 외국인투자 규제사항

노동집약산업을 규제하고 있다.

① 제조업의 경우 노동자 1인당 투자되는 자본금 비율(C/E : Capital Investment per Employee Ratio)이 RM 55,000 이하인 프로젝트는 노동집약산업으로 정의됨. 특별한 경우 이외에는 제조업 허가나 투자 인센티브 부여 대상에서 제외됨

② 다만 20% 이상의 부가가치효과(value-added effect)가 있는 프로젝트, MTS(Managerial, Technical and Supervisory Index)가 15% 이상인 경우 말레이시아 정부의 권장활동과 하이테크(high-tech)로 지정된 분야의 프로젝트(MSC 등), 그리고 동 말레이시아 지역에 대한 프로젝트 등은 예외임

(5) 서비스 부문

지분율 제한 및 참여제한은 다음과 같다.

① 제조업 외 대부분의 업종은 일반적으로 외국인 지분 제한율이 70%임

② 통신부문의 경우 외국인 지분율 제한이 30~49% 수준임

③ 석유 및 가스산업의 경우 외국기업의 지분 참여를 배제하고 국영석유업체인 Petronas사와 생산량분배계약(PSA)을 체결하게 하고 있음. 이 외에 전문 서비스업, 농업, 건설업에 대해 외국인의 참여를 제한하고 있음

(6) 내국인지분의 인종간 강제배분

말레이시아 국민의 다수를 차지하는 부미푸트라(땅의 자손이라는 의미로 말레이계 및 원주민을 지칭함)의 경제적 자립 도모를 목적으로 인종간 지분을 강제 배분하고 있다

1.5 필리핀

(1) 외국인투자 여건

① 필리핀은 1976년 자국산업의 활성화(vitalization of national industry)를 위해 '투자인센티브 법'(Investment Incentive Act)을 제정하고 1977년 동 법을 기반으로 '투자청'(Board of Investment)을 신설하여 내·외국인의 투자유치를 위한 기틀을 마련하였음

② 1987년에는 '종합투자법'(Omnibus Investment Code of 1987)을 제정하여 그간 분산되어 있던 투자관련 법규를 통합하여 내·외국인의 투자인가절차를 간소화시켰음

③ 필리핀 투자청(BOI)은 매년 상반기 '종합 투자법'을 기반으로 투자우대 분야에 인센티브를 부여하는 '중점 투자유치 계획'(IPP : Investment Priorities Plan)을 토대로 투자정책을 추진하고 있음

④ 필리핀 정부의 '중점 투자유치 계획'은 5개 분야(투자유치 확대분야(Preferred Activities), 제한 투자유치 확대분야(Mandatory Inclusions, 자국 내 분야별 관련법규에 근거), 수출확대 장려분야(Export Activities), 외국인투자 확대 유도 프로그램(Projects under Retention, Expansion and Diversification Program), 상품 및 서비스 설비 이전에 대한 우대조건(Relocation Activities))로 구분하여 규정하고 있음

⑤ 또한, 필리핀 정부는 외국인투자를 촉진하기 위해 1991년 '외국인투자법'(Foreign Investment Act of 1991)을 제정하였음

> ※ 동 법은 외국인투자 지분에 대해 헌법과 법률이 명시한 '외국인투자 제한항목'(Negative List)을 제외하고 100%의 소유를 인정하고 있음

2. 임금

2.1 인도네시아

인도네시아는 주별 최저임금제도를 운영하고 있으며 주에 따라 지역별 또는 산업별 최저임금을 제시하는 등 세부내용에 차이가 있다. 자카르타 특별주는 2007년 최저임금이 전년 대비 9.95% 증액한 900,560루피아(약 100달러)이며, 서부자바주는 15.5% 증가한 516,840루피아(약 57달러), 반뗀주는 12.8% 증가한 746,500루피아(약 83달러), 리아우주는 9.9% 증가한 710,000루피아(약 79달러)이다.

특히, 한국 투자기업은 2008년 최저임금이 900,000루피아(약 100달러) 수준이 되는 자카르타, 서부자바주의 버까시 및 반둥, 반텐주의 땅그랑 지역 등에 80% 이상 소재해 있어 점차 최저임금(minimum wage)이 경영에 부담이 될 것으로 보인다.

〈표 8-14〉 주요 지역별 최저임금

(단위 : IDR)

지역	2005	2006	2007
WEST SUMATERA	540,000 (56달러)	650,000 (71달러)	725,000 (80달러)
RIAU	551,500 (57달러)	637,000 (70달러)	710,000 (79달러)
ISLAND RIAU	557,000 (57달러)	760,000 (83달러)	805,000 (89달러)
JAMBI	485,000 (50달러)	563,000 (61달러)	658,000 (73달러)
SOUTH SUMATERA	503,700 (52달러)	604,000 (66달러)	753,000 (83달러)
LAMPUNG	405,000 (42달러)	505,000 (55달러)	555,000 (61달러)
WEST JAVA	408,260 (42달러)	447,654 (49달러)	516,840 (57달러)
CENTRAL JAVA	390,000 (40달러)	450,000 (49달러)	500,000 (55달러)
EAST JAVA	340,000 (35달러)	390,000 (43달러)	448,500 (50달러)
D.K.I. JAKARTA	771,843 (80달러)	819,100 (89달러)	900,560 (100달러)
BANTEN	585,000 (60달러)	661,613 (72달러)	746,500 (83달러)
D.I. YOGYAKARTA	400,000 (41달러)	460,000 (50달러)	500,000 (55달러)
BALI	447,500 (46달러)	510,000 (56달러)	622,000 (69달러)
CENTRAL KALIMANTAN	523,698 (54달러)	634,260 (69달러)	665,973 (74달러)

주 : 환율 : 2005(1달러 : 9,705RP), 2006(1달러 : 9,159RP), 2007. 6월 기준(1달러 : 9,039RP)

자료 : Ministry of Manpower & Transmigration/Business News International Labor Organization(ILO)

〈표 8-15〉 직종별 · 업종별 임금

(단위 : IDR)

구분		근무시간(주)	월 급여수준(2006)
직종별	생산직	46	770,061
	사무직	55	3,039,832
업종별	제조업	46	806,264
	서비스업	45	1,594,065

자료 : 인도네시아 통계청 노동통계 2006(1달러 = 9,157RP)

2.2 베트남

법정 최저임금(외국인 투자기업)은 지역별로 하노이, 호치민시의 각 군은 월 VND 870,000(55달러) 수준이며 하노이, 호치민시의 각 현과 하이퐁시, 동나이성의 빈호아시 등은 월 VND 790,000(50달러) 수준을 나타내고 있다. 기타 군, 시, 성 지역은 월 VND 710,000(45달러) 수준이다.

〈표 8-16〉 지역별 최저임금 수준(2006년 2월 1일부 시행)

지역	최저임금
하노이시, 호치민시 각 군	VND 870,000/월 (약 55달러)
하노이시, 호치민시 각 현, 하이퐁시, 동나이성의 빈호아시, 바리아붕따우성의 붕따우시, 꽝닌성의 하롱시, 빈증성의 Thu Dau Mot, Thuan An, Di An, Ben Cat, Tan Uyen	VND 790,000/월 (약 50달러)
기타 군, 시, 성	VND 710,000/월 (약 45달러)

〈표 8-17〉 직종별(생산직, 사무직) · 업종별(제조업, 서비스업) 임금 수준

<table>
<tr><th colspan="2">구분</th><th>근무시간
(정규)</th><th>월 급여수준</th><th>최저임금</th><th>퇴직금</th><th>사회
보장세</th></tr>
<tr><td rowspan="2">직종별</td><td>생산직</td><td>1일 8시간,
주 48시간</td><td>70~100달러</td><td rowspan="4">45~55달러
(〈표 8-16〉
참조)</td><td rowspan="4">근속연수
1년마다
월급여의
50%</td><td rowspan="4">기본급의
17%(사회보
험 15%,
건강보험
2%)</td></tr>
<tr><td>사무직</td><td>1일 8시간,
주 48시간</td><td>200~1,000달러</td></tr>
<tr><td rowspan="2">업종별</td><td>제조업</td><td>1일 8시간,
주 48시간</td><td>70~500달러</td></tr>
<tr><td>서비스업</td><td>1일 8시간,
주 48시간</td><td>200~1,000달러</td></tr>
</table>

주 : 급여수준은 호치민 무역관 추정치임

2.3 태국

(1) 임금수준

태국의 주요 지역별 임금수준은 〈표 8-18〉에 정리되어 있다.

〈표 8-18〉 태국의 지역별 일 평균임금 수준(2006년 기준)

(단위 : 바트)

지 역	일 평균임금
방 콕	184(4.85달러)
방 콕 인근	184(4.85달러)
중부(Saraburi)	163(4.30달러)
동부(Rayong)	155(4.09달러)
서부(Ratchaburi)	147(3.88달러)
북부(Chiang Mai)	155(4.09달러)

자료 : 숫자로 본 태국 (Thailand in Figures 2005~2006, 환율 1달러 = 37.92바트)

(2) 시간외 수당

시간외 수당은 50% 이상을 임금에 가산하여 지급하여야 한다. 사용자의 이익을 위해 근로하는 권한을 가진 자, 철도차량의 배열업무, 운수서비스 업무, 수문개폐에

관한 업무, 수량측정업무, 경비 업무, 근로시간이 부정확한 옥외작업(사용자가 임금 지급에 동의한 경우는 제외)에는 시간외 수당을 지급하지 않아도 된다.

(3) 휴일수당

휴일수당은 통상임금의 100%를 가산하여 지불하고 휴일의 초과근무수당은 통상임금의 3배를 지급하여야 한다. 또한, 임금 체불 시에는 연이자 15%를 가산하여 지급하여야 하며 법정휴일 및 연차휴가는 유급휴일로 규정하고 있다. 법률에 의한 군사훈련 등에 따른 휴무는 통상임금을 지급하나 1년에 30일을 초과하지 못한다.

〈표 8-19〉 직급별 · 업종별 임금 및 퇴직금 수준

구 분		근무시간(정규)	급여수준	최저임금	퇴직금	사회보장세
직종별	생산직	주 48시간	일 200바트 (5.27 달러)	일 191바트 (5.03 달러)	없음	4.5%
	사무직	주 48시간	월 18,000~20,000바트 (475~527달러)	월 7,260바트 (191 달러)	없음	4.5%
업종별	제조업	주 48시간	월 7,536바트 (숙련공 기준) (199 달러)	일 191바트 (5 달러)	없음	4.5%
	서비스업	주 48시간	월 9,000~12,000바트 (237~316달러)	일 191바트 (5 달러)	없음	4.5%

주 : 1) 방콕 기준
2) 태국 최저임금은 교육수준과 숙련도(skill) 기준으로 결정됨
3) 공무원의 경우 퇴직금이 있으나 사기업의 경우 퇴직금 지급 의무는 없음
자료 : 태국 노동부, 투자청

2.4 말레이시아

말레이시아의 임금수준은 일반적으로 싱가포르의 50% 수준으로 주변 동남아시아 국가들에 비해서는 상대적으로 높은 편이다. 그러나 임금수준에 비해 노동의 질(quality of labor)은 상대적으로 높은 평가를 받고 있다. 다수의 외국계기업이 진출해 있고 산업이 싱가포르를 제외한 주변국가에 비해 고도화되어 있어 직종간 또는 직급 간의 임금격차는 큰 편이다.

〈표 8-20〉 업종별 · 직종별 임금 수준

(단위 : 달러)

구 분		근무시간(정규)	월 급여수준	최저임금	퇴직금	사회보장세
직종별	생산직	1일 8시간 이내 (주당 48시간 이내)	238~574 중급기술공	규정 없음	EPF(근로자 공제기금)	SOCSO (사회보장기구)
	사무직	1일 8시간 이내 (주당 48시간 이내)	201~470 경리직	규정 없음	EPF(근로자 공제기금)	SOCSO (사회보장기구)
업종별	제조업	1일 8시간 이내 (주당 48시간 이내)	238~677 중급 기술공-생산 감독	규정 없음	EPF(근로자 공제기금)	SOCSO (사회보장기구)
	서비스	1일 8시간 이내 (주당 48시간 이내)	201~1,565 경리직원-회계사	규정 없음	EPF(근로자 공제기금)	SOCSO (사회보장기구)

자료 : Malaysian Employers Federation(MEF)

〈표 8-21〉 일반직 평균임금 관련 통계(제조업 기준, 2006년)

직위	최소	최대	최소	최대
	RM		US $	
Secretary	1,381	2,745	390	774
IT Supervisor	1,363	3,248	385	916
Chargeman(Medium Pressure)	1,270	2,544	358	718
Production/Technical Supervisor	1,142	2,364	322	667
Foreman	1,100	2,758	310	778
Boilerman	993	2,154	280	608
Maintenance Technician	947	2,192	267	618
Quality Control Inspector	941	1,878	265	530
Storekeeper	870	1,900	245	536
Electrician	862	2,039	243	575
Production Operator(Semi-Skilled)	843	2,033	238	574
Welder	758	1,707	214	482
Accounts Clerk	713	1,666	201	470
Clerk/Typist	696	1,612	196	465
Telephone Operator	696	1,533	196	433
Laboratory Assistant	685	1,514	193	427
Data Entry Clerk	671	1,522	189	429
Lorry/Truck Driver	628	1,676	177	473
Security Guard	606	1,380	171	389
Production Operator(Unskilled)	444	1,003	125	283

자료 : Malaysian Employers Federation(MEF)

2.5 필리핀

(1) 임금정책은 노동고용부 산하 NWPC(National Wages & Productivity Commission)가 관장하고 있으며 RA 6727(1989년 공포)에 기초하여 최저임금제가 시행되고 있음

(2) 수도권인 METRO MANILA의 최저임금은 1일당 362페소(약 7달러, 2007년 8월 기준), 마닐라 근교로 한국 기업의 입주가 가장 많은 CAVITE의 일당 최저임금은 1일당 272페소(약 5.3달러, Cavite Economic Zone 기준) 수준임

① 초과 근무수당의 경우 시간외 근무는 가능하나 일반적으로 고용주 및 피고용주 모두 초과근무를 선호하지 않는 경향이 있음

② 수도권 업체들의 경우 교통비, 식비 보조 성격의 생활 보조비(ECOLA) 50페소/일(2007년 8월 기준)을 피고용자에게 지급해야 함

(3) 최근 국제유가 상승에 따른 교통비 등 물가상승으로 노동단체들이 임금 인상을 요구하고 있음

※ 시간외 근무수당
- 정규 근무일 : 정상임금의 125%
- 휴일, 일요일 및 특별 휴일 : 정상임금의 130%
- 야간 근무자(22:00~06:00)의 근무수당 : 정상임금의 110%
- 법정 공휴일(Regular Holiday)이 주당 정기휴일과 겹친 경우는 200%임

※ 휴일은 업무의 성격에 따라 일요일이 아닌 다른 요일을 지정할 수도 있음. 이 경우 근무하는 일요일은 별도의 초과근무수당 지급을 요하지 않음. 주당 6일 근무 후 최소한 24시간의 휴일이 보장되어야 함

(4) 2004년 12월 노동부 권고령(Labor Department Advisory No. 2)이 발표되어 유해 작업장, 서비스업 등 일부 업종을 제외하고 노사간 합의를 통해 1일 근

무시간을 8시간이 아닌 10시간 또는 최대 12시간까지 늘릴 수 있도록 변경되었음

(5) 주당 근무시간 48시간을 준수하고 급여를 삭감하지 않을 경우 근무 일수를 6일에서 5일로, 또는 5일에서 4일로 축소할 수 있으며, 사용자 입장에서는 8시간을 초과하는 근무시간에 대해 초과 근무수당을 지불하지 않아도 됨. 다만 합의된 시간을 초과하는 경우 초과근무시간은 지불해야 함

〈표 8-22〉 업종별 · 직종별 임금수준

<table>
<tr><th colspan="2">구분</th><th>근무시간
(2003년 기준)</th><th>급여수준
(Metro Manila - 2002년 6월 기준)</th><th>최저임금
(Metro Manila - 2007년 8월 기준)</th><th>퇴직금
(정규직)</th><th>사회보장세
(근로자 부담금 기준)</th></tr>
<tr><td rowspan="2">직종별</td><td>생산직</td><td>주 49.1시간</td><td>N/A</td><td>362페소
(7달러)</td><td rowspan="4">월급여의 절반 금액
×
근무 년차</td><td rowspan="4">33.3~500 페소까지 근로자의 소득에 따라 차등 납입</td></tr>
<tr><td>사무직</td><td>주 45.4 시간</td><td>N/A</td><td>362페소
(7달러)</td></tr>
<tr><td rowspan="2">업종별</td><td>제조업</td><td>주 43.6시간</td><td>7,705페소
(148 달러)</td><td>325페소
(6달러)</td></tr>
<tr><td>서비스업</td><td>주 36.2시간</td><td>7,784페소
(150 달러)</td><td>325페소
(6달러)</td></tr>
</table>

주 : 주재국의 급여수준 통계자료가 업종별로만 등재되어 있어 직종별 급여수준은 N/A
자료 : 2004 Yearbook of Labor Statistic 및 필리핀 노동부(DOLE) 자료

3. 조세

3.1 인도네시아

(1) 법인세

① 외국 납세의무자는 인도네시아에서 발생된 원천소득에 대하여 납세의무가 있음. 인도네시아에서 설립된 내국법인은 국내원천소득과 해외원천소득을 합산하여 과세되며 외국소득에 대하여 납부한 세액은 해외원천소득에서 세액공제함

② 법인세율

과세표준금액(루피아)	세율(%)
최초금액부터~50,000,000	10
50,000,001~100,000,000	15
100,000,001 이상	30

(2) 개인소득세

① 납세의무 : 연속성 여부와 관계없이 12월의 기간 중 183일 이상 인도네시아 내에 체류하는 경우 또는 인도네시아에 거주하는 경우

② 일반 개인거주자의 원천세율

과세표준금액(루피아)	세율(%)
최초금액부터~25,000,000	5
25,000,001~50,000,000	10
50,000,001~100,000,000	15
100,000,001~200,000,000	25
200,000,001 이상	35

③ 일반 개인거주자에 대한 연간 소득공제금액

항목	금액/연간 기준(단위 : IDR)
납세자 본인 기초공제	2,880,000
배우자 공제	1,440,000
부양자 공제(최고 3인까지)	1,440,000/인
의무관련 공제(총소득의 5% 한도, 1개월 최고 108,000 한도)	1,296,000
Jamsostek	전액
연금(총소득의 5% 한도, 1개월 최고 36,000 한도)	432,000

(3) 부가가치세

① 대상 : 재화 및 용역거래를 과세대상으로 함

② 세율 : 부가가치세(value-added tax) 세율은 최고 15%에서 최저 5% 범위 내에서 경제환경에 따라 운영되는 탄력세율로서 현재는 10%를 적용하고 있음

3.2 베트남

(1) 법인세

내외국인 동일하게 적용되는 법인세율은 28%이다. 우대세율은 해당기업에 따라 20%, 15%, 10%의 세율이 적용되고 있다.

〈표 8-23〉 법인세 우대세율

우대세율	적용대상	적용기간	면제기간	감세기간
20%	일반우대산업(A) 또는 일반우대지역(B)	영업개시일로부터 10년	최초 이익 발생 시점부터 2년	이후 5년간 50% 감세
15%	일반우대산업(A)과 일반우대지역(B)	영업개시일로부터 12년	최초 이익 발생 시점부터 3년	이후 7년간 50% 감세
10%	특별우대산업(AA) 또는 특별우대지역(BB)	영업개시일로부터 15년	최초 이익 발생 시점부터 4년	이후 9년간 50% 감세

주 : 15% 우대세율 적용받고, 2007년 영업을 개시한 경우
- 최초이익이 2008년에 발생했다면 그전까지 0% 적용
- 최초이익 발생시점부터 3년까지인 2010년까지 0% 적용
- 이후 7년간 50% 감세이므로 2017년까지 7.5% 적용
- 2018년 우대세율 15% 적용
- 영업개시일로부터 12년 후인 2019년부터는 정상법인세 28% 적용

(2) 개인소득세

① 개인소득세는 개인의 정기 또는 비정기소득에 대해 부과되는 세금으로 외국인과 내국인의 세율이 상이하며 외국인에게 적용되는 개인소득세율은 〈표 8-24〉와 같음

〈표 8-24〉 개인소득세율

베트남인		외국인	
월급여(VND)	세율	월급여(VND)	세율
0~5,000,000	0%	0~8,000,000	0%
5,000,001~15,000,000	10%	8,000,001~20,000,000	10%
15,000,001~25,000,000	20%	20,000,001~50,000,000	20%
25,000,001~40,000,000	30%	50,000,001~80,000,000	30%
40,000,001 이상	40%	80,000,001 이상	40%

주 : 1달러 = VND 16,010(2007년 1월 1일 기준)

② 한국은 베트남과 '이중조세방지협정'을 체결하고 있음. 베트남에서 연간 183일 이상 체류 시에는 원칙적으로 베트남에 소득세를 납부해야 함

3.3 태국

(1) 법인세

① 법인 및 파트너십 기업은 태국 내 및 국외에서 획득한 소득에 대해 법인세 납부의무가 있음

② 세금목적의 법인 및 파트너십은 사기업 및 상장기업, 일반 등록기업, 파트너십, 조인트벤처(joint venture), 기관 및 협회로 정의되며 일반 형사 및 상법에서 의미하는 기업의 개념을 초월하고 있음

③ 외국기업의 지사는 태국 내에서 영업활동으로 발생한 소득에 대해서만 과세됨. 법인 및 파트너십의 순이익에 대해서만 세금이 부과되고 일반적인 회계기준에 따라 수입이 규정되며 태국의 내국세 코드에 의해서 부과됨

(2) 개인소득세

① 개인에게 부과되는 세금으로 태국의 회계연도 기준(전년도 10월~이듬해 9월)이 아닌 칼렌더(calender) 기준 매년 12월 31일을 기준으로 함. 과세대상은 5개의 범주(자연인, 비법인 개인체, 비법인 파트너십(비등록 일반 파트너십), 사망한 해 과세수입 및 재산보유 사망자, 사망자의 비분할 재산)로 분류됨

② 과세기준은 모든 과세수입에서 지출 및 비용을 공제한 후 결정되며 세금은 과세기준에서 누진율을 적용하여 5~37%까지 부과됨. 과세대상은 태국에서 연

간 180일 이상을 거주한 개인이며, 과세기준은 태국에 거주하면서 획득한 모든 수입과 태국 내로 송금된 소득도 포함됨. 그러나 비거주개인은 태국 내에서 획득한 소득에 대해서만 세금을 납부하면 됨

③ 태국 내국세 코드 제40조에는 〈표 8-25〉와 같이 소득별 표준공제율에 따라 세금을 공제하고 있음

〈표 8-25〉 개인소득세 세율 및 세액

과세대상 연간소득(바트)	세율(%)
0~100,000	0
100,001~500,000	10
500,001~1,000,000	20
1,000,001~4,000,000	30
4,000,001 이상	37

자료 : Revenue Department

(3) 부가가치세

① 1992년 1월 1일 도입된 부가가치세는 수입물품을 포함하여 모든 단계별 상업용 물품판매 및 서비스 제공에 대해 7%가 부과되며 0% 또는 면제되는 품목도 있음

② 부가세 시스템 하에서 물품 및 서비스 제공자는 반드시 부가세를 부과하여야 함. 일반적으로 판매자는 원료, 재고, 기타물품, 또는 사업에 사용된 서비스 구매에 대해 지불한 부가세에 대해 환불받을 수 있음. 일반적으로 접대비 및 특정비용에 대한 부가세는 환불되지 않음

③ 무가치 상품 또는 서비스 제공자도 매입 부가세에 대해 환불받을 수 있음. 그러나 부가세 면제대상 상품 및 서비스 판매자는 부가세를 환급받을 수 없으며 부가세를 비용으로 처리해야 함. 부가세 시스템은 사업수행에 있어서 엄격한 등록 및 서류제출 의무를 부과함. 규정된 양식에 따른 세금 인보이스(invoice)를 제공할 경우에만 가능하며 매월 부가세 신고를 하여야 함. 또한, 내국세 검사원이 세무추적을 할 수 있도록 기록을 유지해야 함

3.4 말레이시아

일반적으로 말레이시아에서 발생 또는 파생되었거나 외국에서 말레이시아로 송금되는 모든 기업과 개인의 소득은 과세대상이 된다. 그러나 거주기업(은행, 보험, 항공, 해운업을 영위하는 기업은 제외), 비거주기업 및 비거주개인이 말레이시아로 송금한 소득은 비과세이다.

〈표 8-26〉 주요 세율 현황

구 분		세율	투자기업 면제기간(年)	초기 자본공제 등 조세혜택
소득세	법인	27%(2007년) 26%(2008년)	개척자 자격(5~10년) 투자세 공제(5년)	개척자 자격 (소득세 전액면제 또는 부분면제) 또는 투자세 공제(자본적 지출액의 전액 또는 부분) 혜택을 선택할 수 있음
	개인	0~28% (차등, 누진세율 적용)	해당사항 없으나 사안별로 감면 가능	해당사항 없으나 사안별로 감면 가능
판매세		일반적 10% 특정품목(면세~15%)	해당사항 없음	해당사항 없음
서비스세		5%(일부 면제)	해당사항 없음	해당사항 없음
비거주자 원천과세		· 일부서비스 : 10% · 로열티 : 10% · 이자소득 : 15% · 대중 연예인 서비스소득 : 15%	해당사항 없음	해당사항 없음
석유소득세		38%	해당사항 없음	해당사항 없음
국내 소비세		일부 품목 · 자동차: 75~105%, 이륜차 : 20~30%, 트럼프용 카트와 마작용 타일 : 10%	해당사항 없음	해당사항 없음

자료 : 말레이시아 산업진흥청(MIDA)

3.5 필리핀

(1) 법인세

① 외국기업에 부과되는 세금은 필리핀 현지에서 발생하는 소득을 기준으로 하며 법인세율은 정부의 예산 부족을 해소하기 위해 2005년 1월부터 한시적으로 35%로 상향 조정되었으나 2009년 1월부로 다시 30%로 환원될 예정임

※ 필리핀 증권거래위원회(Security and Exchange Commission)에 등록된 기업인지 여부에 따라 등록기업인 'Resident Foreign Corporation'의 경우 필리핀에서 발생한 순이익(Net Philippine - Source Income)의 35%, 비거주 외국기업인 'Non-Resident Foreign Corporation'의 경우 필리핀에서 발생한 총수입(Gross Philippine - Source Income)의 35% 수준의 법인세가 부과됨

② 외국기업의 현지 지사(Branch Office)의 경우 현지 판매, 제조, 서비스 제공 등으로 발생한 소득에 대해서는 내국기업과 동일한 기준의 과세율이 적용됨

③ 현지 지사의 과실송금은 일반적으로 송금액의 15%에 해당하는 송금세가 적용되며 예외적으로 필리핀 경제특별구역관리청(PEZA : Philippine Economic Zone Authority)에 등록된 면세기업은 송금세가 면제되고 현지 유류사업(petroleum operation) 참여가 허용된 외국기업의 경우 7.5%의 송금세율이 적용되고 있음

(2) 개인소득세

① 개인소득세는 개인의 정기 또는 비정기소득에 대해 부과되는 세금으로 적용되는 세율은 크게 3가지(내국인, 비거주 시민권자(Non-Resident Citizen), 외국인(Alien))로 구분하여 5~32%의 차등 누진세율이 적용되고 있음

가. 내국인(Resident Citizen) : 국내외에서 발생하는 모든 소득에 대해 과세함

나. 비거주 시민권자(Non-Resident Citizen) 및 외국인 : 필리핀 국내에서 발생하는 소득에 대해서만 과세하며 적용 과세율은 현지 체류기간을 기준으로 산정함(180일 이내 25%, 180일 초과 32%)

② 한국-필리핀 간에 이중조세방지협정이 체결되어 있으며 현지에서 연간 180일 이상 체류 시에는 필리핀 정부에 32%의 소득세를 납부해야 함. 180일 미만 체류 시에는 비거주자로 분류되어 현지에서 발생한 소득의 25%를 납부해야 함

〈표 8-27〉 내국인 대상 소득세 과세율

소득 범위	과세 금액	해당 소득범위 초과분 과세율
10,000페소 미만	없음	5%
10,000페소~30,000페소 미만	500페소	10%
30,000페소~70,000페소 미만	2,500페소	15%
70,000페소~140,000페소 미만	8,500페소	20%
140,000페소~250,000페소 미만	22,500페소	25%
250,000페소~500,000페소 미만	50,000페소	30%
500,000페소 이상	125,000페소	32%

③ 소득공제 대상 및 공제액

가. 독신인 경우(Single) : 20,000페소

나. 부양가족이 있는 독신가장(미혼 또는 이혼 후 생계 담당) : 25,000페소

다. 혼인한 배우자 : 32,000페소

라. 부양가족(최대 4명까지 적용): 8,000페소/1인당

〈표 8-28〉 현지 거주 외국인 대상 소득세 적용 기준

(단위 : 달러)

월 급여 수준	과세액
2,500	737
3,000	897
3,500	1,057
4,000	1,217
4,500	1,377
5,000	1,537

주 : 상기 과세액은 2002년 3월 31일자 현지화 환율(US$1=54.75페소)을 적용하여 환산한 금액이며, 2007년 기준 현지화의 평가절상이 지속되고 있어 과세액이 상이한 것으로 판단되나 공식적인 발표 자료는 없는 실정임

(3) 부가가치세

① 필리핀 현지의 부가가치세는 내외국기업 구분없이 일괄적으로 10%가 적용되었으나, 2006년 1월부터 부가세율이 12%로 상향조정됨

② 일정 요건을 충족한 수출품 및 특별경제구역(Special Economic Zones)에 소재한 기업들이 구입한 금액에 대해서는 부가세가 면제됨

※ 연간 총수입이 150만 페소 미만인 경우는 부가세 면제대상임

4. 산업인프라

4.1 인도네시아

(1) 통신

① 전화는 호텔, 백화점, 수퍼마켓, 공항 이외에는 공중전화 이용이 어려우므로 현지에서 저렴한 휴대폰과 통화바우처(5만, 10만 루피아)를 구매해 사용하는 것이 효율적임

② 휴대폰은 GSM과 CDMA를 모두 사용하고 있는데 GSM이 먼저 도입되어 주종을 이루고 있음. CDMA는 2003년 말에 처음 도입되었으나 아직 시장점유율은 전체의 10% 정도를 나타내고 있음

③ 인터넷은 17,000여개의 섬으로 이루어진 국가여서 전국적인 통신인프라는 미흡한 수준임. 인터넷 이용자는 1999년 100만명에서 2005년에는 1,600만명으로 증가하였으며, 2007년은 2,000만명으로 추정됨

(2) 물류(항만, 공항)

① 국제항구로는 자카르타의 Tanjun Rpiok항 이외에 Sekupang항, Batu Ampar항, Nongsa항, Marina Teluk Senimha항(이상 Batam), Bandar Bintan Telani Lagoi항, Bandar Sri Udana Lobam항(이상 Bintan), Belawan항(메단), Sibolga항(북 수마트라), Yos Sudarso항(두마이), Teluk Bayur항(빠당),

Padang Bai항(발리), Jaya Pura항(빠뿌아) 등이 있음

※ 20피트 컨테이너 기준으로 한국에서 자카르타까지의 순수 해상운임은 650달러 정도 소요됨

② 인도네시아는 국토의 특성상 육상운송이 낙후되어 있어 항공운송을 많이 이용하고 있음

가. 항공사는 국영항공인 가루다항공을 비롯하여 Lion Air, Merpati Air, Mandala Air, Adam Air, Efata Air, Jatayu Air, Batavia Air 등 소규모의 국내선 항공사들이 다수 존재하고 있음

나. 국제선은 자카르타에서 인근 싱가포르, 방콕, 호지민, 시드니 등에 직항편이 운항되고 있음. 한국과의 항공편은 KAL이 매일 1회 운항함

(2) 은행(외환)시스템

① 외환

외환통제가 없어 투자가들은 지정된 계좌를 통하여 자금을 자유롭게 반출입할 수 있다. 다만 10,000달러를 초과하는 송금 거래는 자금출처 및 자금용도에 대한 확인이 요구되고 있다.

(예) 자금출처 : 회사운영자금, 급여, 퇴직금 등
자금용도 : 물품대금, 기계구입, 생활비보조, 학자금 등

※ 은행에서 달러화 인출 시 현금인출 수수료(1,000달러 이상 0.625%, 10,000달러 미만 1%)가 있음

② 은행

※ 은행의 업무시간은 일반적으로 오전 9시에서 오후 2시 30분까지임

인도네시아 화폐는 루피아(Rp)이며 영업계약은 일반적으로 루피아로 이루어진다.

〈표 8-29〉 주요 인프라 현황

구 분		상 태
통신환경		중 간
인터넷기반	이용자 수	2,000만명
	이용형태	ADSL 1 M : 2,900달러/월
공항 및 항만		시설 중간 이하 공항이용료 13달러
은행시스템		· 은행이체 소요일 - 현지화 : 1~2일 - 달러화 : 1~3일 · 은행이용 수수료 - 현지화 : 기본 6,000 루피아 - 달러인출 : 10,000달러 미만(1%)/10,000달러 이상(0.625%) · 이자율 - 현지화 : 약 17% - 달러화 : 약 8%

4.2 베트남

(1) 베트남의 전화보급률은 45.2%로서 낮은 편이며 인터넷은 전용선 및 ADSL을 사용하고 있음

(2) 인터넷 속도는 매우 느린 편임

(3) 공항은 3개의 국제공항(하노이, 호치민, 다낭)과 15개의 국내공항이 있음

〈표 8-30〉 주요 인프라 현황

구 분		상태	대중국 대비 비교
통신환경		중간 · 총 전화가입자수 : 3,831만명 · 전화보급률 : 45.27대/100명 · 총 이동전화 가입자수 : 2,760만명 · 인터넷 속도는 매우 느린 편임	50%
인터넷기반	이용자 수	· 인터넷 가입자수 : 452만명 · 인터넷 이용자수 : 1,620만명	50%
	이용형태 (초고속인터넷)	· 전용선/ADSL	50%
공항 및 항만		· 3개 국제항공(호치민, 하노이, 다낭), 15개 국내공항 · 총 266개 항구가 있으며 이 중 40,000~50,000DWT급 선박 이용가능 항구는 9개임	70%
은행시스템		· 은행이체 소요일 - 베트남 내 : 48시간 내 - 해외 : 2~3일 내 · 은행이용수수료 - 베트남 내 : 0.1% 내 - 해외 : 0.2% 내 · 이자율 : SIBOR/LIBOR + 2% 내외	50%

4.3 태국

(1) 통신환경은 비교적 발달되어 있음. 인터넷은 ADSL 및 초고속 인터넷을 이용하고 있으며 이용자 수는 약 1,200만명 수준임

(2) 공항은 총 28개가 운용되고 있으며 항만은 122개가 있음

(3) 전체적인 인프라는 중국 동부지방과 비슷한 수준으로 평가할 수 있음

〈표 8-31〉 주요 인프라 현황

구 분		상 태	대중국 대비 비교
통신환경		발달(편리)	0
인터넷기반	이용자 수	1,200만명 이상(2006년말 기준)	0
	이용형태 (초고속인터넷)	ADSL 및 초고속인터넷	0
공항 및 항만		발달 · 공항수 총 28개 · 항만수 총 122개	0
은행시스템		· 예금 이자율 - Current 0% - Savings 0.75% · 대부 이자율 : 6.85% 이상	0

주 : 중국 동부지방과 비교했을 때 비슷한 수준으로 추정됨

4.4 말레이시아

(1) 통신환경은 비교적 발달되어 이동통신 보급률이 80%에 이르고 있음

(2) 공항은 쿠알라룸푸르의 국제공항이 현재 연간 2,500만명의 여객처리 능력을 보유하고 있음

(3) 항만은 말레이시아 중부에 소재한 클랑항이 제1항구로서 전체 항만물동량의 약 50%를 차지하고 있음

〈표 8-32〉 주요 인프라 현황

구 분		상 태	대중국 대비
통신환경		발달(편리), 이동통신 보급률이 80%에 이르고 있음	+30%
인터넷 기반	이용자 수	다이얼 업 방식 : 1,129만명(추정)	
	이용형태 (초고속 인터넷)	· 초고속 인터넷(100명 중 가입률 -3.3%) - ADSL, SDSL, Wireless 등 · 다이얼 업 방식(100명 중 가입률 : 14%)	+0~20%

〈표 8-32〉 (계속)

공항 및 항만	· 국제공항은 1998년 6월말 개장된 KLIA(Kuala Lumpur International Airport)를 비롯하여 반도 북부에 Penang, 반도 남부에 Senai(Johor Bahur), 동 말레이시아에 Kuching, Kota Kinabalu 등이 있음 · 국제항구로는 쿠알라룸푸르 인근지역에 KELANG, 반도 북부에 PENANG, 반도 남부에 PASIR GUDANG, Tanjung Pelepas, 반도 동부에 KUANTAN, 동 말레이시아에 BINTULU 등이 있음	+0~20%
은행시스템	· 은행이체 소요일 - 일반적으로 당일 이내 · 은행이용 수수료(대체적으로 한국에 비해 저렴) · 이자율 1일 정책금리 : 3.5%(2007년 8월 기준) · 은행별 기본대출금리(Base Lending Rate) : 연 6.25~6.80% 수준	+0~20%

자료 : 말레이시아 산업진흥청(MIDA)

4.5 필리핀

(1) 통신

① 1993년부터 1개사 통신독점체제를 개혁하여 전국을 11개 지역으로 분류하여 복수 통신회사의 참여를 허용하면서 전화라인 설치 의무량을 부과하는 방법으로 전화망 확충에 주력한 결과 전화보급이 상당히 증가하였음

② 전화는 아직도 저소득층에게는 사치품에 속하고 전화 보급률도 낮은 수준이며 공중전화도 제대로 설치되어 있지 않아 종업원들과의 연락은 여전히 애로사항이 되고 있는 실정임. 최근 저가 단말기 보급 및 이동통신사 간의 가입자 유치경쟁 등으로 인해 휴대전화 보급이 급속히 증가하고 있어 저소득층에서도 이동전화를 보유하는 경우가 증가하고 있음

(2) 교통 및 물류

① 필리핀의 운송 인프라는 전반적으로 열악한 상황임. 내륙운송은 거의 대부분 도로운송이며 철도운송은 거의 없는 실정임. 필리핀은 7,100여개의 섬으로 구성되어 있어서 도로운송에도 한계가 있으며 섬들을 연결하는 해상운송도 부두시설의 부족으로 원활하지 못한 편임

② 또한, 국내 해상운송의 경우 외국회사의 진입이 제한되어 있어 국내선사들이

노선별로 독점 또는 과점-담합을 하고 있어 해상 운송비가 과도하게 비싼 경우가 많음. 육상운송의 경우에도 총 운송비가 실질적인 트럭운송비의 4~5배가 되는 등 운송부대 경비가 많이 소요되는 경우가 많아 물류비가 많이 소요되는 업종의 경우 입지선택에 신중을 기할 필요가 있음

(3) 은행(외환)시스템

1993년 4월 13일 결정된 중앙은행의 Circular No. 1389로 외환의 자유화조치로서 일부 특정산업에 속하는 기업을 제외한 민간인의 자유로운 외화 소지 및 자유로운 송금을 가능하게 하고 기업이 수출대금을 100% 보유할 수 있게 하는 등 외환자유화가 추진되고 있다.

구분		상태
통신환경		중간
인터넷 기반	이용자 수 (가입자 기준 - 2005)	1,440천명
	이용형태 (초고속인터넷)	모뎀, ADSL
공항 및 항만		미발달(불편)
은행시스템		· 은행이체 소요일 - 동일 은행일 경우 : 당일 - 타 은행일 경우 : 이체 불가 · 은행이용 수수료(ATM 출금 기준) - 동일 은행일 경우 : 무료 - 타 은행일 경우 : 제휴은행일 경우 수수료가 면제이나 제휴은행이 아닐 경우 건당 20~30페소 부과 · 이자율(BPI 은행 - Saving Account 기준) - 페소 예금 : 0.625% - 달러 예금 : 0.5%

5. 주재국 내 글로벌 기업공장 진출동향

5.1 인도네시아

구분	진출동향	진출 주요 배경	진출 시 고려요소
PT. Petronas Niaga Indonesia (Malaysia)	· 기 진출 - 석유 및 가스부문	· 자원개발 - 최근 팜오일 부문 투자를 위하여 주요 팜오일 재배지역 확보	· 풍부한 인도네시아 석유 및 천연가스 · 바이오에너지에 대한 미래시장 준비 · 시장인접성
PT. Toyota Astra Motor	· 기 진출 - 자동차 제조분야	· 생산공장 설립	· 인도네시아 자동차시장 육성정책 · 시장성장
PT. Philip Morris	· 기 진출 - 담배제조 분야	· 기존회사 인수 - 당시 3위 업체를 52억 달러에 인수	· 시장성
PT. BHP Billiton Indonesia (UK/Australia)	· 기 진출 - 광산 및 자원개발	· 자원개발	· 인도네시아 석탄 매장량
PT. Coca-Cola Bottling Indonesia	· 기 진출 - 음료 제조 및 유통업	· 생산공장 설립	· 많은 인구(세계 4위)에 기반한 수요
PT. Royal Doulton	· 기 진출 - 자기 제조 - 현재까지 7,500만 달러 투자하였으며, 추가로 3,000만 달러 투자계획	· 생산공장 설립	· 원재료 확보 · 생산비 절감
PT. Bridgestone Tire Indonesia	· 기 진출 - 타이어 제조	· 생산공장 설립	· 시장 확보 · 생산비 절감

5.2 베트남

구 분	진출동향	진출 주요 배경	진출 시 고려요소 (우선순위 3가지)
P&G Vietnam	· 기 진출 및 운영단계	· 생산공장 설립 · 내수시장 진출 · 수입관세 회피	· 내수시장 잠재력 · 저임의 노동력 · 투자인센티브(법인세 우대혜택)
Coca Cola	· 기 진출 및 운영단계	· 생산공장 설립 · 내수시장 진출 · 수입관세 회피	· 내수시장 잠재력 · 저임의 노동력 · 투자인센티브(법인세 우대혜택)
Intel	· 2006년 투자허가를 받고 공장설립 계획 중임	· 생산공장 설립 · 제3국 수출	· 저임의 노동력 · 젊은 노동력 · 투자인센티브(법인세 우대혜택)

5.3 태국

구 분	진출동향	진출 주요 배경	진출 시 고려요소 (우선순위 3가지)
Toyota	· 기 진출 및 운영단계	· 생산공장 설립	· 저임의 노동력 · 태국 정부의 자동차산업 육성 정책 · 수입관세 절감
Nissan	· 기 진출 및 운영단계	· 생산공장 설립	· 상동
삼성전기 및 전자	· 기 진출 및 운영단계	· 생산공장 설립	· 저임의 노동력 · 시장성 · 태국 정부의 적극적 FTA 추진
LG 전자	· 기 진출 및 운영단계	· 생산공장 설립	· 상동
소니	· 기 진출 및 운영단계	· 생산공장 설립	· 상동
Kunming Daqian Conveyance (중국)	· 태국 Trans Asia Logistics 사와 합작투자 계약 완료 단계	· 물류회사 운영	· 태-중국 FTA · 미래시장 잠재력, · 태국 정부의 적극적 FTA 추진

5.4 말레이시아

구분	진출동향	진출 주요 배경	진출 시 고려요소
인텔 (Intel)	· 기 진출 및 운영단계	· 해외시장 진출 필요성 · 말레이시아 정부의 적극적인 외자 유치 노력	· 저렴한 생산비용 · 기술인력 확보의 용이성 · 말레이시아 정부의 유치노력
델 (Dell)	· 기 진출 및 운영단계	· ASEAN의 성장가능성 · 미국경제의 부진	· 지정학적 위치 · 우수한 인프라스트럭처 · 기술노동력 확보
바스프 (BASF)	· 기 진출 및 운영단계	· 원료물질(raw material) 확보의 용이성 · 높은 시장성	· 우수한 비즈니스환경과 인프라스트럭처(석유화학 단지, 항만) · 경쟁력 있는 생산비용 · 언어와 비즈니스에 뛰어난 인력
소니 (Sony)	· 기 진출 및 운영단계	· 시장확대 · 말레이시아 정부의 적극적인 외자유치 노력	· 우수한 인프라스트럭처 · 숙련된 노동력을 확보할 수 있는 교육시스템 · 정치 · 경제적인 안정성과 비즈니스 친화적인 법률 및 정책
필립스 (Philips)	· 기 진출 및 운영단계	· ASEAN 시장의 거점	· 정부의 비즈니스 친화정책 · 말레이시아의 인재교육시스템이 인력확보에 용이 · 우수한 인프라스트럭처
IKEA	· 기 진출 및 운영단계		· 지리적 이점 · 발달된 물류 네트워크와 항만시설 · 안정적인 비즈니스와 사회적 환경

5.5 필리핀

구 분	진출동향	진출 주요 배경	진출 시 고려요소
TI	· 기 진출 및 운영단계 · 추가 투자 계획단계	· 생산공장 설립	· 저임의 노동력 · 우수한 인력 · 생산거점 집중화 전략
인텔	· 기 진출 및 운영단계	· 생산공장 설립	· 저임의 노동력 · 우수한 인력 · 생산거점 분산 전략
삼성전자	· 기 진출 및 운영단계	· 생산공장 설립	· 저임의 노동력 · 우수한 인력 · 지리적 인접성
한진중공업	· 기 진출 및 운영단계	· 생산공장 설립	· 저임의 노동력 · 우수한 인력 · 지리적 이점

6. 주재국의 특수상황과 가공무역에 대한 규제

6.1 인도네시아

(1) 노동유연성의 부족

① 높은 해고비용으로 인력 채용에 한계가 있음

※ 1년 근무당 1개월분 해고수당 + 3년 근무당 1개월분 근속수당

② 풍부한 노동력에 비해 고급 생산기술 인력이 부족한 실정임

(2) 부정부패 · 관료주의 및 경제시스템의 비효율성

① 투자 인허가 과정의 복잡한 절차와 시간, 비공식적 비용이 발생하고 있음

② 관세환급, 부가세(VAT) 환급, 법인세 선납 등 세금 선납 후 사후 정산 및 환급 시 부조리가 발생하고 있음

③ 밀수 만연으로 정상적인 수출입에 장애가 되고 있음

④ 외국인투자에 대한 지원 및 보호의식이 부족한 편임

(3) 치안 불안정

① 빈번한 테러사태로 인한 불안정 확대

※ 2002년 발리 호텔, 2003년 자카르타 메리옷 호텔, 2004년 인도네시아 주재 호주대사관, 2005년 발리 식당가에서 자살폭탄테러 발생

② 또한, 자카르타는 민생치안이 안전하지 못한 편이므로 체류기간 중 각별한 신변 주의가 요망됨

(4) 가공무역 규제에 대한 내용

※ 투자진출에 대해서는 투자제한규정으로 제한하며 별도로 가공무역에 대한 규제만은 없음

6.2 베트남

(1) 사회정치적 안정성

※ 공산당 1당 체제인 사회주의 국가로 체제의 안정성이 매우 크며 외국인 투자 유치에 대해 지속적으로 적극적인 정책을 시행하고 있음

(2) 종교적 안정성

※ 베트남에는 다수의 종교들이 존재하고 있으며 이 중 불교가 가장 많으나 어느 하나에 편향되지 않아 종교가 사회에 미치는 영향이 크지 않은 편임

(3) 가공무역 규제에 대한 내용

※ 전반적으로 규제는 없는 편임

6.3 태국

(1) 태국은 외국인투자 유치를 통한 경제개발을 추진하고 있어 외국기업들에게 우호적인 정책을 시행하고 있음

(2) 2003년부터 AFTA(ASEAN Free Trade Agreement, 아세안자유무역협정)가 발효되어 ASEAN 국가간 자유무역 실시로 인근국가로의 무관세 수출기회를 제공함으로써 수출전략지역(export strategic region)으로서의 역할을 수행하고 있음

※ 특히, ASEAN 국가 중 미얀마, 캄보디아, 라오스 등 태국 인접 사회주의 국가 시장에 대한 우회진출 기회를 제공할 것으로 보임

(3) 태국은 천연자원(natural resources)이 풍부하여 원자재 확보가 용이하고 인구 6,600만명(2006년 말 기준)으로 노동력을 용이하게 확보할 수 있으며 ASEAN 국가에 비해 비교적 높은 소득수준(2006년 기준, 약 3,074달러)으로 내수판매도 가능함

※ 특히, 기존 외국인 투자가들이 수출산업에 집중되어 일반 소비재는 수입에 의존하고 있기 때문에 고관세율 생활용품의 경우 투자를 통한 내수시장 진출이 유리할 것으로 분석됨

(4) 태국은 국왕을 중심으로 정치 및 사회가 안정되어 있고 시장개방의 오랜 역사로 인하여 외국인에 대하여 우호적인 태도를 보이고 있어 외국인들이 생활

하기에 양호한 상황임

※ 2006년 9월 쿠데타 이후 군사 과도정부가 집권하는 등 정치가 다소 불안한 상황이나 2007년 8월 19일 신헌법이 국민투표를 거쳐 제정되었으며 중·장기적으로는 다시 사회정치적 안정(sociopolitical stability)을 보일 것으로 전망됨

(5) 가공무역 규제에 대한 내용

※ 태국의 경우 가공무역에 대한 규제가 없음

6.4 말레이시아

(1) 말레이시아는 세계은행(World Bank)이 2006년 실시한 각국의 기업 우호환경 평가에서 전세계 175개국 중 25위를 차지하였음. 이번 평가는 비즈니스 시작, 라이센스 획득, 근로자 고용, 자산 등록, 투자자 보호 등 투자자가 직면하게 되는 10개 세부 항목에 대한 규제내용을 평가한 것으로 각국의 기업활동 용이성 및 우호적 환경 정도를 표시한 것임

(2) 말레이시아는 2005년에 이어 연속 25위를 기록하여 아시아 지역에서 싱가포르(1위), 홍콩(5위), 일본(11위), 태국(19위) 및 한국(23위)의 뒤를 잇고 있음

① 일부 항목에서 전년 대비 저조한 점수를 기록하여 외국인직접투자(FDI : Foreign Direct Investment)를 확대하기 위해서는 기업투자환경(corporate investment environment)에 대한 추가적인 개혁이 필요함

② 특히, 라이센스의 처리를 위해 평균 281단계를 거치게 되어 아시아 지역 평균인 17.6단계를 크게 초과하고 있는데 이는 관료적 형식주의가 기업활동에 커다란 장애요인이 되고 있음을 시사함. 또한, 기업설립 시 9단계를 거쳐 통상

30일 이상이 소요되어 지역 평균 8.2단계를 초과하였으며 자산의 등록에도 평균 144일이 소요되어 지역 평균의 85.8일 보다 오랜시간이 소요되고 있음

(3) 가공무역 규제에 대한 내용

① 노동집약산업 규제

※ 제조업의 경우 노동자 1인당 투자되는 자본금 비율(C/E : Capital Investment per Employee Ratio)이 RM55,000 이하인 프로젝트는 노동집약산업(labor-intensive industry)으로 정의함. 특별한 경우 이외에는 제조업 허가나 투자 인센티브 부여 대상에서 제외됨

② 다만 20% 이상의 부가가치효과(value-added effect)가 있는 프로젝트, MTS(Managerial, Technical and Supervisory Index)가 15% 이상인 경우 말레이시아 정부의 권장활동과 하이테크(high-tech)로 지정된 분야의 프로젝트(MSC 등), 그리고 동 말레이시아 지역에 대한 프로젝트 등은 예외임

6.5 필리핀

(1) 필리핀은 1960년대 까지만 해도 아시아에서 일본 다음으로 경제성장 전망이 양호한 국가로 평가되었으나 이후 국내경제의 독점화, 정부의 폐쇄적 공업화 정책과 부정부패 등이 결합하면서 경제성장이 지체되었으며 현재는 동남아시아에서도 경제가 낙후된 국가로 전락하였음

(2) 필리핀 정부는 2000년 이후 제조업과 통신, 전력 등 주요 인프라를 비롯한 전 산업에 대해 독점(monopoly)을 완화하고 무역과 투자에 대한 근본적인 자유화 조치를 추진함으로써 필리핀의 경제활력도(economic vitality)를 제고시키는 데 주력하고 있음. 또한, 안정적인 경제성장 기반을 구축하기 위해 정치안정(political stability)을 확보하는 데도 주력하고 있음

(3) 필리핀의 경제회복은 한국 기업들에게 기회와 위험(opportunity and risk)을

동시에 제공하고 있음. 소비재 시장의 잠재력은 큰 편이나 크게 가시화되지 않고 있으며, 노동비용(labor cost)은 저렴하나 인프라와 제조업 기반이 취약해 생산거점으로서의 매력에 다소 제약이 존재하고 있음

(4) 한국 기업들은 적극적인 자세로 리스크를 부담하고 신흥시장(emerging market)으로서 필리핀에서 새롭게 나타나고 있는 비즈니스 기회(business opportunity)를 포착해 시장진출의 계기로 전환시킬 필요가 있음

(5) 가공무역 규제에 대한 내용

※ 필리핀의 경우 가공무역에 대한 규제가 없으며 IT 및 전자산업 등에 다수의 다국적 기업들(MNCs : Multinational Corporations)이 현지진출하여 사업을 전개하고 있음

제 3 절 한-ASEAN FTA

1. FTA 투자 · 서비스협상에 대한 각국의 시각

1.1 인도네시아

(1) 한-ASEAN 투자 및 서비스협정에 대해서는 기본적으로 ASEAN 각 국가와 공조를 취하는 입장임

① 서비스시장의 발전속도를 고려하면서 분야별 개방속도를 조절할 것으로 보임
② 비공식적으로는 한국과 중국에 대하여 서비스시장을 개방하는 것을 꺼리고 있음. 당초 서비스협정을 상품협정과 분리한 것도 이에 근거한 것으로 판단됨

(2) 서비스부문에 대한 협상이 순조롭게 진행되는 것에 비해 투자부문에 대해서는 아직 기본안을 마련하지 못한 것으로 보이며, 서비스부문에 대한 타결 이

후에 본격적으로 검토할 것으로 예상됨

1.2 베트남

(1) FTA 현황

① 베트남은 현재까지 ASEAN과 FTA를 체결했으며 ASEAN이 중국, 한국과 FTA를 체결함에 따라 ASEAN 회원국으로서 함께 적용받고 있음

② 모두 상품분야에 대한 FTA임

(2) 투자, 서비스 FTA에 관한 베트남의 시각

① ASEAN과 투자, 서비스 FTA에 관한 논의가 있었으나 실질적인 행동은 없는 상태임

② 투자, 서비스 FTA에 대해 긍정적인 시각을 견지하고 있으나 실질적이고 심도깊은 논의는 아직 이루어지지 않은 상태임

1.3 태국

(1) 적극적인 FTA 추진

① ASEAN 및 태국-호주, 태국-뉴질랜드와의 FTA가 2007년 8월말 기준 발효중에 있으며, 일본과는 2007년 4월 양국간 체결이 이루어진 상태임

② 인도, 중국, 바레인 등과는 일부품목에 대한 early harvest 성격의 관세인하를 실시하고 있음

③ 미국, 인도, 바레인, 페루, 파키스탄 등과 FTA 체결을 동시에 추진하고 있었으나 군사쿠데타(2006년 9월) 이후 전면 중단되어 있는 상태임

(2) 투자, 서비스협상에 대한 주재국 입장(금융, 법률, 교육, 의료, 방송, 통신 등)

① 국경간 거래 허용 문제

가. 태국은 오래 전부터 금융, 통신, 토지소유, 국내운송, 증권예탁(securities depository)을 제외한 나머지 분야에서 미국에 국경간 거래(cross-border trade)를 허용해왔음

나. 태국은 추후에도 금융 및 통신분야는 국가안보(national security) 차원에서 국경간 거래를 허용할 수 없다는 입장을 견지하고 있음

② 국내규제(스크린쿼터 등)에 대해서는 협상 상대방의 규제폐지에 대한 요구가 있더라도 이를 폐지하지 않겠다는 것이 태국 정부의 입장임

③ 미국과의 FTA 협상과정에서 미국측은 현행 태국의 외국인지분 제한 등 투자규제(investment regulation) 폐지를 요구한 바 있음. 특히, 보험회사 및 지사설립의 자유, 지사 설립 없이 보험상품을 판매할 수 있게 해달라는 등 투자규제 폐지 요구 수준이 높았음. 이에 대한 태국 정부의 입장은 국내산업 보호 등의 이유로 이를 거부해 왔음

1.4 말레이시아

(1) 말레이시아의 대한국 FTA 투자, 서비스협상에 대한 입장은 우선적으로 ASEAN을 통한 협정체결을 목표로 적극적으로 협상에 임한다는 원칙임. 이미 한-ASEAN 자유무역협정의 상품교역이 2007년 6월 1일부로 시행되고 있어서 투자·서비스협정도 가속화될 것으로 예상됨

(2) 말레이시아 정부가 대한국 투자, 서비스협정에 임하는 자세는 표면적으로 적극적인 입장을 취하고 있으면서도 일단 ASEAN을 앞세우는 신중한 입장임. 이는 서비스·투자부문의 FTA 체결이 말레이시아 경제에 미치는 파급효과가 상당히 크다는 점 때문으로 분석됨

1.5 필리핀

(1) 한국의 수출경쟁국인 일본은 필리핀을 비롯한 동남아국가들과 FTA 보다 광범위한 EPA(경제연대협정) 체결을 추진하고 있음. 필리핀-일본 EPA는 2006년 9월 체결되었으며 국회 승인을 거쳐 조만간 발효될 것으로 보임

※ 일본은 필리핀을 동아시아 EPA 블록에 끌어들이고 필리핀을 첫 자유무역협정(FTA) 파트너로 선택하였음

(2) 한-ASEAN FTA 체결은 일본, 중국 등 수출경쟁국의 필리핀 시장 확대를 견제할 수 있게 됨. 필리핀은 한국의 주요 투자대상국이므로 상품, 서비스뿐만 아니라 투자, 지적재산권(intellectual property rights), 인적교류 등도 광범위하게 포함될 경우 한국과 필리핀 상호간 무역투자 증대를 도모할 수 있고 상호보완성(mutual complementarity)을 더욱 확대할 수 있을 것으로 판단됨

(3) 필리핀 정부는 한국의 인력시장 개방에 관심이 높으며, 특히 간병인 등 인력수출을 원하고 있음

2. 투자진출 유망분야와 전략

2.1 인도네시아

(1) 투자진출 유망분야

① 인도네시아 석유대체 에너지 개발 프로젝트

※ 인도네시아 정부는 바이오에너지를 대대적으로 개발할 것을 검토하고 있음

② 전통 제조업 분야(섬유, 신발, 전자, 자동차, 해운업)

※ 노동집약적인 제조업 분야(labor-intensive manufacturing sector)에 대한 대인도네시아 투자는 인건비 및 노동법 문제로 현재는 중국이나 베트남 등에 비해 유리하다고 할 수 없으나 충분한 양질의 노동력이 상존하고 있음

③ 정보통신 인프라 구축 프로젝트

가. 인도네시아 이동통신시장의 확대에 따라 통신라인 구축, 기지국 건설 등 인프라 구축 프로젝트가 유망함
나. 정보통신 컨텐츠도 성장가능한 분야임
다. 인도네시아 중앙 및 지방정부 e-Government 구축 프로젝트

④ 인도네시아 도로, 전기, 상하수도 등 인프라 구축 확대

※ 세계은행(World Bank), 아시아개발은행(Asian Development Bank) 등 기관지원 인도네시아 인프라 구축 예상 프로젝트

⑤ 에너지 및 자원분야

※ 원유, 천연가스, 석탄, 동광, 주석 등 지하자원과 목재, 팜 오일 등 인도네시아의 풍부한 자원을 이용한 투자분야

(2) 진출전략

① 내수시장 공략을 강화하기 위한 마케팅 및 유통전략 혁신

가. 과거 한국의 대인도네시아 투자의 주요 목적은 대부분 저렴한 노동력을 기반으로 제품을 생산하여 제3국에 수출하기 위한 것이었으며 내수판매도 자카르타를 비롯한 서부 자바 일부 지역에 집중되어 왔음
나. 거대한 인구(약 2억 4,000만명)를 바탕으로 한 인도네시아 내수시장 공략을 위하여 다양한 가격대의 상품을 개발함으로써 현지 소비계층의 분화에 대비하고, 또한 전국적 판매망 확보 및 판매전략 수립을 검토할 필요가 있음. 최

근 인도네시아 국민들의 소득증가와 함께 소비시장이 확대추세에 있으며 소비자 구매력(purchasing power)도 대도시를 중심으로 전국으로 확산되고 있음

② 사업기반 정착을 위한 현지화

가. 인도네시아 진출 한국 기업 중 일부는 필요 설비와 원부자재를 한국에서 조달하여 조립·생산하고 있어 원부자재 조달에 많은 시간과 비용이 소요되고 있음. 이에 따라 현지 투자수요 및 기호변화에 적절히 대응하는 데 있어 어려움에 직면해 있음

나. 최근 인도네시아의 공업화(industrialization)와 함께 인도네시아 정부는 단순 조립 단계에 머물러 있는 외국기업에게 부품과 중간재를 현지에서 조달하여 완제품을 생산하는 일괄생산방식으로 전환하도록 요구하고 있음. 이에 따라 한국의 대인도네시아 투자도 인도네시아에서의 연구개발(R&D) 비중을 제고시키고 현지부품 조달비중을 확대함으로써 현지시장 적응력을 높여야 함. 또한, 투자기업의 주요 직책(중간관리자 등)에 현지인을 채용하여 이들을 통해 현지인들을 관리하는 등 경영의 현지화(localization)도 필요한 실정임

③ 시장확대를 위한 역내 네트워크 구축

※ 현재까지 한국의 대인도네시아 투자는 인도네시아에서 제품을 생산한 후 제3국에 판매하는 단선적 생산 및 판매방식을 취해 왔으나 한-ASEAN FTA 발효 등 ASEAN 내 역내분업(regional division of labor) 가능성이 제고되고 있어 한국 투자진출 업체의 생산 및 판매방식의 변화가 요구되고 있음. 따라서 동남아시아 시장에서 한국 기업이 동남아시아 각국에 생산 및 판매거점을 분산시키는 네트워크형 투자를 적극적으로 검토할 필요가 있음

2.2 베트남

(1) 투자진출 유망분야

① 생산·수출거점으로서의 투자

가. 베트남의 저렴한 양질의 노동력을 활용하여 베트남 내 생산 후 제3국으로 수출하는 형태

나. 세계무역기구(WTO) 가입 및 미국과 PNTR(항구적 무역정상관계) 체결에 따라 대외적인 수출 제한이 해제되었음

다. 특히, ASEAN 역내국 수출 시 최대 5% 수입관세만을 적용받을 수 있음

라. 수출용 제품의 원부자재를 수입하는 경우 수입관세가 면제됨

② 부동산 개발

가. 외국인투자법에 따르면 부동산(아파트, 오피스빌딩, 호텔, 리조트, 산업단지 개발 등) 관련 외국인투자에는 아무 제한이 없음

나. 급증하는 수요 대비 공급은 크게 부족한 실정임

다. 빌딩건설의 경우 현지업체와의 합작, 인프라건설의 경우 BOT, BTO, BT 방식이 선호되고 있음

라. 빌딩건설 시 합작이 선호되는 이유는 토지와 밀접한 관련이 있음. 즉, 양호한 위치의 토지를 구하는 것이 어렵기 때문에 토지를 소유하고 있는 국영기업과 합작하여 국영기업은 토지소유권으로 출자하고, 외국인투자기업은 자본을 출자하는 형식임. 또한, 토지보상과 토지수용(Clearance) 문제를 현지 합작사가 보다 잘 해결할 수 있다는 장점이 있음

마. 그러나 부동산 개발은 베트남 투자법상 조건부 투자허가대상으로 투자허가를 받는 절차가 매우 까다롭고 어려우며, 토지값이 크게 상승하여(호치민시 1군 지역은 평당 3,000만원선) 사업추진이 용이하지 않은 편임

(2) 진출전략

① 투자분야의 다양화

가. 약 8,000만 인구의 시장, 연평균 7% 이상의 고성장 국가, 대표적인 한류(韓

流) 국가인 베트남에 대한 투자는 전통적인 생산수출거점으로서의 특성뿐만 아니라 미래시장의 선점이라는 전략도 함께 고려되어야 함

나. 이제까지는 생산원가를 낮추기 위한 중소기업 위주의 투자가 주를 이루었으나 향후 베트남 주요 산업에 진출할 역량을 보유한 대기업들의 전략적 진출이 필요함

② 투자지역의 다변화

가. 2006년 하반기부터 발생하기 시작한 베트남 투자열풍으로 인해 대도시 인근 지역공단은 이제 포화상태를 보이고 있음

나. 남부지역의 경우 가장 많은 제조업 투자가 이루어진 호치민시 인근의 동나이성과 빈증성의 경우 이제는 입주 가능한 공단 부지가 거의 없는 실정임

다. 또한, 이들 지역의 경우 인건비가 급격히 상승하여 노동집약적 산업(labor-intensive industry)의 원가상승 부담이 상당한 편이며 이 같은 비용 상승을 감수하더라도 필요한 인력을 구하기 어려운 실정임

라. 이에 따라 노동집약적 산업의 경우 Tay Ninh, Long An 등 풍부한 노동력을 보유한 외곽지역으로 투자지역을 다변화해야 할 것으로 판단됨

③ 시장선점형 투자

가. 베트남이 WTO에 가입함에 따라 서비스시장 개방이 점차 확대되고 있음

나. 아직 시장이 선점되지 않은 서비스업종(도소매·유통업, 프랜차이즈, 물류 등)에 대한 시장선점형 투자전략이 필요함

2.3 태국

(1) 투자진출 유망분야

① 환경산업 분야

가. 환경기술 및 서비스(environmental technology and service)에 대한 수요의 잠재성에도 불구하고 태국의 경우 아직 관련법규나 제도가 미비하거나 있어도 제대로 운용되고 있지 않은 경우가 많은 편임. 그러나 최근 들어 동 분야에 대한 정부의 관심이 제고되고 있어 향후 관련기술 및 기기 등에 대한 수

요가 증가할 것으로 보임

나. 환경산업 분야가 정부나 공공기관이 주요 수요자인 특성을 고려할 때 대규모 입찰에 대비해 제품에 대한 기술우위성(technological advantage)을 입증할 만한 객관적인 자료를 충분히 준비해야 하며, 이를 기반으로 장기적인 마케팅을 통한 제품 및 브랜드 인지도 확립에 역점을 두어야 함

다. 특히 미국, 일본 등 선진국 제품 및 기술에 대한 인식과 의존도가 높은 태국 수요층의 특성을 고려할 때 장기적인 접근 전략이 필요하며 직접투자를 통한 시장선점 방안도 검토할 필요가 있음

② IT 분야

가. 태국의 ICT 시장 및 IT 시장의 평균성장률(2007~2008년)은 각각 21%, 20%가 될 것으로 추정됨

나. 주요 수요 동인은 주로 정부, 교육계, 기업이며 국제 유가, 인플레이션, 각종 규제도 시장성장에 큰 영향을 미칠 것으로 예상됨. 기술부문에서는 Dual Core Processors, VoIP, Wi-Fi 및 Wi-Max, RFID가 주를 이룰 것으로 전망됨

다. 태국 ICT 시장의 밝은 전망과 함께 한국이 IT 강국이라는 이미지가 현지 수요에 긍정적인 영향을 미치고 있음. 또한, 최근 드라마를 중심으로 한 한류의 영향으로 한국 기업의 IT 제품에 대한 수요가 지속적으로 증가하고 있는 추세임. 이미 휴대폰(cellular phone), 디지털 카메라(digital camera), MP3 시장에는 삼성 등 한국 기업이 성공적으로 진출해 있으며 관련 업계의 추가 진출도 활발하게 추진되고 있는 실정임

(2) 진출전략

① 외국인투자가 제한된 분야 진출 시 투자권익 보호에 유의해야 함

② 태국의 외국인에 대한 투자개방도는 높은 것으로 평가받고 있고 투자청(Board of Investment)에서 외국인 투자안내 서비스를 제공하고 있으나 공무원들의 관료주의적 행정(bureaucratic administration)으로 인해 시간이 다소 소요되고 있음. 이에 따라 기업설립을 컨설팅하는 서비스업이 발달하고 있으나 불법적인 내용을 권유하는 사례가 발견되고 있어 법규정 확인을 통한 설립절차를 추진하는 것이 바람직함

③ 태국 정부의 인센티브 제도 적극 활용

④ 태국 정부는 투자청의 기능을 강화하기 위해 BOI를 통한 투자 시 다양한 혜택을 주고 있으며 법인 설립 후에도 각종 행정적인 절차와 부가세(value-added tax) 환급 등에서 혜택을 볼 수 있으므로 가급적 BOI를 통해 투자할 필요가 있음

2.4 말레이시아

(1) 투자진출 유망분야

① 전기 · 전자산업

※ 한국 기업의 말레이시아 투자 유망분야는 여전히 전기 · 전자산업으로 평가할 수 있음. 특히, LCD와 플라즈마 TV 패널공장 유치를 위해 말레이시아 중앙정부는 물론 페낭주 정부에서도 수 차례 한국 기업에게 투자유치 오퍼를 하였음. 다만 LCD와 플라즈마 TV 조립공장은 삼성전자와 한팩 테크놀러지에 이어 일부 기업들이 시장성장 잠재력(market growth potentials)을 보고 투자를 계획하고 있음

② 석유화학산업

※ 유가의 급상승에 따른 석유화학산업에 대한 투자가 활성화되고 있음. 특히, 말레이시아 내 원유생산 및 석유화학산업이 집중되어 있는 동 말레이시아 사라왁주의 빈투루(Bintulu)는 전례없는 호황을 보이고 있음. 최근 남해화학은 멜라민 수지 생산공장에 투자하였음

③ 컴퓨터 및 소프트웨어

가. 컴퓨터 소프트웨어는 게임 소프트웨어와 응용 소프트웨어를 포괄하고 있음. 현재 다수의 MSC 지위(말레이시아의 실리콘밸리로서 입주기업에 대해서 세제 혜택, 외국인 고용 자유, 해외송금 자유, 벤처자금 활용 등의 혜택이 있음) 보유 기업이 네트워크 보안시스템, 각종 고지서 전산화, 교통 시뮬레이션, 온라인 교육분야 등에서 영업하고 있음

나. 유망부문 : PC 게임, Online 게임, 네트워크 보안시스템(network security system) 등이 있음

④ 물류산업

가. 말레이시아의 로지스틱 서비스(물류서비스) 업체들은 포워딩, 창고임대 및 운송은 물론 최근 부품 유통, 조달, 공급자 관리망 구축(Supply Chain Management)을 통해 사업을 확장하고 있음. 말레이시아 정부는 최근 물류서비스 사업자(PLs : Party Logistic Service Provider)가 기존 포워딩과 운송 전문의 2PLs 사업자와의 인수(acquisition) 및 합병(merger)으로 서비스를 통합해 비즈니스를 확장하는 3PLs의 역할을 하도록 각종 인센티브를 제공하고 있음

나. 싱가포르를 물류기지로 활용하고 있는 기업들이 최근에 창고 및 운송비 부담을 경감하기 위해 말레이시아 물류시스템을 이용하는 사례가 증가하고 있으며 말레이시아를 포함한 동남아시아 지역으로부터 한국과 태평양으로 가는 물동량이 지속적으로 증가추세를 보이고 있음. 현재 한국의 3대 해운사는 물론 고려해운 등 중견 해운업체 모두가 진출해 있음

⑤ 생명과학

가. 생명과학산업은 말레이시아가 전략적으로 육성하는 산업으로 인센티브를 제공받을 수 있다는 장점을 가지고 있음. 또한, 말레이시아가 보유한 풍부한 천연자원(natural resources)을 활용할 수 있음

나. 유망분야 : 농업생명과학(Agricultural Biotechnology Development)
의료생명과학(Healthcare Biotechnology Development)
산업용생명과학(Industrial Biotechnolgy Development)

⑥ 아시아 지역본부, 국제조달센터 등 허브기지로 활용

가. 말레이시아를 아시아 지역본부로 활용하는 다국적기업(MNCs : Multinational Corporations)이나 한국 기업이 갈수록 증가하고 있음. 1990년 이후 총 133개사의 해외 주요 기업이 말레이시아에 지역본부(opertational headquarters)를 설치하였음. 이 중 미국 업체 26개사, 일본 업체 14개사, 독일 업체 12개사, 영국 업체 10개사, 네덜란드와 호주 업체 9개사가 설립되었음

나. 국제물품조달센터(IPC : International Procurement Center)로는 지금까지 총 191개가 설립되었음. 이 중 일본이 전체센터 중 85개를 설립하였으며, 미국이 13개의 센터를 설립하였음. 전기·전자업체와 화학 및 기계류, 가구 제조업들이 주로 국제조달센터를 설립하여 영업하고 있음

(2) 진출전략

① 현지시장에 대한 특성 파악이 핵심 사안임

※ 말레이시아는 국민의 60% 이상이 무슬림인 이슬람국가여서 이슬람문화가 정치·사회·경제적으로 강력하게 작용하고 있음. 그러나 개방경제(open economy)를 지향하고 있으며 말레이계, 중국계, 인도계 등 다양한 인종이 존재하고 있기 때문에 이에 적합한 투자전략이 필요함. 또한, 주요 사안의 결정에 있어서 고위급 인사의 영향력이 크게 작용하는 경우가 많은 편임

② 한-ASEAN FTA 이점 활용

가. 한-ASEAN FTA로 인해 말레이시아 시장에 대한 매력도가 증가한 만큼 각 기업별로 FTA의 혜택을 향유할 수 있는 진출전략을 모색할 필요성이 있음

나. 동남아시아의 중심부에 위치한 말레이시아를 ASEAN 공략을 위한 지리적 요충지로 활용할 수 있음

다. 한-ASEAN 상품부문 FTA가 이미 타결되었고 서비스·투자부문 FTA도 조만간 타결될 것으로 보여 동남아시아 시장 진출을 계획하고 있는 한국 기업들의 투자는 시기적으로 적절한 것으로 판단됨

③ 투자유치 지원정책의 적극적 활용

※ 말레이시아는 자국산업을 발전시키기 위해 해외투자를 적극적으로 유치하고 있음. 이에 따라 유망산업에 대해 세금감면 혜택 등을 부여하고 있는데 이를 적절히 활용할 수 있는 방안을 모색할 필요가 있음

④ 투자제한 요소 사전검토 및 투자승인 라이센스 획득 조건 검토

※ 일부산업의 경우 외국인의 투자가 제한되어 있기 때문에 이에 대한 사전조사가 필요함. 또한, 말레이시아는 각종 라이센스 발급이 복잡하기 때문에 이에 대한 사전조사도 필요함

2.5 필리핀

(1) 투자진출 유망산업

① 광산개발업

가. 필리핀 광산 및 지구과학국(Mines and Geosciences Bureau)에서 발표한 자료에 따르면 필리핀 전 국토에 매장되어 있는 광물자원, 특히 금속성 광물자원은 총 8억 5,000만톤으로 추정되고 있으나 연간 생산량(2004년 기준)은 약 99만톤으로 총 매장량의 약 0.12%에 지나지 않아 향후 자원개발 기술의 발전에 따라 활용할 수 있는 잠재 광물자원이 막대하다고 할 수 있음

나. 필리핀은 자원개발을 할 수 있는 자체 기술과 자본이 절대적으로 부족한 실정이어서 1995년 「광업법(Philippine Mining Act-Republic Act 7942)」과 2004년 1월에 「행정명령 270호(Executive Order No. 270)」을 제정하여 외국인투자 유치를 위해 적극적으로 국가의 역량을 결집시키고 있음

② IT 산업

가. 필리핀은 7,100개가 넘는 섬으로 이루어진 국가라는 특성에 기인하여 무선통신과 관련된 위성통신을 이용한 서비스 등의 투자가 유망한 국가로 평가되고 있음

나. 또한, 저렴하고도 풍부한 영어구사 가능 인력으로 인해 온라인 또는 전화상으로 전세계 고객의 문의에 응답하는 역할을 하는 'Web/Call Center'를 설치하기에 적합한 국가로 인식되어 있음. 일례로 코닥(Kodak) 및 MSN 등이 자사의 제품 A/S 및 Q/A 기지로 'Web/Call Center'를 활용하고 있음

(2) 진출전략

무역과 투자의 양 측면에서 필리핀이 보유한 다양한 장점들과 사업기회들(business opportunities)을 효과적으로 개발 및 활용하기 위해서는 무역과 투자의 적절한 결합을 추구할 필요가 있다.

① 현지생산이 필요할 정도의 충분한 시장성이 확보되지 않는 경우 초기에는 당분간은 수출 중심으로 진출하고 현지 마케팅 등에서 소규모의 투자를 모색하는 방향으로 시장에 접근할 필요가 있음

② 직접투자 진출 시 ASEAN 지역 전체를 목표로 한 생산거점 확보 차원의 투자가 이루어져야 함. ASEAN 단일시장을 효과적으로 공략하기 위해서는 산업별로 경쟁력이 있는 지역에 생산설비를 집중함으로써 규모의 경제(economies of scale)를 추구해야 함

③ 투자의 중심은 노동집약형 경공업보다는 현지 인력으로부터 중간정도의 기술을 필요로 하는 중화학공업 분야가 바람직함. 필리핀은 노동집약적 산업을 통한 공업화도 미성숙 상태이나 숙련도에 따른 임금격차가 적어 중간급 기능인력과 관리직 인력의 임금수준이 인근국가들에 비해 낮고 대학과 기술학교를 통해 배출되는 신규 인력도 풍부한 편임

④ 장기적인 관점에서 효율적인 내수 및 수출 비중을 관리할 필요가 있음. 현재 필리핀은 소비시장 공략형 투자지로서의 매력보다는 생산거점형 투자지로서의 매력이 보다 크다고 할 수 있으나 향후 필리핀 경제의 안정성장에 따라 급속한 성장가능성 있는 소비시장도 미리 대비해야 함

제 4 절 시사점

ASEAN 주요 국가의 투자여건 비교분석이 한국 기업에 주는 시사점을 국가별로 정리하면 다음과 같다.

1. 인도네시아

과거 전통적인 저임의 노동력을 기반으로 한 섬유, 신발, 단순 전기전자 부품 등 제조업의 경우는 인도네시아로의 진출이 유리한 편이다.

1.1 ASEAN 5개국 대비 풍부한 양질의 노동력을 기반으로 저임의 인건비가 장점으로 나타나 노동집약적 제조업 분야의 여건이 비교우위(comparative advantage)가 있는 것으로 평가됨

1.2 인도네시아는 인구 약 2억 4,000만명을 기반으로 한 시장성을 보유하고 있어 소비재 제조업 분야도 유망한 편임. 또한, 풍부한 지하자원을 보유하고 있어 석유대체 에너지 자원개발 분야도 유망함

2. 베트남

베트남의 경우 비교적 저임의 노동력을 활용할 수 있으며 베트남 내 생산 후 제3국으로 수출하는 형태의 생산거점형 투자가 유망한 편이다.

> ※ 베트남은 약 8,400만명의 인구로 시장성을 보유하고 있어 내수시장을 목표로 한 제조업 진출도 유망함

3. 필리핀

필리핀은 광물자원이 풍부하여 광산개발업 분야 진출이 바람직하며 국토가 다수의 섬으로 이루어진 특성을 고려한 무선통신 서비스 등의 IT 분야도 유망한 편이다. 다만 필리핀 투자 시에는 불안한 국내정치 상황을 고려할 필요가 있다.

※ 필리핀은 풍부한 노동력을 갖추고 있으나 임금이 인도네시아보다는 높은 수준이며 빈부격차가 비교적 심해 상위 고소득자는 선진국 수준의 생활을 영위하나 대부분의 국민은 빈곤한 생활로 구매력(purchasing power)이 미약한 실정임

4. 말레이시아 · 태국

말레이시아 및 태국은 전통 제조업보다는 고부가가치 산업인 환경, 첨단 전기전자 및 IT 분야 투자진출이 유망하다. 특히, 말레이시아는 싱가포르와 함께 아시아지역 물류기지로서 활용가치가 있다.

※ 말레이시아, 태국은 동남아국가 중에서도 통신, 교통, 공항, 항만 등이 비교적 발달되었으며 임금수준도 높은 편임

제 9 장

인터페이스 기술의 부상

제 1 절 인터페이스 경쟁시대

1. 인터페이스 기술의 중요성

1.1 직관적이고도 혁신적 인터페이스(intuitive and innovative interface)를 채택한 제품이 시장에서 각광받고 있으며, 특히 아날로그(analogue)적 감성을 지닌 실감형 인터페이스가 성공적인 성과를 거두고 있음

(1) 멀티터치 인터페이스(multi-touch interface)를 채택한 애플의 아이폰(i-Phone)은 금융위기(financial crisis)에도 불구하고 2008년 3분기에만 689만대가 판매되었음

※ 북미 스마트폰(smart phone) 시장의 절대강자인 RIM사의 블랙베리 판매량을 추월하였음

(2) Nintendo Wii(Sports, Fit)는 동작인식에 기반한 실감형 인터페이스를 채택하

여 단숨에 게임기 시작을 석권하였음

> ※ 2008년 6월말 기준 2,962만대(누적)를 판매하여 경쟁제품인 Xbox360(약 1,900만대), PS3(약 1,400만대) 판매량을 크게 상회하였음

(3) 햅틱 기술을 적용한 BMW의 i-Drive는 차내 인터페이스의 신모델 제시

① 노브(Knob) 형태로 만들어진 조작장치의 하나로 오디오, 네비게이션(navigation), 에어컨 등 각종 실내장치를 컨트롤하며 조작 시 촉각 피드백을 제공하고 있음

② 경쟁사들도 고급차 모델에 i-Drive와 유사한 인터페이스를 탑재하였음

1.2 디자인이 잘된 인터페이스는 제품경쟁력(product competitiveness) 제고뿐만 아니라 신규 애플리케이션 도입 및 시장 확대에도 기여함

(1) 아이폰의 멀티터치 인터페이스를 플랫폼(platform)으로 하여 악기연주(피아노, 드럼, 기타 등), 실감형 게임 등 다양한 애플리케이션이 개발되고 있음[1)]

(2) 닌텐도 Wii는 직관적이고 실감나는 인터페이스로 인해 남성·청소년 위주의 게임기 고객을 가족으로 확대하였음

> ※ 닌텐도 Wii 이용자의 50% 정도가 여성이며, 이용자의 약 83%가 거실에 설치하고 있음

1) 외부업체가 애플리케이션을 개발하고, 이를 온라인 애플리케이션 스토어인 'App. store'에서 판매하고 있다(삼성경제연구소, SERI 경제포커스 제216호, 2008. 10. 27. 요약·재구성).

2. 인터페이스 경쟁의 배경

복잡성(complexity)의 증가, 소비자 니즈(consumer needs)의 변화 등 환경·산업적 요인과 센서, 소프트웨어 등 관련기술의 진보가 인터페이스 경쟁을 가속화시키고 있다.

2.1 융·복합화의 진전으로 제품 및 정보의 복잡성이 크게 증가함에 따라 사용하기 용이하고 직관적인 인터페이스에 대한 요구가 증가하고 있음

※ 휴대폰(cellular phone)의 경우 통화기능뿐만 아니라 문자전송, 인터넷 접속, 게임, 카메라, 멀티미디어(multimedia) 재생, DMB 수신 등 다수의 기능을 포함하고 있음

2.2 기술 및 성능의 차별화가 한계에 직면하면서 인터페이스, 디자인 등 소프트 경쟁 중심으로 경쟁 패러다임이 변화하고 있음

※ 제품의 범용화가 급속하게 진행되고 있으며, 대부분의 산업에서 경쟁 판도를 변화시킬 만한 와해성기술(disruptive technology)·제품의 출현이 답보상태를 보이고 있음

2.3 최근의 소비자 경향은 디지털의 편리함과 아날로그의 감성을 동시에 추구하려는 성향이 강하며 보다 인간 친화적인 인터페이스를 선호하고 있음

※ Nintendo Wii 등 실감형 인터페이스를 보유한 제품이 각광받고 있음

2.4 센서(자이로센서, 위치센서 등), 소프트웨어, 인공지능(Artificial Intelligence), 네트워크 등 관련기술의 급속한 발전도 인터페이스 경쟁을 촉진하고 있음

제 2 절 인터페이스 기술의 최근 동향

1. 다감각 인터페이스 개발의 활성화

시청각에 주로 의존하던 인터페이스가 육감(六感, 시각・청각・후각・미각・촉각・감성)을 활용하는 방향으로 급속하게 진화하고 있다.

① 인터페이스는 이제까지 대부분 화면, 소리 등 시각과 청각에 기반하고 있음

가. 인간이 수용하는 정보의 대부분이 시청각 정보이므로 주력 인터페이스로서의 시청각 인터페이스 위상은 향후에도 지속될 것으로 보임

나. 영상・음성인식 기반의 지능형 인터페이스 개발이 동 분야의 주요 핵심임

② 최근 들어 촉각(햅틱폰), 후각(향(香)발생기), 감성(뇌 인터페이스) 등 다양한 감각을 활용하는 인터페이스 개발이 확대되는 추세임. 이의 배경으로 요소기술의 진보, 사실감 및 편의성 향상, 차별화 추구 등을 지적할 수 있음

가. 자이로센서, 진동모터, 후각센서 등 오감 인터페이스의 요소기술이 발전하였음

나. 닌텐도 Wii의 사례와 같이 촉각 등 다(多)감각 인터페이스 기술을 함께 사용할 경우 보다 실감나고 직관적인 인터페이스 개발이 가능함

다. 아이폰이 인터페이스로 차별화해 성공한 것처럼 혁신적인 인터페이스는 제품 차별화(product differentiation) 및 부가가치(value added) 제고에도 유리함

③ 그러나 시청각 외 분야의 기술수준은 아직까지 상대적으로 낮은 편으로 향후

기술개발(technological development)의 가능성이 큰 편임

※ 특히 후각·미각 표현, 뇌 인터페이스 등은 기술개발 초기 단계임

〈표 9-1〉 인터페이스 분야별 기술수준 및 주요 연구대상

분야		기술수준	주요 연구대상
시각	인식	보통	영상인식기반 인터페이스(얼굴, 표정 등)
	표현	우수	차세대 디스플레이(입체영상 등)
청각	인식	우수	음성인식기반 인터페이스
	표현	우수	차세대 음성디스플레이
촉각	인식	보통	질감/온감/역감 등 센싱 디바이스
	표현	낮음	촉각 디스플레이(햅틱 인터페이스)
후각	인식	낮음	후각센서 및 애플리케이션
	표현	매우 낮음	후각 디스플레이 (조합형 발향)
미각	인식	낮음	후각센서 및 애플리케이션
	표현	매우 낮음	미각 디스플레이
뇌(생각, 감정)		매우 낮음	뇌 인터페이스(Brain-Machine Interface)

자료 : 삼성경제연구소, SERI 경제포커스 제216호, 2008. 10. 27. 참조

1.1 시청각 인터페이스

얼굴인식, 상황인식 등 영상·음성인식에 기반한 지능형 인터페이스의 개발 및 실용화가 심화되고 있다.

(1) 소니는 웃는 얼굴을 인식해 자동으로 셔터를 작동하는 스마일셔터 기능을 자사의 디지털카메라(digital camera)에 적용하고 있음

〈참고 1〉 소니 DSC의 스마일셔터
1. 피사체의 웃는 얼굴을 인식하여 자동으로 셔터 작동
2. 입 · 눈의 근육 움직임, 치아와 눈의 변화를 분석해 웃음을 포착하며 웃음의 강도를 3단계로 설정하여 인식 가능
3. 인물 촬영 시 얼굴인식 및 어른 · 아이 인식도 가능

(2) 도요타(Toyota)는 자동차 대시보드에 장착한 카메라를 통해 운전자의 눈 개폐 상황을 인식하여 졸음운전 등 사고를 예방하는 시스템을 개발하였음

※ 눈의 개방 정도, 고개의 꾸벅거림 등을 카메라로 모니터링함

(3) 스탠퍼드대학교(Stanford University)는 마우스 대신 시선추적을 통해 컴퓨터를 조작하는 'Eye Tracking Interface'를 개발하였음

(4) 일본의 SGI사는 음성을 분석하여 '평정', '분노', '기쁨', '슬픔', '웃음', '흥분'의 감정을 10단계로 판별할 수 있는 솔루션(solution)을 상용화하였으며 감정에 따라 조명과 향기를 조절하는 회의시스템(RoomRender)도 개발하였음

1.2 촉각 인터페이스

(1) 휴대폰, 네비게이션, 디지털카메라 등 IT 제품을 중심으로 촉각 인터페이스 채용이 급속하게 확대되고 있음

① 휴대폰 업계의 경우 아이폰 이후 햅틱 인터페이스 경쟁이 격화되는 양상이며 삼성 옴니아, 노키아 튜브 등 풀 터치스크린 모델 출시도 증가하고 있음

※ 삼성 옴니아(i900) : 풀 터치스크린을 채택하고 카메라, 음악플레이어 등에 약 20종의 다양한 햅틱기술(진동 피드백 등)을 적용하였음

② 올림푸스(Olympus)의 디지털카메라 1050SW는 3축 가속도센서를 탑재하여 톡톡치는 동작으로 조작·촬영이 가능함(수중 및 스키장에서의 촬영을 고려한 것임)

(2) 급속히 확산하고 있는 터치스크린은 급속한 기술진보(technological progress)로 인해 응용성을 더욱 강화하는 추세를 나타내고 있음

① 터치스크린은 버튼, 노브(Knob), 마우스 등 전통적 인터페이스를 대체할 가장 유력한 대안으로 평가되고 있음

※ 스티브 잡스는 터치스크린은 마우스 이후 가장 혁신적인 인터페이스임을 지적함

② 다양한 방식 및 기능의 터치센서가 개발되면서 응용성이 강화되었음

가. 1점/위치/평면 센싱 → 다(多)점/위치·힘·압력/곡면 센싱
나. 정전용량 방식의 터치스크린은 직접 접촉하지 않아도 접점을 감지함

③ 대화면 및 디스플레이 일체형 터치스크린도 출현함

※ 소니는 TFT 액정과 광학식 터치센서를 일체화한 터치스크린을 개발하였음

(3) 촉감을 센싱 및 표현하는 햅틱 디스플레이의 개발도 급진전되고 있음

역감이나 운동감의 표현은 상용화단계에 있으며 주로 의료(수술로봇, 시뮬레이터), 게임기(Wii), 휴대기기(햅틱폰), 자동차(i-Drive) 등에 활용되고 있다.

① 이머전사(미국)는 의료용, 산업용, 게임용, 3D용 햅틱 인터페이스를 시판하고 있음

② 알프스전기(일본)는 자동차 바퀴에 부착된 센서 및 운전대와 페달에 부착된 햅틱장치를 통해 노면의 질감, 경사 등을 피드백(feedback)하는 시스템을 개발하였음

1.3 후각 · 미각 인터페이스

(1) 후각·미각에 대한 기초연구 및 센서·표현장치 개발이 진행되고 있음

① 요소기술 및 애플리케이션 개발이 아직은 미진한 분야로 인간의 후각·미각을 재현하는 기술 및 이를 이용한 맛·향의 수치화에 대한 연구 등 기초연구가 추진되고 있음

② 냄새와 맛을 감지하기 위한 가스센서, 바이오센서 등이 개발되고 있으며 휴대폰(cellular phone) 등에 탑재할 수 있을 정도로 소형화가 진행되고 있음

③ 후각 디스플레이의 경우 아직까지는 미리 준비한 향기를 단순히 발산시키거나 제한된 조합을 통해 향기를 발산하는 수준임

※ 향기의 발산·제거·강도 컨트롤, 시간지연 등의 난제(難題)도 존재하고 있음

(2) 후각센스를 활용한 인터페이스 및 후각·미각 디스플레이의 실용화가 진행되고 있음

① 닛산(Nissan)은 최근 후각센서를 활용하여 음주운전을 방지하는 시스템을 발표한 바 있음

〈참고 2〉 닛산자동차의 음주운전 방지시스템
1. 트랜스미션 및 운전석과 조수석에 알코올을 감지하는 반도체 가스센서를 장착하여 운전자에게서 나는 알코올 냄새를 감지함
2. 알코올 수치가 기준치를 초과하면 운전을 할 수 없도록 트랜스미션을 제어함
3. 후각센서 이외에도 운전자의 눈 움직임 등을 인식하여 음주여부를 추정함

② NTT Communication(일본)은 휴대폰 화면에 표시되는 영상이나 음성에 맞추어 다양한 향기를 발생시키는 장치를 개발하고 있음

※ 16종의 향기 카트리지에서 향료를 조합해 최대 700가지의 향기를 재생할 수 있는 시스템으로 조속한 시일 내 상용화할 계획임

③ 도쿄공업대학은 2006년 사물의 냄새를 맡은 뒤 96종의 화학물질을 혼합해 동일한 향을 만들어낼 수 있는 Odor Recorder를 개발하였음
④ 미국의 TriSenx사는 감자전분 웨이퍼 위에 특정 맛을 내는 용액을 뿌려 맛을 보거나 통째로 먹을 수 있도록 한 미각 디스플레이를 개발하였음

1.4 뇌 인터페이스

(1) 최근 들어 두뇌의 활동을 분석하여 사용자의 의도, 감정 등을 해석·전달하는 뇌 인터페이스가 주목받고 있음

① 뇌 인터페이스는 MIT Technology Review(10대 신기술), 뉴욕타임스(21세기 8대 신기술)가 선정한 미래 핵심기술에 포함된 바 있음
② 인지과학, 뇌과학 등 관련분야 학문·기술의 발전과 함께 뇌 인터페이스에 대한 연구도 급속하게 진전되고 있음

※ 뇌영상, 뇌파 분석 등을 통해 기초적인 의도나 감정 등을 해석하는 것이 가능함

③ 뇌 인터페이스는 머릿속에 센서칩을 장착하는 침습형(Invasive)과 외부에서 뇌파 등을 측정하는 비침습형(Non-Invasive)으로 구분됨

※ 비침습형의 경우 침습형 대비 정확도는 떨어지나 실용화가 용이함

(2) 비침습형 뇌 인터페이스를 중심으로 실용화 사례가 발생하고 있음

① 호주의 Emotive System사는 헤드셋 형태의 비침습형 뇌 인터페이스인 'Emotive EPOC'을 개발하고 게임 인터페이스 등으로 조만간 판매 예정임

※ 뇌파를 분석하는 16개의 센서를 통해 30여개의 의도 및 감정을 인식함

② 뉴로스카이사(미국)도 뇌파 기반의 인터페이스 'MindSet'을 상용화할 계획임

※ 뇌파 감지센서가 부착된 헤드셋으로 사용자의 의도를 인식함

③ 사이버키네틱스사(미국)는 전신마비 환자의 머리에 센서칩을 장착하여 TV나 컴퓨터를 조작하게 하는 데 성공한 바 있음

※ 100개의 미세 전극으로 구성된 센서칩이 뇌활동의 변화를 포착하여 컴퓨터에 전송하면 컴퓨터가 이를 분석하여 환자의 의도를 판별함

제3절 전망

향후 기업경영에 있어서 인터페이스의 중요성이 더욱 증대될 것으로 전망된다.

1. 제품경쟁력 차원에서 인터페이스의 중요성은 향후 더욱 증대될 것으로 보임

1.1 정보가 폭증하는 시대에는 정보를 '어떻게 생성할 것인가' 보다 '어떻게 전달할 것인가'가 중요한 데 이는 인터페이스의 문제로 귀결됨

※ 2020년 이전 세계 정보량은 2007년 281Exabyte의 1,000배 규모로 증가하게 됨

1.2 기술진보(technological progress)가 사용자 요구를 넘어서는 시기에 진입하고 있으며 인터페이스는 제품과 사용자 간의 간극(gap)을 축소시키는 가장 효율적인 수단으로 평가되고 있음

1.3 특히, 모바일 컨버전스(mobile convergence) 및 쌍방향 TV 시대의 병목(bottleneck)이 인터페이스가 될 가능성이 큰 편임

※ TV의 경우 다양한 연결기기(DVD, PC, DSC 등) 및 정보를 컨트롤하고 인터넷에서 필요한 정보를 용이하게 이용할 수 있는 인터페이스 개발이 필요함

2. 업계의 인터페이스 경쟁이 심화되고 새로운 인터페이스 기술에 대한 수요도 더욱 증가할 것으로 전망됨

제품차별화 및 실감 제고를 위해 촉각, 후각, 뇌 인터페이스 등 다감각 인터페이스 기술의 활용이 확대될 것으로 보인다.

제 4 절 대응방안

인터페이스 기술의 부상에 따른 기업의 대응방안은 인터페이스 혁신을 통해 제품가치를 제고시키는 데 있다.

1. 인터페이스 개발에 보다 많은 관심과 자원을 투입할 필요성이 증대되고 있음

1.1 인터페이스 혁신은 성능 향상 이상의 효과를 발생시킬 수 있는 효율적 수단임

※ 아이폰과 Wii는 경쟁제품 대비 성능과 기술이 우수하지는 않았지만 뛰어난 인터페이스로 인해 시장에서 성공하였음

1.2 특히, 복잡성이 한층 제고되고 있는 차세대 모바일 기기 및 TV의 경우 제품경쟁력을 제고시키기 위해서는 직관적이고 사용하기 쉬운 인터페이스가 필수임

2. 다양한 감각의 인터페이스 기술을 광범위하게 활용하여 혁신적이고 인간 친화적인 인터페이스를 개발해야 됨

2.1 목표고객(target customer)의 신체적 · 인지적 · 감성적 특성을 충분히 이해하고 이들의 행태를 심층 관찰함으로써 User Experience를 제고시키는 인터페이스를 개발해야 됨

2.2 특히 촉각, 후각, 감성 등 다양한 감각에 기반한 첨단 인터페이스 기술을 적극적으로 활용하여 사실감과 사용편의성을 제고시키고 경쟁제품과 차별화해야 함

3. 인터페이스 기술의 최근 동향을 지속적으로 모니터링하는 한편, 선진 전문업체와의 전략적 제휴(strategic alliance) 등을 통해 핵심기술(core technology)을 확보해야 함

3.1 영상·음성인식 등 응용성이 높은 핵심기술은 자체 연구개발(R&D) 추진을 검토해야 함

3.2 센서, 인터페이스 등 분야별 선진업체들의 개발 동향을 주시하고 이들 업체와의 전략적 제휴를 강화함으로써 요소기술을 확보해야 함

(1) IBM은 뇌 인터페이스 활용을 위해 Emotive Systems사와 협력하고 있음
(2) Microsoft(Xbox) 등 다수의 IT 기업들이 이머전사의 햅틱 기술을 활용하고 있음

제 4 편

현대시사 경제 이슈

제 10 장

세계화의 현황과 과제

제 1 절 세계화의 개념

1980년대 이후 세계경제는 급속도로 변화하여 왔다. 국가 간에 물리적인 국경의 의미가 상실되고 세계경제는 상호의존관계가 심화되어 하나의 지구촌을 형성하고 있다고 할 수 있다. 즉, 기업들의 활동영역이 자국의 범위를 넘어 전세계를 무대로 활약하는 세계기업화가 급속히 추진되고 있고 정보통신기술의 발달은 세계를 단일 정보권으로 묶게 하여 이러한 세계기업들의 활동을 기술적으로 뒷받침하고 있다. 자본자유화(capital liberalization)의 진전에 따라 국제금융자본도 고수익을 찾아 세계 각국의 금융시장에 자유로이 유출입하게 되었다. 또한, 구소련의 몰락으로 인한 냉전체제(Cold War System)의 종식으로 국가간 이해관계의 중심축은 경제·정치적 문제에서 경제적 문제로 전환되었다. 이러한 국가간 이해관계는 다국적기업(MNCs)을 중심으로 활발히 추진되고 있는 실정이다.

세계화라고 하는 용어가 세계인의 주목을 받게 된 것은 1980년대 중엽 하버드대학교의 마이클 포터(Michael E. Porter) 교수가 미국산업의 경쟁력에 관한 미 대통령자문위원회 보고서에서 '세계화와 경쟁적 우위'라는 개념을 소개하면서 세계화라는 용어를 사용한 데 비롯되었다고 할 수 있다. 한편, 국제통화기금(IMF)은 세계화를 단순히 재화와 서비스 및 금융자본, 그리고 기술이 무제한으로 국경을 넘어 거래되는 양(量)과 양상(樣相)의 증대(1997)라고 정의하고 있다. 세계화는 이러한 국제관계 속의 변화에 의해 지구전체가 하나의 통합체로 구축되어가는 과정에서 단일시장이 형성되고 이러한 단일화된 세계시장에서는 하나의 공통된 규범, 즉 세계규범(global standard)이 광범위하게 적용되는 추세를 의미한다고 할 수 있다.

다시 말해서 세계화란 각국 경제가 국경없는 세계경제(borderless global economy)화됨을 의미한다. 국경없는 세계경제란 일국의 경제활동, 즉 생산·판매·투자·소비·저축 등이 어느 특정지역에서 벗어나 전세계를 대상으로 이루어지는 것을 지칭하며 국제 간의 자본이동·무역거래·서비스·생산활동 등이 최적의 기회(optimum opportunity)를 제공하는 지역을 찾아 자유자재로 이동될 수 있다는 것을 의미한다.

제 2 절 세계화의 특징

세계화의 과정은 단선적이고 일면적 과정이 아닌 중층적이고 복합적인 과정으로 이해될 수 있다. 즉, 세계화는 다양한 영역간·인종간·지역 간에 상이한 전개과정 속에 진행된다. 이러한 전개과정 속에서 세계화의 특징은 다음 4가지 과정으로 파악해 볼 수 있다.[1)]

1. 사회의 정보화·지식화

정보기술부문의 비약적 발전은 자본·자원에 기반한 문명에서 지식·정보에 기반한 문명으로의 전환을 가속화시키고 있다. 이 지식기반문명에서 인간의 생활은 크게 변화한다. 고도의 정보통신 네트워크를 통해 사회의 모든 관계가 혁신되고 있다. 정보통신혁명은 시간과 공간을 결정적으로 압축시키고 있어서 모든 분야의 사람들을 국경을 초월하여 직접 연결시키고 서로 대화할 수 있게 만드는 쌍방향적 통신시대를 가능하게 하고 있다. 정보의 양과 속도가 이전과는 비교할 수 없을 정도

1) 신경환 외, 세계화와 국제통상, 도서출판 두남, 1997, pp. 251~255 참조

로 거대해지고 빨라지고 있다. 따라서 우리 생활의 모든 부분이 정보화에 의해 변화되고 있다고 할 수 있다.

지식정보화 사회(knowledge-informationized society)에서는 정보통신부문의 기반구축이 사회의 가장 중요한 인프라스트럭처가 된다. 국가 행정 · 기업 경영 · 교육 · 환경 · 복지 · 문화, 그리고 개인생활의 모든 영역에서 정보시스템의 구축이 필수적인 과제가 된다. 이에 따라 정보를 효율적이면서도 저렴하게 구입 · 생산 · 이용할 수 있는지의 여부가 국가경쟁력의 척도가 되고 있다. 따라서 국가경쟁력의 제고 및 장기발전전략은 신사회간접자본으로서 정보통신 기반의 체계적 구축에 달려있다고 볼 수 있다. 정보고속도로로 지칭되는 이러한 정보통신기반은 일국에만 국한되는 문제가 아니라 지구촌 전세계의 정보고속도로로 신속히 확장되어 지구촌 전체의 시간적 · 공간적 제한을 무너뜨릴 수 있는 전세계가 함께 해결해야 될 과제로 부상하고 있다.

2. 경제 · 기술의 초국적화

세계가 시장경제로 통합되면서 기업들의 초국적화가 급속도로 진행되고 있다. 세계경영체제를 구축한 기업들은 기업의 조직을 고도로 분화시켜 최적의 투자지역을 찾아 전세계 곳곳에 진출하고 있다. 따라서 세계화 시대의 기업들에게 중요한 것은 국적이 아니라 수익성 · 성장성 · 안정성 측면에서의 최적의 투자지역이 된다. 상품에 있어서도 무국적 상품이 대세를 이루며 인력 · 정보 · 상품 · 자본이 최적의 조건을 찾아 전세계 각국을 자유롭게 드나들고 있다. 과거에는 경제가 국제화한다고 하더라도 경제적 영토주권이 국가에 귀속되어 있었으나 세계화시대에는 이러한 개념이 크게 희석되고 있다. 이러한 추세는 개별 국민경제 상호 간의 상호의존성과 통합성을 증대시키는 방향으로 진행된다.

예를 들면, EU · NAFTA · APEC 등이 지역적 수준의 상호의존성과 통합을 지칭한다면 WTO는 범세계적인 수준에서의 상호의존성을 나타낸다. 이러한 추세의 특징, 즉 상호의존성의 증대는 경쟁을 배제하는 것이 아니라 경쟁을 심화시키는 데 있다. 이러한 경쟁의 심화는 기업에 한정되지 않고 정부 · 지방행정 · 교육 · 개인 등의 거의 모든 분야에서 경쟁력을 자율적으로 제고시켜야 되는 시대가 되고 있다.

이러한 맥락에서 세계경제는 상호의존과 무한경쟁이라는 딜레마에 직면해 있는데 경쟁을 상호의존의 틀과 조화시킬 수 있는 새로운 규칙의 제정이 필요하다. 실제로 무역과 투자의 자유로운 이동을 저해하는 각국의 장벽이 상당 폭 제거됨에 따라 경쟁의 게임규칙에 대한 경제주체들 간의 합의가 그 어느 때보다 중요하게 부각되고 있다. 이러한 게임규칙은 제로섬(zero-sum)이 아닌 포지티브 섬(positive-sum)의 원칙 하에 설정되어야 한다는 데 각국은 대체적으로 인식을 같이 하고 있다.

3. 지구환경의 중요성

지구온난화, 오존층의 파괴, 대기 및 수질의 악화, 토양오염, 생물종의 감소, 지구의 허파구실을 하는 열대우림의 파괴, 그리고 이상기후의 만연 등이 지구환경의 위기를 심화시키고 있는 주요 요인들로 지적할 수 있다. 이러한 지구환경의 위기는 인류의 생존에 대한 자각과 환경파괴에 대한 경각심을 불러일으키고 있다. 따라서 전지구적 환경위기의 극복은 더 이상 지체할 수 없는 중차대한 과제가 되고 있다.

그러나 이러한 환경위기의 극복은 일국 또는 일부 국가들의 노력만으로는 안되며 전지구적 공동노력이 없이는 해결 불가능하다는 데 문제의 심각성이 있다. 즉, '환경적으로 건전하고 지속가능한 발전'이 세계화시대의 전지구적 과제가 되고 있다. 이러한 과제를 달성하기 위해서는 각국의 생산시스템을 포함한 전반적인 경제시스템과 각자의 소비양식이 에너지를 효과적으로 소비하면서 환경친화적으로 전환되어야 한다. 이와 함께 지식정보문명의 성과를 환경문제의 해결에 폭넓게 이용하는 것이 중요하다. 예를 들면, 공해를 유발하지 않는 깨끗한 기술(clean technology), 녹색환경산업의 중요성이 부각되어야 하며 각국은 이의 장려를 위해 전력을 기울여야 한다.

한편, 전세계의 환경관련 상품제조와 관련한 국제기준의 강화 및 이러한 제품의 수요가 증가함에 따라 환경관련 산업의 부가가치는 점점 제고되고 있다. 이에 따라 각국은 정보기술혁명의 성과를 환경분야에 적용시키려는 노력이 광범위하게 이루어지고 있으며 이 분야의 국제경쟁도 심화되고 있는 상황이다. 그린라운드(Green

Round)와 관련하여 환경이 새로운 국제경쟁의 무대가 되고 있다.

4. 문화의 중요성

세계화의 진전에 따라서 문화의 중요성이 더욱 커지고 있다. 근로시간의 단축에 따른 근로자의 여가시간이 증가하고 자아실현에 대한 개인적 욕구와 문화활동에 대한 욕구가 확대되면서 문화는 개인적 삶의 부차적 영역이 아닌 중심적 영역이 되어가고 있다. 즉, 문화생활의 영위가 개인적 삶의 질을 결정하는 핵심적 요소가 되고 있다고 할 수 있다.

문화는 환경과 마찬가지로 국가의 새로운 고부가가치 산업으로 변모하고 있다. 경제와 문화의 상호연관성은 해가 갈수록 더욱 커지고 있으며 대중매체·영상·음악·게임·디자인·문화적 유산 등을 포함한 문화산업은 국가의 경쟁력을 제고시키는 새로운 고부가가치 산업이 되고 있다. 이에 따라 지식정보문명시대에 부응하는 문화인프라스트럭처를 효율적으로 구축하는 것이 국가의 중요한 과제가 되고 있다.

한편, 정보통신혁명의 진전 및 교통수단의 비약적인 발전으로 국제교류가 급속도로 증가하고 있어서 미국을 중심으로 한 선진국의 생활양식·욕구·가치·규범 등이 전세계로 확산되고 있다. 이러한 선진국의 생활양식·가치·규범 등의 전파가 개도국·후진국들 시민들의 의식을 선진화시키는 등 긍정적인 측면도 있지만 서구의 바람직하지 못한 저질문화가 이들 국가의 청소년층들에게 급속도로 전파되고 있어서 부정적인 측면도 크다고 할 수 있다. 따라서 세계화는 이러한 이질적인 문화들을 서로 융합하면서 각 민족과 국가 또는 지역의 문화적 차이를 초월하는 통합적 기능을 하여야 된다.

이러한 맥락에서 세계문화란 단편적·획일적인 문화를 의미하는 것이 아니라 다원적인 민족적·국지적 문화들의 조화가 이루어진 개방된 문화가 되어야 한다. 즉, 세계화시대에 세계문화, 특히 타 문화에 대한 이해에 있어서 중요한 것은 자기 문화의 고유성에 대한 관심과 자긍심은 가지되 타 문화에 대해서도 폐쇄적 태도에 빠지지 않고 열린 마음(open mind)으로 이해할 수 있어야 한다는 점이다.

제 3 절 세계화의 의의

1990년대 이후 국제간 자본 및 무역거래가 빈번해지고 정보통신기술이 비약적으로 발전하면서 세계화의 물결이 거세지고 있으나 경제사적 측면에서 보면 세계화는 인류의 창의적 발전과 기술혁신에 의해 꾸준히 진행되어 온 역사적 과정으로 해석할 수 있다. 이러한 해석은 세계경제는 100년 전에도 지금과 같은 형태는 아니지만 세계화의 과정이 진행되고 있었으며 다만 1990년대 이후에는 인터넷을 비롯한 정보통신기술의 급속한 발전으로 세계경제의 통합속도가 이전에 비해 훨씬 가속화되었다는 데 바탕을 두고 있다.

이러한 세계화가 국제무역 및 자본거래를 통해서 경제발전에 기여한다는 사실은 역사를 통해서 확인할 수 있다. 예를 들면, 세계 각국은 무역을 통하여 비교우위 상품을 거래하게 되고 자본거래를 통하여 일국의 자본을 보다 수익률이 높은 곳에 투자할 수 있는 기회가 제공되면 해당국가의 경제적 효율성(economic efficiency)이 증대된다는 것인데 대부분의 선진국 및 일부 선진개도국들은 이러한 무역 및 자본자유화에 의해, 즉 세계화 과정에서의 활발한 참여에 의해 경제성장을 성공적으로 이루었다.

이의 대표적 사례로는 수출을 통해 세계화의 과정에 적극 참여하여 외향적 발전전략을 추구하여 경제성장을 성공적으로 이룩한 한국을 비롯한 동아시아 국가들을 들 수 있으나 1997년 이들 국가가 외환위기를 겪으면서 세계화로 인한 빈부격차의 심화 및 금융불안 등 세계화의 위험성도 지적되고 있다. 반면에 경제개발에 따른 자국경제의 종속화를 우려하여 국내산업 육성을 통해 수입대체적 발전전략을 채택한 남미의 국가들은 경제발전에 실패하였다고 할 수 있다.

이제 세계화는 개별국가들이 원하든 원치 않든 간에 각국 시민들의 경제생활에 지대한 영향을 미치게 되었다. 즉, 개별기업이나 개인들이 통합된 지구촌 사회에서 단일화된 세계시장을 상대로 경제활동을 영위하게 되었다고 볼 수 있다. 이러한 세계화의 의의는 다음 4가지 측면에서 파악할 수 있다.[2)]

1. 단일세계체제의 형성

제2차 세계대전 이후 냉전체제 하에서 동서 양 진영의 체제경쟁이 구소련의 붕괴와 독일통일로 종식되면서, 즉 자본주의와 사회주의 양 체제의 경쟁이 종료되면서 단일세계체제(single global system)가 형성되고 있다. 각국 간에 견고하게 존재하였던 이념적 벽은 이제 허물어 졌으며 각 국가들의 관계는 경제적 이해관계에 따라 재정립되고 있다.

2. 시장경제체제의 확산

세계화는 전세계를 시장경제체제(market economic system)로 형성시키고 있다. 이러한 시장경제의 확산은 전세계를 가난과 궁핍으로부터 벗어나게 하고 민주주의의 토대를 이루기도 하지만 전세계를 무한경쟁(unlimited competition)의 장으로 내몰고 있다. 이 과정에서 자본·기술·상품·서비스 등이 물리적인 국경의 제한이 없이 자유롭게 각국 간에 이동하고 있으며 치열한 경쟁을 벌이고 있다.

3. 단일생활권의 형성

정보통신기술과 교통수단의 발달로 세계는 하나의 생활단위가 되어가고 있다. 과거에 존재했었던 각 지역 간의 시간적 격차와 공간적 거리는 급속도로 압축되고 있다. 즉, 인적·물적 자본의 이동 및 생활과 문화의 전파속도도 엄청나게 빨라지고 있으며 지구촌이 하나의 공동체가 되어가고 있다.

2) 신경환 외, 전게서, p. 247 참조

4. 상호의존성의 심화

어느 일국 또는 한 지역의 문제가 아닌 지구촌 전체의 이익과 관련되는 문제들, 이를테면 환경 · 자원 · 에너지 · 빈곤 · 고용 · 인권 · 교육 등이 세계사회가 공동으로 해결해야 할 중요한 과제가 되고 있다. 따라서 각국 간의 경제적 · 사회적 · 문화적 · 정치적 상호의존성(interdependence)이 심화되고 그에 따라 국제적 협력 및 조정이 그 어느 때보다 중요시되고 있다.

제 4 절 세계화의 배경

세계화의 흐름은 자유민주주의가 기존의 자유민주주의 진영 외에 구소련 붕괴 후 동유럽을 중심으로 급속히 확산되고 시장경제체제에 대한 상호의존성이 증대되면서 세계경제의 통합이 급속도로 진행된 것과 인터넷으로 대변되는 정보통신 및 교통체계의 혁신적 발전으로 인한 세계경제의 단일경제권화, 그리고 국경없는 무한경쟁시대의 도래 등이 그 배경이 되었다고 할 수 있다.[3)]

1. 신자유주의 이념의 대두

구소련 붕괴를 계기로 사회주의가 몰락하면서 제2차 세계대전 이후 50여년 이상 유지되어 온 미소 냉전체제가 종식되었다. 따라서 세계 각국에 있어서 자본주의와 사회주의로 대변되는 이념적 대립은 그 의미를 상실하였다고 할 수 있다. 구소련을 비롯한 이들 동유럽 국가는 서방의 경제적 지원을 받아 정치적으로는 민주주의, 경제적으로는 자본주의를 각국마다 전개방식 및 속도에 차이가 있기는 하나 나름대로 수행해 오고 있다. 지금 전세계는 신자유주의(neo-liberalism) 이념이 미국을 중심으

3) 박유영 외, '세계화와 현대경제', 도서출판 두남, 1999, pp. 119~121 참조

로 한 서방세계의 지지를 바탕으로 전성기를 맞이하고 있다.

신자유주의 이념은 수요와 공급에 따른 시장원리가 준수되고 민간기업의 자유로운 경제활동이 보장되어야 경제성장과 복지증대를 이룰 수 있다고 주장하며 모든 국가에게 경제를 개방하고 자유시장질서를 준수할 것을 요구한다. 즉, 정부의 규제(regulation of government)가 없는 시장이 가장 효율적이기 때문에 국가가 민간의 경제활동에 간섭하는 것을 최소한으로 줄이고 시장경제의 질서를 유지하는 역할을 충실히 수행할 것(야경국가로서의 기능수행 강요)을 기대한다.

특히, 국제무역이나 자본이동에 대한 국가통제를 철폐하여 전세계가 하나의 경제권 하에서 시장경쟁원리에 따라 움직이도록 해야 한다는 점을 강조하고 있다. 애덤 스미스(Adam Smith)로 대변되는 고전학파 경제학자들이 주장한 자유방임주의, 즉 고전적 자유주의가 시장경제의 우월성을 주장한 이후 시장의 자기조절 기능은 여러 측면에서 그 한계를 드러내고 비판을 받아왔다. 이러한 관계는 1929년 세계대공황(Great Depression)을 맞이하면서 케인즈(J. M. Keynes)가 주장한 유효수요의 증대를 통한 경기부양, 즉 경제에 대한 정부간섭의 증대(정부의 공공지출 증대를 통한 경기부양책)가 힘을 얻었으나 다시 1970년대 말 케인즈주의적 경제정책(경기침체를 극복하기 위해서는 정부가 공공사업 등의 재정지출 확대를 통해 유효수요를 증대시켜야 한다는 정책)이 실패하면서 자유시장원리는 다시 부각되기 시작하였다. 1979년 영국에서는 대처 수상이, 1980년 미국에서는 레이건 대통령이 신고전파 경제학자들이 주창한 신자유주의를 경제정책 시행에 적극 수용하는 새로운 경제정책원리로 채택하였다.

1980년대 이후 전세계에는 경제개방화가 급속도로 확산되었으며 세계 각국은 이러한 신조류에 적응하기 위해 세계화를 추진하고 있다. 각국은 국가경쟁력 강화를 위해 각종 법규의 정비, 행정구조를 개편하는 개혁작업을 서두르고 있다. 이 같은 세계화 추세는 각국으로 하여금 자유무역・시장개방・규제완화(deregulation)・민영화를 강력히 추진하게 만들었으며 따라서 각국은 더욱 치열한 경쟁상황에 직면하게 되었다.

2. WTO 체제의 출범

제2차 세계대전 이후 세계무역체제는 미국이 주도하는 관세 및 무역에 관한 일반 협정(GATT : General Agreement on Tariffs and Trade)에 의해 발전되어 왔다. GATT의 기본내용은 한 회원국이 다른 나라에 무역상의 특혜를 주는 경우 이를 모든 회원국에게 적용해야 한다는 것과 과세·유통문제에서 국내에서 생산된 상품이나 용역과 동일하게 대우하며 무역에 대한 수량제한(quota)을 완화하는 것들이었다. 그러나 전후 수십년간 국제무역질서를 주도했던 GATT체제는 1970년대 이후 신보호주의(neo-protectionism)의 대두로 인한 보호무역주의의 확산·배타적 지역주의(exclusive regionalism)의 등장·불공정무역(unfair trade)에 대한 국제적 차원에서의 제재의 한계성 등 새로운 국제무역의 구도변화에 효율적으로 대처하는 데 한계성을 노출하였다.

이에 따라 전세계 각국은 GATT체제의 한계를 극복하고 변화된 국제무역질서에 효율적으로 대처할 수 있는 새로운 국제기구의 등장을 기대하게 되었으며 1986년부터 1994년 4월까지 7년 반 동안 우루과이라운드(UR : Uruguay Round) 협상을 벌인 끝에 1995년 세계무역기구(WTO : World Trade Organization) 체제를 출범시켰다.

WTO체제의 목표는 국경을 초월한 국제무역 및 기업경영의 보장, 무역장벽(trade barrier)의 철폐, 각국 정부의 자국산업 지원에 대한 규제 등을 통하여 세계무역의 무한경쟁을 유도하고 자유무역을 확대하는 것으로 전세계는 단일경제권 내에서 치열하게 경쟁해야 하는 세계화시대를 맞이하게 되었다.

3. 정보통신기술의 발전

디지털혁명(digital revolution)으로 지칭되는 컴퓨터 기술의 비약적 발전과 인터넷의 등장으로 인한 정보통신기술의 혁명적 발달은 시간과 공간의 제약을 제거시키고 정보의 수집·처리비용을 저렴하게 하여 개인 및 기업 경제활동의 세계화를 촉진시키는 주된 역할을 담당하였다.

정보화는 산업사회가 정보화사회(informationized society)로 전환되게 하여 부(wealth)의 원천을 전통적인 생산요소인 자본·자원으로부터 정보·지식으로 옮아가게 하였으며 개인·기업·국가 모두 정보가 가장 중요한 경쟁력의 원천이 되는 정보패권주의를 확산시키고 있다. 또한, 정보화는 기업운영에 있어서 모기업이 자회사 또는, 지사들을 연결하는 네트워크 조직을 가능케 함으로써 이들 조직 간의 자율성(autonomy)을 보장하면서 상호연계를 강화하여 통합으로 인한 장점을 크게 함과 동시에 시간·공간의 장벽을 허물어뜨려서 생산성을 향상시키고 기업활동 영역을 확대시켜서 기업의 세계화를 촉진시켰다.

한편, 정보화의 급속한 추진으로 각국의 초고속 통신망 구축사업 등이 활발하게 추진되고 있어 궁극적으로 전세계를 연결시킬 수 있는 지구촌 초고속정보네트워크가 이루어지면 세계화는 더욱 가속화될 것으로 전망된다.[4)]

제 5 절 세계화 현황과 전개과정

1. 세계화 현황

1.1 Foreign Policy · AT Kearney의 평가

미국의 국제문제전문잡지 포린 폴로시(Foreign Policy)와 세계적인 미국계 컨설팅업체인 AT 커니(AT Kearney)가 공동 조사해 2002년 1월 9일 발표한 '2002년 글로벌라이제이션 인덱스'에 따르면 한국의 세계화 수준은 조사대상 62개국 중 중간수준인 31위로 나타났다.

4) 정보화시대에 적응하기위해 세계 각국은 정보통신부문의 체계적 기반을 구축하는데 국가의 전역량을 결집시키고 있다. 미국의 국가정보기반(NII : National Information Infrastructure) 구축. 유럽연합(EU)의 회원국 행정기관을 연결하는 '고속행정통신망' 구축. 싱가포르의 'IT-2000 초고속광통신망구축사업' 등의 지역통신네트워크 구축은 전세계적으로 확대되어 GII(Global Information Infrastructure)로 지칭되는 초고속정보네트워크가 지구촌을 연결하면 세계화의 속도는 더욱 더 신속해진다.

세계화지수(글로벌라이제이션 인덱스, globalization index)는 세계화의 수준을 계량화하기 위해 개발한 척도로 이번이 1998년 이후 2번째 발표된 것인데 이들 두 기관은 세계화 순위를 다음 4부문에 대해서 평가한 뒤 이를 종합하여 산출하고 있다.

① 세계경제와의 활발한 교역정도
무역, 외국인 투자, 자본유출입 등으로 평가한다.

② 국민의 해외접촉빈도
해외여행, 국제전화사용으로 평가한다.

③ 국제사회 참여도
유엔(UN) 등 국제기관에서의 활동으로 평가한다.

④ 인터넷 환경
네티즌 수 등으로 평가한다.

(1) 강소국

이번 62개국의 세계화지수 조사결과 강소국들이 세계화에 앞서 있는 것으로 나타났는데 아일랜드(1위), 스위스(2위), 싱가포르(3위), 네덜란드(4위), 스웨덴(5위), 핀란드(6위), 덴마크(8위), 오스트리아(9위) 등이 대거 상위권에 진입하였다. 이들 강소국이 세계화에 앞선 배경을 아일랜드와 핀란드를 중심으로 간략히 살펴보고자 한다.

① 아일랜드

아일랜드는 영어사용국이라는 기본적인 이점(basic advantage)을 기업친화적 정책과 결합시키는 데 있어서 성공했다는 평가를 받고 있다. 1980년대 초반까지만 해도 서유럽의 한 소규모 국가에 불과했던 아일랜드는 해외투자의 적극적 유치가 자국 경제발전의 가장 핵심적 요소임을 인식하여 해외기업이 아일랜드에 진출하는 데 있어서 유리한 조건을 제공하기 위한 법적, 제도적 장치의 마련에 전력을 기울였다.

아일랜드는 1980년대 초반만 해도 실질국내총생산(real GDP)이 -1%대를 기록하여 유럽에서도 빈국(貧國)에 속하였다. 그러나 해외투자를 적극적으로 유치한 결과 1987년부터 연평균 6%가 넘는 고도성장을 지속하여 1인당 GDP가 세계 10위권에 드는 부국이 되었다.

이미 유럽에서 가장 낮은 수준이었던 법인세를 1998년에 더욱 인하하였으며 공기업의 민영화(privatization)에도 박차를 가하여 이동통신과 은행들을 민영화하였고 통신인프라를 확충하였다.

또한, 정보기술(IT) 산업화에 신속하게 대응하여 마이크로소프트(MS), 인텔(Intel), IBM 등 세계 일류 첨단기업들의 유럽본부들을 유치하여 미국의 실리콘밸리(Silicon Valley)에 비교할 수 있는 '실리콘 아일'(Silicon Isle)을 구축하였다.

〈표 10-1〉 외국기업의 아일랜드 선호 요인

순 위	주 요 요 인
1	통신망 발달
2	저렴한 법인세
3	노동시장의 유연성
4	임금수준
5	교육시스템
6	노동인력
7	교통 · 수송망
8	산업간 연계성
9	근로자 수준
10	물가안정

주 : 순위는 2001년 6월말 기준임
자료 : 아일랜드 경영연구소(IMI)

② 핀란드

세계경제포럼은 최근 발표한 '세계경쟁력보고서'에서 조사대상 75개국 중 가장 경쟁력 있는 국가로 핀란드를 꼽았다. 인구 520만명의 소국인 핀란드가 생산성, 잠재력과 향후 5년간 성장예상치에서 세계 주요 경제대국들을 밀어내고 가장 경쟁력 있는 국가로 평가되었고 세계화 순위에서도 6위에 성정된 핀란드의 경쟁력 원천은 다음 2가지 측면에서 살펴볼 수 있다.

가. 교육·R&D 투자

파보 리포넨 핀란드 총리는 뉴욕 '세계경제포럼 연례총회'에서 세계경쟁력에 관한 최신 보고서에 대해 핀란드의 경쟁력은 두뇌의 힘과 기술수준 제고를 위한 정부 및 기업의 폭넓은 투자와 포용력 있고 개방적인 사회를 창출한 데 있다고 지적하였다. 리포넨 총리는 핀란드가 자원을 토대로 한 경제에서 지식에 기반을 둔 경제로 발전했으며 이는 교육의 결과이자 연구개발(R&D) 분야에 대한 투자의 결과라고 평가하였다.

핀란드는 신문독자와 공공도서관 사용인구 비율에서 세계최고 수준을 나타내고 있으며 교육과 더불어 연구기술 분야에서 정보교환이 원활히 이루어지고 있어 인적자원(human resources)을 충분히 활용하고 있는데 이러한 것들이 경쟁력 및 세계화수준을 제고시키는 데 크게 기여하고 있다.

이번 세계경제포럼의 '세계경쟁력보고서'의 감수를 맡은 하버드대학의 제프리 삭스 교수는 핀란드의 세금부담률은 매우 높은 수준이지만 국민이 낸 세금의 상당부분을 연구개발에 투자하고 있기 때문에 두뇌의 국외유출이 없음을 지적하고 있다.

나. IT 분야 집중육성

핀란드는 정보통신 등 하이테크 산업(high-tech industry)을 집중육성한 결과 노키아(NOKIA) 등 IT 분야의 세계적인 기업을 보유하게 되었으며 이를 바탕으로 세계적인 경쟁력을 확보할 수 있게 되었다. 이러한 IT 분야의 오타니에미 과학단지(Otaniemi Science Park)의 역할이 중요하게 작용하고 있다.[5)]

㉠ 오타니에미 과학단지

핀란드의 성장엔진인 오타니에미 과학단지는 헬싱키 근교의 소도시인 에스포에 소재해 있다. 이곳은 연구소, 기업, 대학이 한 곳에 집결하여 협력하는 핀란드식 산학협동체제를 잘 보여주고 있다. 과학단지 안팎에 노키아 본사를 비롯하여 250여개의 대기업 및 중소기업과 핀란드기술연구센터(VTT), 헬싱키공과대학(HUT) 등이

5) 동아, 2002. 4. 9. 참조

입주해 있으며 3,000여명에 이르는 연구인력을 갖추고 있다.

과학단지 내에 위치하고 있는 벤처센터인 인노폴리(Innopoli)는 새로운 사업 아이디어를 벤처기업들에 연결하고 경쟁력 있는 기업으로 성장하도록 지원하는 역할을 담당하고 있다. 즉, 인노폴리는 벤처기업들에게 다양한 편의를 제공하는 것은 물론이고 경영관련 사항인 마케팅, 재무관리 등을 교육시키는 인큐베이터(incubator)의 역할을 수행한다.

오타니에미 과학단지 내의 벤처센터에 창업과 함께 입주하는 기업은 평균 10년 이상 머무르고 있는데 이는 네트워크 형성에 유리하기 때문이다. 인노폴리의 벤처기업은 생존율이 무려 90%에 이르고 있는데 따라서 미국의 실리콘 밸리에 소재한 벤처기업들처럼 고위험을 수반하고 있는 진정한 의미의 벤처는 아닌 것으로 평가되고 있다. 인노폴리는 벤처기업의 선정부터 엄격하게 하고 있으며 보육과 지원시스템이 완벽해서 일단 창업한 기업이 퇴출당하는 경우는 매우 드물게 나타나고 있다. 인노폴리는 공익성이 강하지만 금융기관(47%), 노키아를 비롯한 주요 기업(37%)이 대부분의 지분을 소유하고 있어 정부의 간섭이 거의 없는 자율적인 경영을 하고 있다.

〈표 10-2〉 오타니에미 과학단지 현황

소재지	대 학	연구소	벤처센터	각종지원단체
· 헬싱키 동쪽 30 km 에스포 소재 · 외곽에 노키아 본사 위치	· 헬싱키공과대학 (HUT)(대학생 :15,000명) · HUT 부설 생명공학연구소	· 핀란드기술연구센터(VTT) · 제지연구소 (KCL) · 핀란드지질학연구소(GTK) · 과학기술정보 (CSC) · 연구원 3,000여명에 이름	· 벤처기업 250여개 입주	· 핀란드 발명재단 · Culminatum (연구를 사업으로 전환하도록 지원)

㉡ 효율적 과학기술정책

핀란드 정부는 기술정책의 효율화를 위해 총리 산하의 과학기술회의를 중심으로 교육과 과학기술을 일원화시키고 있다. 교육에 대한 지원은 과학기술 분야, 특히 정보기술에 집중되어 박사배출자의 10%는 IT관련 전공자이다. 또한, 연구개발에 대한 정부의 체계적이고도 전폭적인 지원정책도 핀란드의 국가경쟁력 및 세계화 수준의 업그레이드에 크게 기여하고 있는데 연구개발의 효과적 지원을 위해 국내총생산의 3.3%를 투입하고 있다.

③ 기타국

경제규모는 작지만 세계화 측면에서 경쟁력이 강한 나라들, 즉 강소국들이 대거 상위권에 랭크되었는 데 상위 10개국 가운데 캐나다·영국을 제외한 8개국이 강소국으로 분류할 수 있다. 특히, 네덜란드·스웨덴·핀란드·덴마크 등 북유럽국가들은 통신인프라와 개방적인 투자환경으로 주목받고 있다.

(2) 대국

영국(10위), 미국(11위), 프랑스(13위), 독일(14위) 등 서구 강대국들은 경제규모에 비해 세계화의 수준이 낮은 것으로 평가되었다. 특히, 세계 최대경제국인 미국(12위)과 유럽 최대경제국인 독일(14위), 세계 2위의 경제대국인 일본(38위) 등은 10위권 밖에 처져있어 충격을 주고 있다.

미국과 독일처럼 경제규모가 큰 나라들의 세계화수준이 상대적으로 저평가된 요인으로는 내수시장 규모가 커서 수출지향적인 국가들보다 수출비중이 비교적 작기 때문으로 지적되고 있다. 일본은 2년 전보다 세계화 순위가 크게 떨어졌는데 경제개방도와 인터넷 환경이 뒤졌으며 국제사회 참여도 미흡(未洽)하다는 평가를 받았다.

(3) 동아시아국

동아시아국가 중 세계화 수준이 가장 높은 국가는 싱가포르로 나타났다. 싱가포르는 전체 3위에 올라 동아시아국가 중 유일하게 10위내에 포함되었는 데 싱가포르는 무역·투자·자본유출입 등 세계경제와의 활발한 교역정도와 인터넷 환경 등에서 높은 평가를 받았다. 말레이시아는 20위를 기록하여 싱가포르에 이어 동아시아국가 중 세계화수준이 높은 나라로 평가되었으며 WTO 가입으로 글로벌 경제체제(global economic system)에 편입한 중국은 53위를 기록하였다. 한국은 인터넷 환경에서는 높은 평가를 받았지만 국민의 해외접촉빈도, 국제사회 참여도 등에서 좋은 평가를 받지 못하여 31위를 기록하였고, 대만은 32위로 나타났다.

〈표 10-3〉 세계 주요 국가의 세계화 순위(AT Kearney)

순 위	국 가 명
1(6)	아 일 랜 드
2(4)	스 위 스
3(1)	싱 가 포 르
4(2)	네 덜 란 드
5(3)	스 웨 덴
6(5)	핀 란 드
7(10)	캐 나 다
8(11)	덴 마 크
9(7)	오 스 트 리 아
10(8)	영 국
12(12)	미 국
13(16)	프 랑 스
14(14)	독 일
20(20)	말 레 이 시 아
31(31)	한 국
38(29)	일 본
39(45)	러 시 아
51(30)	태 국
53(48)	중 국

주 : ( )안은 2000년 순위임

1.2. 일본경제연구센터의 평가

Foreign Policy와 AT Kearney의 세계화지수 발표와는 별도로 일본의 니혼게이자이신문(日本經濟新聞) 부설 '일본경제연구센터'가 2002년 1월 15일 발표한 나라별 경제글로벌화 순위에서는 한국이 조사대상국(31개국 조사) 중 25위에 랭크되었으며 일본은 28위에 올랐다. 경제협력개발기구(OECD) 회원국 및 동아시아 주요국을 대상으로 한 조사에서 1위는 홍콩이 차지하였으며 싱가포르(2위), 아일랜드(3위), 스위스(4위) 등이 뒤를 이었다. 조사항목으로는 출국자수, 수출액, 대외투자액 등을 지표로 한 '대외글로벌도(度)'를 산출하였으며 입국자수, 수입액, 대내외국투자액 등을 감안한 '대내글로벌도'는 27위로 평가되었다.

〈표 10-4〉 세계 주요 국가의 글로벌화 순위(일본경제연구센터)

순 위	국 가 명
1(1)	홍 콩
2(2)	싱 가 포 르
3(3)	아 일 랜 드
4(5)	스 위 스
5(4)	벨 기 에
8(12)	말 레 이 시 아
10(7)	영 국
18(6)	미 국
21(14)	프 랑 스
25(25)	한 국
28(23)	일 본

주 : ( )안은 국내총생산(GDP) 요인을 감안해 조정한 순위임

1.3 한국에의 시사점

세계화는 이제 거스를 수 없는 대세임을 세계 각국은 공통으로 인식하고 있다. 특히, 우리와 같이 대외의존적인 경제구조를 가지고 있는 나라들에 있어서 세계화에의 적극적인 동참은 국가의 생존이 달려있는 중차대한 과제가 되고 있으나 우리의 세계화 수준은 조사대상 62개국 중 31위를 차지하여 중위권으로 평가되고 있어서 세계화 수준이 여전히 기대이하인 것으로 나타났다. 1997년 외환위기 이후 세계표준(global standard)에 의한 구조개혁이 강도높게 추진되고 있지만 우리의 세계화 수준이 세계 주요 조사기관에 의해서 낮게 평가되고 있어서 경제구조개혁의 추진실적이 여전히 미흡하다고 할 수 있다. 이번 AT Kearney 및 일본경제연구센터의 평가로 인해 그 동안 기업퇴출과 대량실업, 그리고 주요 기업 및 은행의 저평가에 의한 해외매각 등 국부유출 논란까지 감수하면서 강력히 추진해온 세계화 노력은 이제 그 추진방식 등을 전면 재검토해야 할 시점이 되었다고 지적할 수 있다.

특히, 유럽의 소국인 아일랜드가 세계화 1위에 평가된 것과 상위 10개국 가운데 8개국이 우리와 유사한 인구 및 국토조건을 가지고 있는 국가들이란 점에서 세계 어떤 나라든지 노력여하에 따라 수준높은 세계화가 가능하다는 것이 입증되었다고

할 수 있다.

세계화의 필수적인 요소로 외국기업에 대한 개방 이외에도 국민의 해외접촉 빈도나 국제사회 공헌도, 양호한 인터넷 환경 등이 지적될 수 있는데 결국 문제의 핵심은 외국기업이 한국의 경영환경에 대해 우호적인 시각을 가질 수 있도록 양호한 경영여건을 제공하고 세계화에 우호적인 기업환경을 지속적으로 개발하는 데 있다. 예를 들면, 노동시장의 유연성(flexibility of labor market), 교통인프라스트럭처의 정비, 저렴한 법인세와 선진적 교육시스템 등이 효율적으로 구축되어야 한다. 한국의 경우 지난 수년간 물가수준이 안정되어 있어 상기한 부문에 있어서 경쟁력을 구비한다면 우리의 세계화 수준은 크게 제고될 것으로 기대된다.

결국 세계화의 성공적인 추진은 정부, 기업, 국민이 모두 세계화의 중요성을 인식하여 각자의 역할을 적극적으로 수행하고 미진한 부문을 지속적으로 개선시켜 나갈 때에만 가능하게 된다.

2. 세계화의 전개과정

세계화는 1993년 12월 우루과이라운드(UR) 협상이 타결되고 1995년 1월 세계무역기구(WTO) 체제가 출범함에 따라 그 확대속도가 가속화되기 시작하였다. 이러한 세계화 추세에 따라 세계 각국은 자국의 모든 경제정책을 무역자유화·서비스자유화·금융자유화 등을 지향하는 세계시장경제에 부합되도록 조정해 나가고 있다. 그러나 선진국 중심의 무분별한 세계화는 각국의 상이한 경제적 환경을 무시한 채 일률적으로 전개되어 그 부작용을 심각하게 드러내고 있어서 개도국을 중심으로 세계화에 대한 반성이 거세게 제기되고 있다.

세계 각국에서 발생된 세계화의 역작용을 분야별로 간략히 지적하고자 한다.[6)]

2.1 경제부문

1980년대 다국적기업의 주도로 이루어진 경제의 세계화는 국경없는 경제전쟁을 초래시켰다. 당연히 다국적기업들이 주축이 된 각국 간의 치열한 경쟁은 경제부문

6) 중앙, 1999. 3. 3. 참조

에서도 약육강식의 정글법칙이 적용되는 사례를 남기고 있다.

국제금융시장의 개방은 경제부문 세계화의 핵심인데 이는 미국주도 하에 이루어졌다고 볼 수 있다. 1997년 7월 태국 바트화에 대한 국제단기성 투기자금(헤지펀드)의 공격은 궁극적으로 아시아의 경제위기를 초래시킨 바 있다.

마하티르 말레이시아 총리는 금융의 세계화, 즉 투기자본의 아시아 금융시장 공략이 아시아경제위기(Asian Economic Crisis)의 주된 요인이라고 주장하며 헤지펀드(hedge fund)의 자국 외환시장 공략에 제동을 걸었으며, 홍콩도 곧 이러한 조치를 뒤따랐다. 유럽은 1999년 유로(Euro)화 출범으로 미국주도의 경제세계화에 제동을 걸었고, 일본도 엔화의 국제기축통화화를 추진하며 달러경제에 대항하고 있는 실정이다.

따라서 시장개방과 자유무역으로 대변되는 신자유주의 물결은 지구촌 곳곳에서 분쟁을 야기시키고 있다. 미국은 유럽과 다수의 분야에서 무역분쟁을 계속하고 있으며 일본은 자국산 철강에 대한 미국의 덤핑판정에 항의하여 세계무역기구에 미국의 반덤핑법을 제소한 바 있다.

2.2 사회 · 환경부문

세계화의 과정에서 전세계적으로 1억 4,000만명에 이르는 실업자가 양산되었으며 전세계 인구의 10%가 전세계 부(富)의 70%를 차지하는 빈익빈 부익부 현상이 심화되고 있다. 중국은 1998년 3월 주룽지(朱鎔基) 총리체제 출범이후 국영기업의 개혁 등 대대적인 경제구조조정을 시행 중이며 이는 세계화에 대응하기 위한 불가피한 선택으로 인식되고 있다.

네덜란드 암스테르담에 본부를 둔 다국적연구소의 수전 조지 부소장은 그의 저서 '외채부메랑'에서 제3세계의 외채부담은 아마존과 인도네시아 열대우림지역에 대한 남벌로 이어져 지구의 환경파괴를 가속화시키고 있다고 경고하였다.

2.3 문화부문

미국과 유럽의 문화전쟁이 해를 거듭할수록 격심해지고 있다. 거대자본을 앞세운 헐리우드로 대변되는 미국영화는 유럽영화시장의 70%를 점유한 상태이고 유럽 TV

프로그램의 60%가 미국산이다. 역사와 전통을 자랑하는 유럽문화조차 세계화라는 자본의 힘앞에 무너지고 있다. 유럽은 미국문화의 유럽침투에 대항하기 위해 1998년 10월 경제협력개발기구(OECD)의 다자간투자협정(MAI) 논의에서 미국문화 개방을 둘러싸고 협상했으나 결렬된 상태이다.

한편, 미국은 문화도 경제와 마찬가지로 국경없는 세계화로 나아가야 한다는 입장을 고수하고 있으며 모든 종류의 문화개방을 유럽에 요구하고 있다. 일본 역시 문화에 관한한 미국에 편승하여 유럽문화 개방을 강력히 요구하고 있는 실정이다.

제6절 반세계화운동의 대두

반(反)세계화(anti-globalization) 시위 움직임이 최근 들어 거세지고 있다. 세계화의 진전과정에서 경제성장과 효율성(economic growth and efficiency)의 문제에만 집중했던 1990년대 이후의 세계경제는 최근 다양한 세계화 저항세력의 강력한 반발에 직면해 있다. 세계화의 흐름은 분명 거스를 수 없는 하나의 추세이며, 세계화의 이익이 그 비용을 초과하는 것으로 평가되고 있는 것도 사실이다. 그러나 한편으로 세계 각지에서 최근 거세게 발생하고 있는 반세계화 운동을 간과할 경우 세계화의 효율적인 진행 자체가 어렵게 될 것이다. 따라서 반세계화 시위가 급속히 확산되고 있는 현 시점에서 세계화에 따른 이익을 극대화하면서 그 부작용과 비용을 최소화할 수 있는 제도적 장치를 마련해 나가는 것이 중요하다고 할 수 있다.

세계화의 문제점과 반세계화운동에 대해서 살펴보고자 한다.[7)]

1. 세계화의 문제점

선진국, 특히 미국이 중심이 된 세계화의 진전속도가 1990년대 후반 이후 급속히 진행되면서 세계화에 대한 비판이 거세지고 있다. 이러한 비판은 세계화의 가장 큰 피해자인 저개발국들뿐만 아니라 비정부기구(NGO), 미국이 주도하고 있는 세계금

7) 대외경제정책연구원, 세계경제, 2003. 3. pp. 6~13 요약·재구성

융기구들인 IMF · IBRD, 그리고 심지어는 미국 내부에서도 제기되고 있다.

최근 국제통화기금(IMF)이 선진금융기관들의 무분별한 진출이 세계 각국, 특히 개도국들에게 적지 않은 부작용을 수반할 수 있다고 강조한 데 이어 세계은행(IBRD)도 후진국 시장개방이 빈부격차를 해소하는 데 도움이 되지 못하고 있다고 지적한바 있다. 세계은행은 2001년 9월 13일 60개 국가의 6만명을 대상으로 조사한 보고서를 발표하였는데 이 보고서에서 세계은행은 개도국과 후진국의 경제성장 촉진을 위해 시장경제와 자유무역이 필수적이라는 기존 명제에 반론을 제기하고 진보적 세제의 도입 · 토지개혁 · 공공교육의 확충 등 폭넓은 접근이 필요하다고 제시하였으며 개발도상국가에는 시장을 일시에 개방하는 것보다 점진적으로 선진기업들의 투자를 유도하는 것이 더욱 바람직하다고 제기하고 있다.

IMF도 아시아 · 남미 · 동유럽 국가들이 선진 외국은행의 진입을 유도하는 시장개방을 추진하고 있지만 선진금융기법을 앞세운 외국은행들이 수익성 높은 기업을 주고객으로 하고 있어 국내은행들은 상대적으로 위험성이 높은 대출을 할 수밖에 없어 부실이 증가될 수 있다고 경고하고 있다. 앨런 그린스펀 미 연방준비제도이사회(FRB) 의장, 스탠리 피셔 IMF 부총재 등 국제금융계의 거물들도 세계화의 부작용을 지적하는 발언을 잇달아 제기하고 있다.

1.1 빈부격차의 심화

(1) 빈부격차의 실태

미국을 비롯한 주요 선진국들이 주도하고 있는 세계무역기구(WTO)는 IMF 등이 추진하는 세계화가 빈국들의 경제상황을 더욱 어렵게 하고 부국 내의 빈부격차도 더욱 악화시키는 심각한 부작용을 초래하고 있다고 지적한 바 있다. 학계에 따르면 19세기의 자유방임주의(laissez-faire)가 시장메커니즘만을 맹신한 나머지 경제적 약자들을 보호하지 못하면서 급진이데올로기가 발생했던 것처럼 요즘의 반세계화는 보호받지 못한 계층의 불만이자 자유방임주의의 재등장에 대한 경고라고 지적하고 있다.

세계은행의 자료에 따르면 지난 10여년간 세계화가 꾸준히 진행되었지만 전세계 인구의 절반가량인 28억 명이 하루생활비 2달러(최빈국가 63개국의 1일 생활비 2달러 미만 인구 비율의 평균은 57%), 이 중 1억명은 1달러도 안되는 극빈생활을 하고 있다고 밝혔다.

〈표 10-5〉 세계 각 지역의 빈곤실태

(단위 : %)

지역		1일 생활비 2달러 미만 인구비율
아시아	인도	86.2
	네팔	82.5
	인도네시아	66.1
	중국	53.7
중남미	온두라스	68.8
	과테말라	64.3
	볼리비아	38.6
아프리카	잠비아	91.7
	나이지리아	90.8
	에티오피아	76.4
	레소토	65.7

자료 : 세계은행

세계화의 선봉인 미국 역시 건국 이래 최장기 호황을 구가하고 있는 가운데 부유층과 빈곤층의 격차가 갈수록 커지고 있어 세계화의 부작용에 미국 역시 예외가 아님을 보여주고 있다.[8] 미국 예산정책과제센터와 경제정책연구소가 최근 발표한 보고서에 따르면 미국 내 최상위 소득계층 20% 그룹은 1988년과 1998년 사이의 10년 동안 소득이 15%나 증가한 반면, 최하위 소득계층 20%의 소득증가율은 1%에도 못미친 것으로 나타났다.

최하위 소득층의 가구당 소득은 이 기간에 겨우 110달러 늘어 12,990달러에 그친 반면, 최상위 소득층의 가구당 소득은 17,870달러 증가한 137,480달러로 10배 이상의 격차를 보였다. 보고서는 이 같은 소득격차는 경제성장의 혜택이 전계층에 골고루 돌아가고 있지 않다는 결정적 증거라고 분석하고 월가(Wall Street)의 장기호황, 제조업종을 대체하고 있는 서비스업종의 저임금, 교육수준이 낮은 근로자와 전문직

8) 매경, 2000. 2. 12. 참조

종 종사자간 임금격차 확대 등을 주요 원인으로 지적하였다.

〈표 10-6〉 미국의 계층별 평균소득 증감액(1978~1998)

(단위 : 달러, %)

소득계층	소득증감	증감률
최상위 5%	84,760	55
상위	34,370	33
중상위	6,900	11
중위	2,250	5
중하위	-104	-1
하위	-900	-6

미국의 경우 계층 간의 소득격차뿐만 아니라 주(州)별 소득격차도 심화되고 있는 양상을 보이고 있다. 주별 소득편차는 금융의 중심지 월가와 정보통신발달을 주도하는 첨단기술산업의 집산지 및 석유를 비롯한 에너지산업의 중심지역에서 뚜렷하게 나타나고 있다. 뉴욕·애리조나·뉴멕시코·루이지애나·캘리포니아·텍사스·오리건·켄터키주는 상위 20% 계층의 평균수익이 하위 20% 수익의 11배를 초과하였다. 뉴욕은 하위 20% 계층의 소득이 10년 전보다 오히려 1,970달러 감소한 10,770달러에 머문 반면, 최상위 소득계층 20%는 19,680달러 증가한 152,350달러로 소득격차가 가장 컸다. 경제성장과 더불어 저임금 근로자의 임금도 상승하였지만 금융·인터넷·미디어·엔지니어 등 전문직 종사자의 소득증가에 비해 그 증가폭이 상대적으로 적었다고 할 수 있다. 월가 종사자의 보너스만 해도 1994년 60억 달러였던 것이 1999년에는 120억 달러로 2배 증가하였다. 한편, 주별 소득편차 조사결과 소득격차가 가장 적은 지역은 유타주였고 인디애나·아이오와·노스다코타·콜로라도·알래스카·메인 주 등도 상·하위계층 간의 소득격차가 적은 것으로 나타났다.

〈표 10-7〉 미국 주별 소득격차 수준

(단위 : %)

소득격차 상위 7개주		소득격차 하위 7개주	
주	상·하위간 소득비율	주	상·하위간 소득비율
뉴욕	14.1	유타	6.9
애리조나	13.1	인디애나	7.3
뉴멕시코	12.8	아이오와	7.4
루이지애나	12.0	노스다코타	7.9
캘리포니아	11.9	콜로라도	8.1
로드아일랜드	11.8	알래스카	8.1
텍사스	11.6	메인	8.1

자료 : 미국 경제정책연구원

(2) 빈부격차 심화의 원인

디지털경제시대(era of digital economy)를 맞아 지역·계층간 빈부격차가 날로 심화되고 있다. 이는 정보의 활용 정도가 부(富)로 직결되면서 정보를 소유하고 있는 자와 소유하고 있지 못한 자 간의 소득격차가 갈수록 커지고 있기 때문이다. 이러한 문제를 방치할 경우 정보화 시대가 인류의 생활을 편리하게 하고는 있지만 보다 중요한 문제인 심각한 빈부갈등을 야기시킬 수 있다는 점에서 빈부격차 심화의 문제는 일국만의 문제가 아닌 전세계가 합심하여 공동으로 해결해야 할 과제로 떠오르고 있다.

특히, 인터넷이란 단어조차 생소한 아프리카를 비롯한 제3세계에서는 디지털경제가 가져다주는 급격한 부의 확산이 환상에 불과하다. 정보화시대 도래와 함께 정보화에 앞선 선진국들이 사이버 세계에서 막대한 부를 축적하는 과정을 이들 국가는 그냥 지켜볼 수밖에 없는 실정이다. 정보를 소유한 자가 세계경제를 지배하는 추세 속에 이들 국가의 낙후된 정보산업기반은 더욱 심각한 국가 간에 부익부 빈익빈 현상을 초래할 수 있다.

이러한 선진국과 제3세계 국가 간에 존재하는 디지털격차(digital divide)가 빈부격차를 야기시키는 가장 중요한 요인으로 지적되고 있다. 즉, 정보·지식이 곧 부를 의미하는 세계화시대에 정보산업에서 낙오되면 영원히 후진국을 벗어나지 못하는 상황이 전개되고 있다. 이러한 현상은 국가뿐만 아니라 한 국가 내의 정보를 가진

계층과 가지지 못한 계층 간에도 동일하게 발생하고 있다.

정보력 차이로 인한 계층 간의 소득격차를 미국과 일본의 경우에서 살펴보고자 한다.[9]

① 미국의 소득격차

정보화사회로 본격 진입한 미국의 경우에도 인종・계층・지역간 빈부격차가 갈수록 커지고 있다. 1999년말 발표된 미 상무부 보고서에 따르면 1998년 고소득층과 저소득층간 소득격차가 전년 대비 29% 증가했는데 상무부는 인터넷 등 정보활용의 빈도차이에 따라 소득격차가 확대되었다고 설명하고 있다.

실제로 연봉 75,000달러 이상의 고소득 가정이 10,000달러 이하의 저소득 가정보다 컴퓨터를 보유하고 인터넷에 접속하는 비율이 7배나 되었다. 도농(都農)간 격차는 더욱 심해 도시지역 고소득층 가정의 62%가 컴퓨터를 보유하고 있는데 반해 농촌지역의 컴퓨터 보급률은 2.9%에 불과했다. 정보기술(IT) 산업 종사자와 비(非) IT 산업 종사자 간의 소득격차도 갈수록 커지고 있다. 1998년 IT 산업 종사자의 평균 연소득은 1997년의 34,000달러보다 52% 증가한 52,000달러였으나 비(非)IT 산업 종사자의 연소득은 29,000달러에 불과하였다.

② 일본의 소득격차

일본의 경우도 미국과 비슷한 상황을 보여주고 있다. 일본 경제기획청이 발표한 소비동향조사에 따르면 1999년 10~12월 PC를 구입한 세대(전체의 3.8%)의 대부분이 고소득층이었다. PC를 구입한 세대의 비율이 연소득 400만엔 미만에서는 1%에 불과했으나 1,200만엔 이상의 세대에서는 8%였다.

PC를 많이 활용하는 직종의 근로자일수록 임금수준도 높은데 일본 노동성의 임금구조 기본통계에 따르면 PC를 자주 이용하는 서비스업종의 30대 후반 이상 근로자의 중도채용임금이 전체산업 평균치에 비해 10만~30만엔이나 많은 것으로 나타나고 있어 정보력의 차이에 따른 소득격차가 선진국 내에서도 발생되고 있음을 보여주고 있다.

9) 중앙, 2000. 2. 9. 참조

(3) 빈곤극복 방안의 모색

2000년 5월 아시아개발은행(ADB)이 ADB의 사명을 아시아 지역의 경제개발 촉진에서 이 지역의 빈곤퇴치로 전환한 데 이어 9월엔 UN과 세계은행(IBRD)이 향후 중점과제를 각각 빈곤퇴치로 결정하면서 세계화 진전에 따른 세계 각 지역의 빈부격차가 세계경제가 당면하고 있는 중차대한 과제가 되고 있다.[10)]

특히, 세계은행은 경제전문가들로부터 그동안 개도국 내 경제 및 정치엘리트들의 이익만 대변한다는 비난을 받아왔는데 2000년 9월 12일 발표한 연례 '세계개발보고서'에서 여태까지의 '경제성장제일주의'에서 탈피하여 새로운 빈곤극복전략이 필요함을 촉구하고 있어서 이례적인 일로 받아들여지고 있다.

이제 세계은행은 '지속가능한 세계화'의 가장 큰 장애요인으로 빈곤문제에 관심을 가지게 되었다고 볼 수 있다. 이는 미국 아스펜 재단 창립 50주년 기념식에서 행한 제임스 울펜손 총재의 연설에서도 살펴볼 수 있다. 울펜손 총재는 세계화에 대해 수천년 전부터 지속되어 왔던 거스를 수 없는 대추세로 전제하고 있으며 우리가 염려해야 할 것은 세계화가 너무 진척되는 것이 아니라 세계화로부터 가장 큰 이익을 보는 선진국 국민들과 개도국 엘리트들이 세계화의 진전에 따른 피해자의 고통을 방치 또는 심화시킴으로써 세계화가 좌초되고 그 화가 결국 자신들에게까지 미치게 되는 가능성이라고 지적하고 있다.

세계은행은 세계화의 공적에 대해서 긍정적인 평가를 내리고 있다. 즉, 세계은행은 이번 연례보고서에서 1820년 세계전체 인구의 75%가 빈민이었던 반면, 현재는 그 비중이 20%로 크게 개선되었음을 지적하며 그 공을 세계화에 돌리고 있다. 세계화는, 특히 한국을 비롯한 동아시아 지역의 빈곤퇴치에 크게 기여하였다고 평가하고 있다. 세계은행을 중심으로 모색되고 있는 주요 빈곤퇴치관련 방안들에 대해 간략히 살펴보고자 한다.

① 직접적 구제방식의 채택

실제로 세계은행은 창립이래 개발도상국의 빈곤문제 해소를 최대과제로 삼고 있다. 최근에는 세계화 추세와 관련하여 이들 국가들의 빈곤문제 해결을 위해 전략을

---

10) 한경, 2000. 9. 18. 참조

다소 수정하고 있는데 대표적인 것이 직접적 구제방식의 채택이라 할 수 있다.

세계은행의 빈곤퇴치 전략은 다음 2가지 방향에서 이루어져 왔다.

가. 노동집약적 산업 육성을 통한 고도경제성장을 통해서이다.

나. 보건 · 교육 · 사회 안전망 강화 등 사회적 자본(social capital)의 확충을 통한 전략이다.

그런데 최근에는 빈곤퇴치의 효율성을 제고하기 위해 빈민들에 대한 권능부여(empowerment)를 추가하였다. 이는 향후 이들 지역의 빈곤퇴치를 위해 해당정부와는 상관없이 국제기구가 직접 이들 지역의 빈민들을 구제하는 방식을 채택하겠다는 것이며 더 이상 이들 지역정부와 엘리트들에게 빈곤퇴치 사업을 일임할 수 없다는 정책상의 변화를 의미한다. 이 같은 정책변화는 그동안 국제기구의 지원이 해당지역의 빈민들에게 직접적으로 혜택이 돌아가는지에 대한 의문이 꾸준히 제기되고 있는데 따른 것이라 할 수 있다.

이러한 정책상의 변화는 해당지역의 인권보호 문제와 함께 이제는 빈부격차와 빈곤상황에 대해서도 해당 지역정부의 독점적 권한, 즉 주권을 인정하지 않을 수 있다는 의미를 내포하고 있다.

② 마이크로 대출제도

마이크로 대출제도의 선구자인 방글라데시의 무하마드 유너스 박사는 빈민이 되는 가장 중요한 요인이 '빈민을 등쳐먹는 고리대금 금융구조'라고 지적하고 있다. 즉, 빈민들은 정상적인 금융혜택을 받지 못하고 있는데 이것이 이들을 빈곤 상태에 있게 하는 가장 큰 요인이라는 것이다. 유너스 박사는 이들에게 일반대출금리보다는 높지만 고리대금보다는 낮은 자금을 빌려줄 때 많은 빈민들이 구제될 수 있다고 주장하고 실제로 이를 실천하여 입증해 보였다.

한편, 이러한 마이크로 대출제도도 대도시 지역에서는 효과를 발휘하지 못하는 것으로 나타나고 있다. 마이크로 대출제도가 공동체의 응집력과 견제력이 있는 시골지역에서만 성공할 수 있다는 가능성을 보이고 있고, 또한 여성들에게만 실효가 있는 것으로 나타나고 있는 점등이 이 제도의 한계성으로 지적되고 있다.

③ 정보화기반 구축

UN은 관련기관과 연계하여 아프리카 등지에서 인터넷 인프라스트럭처(internet infrastructure) 구축사업을 지원하며 디지털경제의 확산에 적극적인 입장을 표명하고 있다. UN의 목적은 이들 국가를 정보화 물결에 동참시킴으로써 이들 국가의 국민들이 실질적으로 세계화의 혜택을 누리게 하는데 집약되고 있다.

가난한 개도국과 NGO들의 세계화에 대한 비판에 대해 부분적으로는 동의할 수 있으나 개도국의 빈곤이 전적으로 국제금융기구의 실패와 하자 때문이라는 시각은 옳지 않다. 세계화는 세계 각국이 당면하고 있는 피할 수 없는 과제이다. 따라서 세계화를 선진국이 후진국을 착취한다는 19세기적 개념으로만 볼 수는 없다.

향후 세계화의 추진과정에서 닥쳐올지도 모를 세계경제의 위기에 대처하기 위해 IMF를 비롯한 국제금융기구의 진취적인 개혁이 필요하며 선진국의 후진국에 대한 보다 폭넓은 경제원조가 더욱 더 필요하다고 생각된다.

현 세계경제가 당면하고 있는 가장 중요한 문제들인 남북문제 · 빈부의 격차문제 등을 해결하기 위한 범세계적인 관심과 협력이 그 어느 때보다 긴요한 시점이다.

(4) 세계식량정상회의

국제연합(UN)의 식량농업기구(FAO)가 주최한 '제2차 세계식량정상회의'(WFS : World Food Summit)가 2002년 6월 10~13일간 이탈리아 로마에서 180여개국 정상 또는 정부고위관리 등이 참석한 가운데 개최되었다. 2001년 11월 개최예정이었으나 9 · 11 미 테러사태로 연기되었던 이번 회담에서는 기아(飢餓), 인구감소, 에이즈(AIDS : 후천성 면역결핍증), 농토의 염분증가, 도시인구집중 문제 등을 논의하였다.[11]

① 세계식량위기의 주요 요인

가. 기아인구의 급증

1996년 이탈리아 로마에서 개최된 '제1차 세계식량회의'에서는 2015년까지 세계의 기아 인구를 현재의 약 8억명(이 중 어린이는 3억여명에 달함)에서 절반수준인 4억명으로 감소시킨다는 계획을 채택한 바 있다. 따라서 각국 대표들은 이번 회담에서

11) 조선, 2002. 6. 9. 참조

기아문제해결을 위해 구체적 지원 방안을 논의하였다.

이러한 계획이 실현되기 위해서는 매년 전세계의 기아인구를 2,200만명씩 줄여나가야 하지만 최근 수년간 실적을 살펴보면 연간 600여만명 밖에 줄이지 못해 현재 추세대로 진행될 경우 2015년에 가서도 기아인구는 6억명에 달하게 된다. 2015년에 목표를 달성하기 위해서는 매년 1,800억 달러의 자금이 투입되어야 할 것으로 분석된다.

세계식량계획(WFP)과 세계식량농업기구(FAO)의 조사결과에 따르면 아프리카 남부 6개국(잠비아, 모잠비크, 레소토, 말라위, 스와질랜드, 짐바브웨)에서만 1,280여만명이 아사위기에 직면해 있으며 당장의 아사위기를 벗어나기 위해서는 최소한 400만톤의 식량이 필요한 것으로 나타났다.

나. 에이즈의 확산

에이즈의 확산이 보건문제에 그치지 않고 전세계, 특히 빈곤국의 식량문제와 직결되어 있는 것으로 나타나고 있다. 에이즈가 빈곤지역의 농촌으로 확산되면서 이 지역의 식량생산을 크게 저하시킴에 따라 농촌지역의 생존을 위협하는 요인이 되고 있다. 특히, 전세계적으로 에이즈문제가 가장 심각하게 나타나고 있는 사하라 이남 아프리카의 경우에는 에이즈 감염자 2,800만명 중 절반가량이 농촌에 거주하고 있어 향후 20년 내에 농촌노동력의 약 26%가 상실(喪失)될 것으로 예상되고 있다.

다. 인구의 도시집중

인구의 도시집중 문제도 세계식량위기의 주요한 요인이 되고 있다. FAO의 분석에 따르면 2005년엔 세계인구의 50% 이상이 도시 또는 근교에 거주할 것으로 예상되며 현재 인구 1,000만명 이상의 도시가 전세계에 20개나 되고 이들은 동일한 농촌인구보다 식량을 30% 더 소비하는 것으로 나타났다. 도시화의 확대(expansion of urbanization)로 농토가 축소되고 식량생산지와 소비자들 간의 물리적 거리가 멀어져 생산·유통 단가가 상승하고 있다.

라. 농토의 염분화

관개(灌漑)시설이 구비된 세계농토의 약 10%가 염분화로 인해 훼손되고 있는데 이러한 농토의 염분화 심화현상은 세계식량위기를 초래하고 있는 요인으로 지적되고 있다. 전세계 농토 중 관개시설이 되어있는 비율은 약 17%이며 세계식량생산의 40%를 담당하고 있는데 가뭄현상의 심화로 농업용수의 염분비율이 높아져 각종 농업생산의 생산성을 급격히 저하시키거나 토양을 훼손시키고 있다. 염분화 현상은 관개시설을 갖춘 전세계 토지를 매년 1~2%씩 훼손시키고 있어 이에 대한 대책이 시급한 것으로 나타나고 있다.

② 회담결산

이번 '제2차 세계식량정상회의'는 기아문제 해결에 있어서 큰 진전을 못 이루고 농가보조금 지금과 유전자변형(GM) 농산물 등에 대한 선·후진국들 간의 이견(異見)을 좁히지 못한 채 폐막되었다. 이번 회담의 참가국 대표들은 현재의 세계기아인구 8억명을 2015년까지 4억명 수준으로 감축시키기로 한 1996년의 '제1차 세계식량회의'의 합의사항을 신속히 이행한다는 데 공통된 인식을 하였으나 세계적 환경단체인 그린피스(Greenpeace) 등은 1996년 이후 지난 6년간 세계의 기아인구수에는 커다란 변화가 없었으며 이번 회의에서도 선진국들의 무관심 하에 실질적인 소득이 없었음을 지적하고 있다.

이번 2차회의를 조직한 자크 디우프 세계식량농업기구(FAO) 국장도 회의 결과에 대해 실망스러운 견해를 피력했으며 부국(富國)들의 빈곤(貧困)에 대한 관심수준이 여전히 미흡함을 지적하였다. 또한, 이번 2차회의는 1996년 1차회의 때와는 달리 선진국 정상들이 대거 불참함으로써 애초부터 가시적인 성과를 도출하는 데 난항이 예상되었다.

1996년 '제1차 세계식량정상회의'에서는 유럽의 선진국 정상들이 대부분 참석하였으나 이번 2차회의에서는 경제협력개발기구(OECD) 회원국 중에 개최국이자 의장국인 이탈리아의 실비오 베를루스코니 총리와 스페인의 호세 마리아 아즈나르 총리만 참석하였다. 정상들의 저조한 참석률은 9·11 미 테러사태 이후 제기된 안전문제와 2002년 8월 남아프리카공화국의 요하네스버그에서 개최되는 '지속가능개발 정상회의' 등 정상외교행사의 중복이 지적되고 있다.

(5) 선진국의 빈국지원

경제협력개발기구(OECD) 개발위원회는 2002년 5월 13일 발표한 자료에서 선진국들이 장기적으로 개발원조 규모를 증가하겠다고 공언해온 것과는 달리 2001년 OECD 22개국의 정부개발원조(ODA)가 총 514억 달러로 2000년의 537억 달러보다 1.4% 감소하였다고 지적하였다. 따라서 이번 OECD 개발위원회의 조사자료는 빈국들에 대한 경제적 지원을 증가하겠다는 선진국들의 약속이 제대로 지켜지지 않고 있음을 여실히 드러내고 있다고 할 수 있다.

ODA 규모의 축소와 더불어 ODA가 이들 국가의 국내총생산(GDP)에서 차지하는 비중도 0.22%에 그친 것으로 나타났는 데 이는 1990~1992년의 0.33%에 비하면 무려 33.3%나 감소한 것이다. 2001년에 OECD의 개발원조금액이 감소한 가장 주요한 요인은 일본이 경제침체의 장기화로 개발원조를 40억 달러나 감소시켰기 때문으로 분석되고 있다. 일본의 개발원조 감소로 2001년의 개발원조에서는 미국이 10년 만에 최대지원국이 되었는데 미국은 2000년 99억 6,000만 달러에서 2001년에는 9.4% 증가한 109억 달러의 개발원조를 제공하였다.[12)]

한편, 2001년 미국은 ODA부문에 있어서 세계 최대의 지원국이 되었음에도 불구하고 ODA 지원금이 국내총생산에서 차지하는 비중은 0.11%에 불과하여 OECD 22개 국가 가운데 최하위를 기록하였다. 정부개발원조 제공액이 이처럼 감소한 데 대해 미국은 2006년까지 개발원조제공액을 매년 50억 달러씩 증가시키겠다고 밝힌 바 있으며 유럽연합(EU) 역시 2006년까지 GDP 대비 개발원조 비중을 0.39%로 제고시킬 것임을 천명하였다.

OECD 국가 중 UN이 목표로 하고 있는 개발원조의 GDP 대비 비중 0.7%를 충족시키고 있는 국가는 덴마크, 노르웨이, 네덜란드, 룩셈부르크, 스웨덴 등 5개국에 불과한 것으로 나타나서 경제대국들의 GDP 대비 ODA의 비율 확충이 선진국의 빈국지원에 있어서 중차대한 과제가 되고 있다.

(6) 선진7개국 재무장관회의

선진7개국(G7) 재무장관들은 2002년 6월 15일 캐나다 핼리팩스에서 개최된 'G7 재무장관회의'에서 빈국지원방안, 금융위기 방지책 등을 논의하였다.[13)]

---

12) 2001년 미국의 개발원조금 109억 달러 중 테러와의 전쟁 수행을 위해 파키스탄에 6억 달러의 원조를 제공한 것이 지원확대(9억 4,000만 달러)의 절대부분을 차지하고 있다고 볼 수 있다.

13) 2002년 6월 26~27일 캐나다 앨버타에서 개최될 G7 정상회의를 위해 열린 재무장관회의

개최국 캐나다의 재무장관 존 맨리는 미국과 주요 경제대국들이 2001년 9·11 테러사태로 인해 경기가 침체된 후 최근 들어 미국을 중심으로 경제회복세를 보이고 있으나 여전히 문제는 남아있다고 언급하면서 농가보조금지급 등 미국의 일부 무역정책이 타 국가의 경제개혁(economic reform)을 추진하는 데 있어 장애요소가 되고 있다고 지적하였다.[14] 맨리장관은 또한 이번 회의가 'G7 정상회의'에서 캐나다의 장 크리티앙 총리가 제안할 '새로운 아프리카 개발계획'을 논의하는 준비회의임을 지적하여 빈곤문제가 세계경제가 안고 있는 최대이슈 중의 하나임을 분명히 하였다.

1.2 반(反)세계화 정서의 확산

구소련의 몰락으로 냉전종식과 함께 세계 각국의 이해관계의 중심은 이념적 대결에서 경제적 관계로 전환되었다. 이러한 이해관계 전환의 중요한 선봉에 세계화와 신경제가 앞장서 있다. 그러나 최근 들어 개도국·제3세계를 중심으로 세계화의 부작용에 대한 심각한 우려가 제기되고 있다. 이들의 주장은 세계화와 신경제가 결국 인류 공통의 번영을 가져오는 것이 아니라 총체적 경제위기, 즉 지난 1920년대 후반에 전세계를 강타했던 세계대공황(Great Depression)을 다시 야기시킬 수 있다는 것이다.

우선 세계화의 중심에 서있는 미국과 유럽의 현실을 볼 때 세계인들은 세계화에 대해 의구심을 가지게 된다. 세계화의 핵심인 통일된 세계규범, 즉 계약주의와 법치주의에 이들 국가 또는 이들 국가의 기업이 합당하게 운영되고 경영되는지에 대해 의문이 제기된다. 자신들의 국가운영·기업경영에서 이러한 원칙을 준수하지 않는 국가가 어떻게 타국 정부 또는 타국의 기업들에게 자신들이 제정한 범세계적 구범을 제시할 수 있는가에 대한 의구심이다.

또한, 지난 10여년간 미국경제를 호황으로 이끌어 온 신경제의 위력도 최근 들어 급격히 위축되고 있으며, 특히 닷컴(.com) 기업들로 대변되는 신경제 기업들의 도산은 세계에서 유일한 신경제로 인식되어오던 미국경제에 대한 신뢰를 저하시켰다.

에서 각국 재무장관들은 빈국지원방안, 금융위기 방지책, 세계경제성장을 위한 정책, 개발도상국의 경제성장지원, 테러자금차단 등을 논의한 바 있다.

14) 이번 '선진7개국 재무장관회의'에서도 어김없이 세계의 비정부기구회원 등 200여명이 "그들은 전세계 대다수의 시민들을 궁핍하게 만들고 있다"는 구호 하에 반세계화 시위를 벌였다.

유럽연합 역시 자국기업들에 매년 미국의 5.5배가 넘는 엄청난 직접보조금(OECD에 따르면 1999년 EU가 자국기업들에 지급한 직접보조금은 2,170억 달러에 이르고 있음)을 지원하면서도 미국의 역외기업에 대한 세금혜택, 즉 간접보조금에 대해서는 무역보복조치를 취하고 있는 것은 시장의 이름을 빌린 강대국의 경제패권주의라고 하지 않을 수 없다.

2. 반세계화운동

세계화[15)]의 도도한 흐름속에서 성장과 효율의 문제에만 치중했던 1990년대 이후의 세계경제는 최근 주요 다양한 세계화 저항세력의 강력한 반발에 직면해 있다. 지난 1999년 미국 시애틀 세계무역기구(WTO) 회의에서부터 시작해 최근 국제회의가 개최될 때마다 세계 각국에서 모인 시위대가 어김없이 등장하고 있다. 소위 '시위대(the protesters)' 혹은 '반세계화 시위대(the anti-globalizationa protesters)'로 지칭되고 있는 이들은 세계화의 급속한 확산에 반발하고 있다.

세계화의 흐름은 거스를 수 없는 세계경제의 추세임에 분명하다. 또한, 다수의 연구보고서 결과는 세계화의 이익이 그 비용을 초과하는 것으로 나타나고 있어 쉽게 정당화되는 경향이 있는 것도 사실이다. 그러나 한편으로 세계 각처에서 최근 거세게 일어나고 있는 반세계화 운동을 간과할 경우 심각한 사회문제를 야기할 소지가 있으며 세계화의 효율적인 진행 자체가 어렵게 된다.

2.1 반세계화운동의 확산

최근 반세계화 시위 움직임이 심각한 수준에 이르고 있다. 세계화에 저항하는 시민단체들의 반세계화운동이 해가 갈수록 거세지고 조직화되는 양상을 보이고 있다. 세계 각국의 시민단체들은 1999년 시애틀에서 개최된 WTO 각료회의를 계기로 대

15) 세계화(globalization)란 국가 및 지역 간에 존재하던 상품, 서비스, 자본, 노동, 정보 등에 대한 인위적 장벽이 제거되어 세계가 일종의 거대한 단일시장으로 통합되어 나가는 추세를 의미한다. 세계화는 특히 1990년대 들어 가속화되고 있는데 그 배경으로는 신자유주의(neo-liberalism)의 확산, 정보통신기술(IT)의 발달, UR협상 타결에 따른 무역자유화(trade liberalization)의 확대, 금융시장의 자유화(liberalization of financial market)와 국내규제의 완화, 다국적기업의 확산 등을 지적할 수 있다.

규모 반세계화 시위를 전개하기 시작하였으며, 이러한 시위는 최근 세계무역기구(WTO), 국제통화기금(IMF), 세계은행(IBRD) 등 국제경제기구의 행사, G7 정상회의, 다보스 세계경제포럼(WEF) 등 세계경제통합(global economic integration)을 논의하는 회합장소를 대상으로 더욱 더 격화되는 추세를 보이고 있다. 2000년 4월 워싱턴에서 개최된 '세계은행 · 국제통화기금 춘계회의'에는 15,000명의 시위대가 전 세계에서 모여 극렬한 시위를 전개한 바 있다. 2000년 9월 체코 프라하에서 열린 '세계은행 · IMF연차회의'도 시위대의 격렬한 저항으로 '프라하의 봄 이후 최악의 사태'로 평가되었다. 또한, 2001년 4월 캐나다 퀘벡에서 개최된 '미주정상회담', 6월 스웨덴 예테보리의 '유럽연합정상회담' 역시 세계화 반대론자들의 격렬한 시위가 발생되었으며, 더욱이 2001년 7월 이탈리아 제노바에서 개최된 G8 정상회담장에는 무려 30만명에 이르는 반세계화 운동가들이 모여 격렬한 시위를 벌인 끝에 시위대 한 명이 숨지는 유혈사태까지 발생하였다.

특히, 2001년 1월말 다보스포럼 개최시기에 맞추어 브라질 포르투 알레그레에서는 반세계화 모임인 '세계사회포럼(WSF : World Social Forum)'이 개최되었다. 이는 반세계화가 이제는 단순히 일시적이고 간헐적인 시위 수준을 넘어 조직화된 운동으로 발전되었음을 의미한다. 향후 반세계화운동의 중심이 될 '세계사회포럼(WSF)'은 세계의 경제, 환경, 인권 관련 비정부단체(NGO), 비주류 학자 등이 중심이 되어 2001년 제1차 회의에 이어 다보스포럼과 동시에 개최되고 있다. 이들은 신자유주의와 자유방임적 자본에 의해 지배되는 세계를 거부하고 인류의 빈곤문제 해소, 환경의 개선, 인권신장에 보다 중점을 두는 새로운 세상을 구축해 나갈 것을 표방하고 있다. 아울러 신자유주의의 첨병 역할을 하고 있는 세계은행, IMF 등 국제경제기구의 활동을 비판하고 WTO 도하개발아젠다(DDA) 협상과 미국이 주도하고 있는 미주자유무역지대(FTAA) 추진에 반대하는 시위를 전개하고 있다.

2.2 반세계화 주장의 논리

세계 각처의 인권 및 환경운동가, 무정부주의자 및 공산주의자, 극우파 등 다양한 이념과 성향을 지닌 단체들이 결합되어 반세계화를 주장하고 있는 이들 시위대의 구체적인 주장점에 대해 살펴보고자 한다.

반세계화 주장에 따르면 자유무역 옹호자들은 개도국들이 우루과이라운드(UR) 타결에 따른 이익을 얻게 될 것이라고 주장해 왔지만 개도국들은 무역자유화 이후에 일차산품의 가격 하락에 따른 교역조건(terms of trade)의 악화를 경험하고 있는 등 무역자유화(trade liberalization)로 인한 혜택이 거의 전적으로 선진국에게 귀속되고 있다는 것이다. 또한, 선진국들은 정부 보조금 및 산업보호가 자유경쟁에 의해 시장에서 결정되어야 하는 가격을 왜곡하고 성장을 저해한다고 주장해 왔지만 정작 선진국들은 농산물, 섬유, 의류, 가죽 및 신발 등 개도국들이 수출 잠재력을 보유하고 있는 품목들에 대해 상당한 보호장벽을 유지하고 있다는 것이다. 반덤핑 절차 및 보건·안전 기준 등의 남용도 개도국의 수출에 대한 선진국의 수입제한 수단이 되고 있다고 비판하고 있다.

해외직접투자(FDI)는 단기자본이동(short-term capital flows)에 비해 보다 덜 유동적(less volatile)이며, 유치국에 기술 및 경영기법을 이전하는 이외에도 고용 창출(job creation) 및 수출증대를 발생시킨다는 점에서 유치국 경제에 상당한 기여를 하는 것으로 인식되고 있다. 그러나 반세계화 운동가들은 이러한 FDI의 대부분이 선진국들 가운데 발생하고 있으며 대(對)개도국 FDI 비중은 매우 적어 개도국들이 FDI로 인한 혜택을 별로 받지 못하고 있다고 주장하고 있다. 더욱이 최근 개도국으로의 FDI 증가는 신설투자(Greenfield)가 아닌, 인수합병(M&A)의 형태를 띠고 있다는 점에서 문제를 제기하고 있다.

반세계화 주창자들은 지난 1997~1998년 발생한 동아시아외환위기(East Asian Foreign Exchange Crisis)가 세계 금융시장의 통합(integration of global financial market)에 따른 금융시장의 불안정 위험을 적나라하게 노출시켰다고 주장하고 있다. 또한, 선진국들은 이러한 위험으로부터 거의 영향을 받지 않았고, 심지어 일부 국가는 이로부터 이익을 본 반면, 개도국을 비롯한 체제전환경제국 등은 세계의 다수 국가들이 동 위기로부터 심각한 타격을 받았다는 것이다. 이는 국제통화기금(IMF) 및 세계은행의 조언 및 압력에 따라 개도국들이 금융시장을 개방하여 단기자본이동의 공격에 극도로 취약한 데 원인이 있다는 것이다. 더욱이 국제통화기금(IMF)은 경제위기를 경험하고 있는 국가들로 하여금 그들의 자본시장을 추가 개방하도록 강요하였고 심지어 국내 사회정책에까지 관여함으로써 동 국가들의 주권을 침해하였다고 비판한다. 고금리 및 긴축재정정책 등 IMF의 처방책도 오히려 기업 도산과 실업 양산을 초래하여 위기를 더욱 악화시켰다고 주장하고 있다.

반세계화 운동가들은 세계화가 진전되면서 선진국과 개도국을 막론하고 임금감소, 실업증가 및 노동시장의 유연성(flexibility of labor market) 제고 등에 의해 노동자들이 고용 및 소득 안정성을 위협받고 있다고 주장 한다. 또한, 숙련 노동자와 비숙련 노동자 간의 임금격차가 무역 및 투자자유화와 더불어 증대되고 있다는 것이다. 아울러 경쟁적인 FDI 및 기업인들의 국제적인 생산거점 이전 능력 등으로 인해 노동자들의 고용 안정성과 교섭력(collective bargaining)이 약화되고 있으며, 특히 M&A는 기업 구조조정 및 대량 실업을 수반하고 있다고 비판한다.

반세계화 시위대는 세계화가 진전되면서 국가간 및 국가내 빈곤, 소득불평등(income inequality) 및 상대적 박탈감(relative deprivation)을 심화시키고 있다고 주장한다. 또한, 개도국뿐만 아니라 OECD 국가들의 경우에도 1980년대 이후 소득불균형 현상이 심화되고 있다는 것이다. 아울러 다수의 개도국들은 지불불능의 대외부채를 떠안고 있는데 이는 이들 국가의 경제발전 및 빈곤퇴치의 주요한 장애요인이 되고 있다고 지적한다.

한편, 반세계화 운동가들은 무역 및 투자의 자유화로 인해, 또는 경제성장 그 자체로 인해 증대된 기업의 영업활동이 소비와 생산의 증대를 유발시키고 이에 따라 필연적으로 환경의 질(quality of environment)을 저하시키고 있다고 주장한다. 즉, 세계화는 지구 온난화에 영향을 미치는 등 상당한 환경파괴를 야기하고 있다는 것이다.

반세계화 시위대는 현재의 통치체제 및 기구가 국내적 또는 국제적 활동을 관리하기 위한 목적에서 창설되었기 때문에 현재 세계화의 급진전으로 이루어지고 있는 글로벌 경제활동을 관리하기에는 부적합하다고 주장하고 있다. 또한 주요 국제기구들의 관리체제가 매우 비민주적이며 불공정하다고 역설하고 있다. 빈곤국 및 빈곤자들은 국제정책 결정과정에 영향력을 거의 행사할 수 없으며, IMF와 세계은행의 주요 의사결정 메커니즘은 각국의 자본출자 규모에 비례하므로 주요 선진국들이 대부분의 의사결정권을 가지고 있는 것을 비판하고 있다.

2.3 반세계화 주장에 대한 평가

세계화는 세계단일시장(global single market)을 구축시킴으로써 재화와 용역, 생산요소들의 경쟁을 치열하게 만들고 있으며, 그 과정에서 세계경제는 성장의 원동력을 얻고 전세계의 후생(global welfare)도 증가한다. 즉, 세계화는 효율의 극대화(maximization of efficiency), 자원배분의 합리화(rationalization of resource allocation), 규모의 경제이익(benefit of economies of scale) 초래, 자유무역 이익(free trade advantage)의 실현 등 다수의 긍정적 효과를 파생시키게 된다. OECD 분석자료에 의하면 시장개방(market opening)이 1% 진전되면 국민소득증가율과 경제성장률이 각각 0.5%씩 증가하는 것으로 나타났다. 또한, UR에서 합의된 사항이 이행될 경우 이로 인한 선진국 및 개도국의 후생증가는 약 2,500억 달러에 이르는 것으로 분석되었다.

그러나 한편으로는 반세계화 운동가들의 주장대로 세계화로 인한 문제점과 비용도 발생하고 있는 것이 사실이다. 즉, 세계화의 과정은 순탄한 과정이 아니라 고통이 수반되는 과정이며 그 편익을 향유하는 집단 또는 국가가 있는가 하면 여기에서 소외되는 집단 또는 국가가 존재한다. 대체적으로 세계화는 불확실성(uncertainty)을 제고시키는 한편, 경제활동에 수반되는 위험(risk)을 증대시켰다. 많은 정보를 보유함으로써 경제적 불확실성을 극복하고 이를 토대로 세계화 과정에 수반되는 위험을 적절히 관리할 수 있는 집단에 대해서는 세계화가 하나의 기회였지만 그렇지 못한 집단에 있어서는 극복하기 힘든 과제가 되었다고 평가 할 수 있다. 예를 들면, 니제르에선 국민 85%가 문맹이고, 짐바브웨에선 잠재노동력의 60%가 실업상태이며, 에티오피아는 인구의 27%만이 식수를 구할 수 있으며, 북한은 식량문제가 심각한 것이 최빈국들의 일반적인 상황이라고 할 수 있다. 이들 최빈국의 공통점은 세계화를 하지 않은 폐쇄사회(closed society)라는 것이다.

그런데 반세계화 시위대들은 세계화의 긍정적인 측면 이면의 부작용만을 지나치게 강조하는 면이 없지 않다. 또한, 전술한 반세계화 운동가들의 주장은 일부 수용되어야 하는 점들도 있지만 반론의 여지가 있는 점들도 사실이다. 우선 개도국들이 무역자유화와 FDI의 혜택을 실질적으로 누리지 못하고 있다는 주장에 대해 살펴보면 제2차 세계대전 이후 30년간 OECD 국가들이 세계경제와 다자무역체제를 주도하여 왔다. 그러나 20세기 마지막 20년 간은 비(非)OECD 국가들이 국내시장을 스스로 개방하고 세계시장으로 적극 진출하면서 세계경제무대에서 주요한 역할을 수행하기 시작하였다. 이들 국가의 시장개방노력으로 인해 1981~1998년간 이들 국가의 국내총생산(GDP)에서 무역이 차지하는 비율은 연평균 4%, GDP에서 FDI가 차지하는 비율은 연평균 17%씩 성장하고 있는 등 개도국들도 무역 및 투자자유화의 이익을 더욱 더 많이 향유하고 있는 것으로 나타나고 있다.

공산품 관세만 하더라도 과거엔 선진국에만 이익이 되는 것으로 인식되었지만 현재는 개도국에도 많은 이익을 가져다주는 것으로 인식되고 있다. 또한, 외국인투자와 관련, 신설투자와 M&A형 투자 모두 국내자산에 대한 취득의 대가로 외화가 유입되며 단기적 자산 및 주식가격 상승에 따른 이익을 도모하는 M&A형 외국인투자에 따라 기업의 가치가 상승하면 나머지 국내투자가도 주식가치상승에 따른 이익을 볼 수 있는 등의 이점이 있다는 것을 간과해서는 안된다.

1997년말 발생한 동아시아외환위기와 관련해서도 중요한 사실은 한국 등 이를 극복한 국가들은 비교적 세계화에 순응하는 경제체제를 갖고 있었다는 것이다. 세계화가 경제위기를 야기시킨 것이 아니라, 오히려 세계화가 잘 됐기 때문에 위기를 극복할 수 있었던 것이다. 또한, 당시 외환위기를 경험했던 국가들의 문제는 세계화를 너무 많이 해서가 아니라 세계화를 편향적으로 했던 데 있다. 즉, IMF 경제위기는 해외로부터의 직접투자 환경을 건실하게 하지 않고 자본시장을 성급하게 개방한 것이 원인이었던 것으로 판단된다.

세계화가 노동자들의 고용불안정과 임금감소를 초래한다는 주장과 관련하여 무역 및 투자자유화가 실업증가 및 고용감소를 초래할 수는 있다. 그러나 이는 일부 측면만을 인식한 것으로 무역 및 투자자유화는 일부부문의 고용을 감소시키는 동시에 수출부문 및 연관산업 등에서 신규 일자리를 창출하며 성장을 통한 추가적인 고용 창출이 발생한다고 보아야 한다. 예를 들면, 한국의 경우 총고용의 약 20% 정도가 수출에 의해 창출되는 것으로 분석되고 있으며, 외국인직접투자 역시 1995년의 경우 54,000명의 고용창출효과를 나타낸 것으로 추정되고 있다. 또한, 노동자들의 임금수준은 개방여부와는 별로 관계가 없으며 오히려 기업의 경영성과, 기업조직의 변화, 산업의 기술수준 발전 등의 요인에 의해 더욱 영향을 받는 것으로 나타나고 있다. 예를 들면, OECD의 선진국에 대한 분석결과 무역증가가 임금의 약 10~20% 정도만을 설명한다는 점이 제시되었다.

세계화가 소득불균형을 심화시킨다는 측면은 어느 정도 인정되고 있다. 즉, 세계화가 숙련된 노동자들에 대한 임금 프리미엄(wage premium)을 증가시키고 미숙련 노동자에 대한 수요를 감소시키는 방향으로 작용하고 있다는 것이다. 그렇다고 보호주의를 통해 구조조정을 연기하는 것은 이론적으로 보나 경험적으로 보나 바람직하지 않은 일이다. 보호주의는 오히려 더욱 큰 부작용과 비용을 초래한다. 따라서 문제는 무역과 투자로 발생한 이득을 어떻게 하면 더욱 공평하게 분배되도록 할 수 있는가에 중점을 두어야 한다.

세계화가 환경파괴(environmental destruction)를 초래한다는 주장과 관련하여 적절한 환경정책이 마련되지 않는 경우에는 세계화로 인한 경제활동의 증가가 환경악화를 초래할 수 있다는 것은 사실이다. 그러나 한편에서 세계화의 이익을 통해 소득수준이 향상됨에 따라 환경의 질에 대한 요구가 증가하여 환경개선 성과를 수반하는 적절한 환경정책들이 추진될 수도 있다. 예를 들면, OECD에 따르면 각국의 전반적인 환경개선 성과는 일인당 소득수준의 증가와 명백히 정(正)의 관계가 있는 것으로 조사되었다. 그러나 모든 형태의 환경오염이 경제성장과 더불어 감소하지 않으며 환경오염을 지속적으로 감소시킬 수 있는 기술의 존재여부도 주목해야 할 요소 중의 하나이다.

한편, 반세계화 운동가들의 국제기구에 대한 비판과 관련하여 1999년 시애틀 반세계화 시위 이후 국제사회는 세계화의 도전에 대한 대응문제를 진지하게 협의하기 시작했다. 특히 G7, G20, IMF, 세계은행, OECD 등 국제기구는 이를 최우선 당면과제로 설정하여 지속적으로 논의를 진행하고 있다. 이러한 논의는 최빈국 및 개도국의 성장지원 강화, 경제성장과 환경보호를 결합한 지속가능발전(sustainable development) 전략 추진, 국제금융체제의 안정화(stabilization of international financial system), WTO 다자무역체제의 개선 등으로 집약할 수 있다. 2001년 11월 출범한 WTO의 새로운 다자간무역협상을 '뉴라운드' 대신 '도하개발아젠다(DDA)'로 명명한 것도 이와 같은 맥락에서 이해할 수 있다.

2.4 한국에의 시사점

이제 세계화의 흐름은 거스를 수 없는 하나의 추세임이 분명하다. 이 같은 세계화 시대에 일국이 세계화를 지속적으로 추진할 것인가 추진하지 않을 것인가를 논하는 것은 무의미하며, 세계화의 장점이 크냐 단점이 크냐를 논쟁하는 것도 비생산적이라고 할 수 있다. 급속한 세계화의 진전 속에서 중요한 문제는 어떻게 하면 세계화에 따른 이익을 극대화하면서 그 부작용과 비용을 최소화할 수 있는 제도적 장치를 마련하는 가에 있다. 이 같은 맥락에서 그동안 적극적인 무역·투자자유화 등을 통해 세계화의 이익을 향유해 온 한국경제의 향후 세계화 추진방향을 살펴보고자 한다.

우선 전술한 바와 같이 세계화는 전체적으로 성장의 원동력이 되지만 세계화의 과정에 편입되지 못한 일부 노동자 및 기업들은 고통을 경험하게 된다. 따라서 세계화의 편익을 적절한 정책을 통해 사회 전반에 공평하게 배분하려는 노력은 향후 효율적인 세계화 추진을 위해 무엇보다 중요하다고 할 수 있다. 세제개편 등 빈곤층의 소득증대를 위한 제반적인 정책적 배려가 필요하며, 미국의 무역조정지원(TAA)과 같이 경제개방으로 인해 피해를 보는 부문에 대한 보상방안 등이 실질적으로 선결되어야 한다. 또한, 노동시장의 유연화 또는 불안정화에 대비하여 고용창출을 위한 노력을 적극적으로 전개하고 노동자의 능력개발을 위한 투자를 증대시켜야 한다.

시장개방에 있어서는 부문별 개방의 유기적 조정이 중요하다고 할 수 있다. 어느 한 부문만 신속히 개방한다고 해도 다른 부문의 개방속도가 지체되는 경우에는 경제전체에 부담이 될 수 있다. 다수의 경제전문가들은 1997년 말에 경험했던 경제위기도 개방속도가 신속했기 때문에 발생한 것이 아니라 오히려 실물부문과 금융부문의 시장개방 및 자유화 속도에 있어서 차이가 있었기 때문이라고 지적하고 있다. 일국의 경제는 살아있는 유기체로서 경제 각 부문의 균형적인 개방 및 자유화가 필요하다.

향후 세계화 추진과정에서는 정보를 투명하게 공개하고 국민의 동의를 얻는 과정이 수반되어야 한다. DDA와 FTA 등 관련 협상의 주요 내용과 동향에 대해 기업,

시민단체, 언론 및 일반국민들이 정확하게 이해할 수 있도록 정보를 공개하고, 공청회 및 토론회 등을 통해 국민의 지지를 확산시킴으로써 세계화 추진과정의 정당성을 확보해야 한다. 왜냐하면 국민의 동의와 이해가 확보될 경우에만 효율적인 세계화 전략이 추진될 수 있기 때문이다.

또한, 정부로서는 국경을 초월하거나 국제적인 영향을 미칠 환경문제에 대해 국제적인 협조를 적극적으로 모색해야 한다. 무역 및 투자자유화 등 세계화 추진정책과 환경정책 간의 상호연계성을 제고해 나갈 필요가 있다. 이밖에도 범지구적 경제통합(economic integration)이 진행되고 있는 현재 치열해지는 국제경쟁에서 생존하기 위한 전략으로서 기업 및 금융기관의 투명한 경영혁신, 전자상거래(e-Commerce) 확대추세에 대한 대응, 기술혁신을 위한 노력 등이 절실히 요구된다.

세계경제가 직면한 환경이 신속히 변화되고 사람들의 인식이 끊임없이 변화하며 과학기술이 새롭게 혁신되고 있는 이때에 국가정책도 이러한 상황에 대처하기 위하여 부단히 변화해야 한다.

제 7 절 세계화의 과제

세계화는 1990년대 이후 급속히 진행되고 있어 이미 되돌릴 수 없을 만큼 전세계 경제에 영향을 미치고 있다. 제한된 자원(limited resources)을 가장 효율적으로 사용한다는 점에서 세계화는 불가피한 추세라고 할 수 있다. 그러나 세계화의 진전과정에서 이러한 순기능과 함께 심각한 역기능도 나타나고 있다. 지역별로 상이한 관행과 의식・가치관 등이 충돌하여 지구촌 곳곳에서 심각한 마찰이 발생되고 있다. 빈부격차의 심화 및 당면한 세계경제의 위기도 심각한 도전이라 할 수 있다. 이에 대한 해결책으로 '인간의 얼굴을 한 세계화' 등이 제시되고 있으나 그것을 해결하기 위한 방법론에서는 상이한 처방을 내놓고 있다.

최근 세계화 또는 글로벌화(globalization)에 대한 논란이 거세지고 있는 상황 하에서 세계화가 각 나라에 던지는 의미는 상이하다 할 수 있다. 예를 들면, 한국, 대만, 싱가포르의 경우에는 세계화는 곧 경제적 번영(economic prosperity)으로 향하는 길인데 실제로 이들 국가는 지난 25년간 수출 및 글로벌 경제에의 적극적인 참여를 통해 괄목할 만한 경제성장을 이룩하여 왔으나 아프리카 국가의 경우 글로벌화는 이들 국가의 국제경쟁력을 더욱 약화시키는 결과를 초래하였다.[16)]

아프리카 국가들의 경우 국제통화기금(IMF)과 세계은행(IBRD)이 지난 20여년간 이 지역의 경제개발을 위해 자금지원을 해왔지만 아직도 빈곤상태를 벗어나지 못하고 있는데 따라서 글로벌화는 지역환경 · 국가에 따라 상이한 결과를 파생시키고 있다. 특히, 아프리카와 같이 자유무역 또는 시장개혁만으로 경제위기를 해결할 수 없는 국가들에게는 세계화는 의미가 없는 것이 된다.

컬럼비아대학교의 제프리 삭스(Jeffrey Sachs) 교수는 그 이유에 대해 다음 2가지 요인으로 지적하고 있다.

① 글로벌화는 지역이라는 물리적 부담을 소멸시키지 않음

안데스산맥, 아프가니스탄, 아프리카 지역들은 국제무역과는 멀리 떨어져 있어 글로벌화의 혜택을 거의 받지 못하게 된다. 이들에 있어서 세계화는 빈곤과 고립의 해결책이 될 수 없다. 또한, 글로벌화는 기후와 관련된 질병을 해결할 수 없다. 아프리카지역에서는 연 5억건 정도의 말라리아 감염이 보고되고 있고 이로 인해 연간 200만명이 사망하고 있는데 이러한 말라리아와 같은 기후와 관련된 질병은 경제성장과 외국인투자를 방해하게 된다.

② 국가적 개발전략에 크게 영향을 미침

지난 20여년을 돌이켜 볼 때 보호주의 하에 폐쇄적 성향을 유지해온 국가들은 대부분 부진한 경제상태를 보여주고 있다. 또한, 사회주의(socialism)를 선택했던 국가들의 경제도 거의 파탄지경에 처해 있다. 반면에 수출지향적 경제개발전략을 채택했던 국가들은 외국으로부터 첨단기술을 도입하여 그 기술을 이용한 제품을 제조하여 수출을 통해 이익을 남기는 과정을 통해 경제개발에 성공하였다. 그러나 자유무역만이 이들 국가의 경제개발에 기여한 것은 아니다. 오늘날과 같은 지식기반경제(knowledge-based economy) 시대에 있어서 경제개발에 성공한 국가들의 공통점은 과학, 기술 및 교육에 대한 적극적인 국가적 투자가 뒷받침되었다는 점이다. 따라서

---

16) 조선, 2000. 10. 25. 참조

경제개발전략이 성공하기 위해서는 글로벌화와 충분한 공공투자의 적절한 조합이 필요하다.

한편, WTO, IMF 총회장에서 세계화 반대론자들의 항의집회가 거세지고 있다. 이들은 많은 국가들이 글로벌화로 인해 이익을 얻기는커녕 오히려 치열한 국제경쟁에서 낙오되어 더욱 더 가난해지고 있다고 주장하면서 선진국은 물론 IMF와 IBRD가 후진국에 대해 금융지원·부채탕감·질병제거 등을 거듭 약속하기는 했지만 실제로 도와준 것은 거의 없다고 지적한다. 따라서 더 많은 국가와 국민들이 이익을 향유할 수 있는 전세계적인 글로벌화의 전략이 필요하다.

1. 상생의 글로벌화 전략

상생(相生)의 글로벌화 전략은 다음 2가지 측면에서 파악할 수 있다.

1.1 후진국에 대한 지원확대

부유한 선진국들은 후진국들이 지리적 열세를 극복하기 위해 에이즈(AIDS), 말라리아 및 다른 열대병을 퇴치할 수 있도록 풍부한 자금을 지원해야 하며 후진국들의 과학자 및 대학에 대한 지원을 통해 후진국들이 정보기술의 혁신에 참여할 수 있도록 적극 유도해야 한다. 이를 통해 후진국들이 질병퇴치는 물론 낮은 농업생산성, 환경의 악화와 같은 문제에 대해 어느 정도 기술적 해결책을 찾을 수 있게 된다.

예를 들면, 선진국의 국민들이 한해에 1인당 수십 달러씩만 지원해도 후진국들은 수백억 달러를 더 지원받을 수 있게 되어 이들 국가의 경제성장 촉진으로 인한 삶의 질(quality of life) 개선 및 궁극적으로는 글로벌화의 혜택을 보다 빨리 누릴 수 있게 된다.

2001년 노벨경제학상 수상자인 조지프 스티글리츠(Joseph Stiglitz) 컬럼비아대학 교수는 2002년 6월 9일 그의 저서 '세계화에 대한 불만(Globalization and Its Discontents)' 발간에 앞서 뉴욕타임스 매거진과 가진 인터뷰에서 세계화와 관련하여 개발도상국들의 가장 큰 불만은 선진국들이 민주적절차(democratic procedure)를 무시한 채 개발도상국들에 특정정책을 강요한다는 데 있다고 강조하면서 이러한 정책의 대표적인 예로 1998년 동아시아외환위기 당시 한국 정부에 대해 국제통화기금(IMF)이 강요한 정책을 지적하였다. 스티글리츠 교수는 IMF는 과거 한국에 구제금융을 지원하면서 한국이 선택의 여지가 없었던 상황 하에서 더욱 신속한 시장개방을 요구하였는데 이 같이 중요한 정책은 해당국 스스로의 판단에 의해 이루어지는 것이 바람직하다고 밝히고 있다. 즉, 정책 강요는 민주주의와 투명성(democracy and transparency)을 훼손하여 결국 해당국의 경제위기에 대한 근본적인 처방책이 될 수 없다는 것이다.

스티글리츠 교수는 빈국들의 과중한 부채에 대해서도 언급하였다. 빈국들은 부채가 그들이 감당할 수 없을만큼 많기 때문에 미국을 위시한 선진국들이 빚을 탕감해주지 않으면 빈곤에서 영원히 벗어날 수 없음을 지적하고 있으며 빈국들의 외채 중 일부는 미·소 냉전시대(Cold War Era)의 산물이기도 하여 선진국에도 일부 책임이 있음을 강조하고 있다.17)

한편, 제임스 울펜손(James D. Wolfensohn) 세계은행 총재는 2000년 9월 체코 프라하에서 개최된 'IMF·IBRD 연차총회'에서 행한 연설에서 효율적인 경제원조의 필요성을 강조하였다.18) 울펜손 총재는 세계은행이 1998년 보고한 경제원조의 효율성에 대한 연구결과를 지적하면서 경제원조의 효율성은 원조를 제공받는 국가의 정책에 달려 있음을 상기시켰다. 바람직한 정책을 구사한 나라는 그렇지 않은 국가에 비해 원조의 효율성이 그만큼 높았다는 것이다.

세계의 많은 원조국들이 이러한 정책을 바탕으로 성장해온 것이 사실이지만 아직까지도 지구상에는 경제원조가 필요한 나라가 많음을 지적하면서 상당수의 선진국들은 원조가 필요한 후진국들을 도와왔지만 일부 선진국들은 원조에 인색하였다며 세계 일부 극빈지역에 대한 경제지원이 시급하다고 강조하였다.

효율적인 경제원조를 위해 울펜손 총재는 다음 6가지 측면을 지적하였다.

① 상당수 선진국들은 국제적으로 인정되고 있는 원조목표치에 미달한 상태이다.

17) 냉전시대에 선진국들이 공산주의의 확산을 저지하기 위해 빈국에 융자해준 자금 중 상당부분이 해당국 집권층들의 스위스은행 비밀계좌로 입금되어 그 결과 빈국의 국민들이 빚에 허덕이고 있다는 지적이다.

18) 한경, 2000. 11. 22. 참조

이들 선진국이 원조규모를 보다 확대해야 한다.

② 선진국들은 극빈국들의 채무탕감을 위한 보다 폭넓은 조치를 서둘러야 한다. 극빈국의 채무탕감을 위해서는 선진국들의 재원부담이 불가피하다. 그러나 이것이 저소득국이나 중진국들에 부담을 떠넘기거나 지원을 축소하는 방식이어서는 안된다.

③ 선진국들은 후진국에 대한 무역장벽을 제거해야 한다. 세계은행의 추정에 의하면 모든 선진국의 무역장벽에 따른 비용이 후진국들의 경제개발을 위해 지원되는 금액의 2배를 웃돌기 때문이다.

④ 에이즈·환경·교육·보건 등 현재 후진국들이 공통적으로 직면하고 있는 현안들에 효과적으로 대처하기 위해 지원방식도 다양화될 필요가 있으며 이를 위해 체계적인 국제기구를 설립할 필요성도 존재한다.

⑤ 각국별 또는 국제기구별 각종 원조는 지원절차 등을 간소화해 관련내용을 최소화할 필요가 있다.

⑥ 범지구차원에서 문제해결을 위한 조치가 필요한 사안들이 갈수록 늘어가고 있다는 사실도 명심해야 한다. 따라서 국제사회가 합심하여 극빈국의 경제성장을 위해 노력해야 한다.

울펜손 총재는 지금이야 말로 모든 국가가 빈곤퇴치를 위해 새로운 공약을 제정해야 할 때라고 주장하고 있는데 그 근거로 인구통계학적 문제를 제시하고 있다. 향후 25년 후에는 지구인구가 80억명으로 기대되고 있는데 유럽의 인구는 현 수준을 유지할 것으로 보이지만 개도국 인구가 50억명에서 70억명으로 증가할 것으로 추정되기 때문이다. 따라서 국제사회의 새로운 공약없이는 인류는 조만간 절망과 상실에 휩싸이게 될 것이며 지구촌을 결코 공평한 사회로 만들 수 없을 것이고 평화와 아동보호라는 과제도 실현하기 어려울 것으로 지적하고 있다.

울펜손 총재는 향후 10년 간이 국제사회가 빈곤퇴치를 위해 실질적인 노력을 펼치지 않으면 안된다고 주장하면서 현재 세계가 직면하고 있는 세계화·정보화·수명연장·기술발전으로 집약되는 이러한 기회는 국제사회가 어떻게 하느냐에 달려있다. 세계화에 따른 번영과 이익도 일부 국가들이 아닌 전세계 모든 국가들에 골고루 혜택이 돌아가야 한다고 지적하고 있다.

1.2 세계화로 인한 피해계층에 대한 대책 강구

세계화에 의해 직장을 잃는 등 불이익(disadvantage)을 당한 피해계층에 대해서는 단순히 기본적 생활을 보장한다는 의미의 '사회안전망(social safety net)'을 넘어 사회적 재도약을 보장하는 방안이 마련되어야 한다. 도널드 존스턴 경제협력개발기구(OECD) 사무총장은 유럽 각국의 문맹률과 교육수준에 대한 통계를 인용하면서 세계화에 밀려 사회적으로 배제당하는 세계화의 피해시민에 대해서는 재취업을 가능하게 하는 교육훈련(job training) 등 일종의 사회적 트램플린이 제공되어야 한다고 강조하고 있다.

따라서 사회적 트램플린은 세계화 조류 및 그에 따른 금융위기로 피해를 보게 되는 근로자와 사회적 약자들에게 보다 적극적으로 사회에 참여할 수 있도록 사회정책을 펴야 한다는 것을 의미한다. 독일의 마이클 부르다 훔볼트대 교수와 말레이시아의 누르딘 소피에 전략 및 국제연구소 소장 등도 세계화로 인한 실업자들은 기초기술교육을 받을 권리가 있다는 주장을 강력하게 제기하고 있다. 코피 아난(Kofi Annan) 유엔 사무총장도 '인간의 얼굴을 한 세계화'를 강조했는 데 인간적 가치를 포용하고 실천하는 세계화가 전제되어야 세계화는 진정으로 전세계인들에게 의미있는 것이 될 수 있다는 것으로 해석할 수 있다.

2. 한국의 소득격차 현황

한국보건사회연구원이 2002년 12월에 발표한 '빈곤 및 소득분배 동향'에 따르면 1997년말 외환위기 이후 심화된 소득분배의 불균형(imbalance of income distribution) 상태가 여전히 개선되지 않고 있는 것으로 나타났다. 빈곤층의 비율이 1998년에 높아져 1999년 최고치에 이른 뒤 점차 감소하였지만 2002년의 경우 외환위기 이전인 1997년보다 여전히 높은 수준을 나타내었다.

최저생계비 이하 절대적 빈곤층 비율은 1997년 2.8%에서 1998년 6.4%로 크게 증가하고 1999년 7.3%로 최고수준을 기록한 이후 2000년 5.4%, 2001년 4.4%, 2002년

3.5%로 낮아졌으나 여전히 1997년 수준보다 높다고 할 수 있다. 또한, 소득이 전체 평균의 40%에도 못 미치는 상대적 빈곤층도 1997년 6.6%, 1998년 9.2%, 1999년 9.4%로 높아진 뒤 2000년 8.7%, 2001년 8.7%, 2002년 8.0%로 감소하였지만 아직 1997년 수준을 회복하지 못하였다.[19] 이는 경제위기(economic crisis)를 계기로 확대된 상위계층과 중하위계층의 소득격차가 고착되면서 소득이 상위계층에 더욱 집중되는 양상을 보인 것으로 진단할 수 있다.

〈표 10-8〉 한국 도시가구의 빈곤층 비율

(단위 : %)

	1997	1998	1999	2000	2001	2002
상대적 빈곤층	6.6	9.2	9.4	8.7	8.7	8.0
절대적 빈곤층	2.8	6.4	7.3	5.4	4.4	3.5

주 : 절대적 빈곤층은 소득이 최저생계비 이하를 의미하며 상대적 빈곤층은 소득이 전체 평균의 40% 이하를 나타냄

자료 : 한국보건사회연구원

19) 소득분배의 불평등상태를 나타내는 지니계수(1에 가까울수록 불평등이 심화되어 있음을 나타냄)의 경우 1997년 0.2995였으나 1998년 0.3191, 1999년 0.3260으로 높아지다가 2002년 2분기에는 0.3075로 낮아졌으나 여전히 0.3%를 초과하였다(동아, 2003. 1. 8. 참조).

제 11 장

글로벌 산업 및 투자환경의 변화

제 1 절 글로벌 산업환경의 변화

1. 개관

글로벌 산업환경의 변화는 다음 5가지 측면에서 살펴볼 수 있다.

1.1 세계경제의 글로벌화

세계경제의 통합(integration of global economy)이 진전되고 기술혁신(technological innovation)이 가속화되면서 세계경제의 글로벌화(globalization)가 급속히 진행되고 있다. 1948년 이후 세계교역질서(global trade order)를 규정하여온 관세 및 무역에 관한 일반협정(GATT : General Agreement on Tariffs and Trade)[1] 체제가 1995년 세계무역기구(WTO : World Trade Organization) 체제로 전환되면

1) GATT는 관세 및 무역규제 등 무역장벽을 제거할 목적으로 1947년에 발족된 국제경제협정이다. 제2차 세계대전 이후 세계통화질서(global monetary order)의 기초가 된 국제통화기금(IMF : International Monetary Fund) 체제와 함께 자유무역의 기반이 되었다. 1994년 4월 제8차 다자간협상인 우루과이라운드(UR)의 타결을 계기로 1995년 1월부터는 GATT 체제가 종료되고 세계무역기구(WTO)가 세계무역질서를 관장하고 있다(산업은행, 산은조사월보, 2006. 1. pp. 3~38 요약 · 재구성).

서 세계경제는 교역과 투자측면에서 이전보다 한층 광범위한 영역에서 다자간 자유무역규범(multilateral free trade norm)의 지배 하에 놓이게 되었다.2) 특히, 급속한 경제성장으로 글로벌 거대시장으로 부상하고 있는 중국이 2001년말 WTO에 가입함으로써 교역과 투자환경이 더욱 글로벌화되었다.

세계경제의 글로벌화 수준을 파악할 수 있는 대표적 지표인 해외직접투자(FDI : Foreign Direct Investment)는 1990년대 후반 급격히 증가하여 2000년에는 1조 4,000억 달러를 기록하였다.3) 2001년 이후에는 해외직접투자가 감소추세를 보이고 있으나 투자규모는 1990년대 초·중반에 비해 여전히 높은 수준을 기록하였다.4) 거래규모 10억 달러 이상의 국가간 인수·합병(cross-border M&A)도 건수와 금액면에서 1990년대 후반부터 2000년까지 급증하였다. 상기한 바와 같이 해외투자가 증가하고 있는 것은 세계시장이 단일화되면서 기업들이 글로벌 경쟁체제(global competitive system)에 직면하게 됨에 따라 국제경쟁력(international competitiveness) 제고와 시장 확보를 위한 연구·개발(R&D), 조달, 생산 등에 있어 세계적인 최적입지를 확보하고자 하기 때문인 것으로 판단된다.

2) WTO 체제의 출범으로 관세 및 비관세장벽(tariff and non-tariff barriers)이 완화됨으로써 이전보다 더욱 자유로운 무역환경이 조성되었다. 관할범위도 공산품 분야뿐만 아니라 농산물, 서비스, 지적재산권(intellectual property rights), 투자 등의 분야로까지 확대되었다. 2001년 이후 진행되고 있는 도하개발아젠다(DDA : Doha Development Agenda) 협상이 타결되면 세계경제의 개방 수준은 한 단계 더 진전될 것으로 기대된다.

3) 해외직접투자는 국제간 장기자본이동의 한 형태로서 경영참가를 위해 자본 이동 외에 생산·경영기술, 인력의 진출 등이 수반된다.

4) 2004년의 FDI는 선진국에 대한 투자가 전년 대비 14.1% 감소하였음에도 불구하고 개발도상국(developing country)에 대한 투자의 급증(40.2%)에 힘입어 전년 대비 2.5% 증가한 것으로 나타났다.

〈표 11-1〉 세계의 해외직접투자 및 국제 M&A 추이

(단위 : 억 달러, 개)

		1993~1998	1999	2000	2001	2002	2003	2004
해외직접투자	금 액	4,017	10,921	13,965	8,259	7,161	6,326	6,481
10억 달러 이상 국제 M&A	건 수	45	114	175	113	81	56	75
	금 액	1,180	5,220	8,662	3,781	2,139	1,411	1,998

주 : 1) 해외직접투자는 FDI Inflows 기준임
2) 1993~1998년은 기간 중 연평균 수치임
자료 : UNCTAD, World Investment Report, 2005. 9.

해외직접투자(FDI)가 확대되면서 세계교역은 1990년대 이후 지속적으로 증가하여 왔으며 세계교역 증가율은 경기침체기였던 2001년을 제외하면 1991년 이후 지속적으로 세계경제 성장률을 상회하였다.

〈표 11-2〉 세계의 경제성장률과 교역증가율 추이

(단위 : %)

	1991~1995	1996~2000	2001~2004	1998	1999	2000	2001	2002	2003	2004
실질GDP	2.8	3.9	3.6	2.8	3.7	4.7	2.4	3.0	4.0	5.1
교 역	6.2	8.1	4.8	4.6	5.8	12.4	0.1	3.4	5.4	10.3

주 : 교역은 재화와 서비스의 수출입 합계 기준임
자료 : IMF, World Economic Outlook, 2005. 9.

1.2 지역주의의 심화

세계경제는 글로벌화되고 있으나 이와 병행하여 지역주의화(regionalization)도 동시에 심화되고 있다(특히, 2003년 9월 개최된 '제5차 WTO 각료회의'에서의 DDA 협상(중간 합의) 실패 이후 주요 국가들은 자유무역협정(FTA) 체결을 위한 노력을 본격화하고 있음). 세계경제의 지역주의화는 지역무역협정의 확산으로 나타나고 있다.[5] 1960년에 결성된 유럽자유무역연합(EFTA : European Free

5) 지역무역협정(RTA : Regional Trade Agreement)은 통합정도의 약한 순서에 따라 자유무역협정(Free Trade Agreement), 관세동맹(Customs Union), 공동시장(Common Market),

Trade Association)에서 비롯된 지역주의는 1990년대 들어 유럽연합(EU : European Union) 통합의 가속화와 북미자유무역협정(NAFTA : North American Free Trade Agreement)의 출범에 자극받아 급속히 확산되었다. 2000년 이후에는 미주, 유럽 및 아시아를 중심으로 더욱 심화되고 있다. EU는 2004년 체코 등 10개 동유럽 국가를 가입시켰으며 미국은 NAFTA와 남미남부공동시장을 포괄하는 세계 최대규모(34개국)의 미주자유무역지대(FTAA) 창설을 추진 중에 있다. 2005년 7월에는 교역규모로 EU와 NAFTA에 이은 세계 3위의 경제블록(economic bloc)인 중-ASEAN FTA가 발효된 바 있다. 세계지역무역협정의 체결건수(2005년 11월 기준)는 186개에 이르고 있으며 이 중 84개가 2001년 이후 체결되었다. 한국도 국가 전략적 차원에서 동시다발적으로 자유무역협정 체결을 시도하고 있다. 2004년 4월 최초로 한-칠레 FTA를 체결하였으며 이미 협상이 타결된 싱가포르, 유럽자유무역연합(EFTA)과의 FTA는 발효되었다. 현재 한국은 일본, ASEAN, 캐나다, 멕시코 등과 협상을 진행하고 있다.

상기한 바와 같이 세계경제의 지역주의화가 심화되고 있는 것은 세계 각국이 다자간 무역자유화 및 다자규범 제정의 가치를 인정하면서도 특정 국가와의 맞춤식 통상이익 향유, 역내 무역자유화 촉진 등을 위해 자유무역협정을 통상전략의 일환으로 활용하고 있기 때문인 것으로 판단된다.

〈표 11-3〉 시기별 지역무역협정(RTA) 체결건수 추이

(단위 : 개)

	1955~1960	1961~1970	1971~1980	1981~1990	1991~2000	2001~2005.11
신 규	3	3	11	10	75	84
누 계	3	6	17	27	102	186

주 : 186건의 RTA 중 120건(64.5%)이 FTA임
자료 : WTO(www.wto.org)

경제동맹(Economic Union) 등으로 분류된다. 이 중 대표적인 지역무역협정인 FTA는 정치·경제적으로 긴밀한 관계에 있는 2개 이상의 국가 간에 관세 및 수입제한을 철폐함으로써 가입국 간의 통상을 자유화하려는 국가 간의 협정을 의미한다.

1.3 산업의 디지털화

디지털 기술의 발달에 따른 디지털화(digitalization)의 진전으로 산업 내 정보화(informationization), 산업의 융·복합화 및 소프트·서비스화가 촉진되고 있다. 디지털화의 진전에 따른 세부변화 내용은 다음 3가지로 정리할 수 있다.

(1) 산업 내 정보화는 정보통신기술의 발달과 인터넷 이용의 폭발적 확산 등에 따라 가속화되면서 기업활동의 글로벌화, 사업모델의 변화 등을 촉진하고 소비자들의 기업 및 시장 정보에 대한 접근을 용이하게 해주고 있다.
(2) 디지털 기술(digital technology)을 매개로 다양한 기술들이 유기적으로 결합되면서 산업의 융·복합화가 진전되어 신사업(new business)이 발생하고 있다.
(3) 산업의 소프트화·서비스화는 지식과 정보의 가치 증대 및 전자상거래 활성화 등에 따라 가속화되면서 소프트웨어 및 서비스 등에 대한 신규수요를 창출하고 있다.

1.4 중국의 고도 경제성장

중국은 1978년 이후 개혁·개방정책의 지속적인 추진과 외국인직접투자(FDI) 확대, 2001년말 세계무역기구(WTO) 가입 등에 따른 경제의 고도성장에 힘입어 '세계의 공장'(global factory)이자 세계 최대시장으로 급부상하고 있다. 중국은 1980~2004년 중 세계경제의 연평균 성장률(3.4%)의 약 2.8배에 이르는 연평균 9.5%의 경제성장률을 기록하여 2004년 세계 7위의 경제대국으로 성장하였다(2008년에는 세계 3위의 경제대국이 되었음). 이에 따라 세계 GDP에서 중국이 차지하는 비중도 1980년 2.6%에서 2004년에는 4.0%로 상승하였다. 무역규모는 동 기간 중 연평균 15.3% 증가하여 1980년 380억 달러에서 2004년에는 11,545억 달러를 기록하여 세계 3위의 무역대국으로 성장하였다.

〈표 11-4〉 중국의 주요 경제지표 추이

	1978	1990	1995	2000	2001	2002	2003	2004	2005. 1~6
GDP(억위안)	3,624	18,548	58,478	89,468	97,315	103,554	117,252	136,515	67,422
경제성장률(%)	11.7	3.8	10.5	8.0	7.5	8.5	9.3	9.5	9.5
FDI(억달러)	18	35	375	407	469	527	535	606	286
무역총액(억달러)	206	1,154	2,809	4,743	5,097	6,208	8,510	11,545	6,450

주 : 1978년의 FDI 18억 달러는 1978~1983년까지의 누적 수치임
자료 : 중국 국가통계국 및 상무부

향후에도 중국은 외국인직접투자의 확대, 2008년 북경올림픽, 2010년 상해박람회 개최에 따른 사회간접자본(SOC) 투자수요 증대 등에 힘입어 고도성장을 지속할 것으로 보인다.6)

〈표 11-5〉 세계 GDP 및 교역에서 중국의 비중 추이

(단위 : %)

	1980	1990	2000	2001	2002	2003	2004
G D P	2.6	1.7	3.4	3.8	3.9	3.9	4.0
교 역	0.9	1.7	3.7	4.1	4.8	5.6	6.3

자료 : IMF, World Economic Outlook, 각호 및 IMF, International Financial Statistics, 각 연도

1.5 환경규제의 강화

세계는 지구 온난화 억제, 대기 및 토양오염 방지와 지속적인 경제성장을 위해 환경규제(environmental regulation)를 강화하고 있다. IPCC(Intergovernmental Panel on Climate Change, 기후변화에 관한 정부간협의체)의 연구결과에 의하면 지구의 평균기온이 지난 1세기 동안 약 0.6℃ 상승하였으며 2100년에는 1990년 대비 1.4~5.8℃ 상승할 것으로 예상된다. 특히, 2005년 2월 선진국의 온실가스(CO_2, CH_4,

6) 다국적기업들(MNCs)을 대상으로 한 2005~2009년의 매력적인 R&D 투자대상 국가 조사에서 중국이 1위를 차지하였다. 한국은 이탈리아, 태국 등과 공동 13위를 기록하였다(UNCTAD, World Investment Report, 2005. 9).

N_2O, HFCs, PFCs, SF_6) 배출감축 의무를 규정한 교토의정서(Kyoto Protocol)가 발효됨에 따라 온실가스 배출억제를 위한 국제적 환경규제가 더욱 강화될 것으로 보인다.

한편, EU는 청정생산 및 자원순환형 사회경제체제 구축을 목표로 환경규제를 강화하고 있다. EU의 주요 환경규제 내용을 보면 2003년 7월부터 자동차 부품·소재의 중금속 함유량을 규제하는 '폐자동차처리지침'이 시행되고 있다. 납·수은 등 유해물질이 포함된 전기·전자제품의 판매를 금지하는 '유해물질 사용제한지침'과 전기·전자 제품별 회수, 재사용, 재활용 비율을 요구하는 '전기·전자제품 폐기물처리지침'은 각각 2006년 7월과 2007년 1월 이후 시행되고 있다. 이 밖에 생산자가 일정규모 이상 생산·사용하는 물질을 등록하고 관련정보를 제공하도록 의무화하는 '신화학물질관리정책(REACH)'도 도입될 예정으로 있다.[7)]

2. 전망

향후 세계경제는 다음 6가지의 세계적 변화 동인(動因)으로 인해 급격하게 변화될 것으로 보인다.

2.1 기술혁신의 가속화

IT, BT, NT[8)] 등 신기술의 발달과 이의 융·복합화로 에너지, 소재, 제조공정 및 삶의 질 측면에서 급격한 변화가 예상된다.

2.2 글로벌화의 확산 및 글로벌 분업구도 재편의 심화

지역경제블록(regional economic bloc) 및 광역 집적지역을 축으로 한 글로벌화가 확산되고 이에 따른 글로벌 분업구도 재편이 심화될 것으로 전망된다.[9)]

---

7) 유럽위원회(EU : European Commission)는 2003년 10월 REACH(Registration, Evaluation and Authorization of Chemicals) 규제안을 채택한 바 있다.
8) IT(Information Technology, 정보기술), BT(Biotechnology, 생명공학기술), NT(Nanotechnology, 나노기술)
9) 광역 집적지역(Mega-region)이란 일국 내의 인접한 주요 도시들을 거점으로 한 경제활동지역을 의미한다. 예를 들면, 베이징·텐진·회랑, 둥베이 3성, 주장 삼각주, 도쿄, 서울 등이다.

2.3 글로벌 분업구도 변화의 가속화

선진국 인구의 고령화는 글로벌 분업구도 변화를 가속화시킴과 동시에 고령 및 여성 근로인력 비중의 확대 등을 유발시키게 된다.

2.4 제조업의 서비스화 확대

산업간 융합이 심화됨에 따라 제조업의 서비스화가 확대되고 경험가치 제공의 중요성이 더욱 증대될 것으로 전망된다.

2.5 환경규제의 강화 및 에너지 개발 필요성 증대

에너지 자원의 부족과 환경규제의 강화가 예상되며 에너지의 효율적 활용 및 신에너지 개발 필요성이 증대된다.

2.6 기업의 사회적 책임 증대

기업의 사회적 책임(CSR : Corporate Social Responsibility)에 대한 요구 증대 및 사회운동이 활동화되면서 기업의 사회적 책임에 대한 국제규범 제정 움직임이 확대된다.

이에 따라 세계산업구조는 생산의 아웃소싱(outsourcing) 보편화, 고부가가치 서비스 영역의 확장, 새로운 산업의 성장 및 발전 등의 방향으로 변화되고 지역구도는 지역경제블록 단위 내의 분업구조 및 경제단위간 교역 심화, 개발도상국들(developing countries)의 대규모 수요 발생에 따른 개발도상국 시장범위의 확대, 대규모·저마진 저개발국 틈새시장(niche market)으로의 진출 확대 등의 방향으로 전개될 것으로 예상된다.

제 2 절 글로벌 투자환경의 변화

1. 개관

국경을 초월한 다국적기업(MNCs : Multinational Corporations)의 활동 증가와 해외직접투자(FDI)의 경제적 효과를 인식한 세계 각국들의 FDI 유치 노력으로 인해 지난 20여년 동안 세계 FDI는 고도의 성장세를 시현하였다.[10] 특히, 1990년대 중반 이후 세계 각국은 무역 및 투자자유화 정책을 적극적으로 추진하고 있고 다국적기업들은 급속한 기술변화와 심화되고 있는 경쟁 격화에 대응하여 효율성(efficiency)을 제고시키기 위한 다양한 형태의 해외투자를 증가시킴에 따라 세계 FDI는 연평균 30%를 초과하는 고성장을 시현하였다.

세계경제를 주도하고 있는 미국경제가 2000년 하반기 이후 침체상태를 보이면서 유럽을 비롯한 세계 주요 국가들의 경제성장률이 동조화(synchronization) 현상을 보임에 따라 세계 FDI도 어느 정도 위축될 것으로 예견되었으나 2001년에 들어 연이어 발생한 9 · 11 테러사태와 미국 기업의 부실문제 등으로 해외투자에 대한 불확실성이 가중되면서 세계 FDI는 급격히 위축되었다.

이러한 양상은 2002년에도 그대로 지속되었으며 이 같이 대외여건이 악화되면서 투자유치에 있어서 어려움이 가중되고 있다.[11] 특히, 우리의 경우 1996년부터 2000년까지 괄목할 만한 FDI 유치 실적을 기록하였다.[12] 그러나 2001년부터는 대내외

---

10) UNCTAD 세계투자보고서에 따르면 2001년 기준 약 65,000여개의 다국적기업이 활동을 하고 있는 것으로 나타났다. 이들 기업은 85만여개에 이르는 해외 계열사를 가지고 있는데 해외에서 5,400만명을 고용하고 있으며(1990년에는 2,400만명을 고용하였으므로 50% 이상 증가), 매출액은 19조 달러에 이르고 있다. 또한, 이들 기업이 투자한 FDI 스톡은(outward 기준) 1990년 1조 7,000억 달러에서 2001년 6조 6,000억 달러로 증가하였다. 이러한 활동의 결과 다국적기업의 해외 계열사들은 2001년 기준 전세계 GDP의 1/10, 전세계 수출의 1/3을 차지하고 있다(대외경제정책연구원, 세계경제, 2002. 11. pp. 27~37 요약 · 재구성).

11) 경제협력개발기구(OECD) 주요 회원국의 2002년 1분기 FDI 유치 실적은 전년동기 대비 미국이 42.3% 감소, 영국이 73.8% 감소, 네덜란드가 60.7% 감소한 것으로 나타났다.

환경악화로 FDI 유치 규모가 급격히 감소하고 있어 우려되고 있다.[13)]

최근 세계 FDI의 위축 국면은 세계경제의 침체,[14)] 미국 테러사태 등의 직접적인 원인과 지난 수년간 발생했던 인수·합병(M&A)을 통한 해외투자 과열현상이 조정국면으로 진입하면서 발생한 단기적 현상으로 볼 수 있다. 따라서 이러한 부정적 요인이 제거되고 세계무역기구(WTO) 협상이 진전되어 무역 및 투자가 보다 자유화되면 세계 FDI는 중장기적으로는 더욱 확대될 것으로 보인다.

우리의 경우 국내 구조조정 촉진과 경제성장의 기조유지를 위해 지속적인 FDI 유치가 요구되고 있으나 최근 들어 대내외적 요인으로 인해 투자 유치에 상당한 어려움을 겪고 있다. 이러한 어려움을 극복하기 위해서 우리경제에 내재되어 있는 대내적 요인을 개선하는 것이 시급한 과제가 되고 있다.[15)]

한편, 1990년대 이후 무역 및 투자자유화(trade and investment liberalization)가 점진적으로 진전되고 있고 기술의 급격한 변화가 발생하였으며 이러한 2가지 요인으로 인해 세계시장에서의 경쟁이 치열하게 전개되고 있다.

우선 무역 및 투자자유화는 다자 및 양자차원에서 진행되어 왔다. 다자차원에서는 우루과이라운드(UR) 협상 및 1995년 세계무역기구(WTO) 출범을 통해 전세계적인 무역 및 투자자유화를 이행하기 위한 국제적인 합의(international consensus)를 도출해 낸 것이 계기가 되었다. 특히, 투자를 저해하는 개별 국가의 진입장벽(entry barrier)을 점진적으로 제거해 나간다는 목표 하에서 개별 국가들은 협상을 통해 자국의 여건에 부합되는 개방 수준에 합의한 바 있으며 이를 구체적인 일정 하에서 이행해 나가고 있다. 양자차원에서는 투자촉진을 위한 양자간투자협정(BIT : Bilateral Investment Treaties)과 이중과세협정 체결이 증가하고 있는데 BIT의 경우 2000년에 97개국이 158건을 체결, 2001년말 기준 총 2,099건이 체결된 것으로 집계되고 있다. 이러한 양자 및 다자차원의 노력으로 인해 2001년에는 71개국에서 208개의 FDI 관련법이 제정된 바 있으며[16)] 다수의 국가들이 허용되는 투자형태에

---

12) 2000년 FDI 유치 규모는 1996년과 비교할 때 약 5배 이상 증가하였다.
13) 대외적으로는 세계 FDI의 급격한 위축과 중국경제의 급성장, 대내적으로는 국내 기업의 구조조정이 마무리됨에 따라 FDI 유치 규모가 감소하고 있다.
14) 특히, 미국과 EU 및 일본 등의 경제침체가 주요 원인이 되었다.
15) 대외적 요인은 주어진 여건으로서 우리의 의지와는 무관하게 투자 유치에 영향을 미치는 요인이라고 할 수 있다.

대한 제한을 크게 완화하거나 완전히 철폐하게 되었다.[17]

1990년대 이후 세계시장에서의 기술변화는 매우 급속히 진행되었다. 기업에게는 이 같은 변화가 비용 및 위험을 증가시키는 동시에 운송 및 통신비용 등을 경감시키기 때문에 기업의 세계적 분사(分社)를 촉진시키는 계기가 되었다. 즉, 급격한 기술변화에 따른 위험 및 비용 증가는 기업으로 하여금 최적의 입지로 이동하여 생산 및 판매 활동을 수행하는 데 기여하였으며 통신 및 운송비용의 경감은 전세계에 산재된 생산 및 판매활동의 보다 효율적인 관리를 가능하게 하였다.

전술한 무역 및 투자자유화정책 기조와 급속한 기술변화로 인해 세계시장에서의 경쟁은 보다 격화되었고 기업들은 이러한 여건 하에서 그들의 효율성을 제고시킬 수 있는 방안을 모색하였다. 그 결과 다국적기업을 포함하는 여러 기업들은 다수 국가의 다양한 산업에 대하여 투자를 함으로써 기업별로 하나의 세계생산시스템(global production system)을 구축하게 되었다.

이 같이 세계경제환경이 급속히 변화하면서 최근의 세계생산시스템은 초기와 비교할 때 극적인 변화를 하고 있다. 즉, 지역적 · 세계적 차원에서 세계생산시스템의 통합 강도가 제고되었으며 전체 시스템으로서의 효율성이 강조되고 있다. 이에 따라 세계시장에서는 현지에 입지한 다국적기업 해외계열사의 개별 경쟁력보다는 다국적기업에 의해 조율되는 세계생산시스템 간의 경쟁이 증가하고 있다.

세계생산시스템 간의 경쟁증가로 다국적기업의 관리방식이 주식을 소유해서 직접관리를 하는 방법 위주에서 다양한 비주식관계를 통해 생산자, 공급자, 판매자 등이 프랜차이즈(franchise), 라이센싱(licensing), 하도급계약 등의 형태로 연결되는 방법으로 전환되고 있다. 또한, 생산활동 및 기타 기능을 조직하고 배분하는 세계가치사슬 면에서는 R&D, 서비스관리, 마케팅, 브랜드관리(brand management) 등과 같은 가치사슬의 기능을 보다 기술집약적으로 변화시키는 데 중점을 두고 있다. 그리고 지리적 형태면에서 지난 10여년 동안 기술, 생산, 마케팅 등의 활동이 세계생산시스템 내에서 지리적으로 분산이 되었으나 점차 광범위한 지리적 규모로 강력히

16) FDI 관련법 중 90% 이상은 FDI 유치를 위한 호의적인 투자환경을 만드는 것을 목표로 하고 있는 법안이다.

17) 최근 들어 과거에는 허용하지 않던 적대적 M&A와 non-equity arrangements 등 모든 형태의 FDI를 허용하는 국가가 점차 증가하고 있다.

통합되고 있다.

2. 투자유치 성과와 투자잠재력

2.1 투자유치성과

전세계적으로 다국적기업에 의한 투자활동이 전개되어 오는 과정 속에서 국가별로 주목할 만한 차이점이 나타나고 있다. 즉, 투자를 유치할 수 있는 개별 국가의 잠재력과 실제 유치하는 투자는 반드시 일치하지 않을 뿐만 아니라 국가별로 어떠한 정책을 시행하였는가에 따라 국별 투자유치 수준 및 투자잠재력이 동태적으로 변화하는 것으로 나타나고 있다.

UNCTAD(2002)는 세계 각국의 FDI 성취지수(FDI Performance Index)와 FDI 잠재력지수(FDI Potential Index)를 산출한 후 이를 조합하여 2차 평면위에 각국의 해당 위치를 명시함으로써 향후 정책 수립에 대한 함의를 제공하고 있다. FDI 성취지수는 특정국이 FDI를 유치한 상대적 성과를 나타내는 것인데 이는 특정국이 전세계 FDI에서 차지하는 비중을 특정국이 전세계 GDP에서 차지하는 비중으로 나눈 값이다. FDI 성취지수가 1인 경우 특정국이 전세계에서 차지하는 FDI 비중은 특정국이 전세계 GDP에서 차지하는 비중과 동일하다는 것을 의미한다.

2.2 투자잠재력

FDI 잠재력지수는 FDI를 유치하는 개별 국가의 입지상의 우위 또는 투자매력도에 영향을 미치는 다수의 요인을 고려하여 산출한 지수이며 UNCTAD의 해외직접투자 결정요인(host country determinants of FDI)에 따르고 있다.[18] UNCTAD 보고서에서는 FDI의 결정요인을 크게 3 가지 요인(정책적 결정요인〈policy framework〉,

18) FDI 잠재력지수에 영향을 미치는 요인은 여러 가지가 있다. 이 중 전통적 투자이론인 Dunning, J. H.(1980)의 절충이론에 따르면 다국적기업의 해외생산 결정 기준(기업특유의 우위, 내부화, 입지우위) 중 입지우위(입지우위의 구성 요소로서 시장접근성, 투입요소비용 및 생산성, 물류·통신비용, 투자인센티브, 정부개입, 사회간접자본, 문화적 요인 등)가 FDI를 유치하는 현지국의 여건으로서 해당 국가의 투자잠재력을 상당 부분 포함하고 있는 것으로 나타났다.

경제적 결정요인〈economic determinants〉, 사업편의〈business facilitation〉)으로 구분하고 있다.[19)]

이 같은 기준 하에 국별 위치를 조합하여 분류해 보면 〈표 11-6〉과 같이 4개의 영역(front-runner, below-potential, above-potential, under-performance) 등으로 나뉘게 된다. Front-runner는 투자유치 실적과 투자잠재력이 모두 우수한 국가를, below-potential은 투자잠재력은 상대적으로 높으나 투자유치 성과는 상대적으로 좋지 않은 국가를, above-potential은 투자잠재력은 상대적으로 열위이지만 여타 요인으로 인해 투자유치 성과가 우수한 국가를, under-performance는 투자잠재력 및 투자유치 성과 모두가 상대적으로 열위를 보이는 국가를 의미한다.

중국, 브라질 등은 FDI 유치에 있어서 높은 성과를 보이고 있으나 지난 10년 전과 비교해 볼 때 잠재력 면에서 상당히 낮아진 것으로 나타났다. 이는 여타 국가들이 상대적으로 FDI를 유치하기 위해 많은 노력을 하고 있기 때문에 상대적인 잠재력이 낮아졌고 중국의 사회주의(socialism) 지속, 브라질의 경제불안 등이 악영향을 미치고 있을 뿐만 아니라 이미 상당한 투자가 이루어졌다는 것을 시사하고 있다. 호주, 미국 등의 국가는 높은 잠재력은 유지되고 있으나 지난 10여년 동안 FDI 유치 성과가 상대적으로 악화된 것으로 나타났다. 특히, 미국은 최근의 경제불황과 9·11 테러사태 등으로 당분간 투자유치에 어려움이 많을 것으로 판단되나 향후 유치전망은 개선될 것으로 예상된다.

아르헨티나는 지속적으로 투자를 결정하는 제반 요소를 개선시켜 나감으로써 front-runner 위치에 서게 되었으나 최근 악화된 경제여건으로 인해 향후 전망은 밝지 않다고 평가할 수 있다. 이와는 상반되게 독일, 핀란드 등은 FDI 유치를 위해 지속적으로 투자결정요소를 보완한 결과 front-runner 위치로 이동하였다.

---

19) 정책적 결정요인(policy framework)으로는 사회·정치적 안정(sociopolitical stability), 외국인투자기업 관리정책, 민영화정책, FDI 및 무역에 대한 국제협약가입 등을 지적할 수 있다. 사업편의(business facilitation)로는 투자촉진활동(이미지 제고와 홍보), 투자인센티브 제도, 사회생활편의제도, 사후투자관리 서비스 등이 있다. 경제적 결정요인(economic determinants)으로는 시장, 자원, 효율성 및 전략적 자산 및 능력 획득 등이 있다. 해외직접투자를 결정한 기업은 정책적 결정요인, 사업편의, 경제적 결정요인 등의 하위 요인을 고려한 후 적합한 투자대상국을 선정하게 된다.

〈표 11-6〉 국별 투자유치 성과와 투자잠재력

1988~1990		
	높은 FDI 성과	낮은 FDI 성과
높은 FDI 잠재력	front-runner 호주, 캐나다, 칠레, 중국, 체코, 프랑스, 그리스, 홍콩, 헝가리, 말레이시아, 네덜란드, 폴란드, 싱가포르, 대만, 태국, 영국, 미국 등	below-potential 브라질, 핀란드, 독일, 이탈리아, 일본, 한국, 남아공 등
낮은 FDI 잠재력	above-potential 아르헨티나, 인도네시아, 멕시코, 필리핀, 베트남 등	under-performance 인도 등
1988~2000		
	높은 FDI 성과	낮은 FDI 성과
높은 FDI 잠재력	front-runner 아르헨티나, 캐나다, 칠레, 체코, 핀란드, 프랑스, 독일, 홍콩, 헝가리, 말레이시아, 네덜란드, 폴란드, 싱가포르, 태국, 영국 등	below-potential 호주, 그리스, 이탈리아, 일본, 한국, 멕시코, 대만, 미국 등
낮은 FDI 잠재력	above-potential 브라질, 중국, 베트남 등	under-performance 인도, 인도네시아, 필리핀, 남아공 등

자료: UNCTAD, World Investment Report, 2002.

한국, 일본, 이탈리아 등은 높은 FDI 잠재력에도 불구하고 FDI 성과 면에서는 상대적으로 낮은 수준을 보이고 있다. 인도네시아, 필리핀 등은 10년 전에는 낮은 FDI 잠재력을 보유하였음에도 불구하고 높은 수준의 FDI를 유치하였지만 동아시아 외환위기(East Asian, Foreign Exchange Crisis) 이후 FDI 유치면에서 어려움을 겪고 있다.

한국은 FDI에 대한 잠재력은 상대적으로 높지만 실제 FDI를 유치하는 데에는 부진한 면을 보이고 있는 것으로 평가할 수 있다. 따라서 향후 투자유치 증대를 위해서는 투자가들에게 투자대상국으로서 우리의 입지적 우위 요소에 대해 적극적으로 홍보하는 것이 필요하고 우리가 가지고 있는 정책적 결정요인과 경제적 결정요인 및 사업편의 요소를 전략적으로 조합하고 강화함으로써 다국적기업들의 투자동기를 유발해야 한다. 또한, 이러한 점에서 핀란드, 독일 등과 같이 below-potential 그룹에서 front-runner 그룹으로 이동한 국가와 front-runner 그룹 국가들의 FDI 결정요인 및 유치 사례를 벤치마킹(benchmarking)하여 우리의 관련제도를 지속적으로 정비할 필요가 있다.

3. 수출경쟁력 제고를 위한 투자유치방향

개도국 및 체제전환국의 과거 경험으로 볼 때 다국적기업에 의한 투자는 투자대상국의 수출경쟁력(export competitiveness)을 제고시켰으며 이로써 투자유치국의 외화소득이 증가하고 고용이 늘어나는 등 지대한 경제적 이익(economic benefit)을 가져다 준 것으로 UNCTAD보고서는 평가하고 있다. 더욱이 수출이 증대됨으로써 자연스럽게 재화(원자재, 중간재, 최종재 등), 서비스, 기술 등의 수입이 늘게 되어 투자유치국의 생산성(productivity)과 삶의 질(quality of life)이 향상된 것으로 나타났다. 이러한 효과가 점차 가시화되면서 개도국 및 체제전환국 등은 자국의 수출경쟁력 강화를 위해 수출지향적인 다국적기업(export-oriented MNCs)을 유치해 왔으며 이는 광범위한 국가발전전략과 연계되어 일관되고 조화된 정책지원이 병행될 때 상당한 긍정적 결과가 발생한 것으로 나타났다.[20]

이러한 변화 속에서 투자유치국이 다국적기업의 세계생산시스템에 연계되어 그것으로부터 보다 많은 이익을 얻기 위해서는 차별화된 목표를 세우는 전략이 필요하다. UNCTAD 보고서에서는 여러 국가의 투자유치 및 동태적인 국가발전 사례를 검토해본 결과 수출지향적인 투자를 촉진시키는 것은 국가전체의 발전전략에서 필수적인 부분이라고 할 만큼 중요하고, 투자를 유치하여 수출경쟁력을 제고시키고 나아가 국가발전을 이룩하기 위해서는 단지 투자를 유치하는 것 뿐만 아니라 수출지향적인 투자를 유치하고 향상시키며 국내 역량을 발전시킬 수 있는 투자를 유치하도록 전략을 마련하는 것이 긴요하다고 보고 있다.

따라서 투자촉진정책(investment promotion policy)은 국가의 광범위한 발전 및 산업전략과 일치하도록 목표가 설정되어야 하며 수출보조금(export subsidy)에 대한 WTO 규범을 고려하여 각국의 발전전략에 부합되는 분야 및 활동에 다국적기업

20) 최근에도 다국적기업들은 주식취득 또는 기타 비주식 관계를 통해 다수의 개도국에 진출하여 저·중기술이 요구되는 세계가치사슬 분야, 특히 제조업 분야에서 활동하면서 이들 국가의 수출경쟁력을 제고시키는 데 기여하고 있다.

이 투자하도록 이에 적합한 인센티브 패키지(incentive package)를 제공할 필요가 있다. 또한, 인적자원(human resources)을 육성하고 높은 수준의 인프라스트럭처를 구축해야 하며 국내 경제의 균형된 발전이 이루어질 수 있도록 지원 정책을 시행해야 한다.

4. 시사점

다국적기업에 의한 FDI는 해당 국가경제에 있어서 후생증대, 경제성장, 국제수지 개선, 고용증대, 기술이전 및 기타 기업구조조정 촉진, 산업구조 고도화 등의 경제적 효과를 야기시켰다. 특히, 동아시아 개도국 및 체제전환국의 경우 수출지향적인 다국적기업이 투자를 함에 따라 동 국가의 생산성과 경쟁력(productivity and competitiveness)이 상당히 제고되었다고 평가할 수 있다.

한국의 경우 지난 수십년 간의 경제개발과정(economic development process)에서 여타 개도국들이 선택한 다국적기업 유치를 통한 경제발전정책보다는 외자를 유치하여 국내 기업을 육성하는 방향으로 정책을 시행하였다. 결과적으로는 동 정책을 통해 고도의 경제발전을 이루었다. 그러나 이러한 정책은 실행과정에서 상당한 시행착오(trial and error)를 야기시켰을 뿐만 아니라 새로운 발전단계로 도약해야 하는 현 시점에서 국내 사업환경은 폐쇄적이고 비합리적인 관행이 만연하게 되었고 세계화가 급추진되는 경제환경에 국내 기업이 적절히 대응하지 못하고 있으며 경제 전반의 구조조정과 산업구조의 고도화에 어려움을 겪고 있는 등 다수의 문제점이 노출되고 있다.

따라서 세계경제의 변화에 능동적으로 대응하면서 국익을 극대화하기 위해서는 FDI 유치 증대를 위한 지속적인 노력이 요구된다. 전술한 바와 같이 우리의 투자잠재력은 여타 국가에 비해 상대적으로 높은 수준이지만 유치성과는 만족할 만한 수준이 아니기 때문에 성공적으로 FDI를 유치하고 있는 국가의 투자환경 및 투자유치 사례를 연구하여 매력적인 투자환경으로 개선해 나가면서 이를 적극적으로 홍보할 필요가 있다.

또한, 장기적인 국가발전 및 산업발전 방향과 일치하도록 투자유치 목표를 설정한 후 전략적으로 관련 다국적기업을 유치해야 한다. 특히, 지식집약적이면서 고부가가치를 유발하는 부문의 투자를 보다 많이 유치하고 이를 우리경제가 충분히 활용할 수 있도록 인적자원을 육성하고 관련제도를 정비해야 하며 수출특구, 사이언스파크(science park) 등 효율적인 인프라스트럭처(efficient infrastructure)를 구축해야 한다.

제 12 장

국가경쟁력 분석

일국이 국가경쟁력을 가지기 위해서는 해당국 내에 존재하는 산업이 국제경쟁력(international competitiveness)을 보유하고 있어야 한다. 이 경우 산업의 경쟁력이란 세계시장에서 해당산업이 일정수준 이상의 수익성을 가지면서 지속가능한 성장(sustainable growth)을 이룸으로써 경쟁상대보다 우월적 시장지위(superior market status)를 차지하는 것을 의미한다. 일국이 경쟁력 있는 산업을 소수(하나 혹은 둘) 보유한다고 해서 해당국가를 경쟁력 있는 국가로 평가할 수 없으며 해당국의 경제 내에 경쟁력 있는 산업이 다수 있어야 비로소 국제경쟁력이 있다고 할 수 있다.[1)]

제 1 절 국가경쟁력의 개념

국가경쟁력의 개념은 시대별로 상이하게 사용되어 왔는데 그 시대별 흐름을 간략히 정리해 본다.

1) 예를 들면, 스리랑카는 홍차재배 및 가공산업이 발달되어 있지만 스리랑카와 같이 부가가치가 낮은 특정의 소수산업에 경쟁력있는 국가를 전반적인 의미의 국가경쟁력을 보유한 국가로 지칭하지는 않는다. 또한, 일국이 경쟁력 있는 산업을 다수 보유하고 있다고 하더라도 이들 산업이 우연히 혹은 외부조건에 의해 경쟁력을 가지게 된 경우에는 해당국을 경쟁력이 있는 국가로 지칭할 수는 없다(한국산업경제연구원, 신용경제, 2002. 2. 참조).

1. 1990년대 이전

이 시기의 국가경쟁력에 대한 개념은 풍부한 자본(자원)과 저렴한 노동력의 함수로서 국가경쟁력을 정의하였다. 그러나 독일, 스위스, 스웨덴 등은 모두 고임금과 노동력 부족현상을 경험하고 있는 상황이고 독일, 일본, 이탈리아 등은 천연자원(natural resources)이 부족한 국가이지만 G7(서방선진 7개국)의 대열에 당당히 속해있다. 따라서 경쟁력이라는 개념이 없고 생산성(productivity)의 개념만 존재했던 이 시기의 접근방법은 상기한 모순을 내포하고 있다고 할 수 있다.

2. 1990년대

1990년대 들어서서 미국의 경영학자 마이클 포터(Michael E. Porter)는 국가차원에서 경쟁력의 개념은 국가생산성을 의미하고 중요한 것은 생산성 수준과 증가율을 결정하는 요인을 밝히는 것이라고 지적하며 '다이아몬드 모델'을 제시하였다. 이는 이전의 자본과 노동에 새롭게 부존자원, 기업환경, 연관산업, 국내수요라는 4가지 요인을 추가하여 이를 통해 국가경쟁력을 결정짓는 근본요인으로 파악하기 시작하였다.

그러나 마이클 포터의 '다이아몬드 모델'은 선진국 중심의 자유주의(liberalism) 정신에 바탕을 두고 있기 때문에 세계 각국에 일반화시켜 적용하기에는 무리가 따른다고 할 수 있다. 따라서 전세계 모든 경제의 국가경쟁력을 제대로 평가하고 본질적인 원천을 파악하기 위해서는 선진국 경제를 중심으로 개발한 '다이아몬드 모델'과 또 다른 새로운 패러다임이 필요하게 되었다.

〈표 12-1〉 경쟁력의 체계(Hierarchy of Competitiveness)

체 계	내 용
제품경쟁력	·특정 제품의 (국내, 국제)소비자가 원하는 여러 가지 기준을 충족시킬 수 있는 능력 (예) 소나타의 제품경쟁력 = f(품질, 성능, 가격, 스타일, AS수준 등)
기업경쟁력	·특정 기업이 생산, 판매하는 여러 제품의 경쟁력을 강화할 수 있는 능력 (예) 현대자동차의 기업경쟁력 =f(자금, 인력, 기술, 디자인 능력, 경영 능력 등)
산업경쟁력	·특정 산업에 속한 여러 기업들이 경쟁력을 강화할 수 있게 해주는 능력 (예) 한국자동차 산업의 산업경쟁력 =f(자동차산업에 필요한 부존자원, 경영환경, 관련 산업, 국내수요, 근로자, 정치가와 행정관료, 기업가, 전문경영자/기술자/디자이너)
도시경쟁력	·특정 도시에 속한 여러 산업들의 경쟁력을 강화할 수 있게 해주는 능력 (예) 서울시의 경쟁력 =f(지역산업에 종합적으로 필요한 부존자원, 경영환경, 관련 산업, 국내수요, 근로자, 정치가와 행정관료, 기업가, 전문경영자/기술자/디자이너)
국가경쟁력	·특정 국가의 경제를 구성하고 있는 여러 산업들의 경쟁력을 강화할 수 있게 해주는 종합적 능력 (예) 한국의 국가경쟁력 =f(여러 산업에 종합적으로 필요한 부존자원, 경영환경, 관련 산업, 국내수요, 근로자, 정치가와 행정관료, 기업가, 전문경영자/기술자/디자이너)

3. 2000년대

2000년대 들어서는 비선진국의 국가경쟁력 강화 방안을 설명하기 위해 개발된 것이 '9-Factor Model'이다. 이 모델은 세계 각국의 국가경쟁력을 평가하기 위해서는 특정시점에 일국의 산업이 보유하고 있는 부존자원, 수요조건, 인프라 등 지원산업, 경영여건이라는 4가지 국가경쟁력의 물적요소와 그 시점에서 변화의 주도자로서 근로자, 기업가, 전문가, 정치가와 행정관료의 4가지 인적요소, 그리고 순수한 외부환경요인으로서 기회라는 9가지 요인 모두를 체계적, 종합적으로 고려하고 있다.

제 2 절 국가경쟁력의 측정 및 평가

1. 국가경쟁력의 측정

각 국가나 세계 주요 경제분석기관에서 국가경쟁력을 측정할 때 이전에는 1인당 GNP(GNP per capita)나 무역수지 흑자를 많이 이용했으나 이러한 방법은 국가경제의 전반적인 힘을 나타내는 국가경쟁력에서 오류를 범하기 쉬운 것으로 지적되고 있다. 계량적인 지표인 1인당 GNP는 가봉이나 브루나이 같은 빈부격차가 심한 국가에서는 현실을 왜곡할 가능성이 크다. 또한, 천연자원을 개발하는 인도네시아, 리비아 같은 국가에서는 자원의 개발을 통해 높아진 1인당 GNP 수치라는 점, 그리고 특정국가가 인구계획을 효과적으로 수행하게 되면 자연적으로 높아진다는 점에서 국가경제의 전반적인 힘을 나타내는 진정한 의미의 국가경쟁력의 측정에는 적절한 수단이 되지 못하고 있다.

국가경쟁력 측정에 그동안 주로 이용되었던 무역수지 흑자폭은 특정국가가 단기간에 조작이 가능하며 방글라데시나 북한처럼 수입을 물리적으로 억제하는 정책을 수행한 결과 이루어진 무역수지 흑자는 객관적인 지표로 받아들이기 힘들다. 또한, 일국이 환율을 평가절하(depreciation)하게 되면 일시적으로 수입이 감소하고 수출이 증가하는 현상과, 수출지향적 경제발전전략(export-oriented economic development strategy)을 추구하는 국가가 수출원가를 최소화하기 위해 근로자의 임금상승을 억제해서 이루어진 수출증가는 국가경쟁력이 장기간에 걸쳐 축적된 힘을 의미하는 차원에서 적절한 측정수단이라고 할 수 없다.

따라서 이전의 이러한 측정수단의 한계를 극복하기 위해서 국가경쟁력의 새로운 측정수단으로 소비자가 원하는 제품을 생산할 수 있는 능력, 그리고 특정국가가 보유하고 있는 여러 산업의 경쟁력의 합계 개념이 부각되고 있다. 즉, 제품의 경쟁력은 기업의 경쟁력을 야기시키고 기업의 경쟁력은 산업과 도시의 경쟁력을 가져와 결국 국가경쟁력의 강화로 이어지게 된다.

2. 국가경쟁력의 평가

현재 세계 각국의 국가경쟁력 평가는 다수의 경제분석기관에서 이루어지고 있으나 이 중에서 스위스 국제경영개발원(IMD)과 세계경제포럼의 평가가 가장 권위있는 것으로 인식되고 있다.

2.1 스위스 국제경영개발원

IMD는 스위스 로잔에 소재하고 있으며 기업의 최고경영자(CEO : Chief Executive Officer) 및 중간관리자를 대상으로 경영자훈련프로그램(MTP : Management Training Program)의 제공을 주요 업무로 하는 비영리법인이다.

IMD는 국가경쟁력을 '기업이 대내외 경쟁력을 유지할 수 있도록 구조, 제도 및 정책 등의 측면에서 효율적으로 지원하는 국가적 환경'으로 평가하고 있다. 평가대상국은 세계 49개국(OECD 30개 국가 및 19개 신흥시장국)이며 통계지표와 설문조사 결과를 기초로 각종항목에 대한 평가를 지수화하여 국가경쟁력을 비교한다. 평가기준은 4개부문(경제성과, 정부의 효율성, 기업의 효율성, 하부구조)에 총 286개로서 180개 통계지표(이 중 62개 통계지표는 순위 산정 시 포함되지 않고 참고지표로만 활용)와 106개 설문항목으로 구성된다. IMD가 매년 4월경 발표하는 국가경쟁력 보고서는 세계경제포럼(WEF)의 국가경쟁력 보고서와 더불어 세계적인 권위를 인정받고 있다.[2)]

2.2 세계경제포럼

스위스 제네바에 본부를 두고 있는 세계경제포럼(WEF : World Economic Forum)은 1971년 설립되었으며 매년 초 전세계의 경제·정치지도자들을 스위스의 세계적인 휴양지 다보스로 초청하여 '다보스포럼'(Davos Forum)을 개최하는 단체로 널리 알려져 있다. 전세계 1,000여개 기업으로부터 후원을 받아 세계경제관련 연

2) IMD, 'The World Competitiveness Year Book 2001', 2001. 4., 한국은행, 한은정보, 2001. 6. 참조

구 및 조사활동을 활발히 전개하고 있으며 조사결과에 대한 세계적인 권위를 인정받고 있다.

1979년부터 매년 '세계경쟁력 보고서'를 발간하고 있는데 동 보고서는 스위스 국제경영개발원(IMD)의 '세계경쟁력 연감'과 쌍벽을 이루고 있다. 2001년 보고서는 미국 하버드대학의 제프리 삭스(Jeffrey Sachs), 마이클 포터(Michael E. Porter) 교수 등과 공동으로 각종 통계자료와 주요 다국적기업의 경영자 등 전세계 4,600여 명을 상대로 실시한 설문조사를 기반으로 작성되었다.

제3절 세계 각국의 국가경쟁력 현황과 강화전략

1. 세계 각국의 국가경쟁력 현황

1.1 세계경쟁력 평가(2001년)

(1) 세계경쟁력 연감(스위스 IMD)

미국은 1997년 이후 국가경쟁력 1위를 고수(固守)하고 있다. 미국의 경쟁력은 지식기반경제(knowledge-based economy) 하에서 세계 각국으로부터 미국 기업에 대한 투자뿐만 아니라 우수인력이 미국 내로 모여드는 가장 양호한 환경을 제공하고 있는 데서 비롯된다고 할 수 있다. 미국의 경우 IT 부문에서 취업자의 약 20%가 외국인이며 실리콘밸리(Silicon Valley)에서 취업하고 있는 소프트웨어 엔지니어의 30% 정도가 인도출신이어서 이들 외국인이 미국의 산업부문, 특히 첨단산업부문에 기여하는 바가 지대하다고 할 수 있다.

유럽지역은 국가별로 순위의 부침(浮沈)을 보였는데 정보통신부문에서 세계 최고 수준의 경쟁력을 보유하고 있는 핀란드, 룩셈부르크, 스웨덴 등의 국가경쟁력은 향상된 반면, 독일, 영국, 프랑스 등은 국가경쟁력이 하락하였다. 특히, 북유럽국가들의 경쟁력이 향상된 것이 특징으로 지적될 수 있다. 이는 이들 국가가 정보통신 등 신기술 하부구조(new technological infrastructure)에 대한 대규모 투자(핀란드

5.7%, 스웨덴 4%)에 힘입어 경제호황을 나타낸 데 기인하고 있다.

아시아 및 중남미지역의 국가경쟁력은 대체적으로 하락하였다고 평가할 수 있다. 세계 주요 경제권인 미국 및 일본경제의 침체가 지속되고 있어서 세계경제에 상당한 부담으로 작용하고 있다. 특히, 미국과 일본의 경기부진으로 인해 미국 및 일본을 주요 수출시장으로 하는 아시아 및 중남미 국가들은 경제적으로 큰 타격을 입을 것으로 전망된다.

또한, 2001년 이후 세계 IT 산업의 성장세도 크게 둔화(鈍化)되고 있어 IT 관련 산업의 수출비중이 큰 아시아 국가들은 더욱 어려운 경제상황에 직면하고 있다.

〈표 12-2〉 주요 아시아국가들의 IT 관련산업 수출이 총수출에서 차지하는 비중

(단위 : %)

	필리핀	말레이시아	싱가포르	대만	태국	홍콩
IT관련산업 수출이 총수출에서 차지하는 비중	63	53	52	37	26	22

아시아국가의 경우 일본의 경쟁력이 1997년 이후 지속적으로 하락하여 2001년에는 26위로 나타나고 있으며 말레이시아, 중국, 태국, 인도네시아 등도 2000년 보다 하락하였다.

중남미국가의 경우에도 이 지역 중심국가들인 멕시코, 아르헨티나를 비롯하여 콜롬비아 등의 국가경쟁력이 2000년보다 하락하였다.

〈표 12-3〉 IMD의 국가경쟁력 순위

국가	1997	1998	1999	2000	2001	국가	1997	1998	1999	2000	2001
미국	1	1	1	1	1	일본	17	20	24	24	26
싱가포르	2	2	2	2	2	헝가리	37	28	26	26	27
핀란드	7	6	5	4	3	한국	30	36	41	28	28
룩셈부르크	8	3	3	6	4	말레이시아	14	19	28	27	29
네덜란드	4	4	4	3	5	그리스	36	33	32	34	30
홍콩	3	5	6	12	6	브라질	34	35	34	31	31
아일랜드	10	7	8	5	7	이탈리아	39	31	30	32	32
스웨덴	19	16	14	14	8	중국	27	21	29	30	33
캐나다	6	8	10	8	9	포르투갈	32	29	27	29	34
스위스	12	9	7	7	10	체코	33	37	37	40	35
호주	15	12	11	10	11	멕시코	40	34	35	33	36
독일	16	15	12	11	12	슬로바키아	-	-	-	-	37
아이슬란드	21	18	13	9	13	태국	31	41	36	35	38
오스트리아	20	24	18	15	14	슬로베니아	-	-	39	36	39
덴마크	13	10	9	13	15	필리핀	29	32	31	37	40
이스라엘	25	25	22	21	16	인도	41	38	42	39	41
벨기에	23	23	21	19	17	남아프리카공화국	42	42	43	43	42
대만	18	14	15	20	18	아르헨티나	28	30	33	41	43
영국	9	13	19	16	19	터키	35	39	38	42	44
노르웨이	5	11	16	17	20	러시아	46	43	46	47	45
뉴질랜드	11	17	17	18	21	콜롬비아	45	45	45	45	46
에스토니아	-	-	-	-	22	폴란드	43	44	40	38	47
스페인	26	26	20	23	23	베네수엘라	44	46	44	46	48
칠레	24	27	25	25	24	인도네시아	38	40	47	44	49
프랑스	22	22	23	22	25						

자료 : IMD, The World Competitiveness Year Book 2001, 2001. 4.
한국은행, 한은정보, 2001. 6.

(2) 세계경쟁력 보고서(세계경제포럼)

세계경제포럼(WEF : World Economic Forum)이 2001년 10월 18일 발표한 '2001년 세계경쟁력 보고서'에 따르면 2001년의 국가경쟁력은 기술적 요인(technology factor)이 중요하게 작용했다. 이러한 결과 영국, 아일랜드 등이 순위가 하향된 것으로 나타났으며 미국 정보기술산업의 후퇴는 일시적인 현상으로 조만간 회복세로 반전될 것으로 평가하였다. 세계경제포럼은 앞으로도 기술적 요인이 국가경쟁력(national competitiveness)은 물론 성장잠재력(growth potentials)을 결정하는 중요한 변수가 될 것으로 지적하였다.

① 조사주체 및 방법

세계경제포럼은 1979년 이후 매년 세계경쟁력보고서를 발간하기 시작하여 1999년에 현재의 조사모델을 개발·적용해 오고 있다. 동 보고서는 전술한 바와 같이 스위스 국제경영개발원의 '세계경쟁력연감'과 더불어 세계 최고의 국가경쟁력 분석자료로 평가받고 있다.

'성장잠재력'은 향후 5년간 경제성장 가능성과 높이를 평가하는 예상치이며, '국가경쟁력'은 현재 개별국가의 생산성(productivity)을 의미한다. '성장잠재력'은 기술적 요소를 비롯하여 법적·제도적 요소와 거시경제환경(macroeconomic environment) 등이 주요 측정요소이며, 국가경쟁력은 기업경쟁력과 각국의 비즈니스 환경 등이 주요 평가요소가 된다. 이와 함께 전세계 주요 기업의 최고경영자 4,600여명을 대상으로 실시한 설문조사도 이번 순위 선정과정에서 중요한 고려요소가 되었다.

② 주요 국가의 국가경쟁력 순위

가. 현재의 경쟁력 순위

세계경제포럼은 현재의 국가경쟁력을 기업의 경영·전략, 기업환경 부문으로 나누어 평가했다. 즉, 개별기업들의 능력과 함께 기업하기에 얼마나 양호한 환경을 갖추고 있는지를 평가한 것이라 할 수 있다. 기업환경 평가요소에는 교통·통신 등의 사회간접자본(SOC) 시설, 자본시장 발전정도 등이 포함되었다.

국가경쟁력 순위는 핀란드, 미국, 네덜란드, 독일, 스위스, 스웨덴, 영국, 덴마크, 오스트레일리아, 싱가포르가 10위권을 형성하였으며 일본은 15위, 중국은 47위로 나타났다.

나. 성장잠재력 순위

향후 5년간 국가경쟁력 향상도를 예상할 수 있는 성장잠재력 평가에 대해 세계경제포럼은 기술부문, 공공부문, 거시경제환경 등 3가지 요소를 참고로 하고 있다. 기술부문에서는 국제특허출허 건수, 기술개발노력, 정보통신기술 등이 포함되어 있으며, 공공부문에서는 정부의 중립성 및 부패정도, 사법제도의 공정성 등이 평가항목을 구성하고 있고, 거시경제환경에서는 물가, 금리, 환율, 정부 재정지출 등 주요 거시경제지표 등이 포함되었다.

성장잠재력은 핀란드와 미국에 이어 캐나다, 싱가포르, 오스트레일리아, 노르웨이, 대만, 네덜란드, 스웨덴, 뉴질랜드가 10위권에 들었다. 핀란드는 2001년 성장잠재력 5위에서 2002년에는 공공부문에서의 1위를 바탕으로 종합 1위로 비약하였으며, 2001년 4위였던 아일랜드는 11위로 하락하였다. 미국은 기술경쟁력 1위를 바탕으로 성장잠재력 2위로 평가되었으며, 싱가포르는 거시경제환경에서의 1위에 힘입어 종합 3위로 평가되었다.

중국은 거시경제환경에서 6위로 평가받았지만 기술부문(53위)과 공공부문(50위)에서의 낮은 평가로 인해 종합순위는 39위를 기록하였다. 중국이 현재 세계 주요 다국적기업들의 활발한 투자로 고도성장을 하고 있지만 아직은 기술수준이 낮고 정치·사회제도의 투명성도 세계수준에는 크게 미흡하다는 평가를 하고 있다.

〈표 12-4〉 주요 국가의 국가경쟁력 및 성장잠재력 순위

순위	국가경쟁력	순위	성장잠재력
1(1)	핀란드	1(5)	핀란드
2(2)	미국	2(1)	미국
3(4)	네덜란드	3(6)	캐나다
4(3)	독일	4(2)	싱가포르
5(5)	스위스	5(11)	호주
7(8)	영국	7(10)	대만
10(9)	싱가포르	12(8)	영국
12(15)	프랑스	13(7)	홍콩
15(14)	일본	17(14)	독일
18(16)	홍콩	21(20)	일본
21(21)	대만	23(28)	한국
28(27)	한국	30(24)	말레이시아
37(30)	말레이시아	33(30)	태국
47(44)	중국	39(40)	중국

주 : ( )안은 2000년 순위임

자료 : 세계경제포럼, '2001년 세계경쟁력 보고서', 2001. 10. 18.

다. 구매력을 감안한 국민소득

세계경제포럼은 이번 '2001년 세계경쟁력 보고서'에서 국가별 1인당 국내총생산(GDP : Gross Domestic Product)을 구매력(purchasing power)으로 환산한 소득도 발표하였다. 구매력을 고려한 국민소득이란 단순히 명목소득(nominal income) 수준만 보지 않고 해당국의 물가수준까지 감안한 실질소득(real income) 개념이다.

세계경제포럼의 발표자료에 따르면 2000년 미국의 1인당 소득이 약 33,000달러로 1위였으며 노르웨이가 약 29,000달러로 2위에 올랐고 일본은 약 25,000달러로 9위, 한국은 17,311달러로 24위로 조사되었다.

1.2 세계경쟁력 평가(2002년)

스위스 IMD가 2002년 4월 27일 발표한 '세계경쟁력 연감 2002'에서는 미국이 생산성 · 기술 · 금융시장 · 기업경영 등에서 높은 점수를 받아 1997년 이후 1위를 고수했으나, 1998년 이후 2위를 유지했던 싱가포르는 2001년에 건국 이래 최초로 마이너스 성장을 기록하는 경제침체로 인해 5위로 하락하였다. 싱가포르는 전체적인 국가경쟁력의 하락에도 불구하고 정부효율성 부문에서는 6년째 1위를 고수하고 있다.

싱가포르뿐만 아니라 홍콩(6위→9위), 대만(18위→24위), 아일랜드(7위→10위)의 순위도 정보기술(IT) 산업의 세계적인 불황으로 인해 하락하였다. 10년째 경제불황을 겪고 있는 일본(26위→30위)도 경쟁력이 4단계나 하락하였으며 경제위기 상황인 아르헨티나는 조사대상국가 49개국 중 최하위를 기록하였다.

한편, 말레이시아(29위→26위), 중국(33위→31위), 덴마크(15위→6위), 한국(28위→27위) 등은 국가경쟁력 순위가 상승한 것으로 나타났다.

2. 세계 주요 국가의 국가경쟁력 강화전략

무역협회는 '주요 13개국의 21세기 국가경쟁력 강화전략'이라는 보고서에서 미국을 비롯한 세계 주요 국가의 국가경쟁력 강화전략 중 최우선은 인적자원 개발임을 지적하였다.[3] 무역협회가 미국, 캐나다, 영국, 아일랜드, 네덜란드, 핀란드, 중국, 일

3) 무역협회, 주간무역리뷰, 2003. 8. 18. 참조

본, 홍콩, 말레이시아, 인도, 호주 등 13개국을 대상으로 국가경쟁력 강화전략을 조사한 결과 10개국이 인적자원의 개발(development of human resources)을 세부전략으로 선정하고 있는 것으로 나타났다.

선진국들은 이공계 대학 졸업생의 수를 지속적으로 증가시키고 평생교육시스템의 강화를 통해 첨단기술인력의 양성에 중점을 두고 있는 반면에 개도국들은 문맹퇴치, 기능인력의 양성에 주력하고 있는 것으로 조사되었다. 또한, 인적자원개발을 제외하면 과학기술의 발전, 지역간 균형개발, 기업경영환경개선 등을 경쟁력 강화전략으로 채택하는 빈도가 높았다.

〈표 12-5〉 세계 주요 13개국의 국가경쟁력 강화 세부전략 채택현황

세 부 전 략	채택 국가수
인적자원의 개발	10
과학기술발전	6
지역간 균형개발	6
경영환경개선	6
혁신환경개선	5
지식기반경제 구축	3
인프라투자 확대	3
지속가능한 발전	2
관광진흥	2

조사대상국들은 인적자원개발 다음으로 과학기술의 발전을 중시했는 데 미국은 물리, 화학, 수학 등 기초과학 부문의 발전을, 영국과 중국은 첨단기술분야를, 일본은 최첨단 IT 국가로의 발전을 지향하고 있는 것으로 나타났다.

〈표 12-6〉 세계 주요 국가의 국가경쟁력 강화 대책

	배경 및 비전	핵심정책 및 전략	세부 목표 및 실행계획
미국	· 배경 - 빈부격차 확대 - 과학기술 전문인력 감소 - 청소년 학습의욕 약화, 노령화 진전 - 경상수지 적자 위험 수준 · 비전 : 세계 최고의 경쟁력 유지	· 과학기술 발전 촉진 · 노동력의 안정적 확충 및 질적 향상 · 지역별 클러스터의 강화	· 첨단과학분야에 대한 정부투자 확대 · 저소득층 및 소수민족출신 학생들에 대한 고등교육이수 기회 확대 · 혁신장려정책을 지역차원으로 심화
캐나다	· 배경 - 낮은 생산성 - 미국과의 소득격차 지속 확대 · 비전 : 세계 일류국가 지향	· 지식기반경제 구축 · 우수인력 양성 · 세계최고의 기업환경 조성 · 지역사회 강화	· 2010년까지 R&D 세계 5위 · 석박사지원자수 연평균 5% 증가 · 2010년까지 첨단클러스터 10개 조성 · 2005년까지 초고속인터넷 일반화
영국	· 배경 - 중하위 숙련인력 부족 - 경쟁국에 비해 혁신활동 취약 · 비전 : 기회의 나라 건설	· 인력 개발 · 지역균형발전 · 기술개발 · 경영환경 개선	· IT 인력 매년 1만명 양성 · 성공적 산업클러스터 발굴, 지원 · 2005년까지 G7 국가 중 가장 경쟁력 있는 광대역시장으로 부상 · 시장의 역동성, 경쟁을 저해하는 규제의 제거
아일랜드	· 배경 - 사회간접자본 및 인프라 부족 - 인적자본의 부족 - 개발의 지역간 불균형 심화 - 성장과실 보다 균등분배 필요 · 비전 : 지속적인 성장기반 구축	· 지역간 균형 개발 · 고용촉진 및 인적자원 개발 · 인프라투자 확대 · 농촌 개발	· 안정위주 거시경제정책 · 시장의 필요에 부응한 교육 및 직업훈련 · 투자재원의 지역간 균등배분 · 2006년까지 406억파운드 투입
네덜란드	· 배경 - 숙련 노동인력의 부족 - 높은 사회보장에 따른 근로의욕 약화 · 비전 : 지속적인 경제성장	· 인적자원 투자 확대 · 경쟁 촉진과 기업가정신(entrepreneurship)의 제고 · 효율적 국토개발 · 혁신 장려 · 지속가능한 경제발전 추진	· 평생교육 장려 · 외국인, 여성인력 활용 · 진입장벽 제거 및 개방확대 · 기업투명성 제고 및 행정절차 개선 · 연구성과의 상업화 제고 · 인적자원 및 환경투자 확대 병행

〈표 12-6〉 (계속)

핀란드	· 배경 - 1990년대초 경제위기 발생 - 주요부문에서 경쟁력 상위 - 노동력 부족 발생 가능성 - 높은 세율 · 비전 : 인간중심의 정보사회 구현	· 노령화에 따른 노동력 부족 해소 · 조세부담률의 완화	· R&D 투자비율 3% 이상 계속 유지 · 이민정책의 수정 개선 · 소득세율의 하향 추진
중국	· 배경 - 세계의 공장 - 1인당 GDP 855달러 - 지역간/도농간 불균형 · 비전 : 2020년까지 전면적인 샤오캉(小康)사회 건설	· 서부대개발을 통한 지역간 균형발전 · 사회주의 시장경제체제 확립 · 대외개방을 통한 경제 국제화 추진 · 과학기술 육성 · 교육개혁, 인재양성	· 2020년까지 1인당 GDP 4,000달러, 2015년 세계 3위 경제대국 · 6개 첨단기술분야 육성 · 현대기업제도 확립을 통한 경쟁력강화
일본	· 배경 - 세계경제의 글로벌화 진행 - 인구의 고령화 - 1990년대 이후 장기적인 경기침체 · 비전 : 2005년까지 최첨단 IT 국가로 발전	· 산업경쟁력 강화 · 규제완화로 경제활력, 투명성 증대 · e-Japan 중점계획의 수립/시행 · 관광입국 건설	· Global Top 창출형 산업구조 육성 · 「동아시아 자유비즈니스권」형성 · 국제적으로 개방된 경제사회 실현 · 아시아 각국과 제휴하여 세계 정보허브 도모 · 2010년 외국관광객 배증
대만	· 배경 - 글로벌 경쟁 - 중국본토의 흡인력 - 경직된 사회시스템 · 비전 : Green Silicon Island 건설	· 3대 개혁 - 정치개혁 - 금융개혁 - 재정개혁	· 10대 개별전략 - e-Generation 인력 육성 - 창조적 문화산업 개발 - R&D 국제기지화 - 다국적기업의 비즈니스센터 구축
홍콩	· 배경 - 세계비즈니스 중심지 잠재력 - 중국발전에 따른 홍콩경제 활성화 가능성 - 주변도시/국가와의 치열한 경쟁 · 비전 : 세계의 중심도시 부상	· 지속가능한 발전전략 추진 · 허브기능 발전 · 생활환경/기반시설 확충 · 관광 진흥 · 중국과 교류 강화	· 세계 최고의 항구 · 세계 항공의 중심 · 아시아에서 가장 인기있는 관광명소

〈표 12-6〉 (계속)

말레이시아	· 배경 - 지식근로자 뿐만 아니라 기초 인력도 부족 - 고유기술 및 혁신의 부족 - R&D자금의 부족 - 연방정부 및 6개 주정부로 구성된 공공부문의 개혁 복잡 · 비전 : 2020년 지식기반경제 건설	· 지식기반인적자원 육성 · 인센티브 확립 및 정보기반 구축 · 제도의 정비 · 과학기술 역량의 확충 · 민간 주도에 의한 지식기반경제 · 공공부문을 지식기반경제로 전환 · 지식 및 디지털 격차 해소	· 2020년 1인당 GDP 1만달러 달성 · 연평균 7% 성장
인도	· 배경 - 인구폭증 - 인구의 도시집중 심화 - 성장에 따른 에너지수요 급증 및 환경오염 - 세계화 진전 - 비전 : 중상위 소득국가 진입	· 인력 개발 · 통신, 교통, 물류 등 인프라 구축 · 에너지 생산능력 제고, 환경보전 · 세계화에 대응 · 정치 개혁	· 성장 목표 - 경제규모 11위 → 4위 - 1인당GDP 153위 → 100위 · 2020년 주요 식량수출국가 부상 · 신규고용 2억개 창출 · 전략생산 3배 확대
호주	· 배경 - 국가경쟁력 강화를 위한 5개년 계획 시행 (2001～2006) · 비전 : 국가 혁신역량의 강화 → 고소득, 고용창출, 경제성장	· 아이디어 양산 및 연구능력 배양 · 연구결과의 상업화 촉진 · 기술인력의 양성	· R&D 투자에 대한 세제 인센티브 · 유망기술상업화 프로그램 (COMET) · ICT, BIO 등 첨단연구센터 설립 · 대학의 ICT, 과학기술 관련학과 증설

자료 : 미국, "국가경쟁력 보고서"(국가경쟁력 위원회) ; 캐나다, "Achieving Excellence"(산업부) ; 영국, "2001 기업, 기술, 혁신백서"(무역산업부, 교육고용부) ; 아일랜드, "제2차 국가개발계획"(재무부) ; 네덜란드, "네덜란드 국가경쟁력 평가"(경제부) ; 핀란드, "핀란드의 대외경쟁력과 미래"(재무부) ; 중국, "중국의 중장기 발전목표와 전략"(16차 공산당 전당대회) ; 일본, "주요부문별 국가경쟁력 강화 전략"(내각부) ; 대만, "Challenge 2008"(경제기획 및 개발위원회) ; 홍콩, "HK2030 초안"(계획부) ; 말레이시아, "Knowledge-Based Economy"(재무부) ; 인도, "India Vision 2020"(계획위원회) ; 호주, "Backing Austraila's Ability"(내각)

제 13 장

글로벌 통화체제의 향방

제 1 절 달러라이제이션의 확산

9·11 미국 테러사태 이후 로버트 먼델(Robert Mundell), 폴 크루그먼(Paul Krugman) 등 세계적인 국제경제학자들이 세계통화(global currency)의 필요성을 주장하면서 달러라이제이션(dollarization)이 국제금융시장의 주요 이슈가 되고 있다. 현재 미국 달러화를 자국의 공식통화로 채택하고 있는 국가는 파나마, 에쿠아도르 등 중남미를 중심으로 한 10여개국에 이르고 있으며 캐나다, 아르헨티나, 멕시코, 칠레 등도 달러라이제이션을 신중히 검토하고 있다. 우리의 경우에도 하버드대학의 로버트 배로(Robert Barro) 교수가 달러라이제이션의 도입 필요성을 주장하여 관심을 끈 바 있는데 배로 교수는 외환위기 방지와 미국과의 자유무역협상을 강화시키기 위해 한국도 달러화를 공식통화로 채택할 것을 제안하였다.

달러라이제이션 현상이 심화되면 채택국의 경제는 물론이거니와 전세계 경제에도 지대한 영향을 미치게 된다는 점에서 그 귀추가 주목되고 있다.

1. 달러라이제이션의 의미

노벨경제학상을 수상한 바 있는 미국의 로버트 먼델교수는 아시아지역에 달러와 연계한 공동화폐의 도입 필요성을 지적하면서 이를 위한 첫 번째 단계로 홍콩달러의 달러라이제이션을 주장하여 국제금융계의 주목을 집중시킨 바 있다.

일반적으로 달러라이제이션은 다음 2가지 의미로 사용되어 왔다고 볼 수 있다.

1.1 일국의 통화수요에서 달러화의 사용비중이 증가하다가 최종적으로 해당국 통화를 달러로 대체하는 현상을 의미함

과거 만성적인 고물가 현상을 보여온 중남미 지역의 국가들에서 달러화 대체현상이 두드러지게 나타난 바 있으며 1980년대 말 구소련 붕괴 이후 러시아에서도 이런 현상이 심화되었다.

1.2 미국과 완전한 통화동맹을 결성하여 달러화를 법화(legal currency)로 사용하는 것을 의미하는 데 최근에 논의되고 있는 달러라이제이션은 대부분 법화의 의미를 가지고 있음

달러화의 법화로서의 기능이 제대로 작용하기 위해서는 통화동맹 결성 이전에 달러화의 사용비중이 상당한 수준에 도달해야 하는 제약조건을 가지고 있다. 파나마를 비롯한 중남미 국가들의 달러라이제이션은 이와 같은 맥락 하에서 추진되고 있다.

〈표 13-1〉 달러화를 공식통화로 도입 또는 도입 검토 중인 국가 현황

지 역	국 가	비 고
북 미	캐나다	도입검토
중남미	파나마, 에쿠아도르, 엘살바도르, 과테말라	도입
	아르헨티나, 멕시코, 칠레	도입검토
아시아 · 태평양	동티모르, 괌, 사모아, 마셜군도	도입
아프리카	라이베리아	도입
	나이지리아	도입검토

2. 달러라이제이션의 논의배경

달러라이제이션 논의의 배경은 대체적으로 다음 4가지 측면에서 살펴볼 수 있다.

2.1 국제금융시장의 불안정 확대

최근 개발도상국을 중심으로 한 신흥시장(emerging market)의 금융불안이 증대되면서 국제금융시장에서 달러라이제이션 논의가 거세지고 있다. 특히, 동남아시아 국가들의 통화는 일본의 장기불황에다 엔화가치 하락에 따른 국제외환시장에서의 엔화에의 동조화 가능성(동반하락 가능성)이 커지면서 1997년 동아시아외환위기 당시와 비슷한 상황이 전개되고 있다. 아르헨티나 · 브라질을 위시한 중남미 국가들도 미국경제 침체의 직접적인 영향으로 경제안정성(economic stability)이 크게 위협을 받고 있다.

이들 시장의 금융시장 불안정에 헤지펀드(hedge fund)들의 활발한 활동이 크게 기여하고 있음은 주지의 사실인데 최근 뉴욕 월가에 소재한 헤지펀드 자문업체인 헤네시그룹은 헤지펀드의 투자금이 총 4,800억 달러에 이르는 것으로 발표한 바 있다.

신흥시장의 금융불안정과 관련하여 개발도상국들이 선진국들의 공략에 대비하고 자국 자본시장의 안정성을 유지하기 위해 필요한 방안들에 대한 공통된 의견이 제시되고 있어 국제금융시장에 새로운 이슈를 제기하고 있다. '신흥시장저명인사그룹'(EMEPG)은 국제금융계가 신흥시장국들에 자금을 대여해줄 때 국제금융기준의

이행을 강요하지 말 것을 제안하였다.[1] EMEPG는 2001년 11월 5일 선진국 중심의 국제금융체제를 변화시키기 위해 33개의 권고사항을 담은 '국제금융체제개편보고서(서울보고서)'를 발표하였다. 보고서는 신흥시장은 선진국과는 자본시장체제가 상이함에도 불구하고 국제기준을 일괄적으로 적용함에 따라 커다란 불이익을 받고 있어 이를 시정할 필요성이 있음을 지적하고 있다. 또한, 신흥국 금융시장에 대한 정부개입에 대해서도 신흥시장은 정부의 자본시장에 대한 개입 필요성이 어느 정도 존재하기 때문에 정부개입에 대한 일방적인 반대는 바람직하지 않음을 제기하고 있다.

EMEPG는 특히 선진국들의 개발도상국 자본시장에 대한 무차별적인 공략을 저지하고 이들 시장을 지키기 위해서는 개발도상국 금융시장의 특수성을 인정해야 한다고 주장하고 있다. 따라서 이들은 선진국 자본의 단기이동에 따른 급격한 자본유출을 방지하기 위해서는 강력한 규제수단을 도입할 것을 촉구하고 있다. 결국 EMEPG는 신흥시장국 자본시장의 건전화를 위해 국제금융감독기준의 부과는 설득력이 있지만 그러한 기준의 적용시기와 범위는 신축적으로 적용되어야 하며 선진국들은 신흥시장에 대한 자금지원에 있어서 그 조건으로 국제금융기준의 무조건적인 이행을 강요해서는 안된다는 것을 제안하고 있다.

---

1) EMEPG는 미국 포드재단의 지원으로 설립되었으며 구성회원은 한국·브라질·인도·태국·말레이시아 등 주요 신흥공업국의 전직 재무장관, 중앙은행 총재 등 금융전문가들로 이루어져 있다. 2001년 11월 서울에서 첫 회의가 개최되었는 데 1997년 동아시아외환위기 이후 그동안 국제금융시장에는 국제금융체제 개편에 관한 여러 전문가 그룹의 보고서가 제시된 바 있으나 주로 서방 선진7개국(G7)의 입장을 대변한 것인데 반해 이번 보고서는 개발도상국을 중심으로 한 신흥시장국들의 입장을 대변하였다는 점에서 큰 의미를 부여할 수 있다.

〈표 13-2〉 신흥국 자본시장의 안정화 방안

구 분	주 요 내 용
시장자유화	· 시차에 입각한 자본자유화 · 환율제도의 점진적 개편
금융여건변화 대응	· 국제금융기구 개혁 · 지역통화 · 금융협력 강화
규제체제 유지	· 헤지펀드 등 금융기관에 대한 규제 · 위기 예방과 관리를 위한 민간부문 참여
자본이동 규제	· 자본이동에 대한 규제수단(VDR) 등 마련
환율안정	· 중간적 환율제도 유지
투기적 공격 예방	· 선진 금융기관 과다채무기관에 대한 은행대출 규제수단 유지
금융감독	· 신흥시장 특수성 고려한 금융감독체제 유지
채권 · 채무보호	· 외국금융기관도 부채경감 및 구조조정에 참여
구조조정 지원	· 외국금융기관의 구조조정기업에 대한 부채상환 유예 인정
신흥국 금융지원	· IMF 등 국제금융기구의 신흥국에 대한 자금지원 재원확충
지역금융 지원	· 지역간 통화 · 금융 협력체계 구축 지원

자료 : 매경, 2001. 11. 6.

EMEPG 보고서의 주요 내용은 다음 4가지 측면에서 파악할 수 있다.[2)]

(1) 토빈세 또는 가변자본 유치제도의 도입

EMEPG는 신흥시장국의 국내통화정책을 위협하는 급격한 자본유출을 방지하기 위해서 단기자본이동에 관한 규제수단을 마련할 것을 권고하고 있다. 이를 위해 선진국들이 신흥자본시장에 투자목적으로 자본을 거래할 때 일괄적으로 세금을 부과하는 '토빈세(외환거래 시마다 부과시키는 세금)'나 '가변자본유치제도'의 도입 필요성을 제기하였다. 특히, 토빈세 도입과 관련하여 그 효과를 극대화시키기 위해서는 전세계적으로 동시에 토빈세를 부과할 것을 주장하고 있다.

또한, 서방선진7개국(G7)의 금융감독기관들이 신흥시장에 투기적인 공격을 수행할 수 있는 헤지펀드를 중심으로 한 과다채무기관에 대한 은행대출을 효과적으로 규제할 수 있는 제도적 장치를 마련할 것을 촉구하고 있다.

2) 매경, 2001. 11. 6. 참조

(2) 신흥국의 자국 환율시장 개입 정당화

EMEPG의 '국제금융체제개편보고서'는 신흥시장국의 환율제도에 대해서도 언급하였다. 보고서는 선진국들이 신흥시장국들에 대해 '완전고정환율제도'와 '완전변동환율제도' 중 어느 하나를 선택하도록 강요해서는 안되며 이들 국가가 환율의 불균형(imbalance of exchange rate)을 회피할 수 있는 적절한 중간환율제도를 채택할 수 있도록 해야 한다고 지적하고 있다. 또한, 신흥시장국 경제에 지대한 영향을 미치는 달러, 엔, 유로화 환율의 급격한 변동을 방지할 수 있는 제도적 장치를 선진국들이 조속히 마련할 것을 촉구하고 있다.[3)]

(3) 개발도상국 경제구조조정에의 적극적 참여

보고서는 선진국 금융기관들의 개발도상국 경제구조조정에의 적극적 참여를 권고하였다. 특히, 출자전환과 부채 탕감 등 개발도상국 구조조정프로그램에의 적극적인 참여를 제안하였다. 이 같은 제안의 배경으로는 그동안 개발도상국의 경제구조조정 과정에서 외국채권기관의 반대로 이들 국가의 구조조정이 지연되는 등의 부작용을 최소화하기 위한 것이라 할 수 있다. 우리의 경우에도 1997년 말 외환위기 이후 기업 및 금융기관 구조조정 과정에서 선진국 금융기관들이 구조조정 과정에 적극 참여하기보다는, 즉 순조로운 기업개선작업(워크아웃)을 지원하기보다는 이들 기관의 개별적인 이익(private interest)만을 추구하는 경우를 경험한 바 있다.

또한, 국제통화기금(IMF)이 신흥시장국 중 대외부채상환에 어려움을 겪고 있는 국가들에 대해 부채상환의 일시중단을 인정할 것을 주장하였다.

(4) IMF의 유동성 제고

신흥시장국의 취약계층 보호와 적절한 경제정책의 시행으로 인한 합리적인 사회안전망 구축에 선진금융기관들의 적극적인 역할이 중시되고 있다. 특히, 경기동향에 민감한 국제민간자본의 흐름에 IMF가 적절히 대응하기 위해서는 IMF의 유동성을 제고시킬 수 있는 자금원의 확충이 시급하다고 지적하고 있다. 즉, 개발도상국의 금

3) 보고서는 선진국의 단기투기성자본(hot money)의 개발도상국 자본시장에 대한 교란을 최소화하기 위해 개발도상국 정부의 자국 자본시장 개입을 정당화하고 있으며 선진국들의 금융감독기관들이 신흥시장에 대한 투기적 투자행태를 보일 수 있는 헤지펀드 등에 대한 대출 규제를 강조하고 있다.

융시장 안정성을 제고시키기 위해서는 이들 국가에 대한 선진국들의 효과적인 자금 유입이 필요하며 다자간통화체제를 보완할 수 있는 기능을 수행할 수 있는 지역차원의 통화·금융 협력체제의 구축(AMF의 창설 등)이 절실히 요구되고 있다.

2.2 헤지펀드의 투기적 활동 증대

세계금융시장에 유입된 헤지펀드의 자금이 2001년 상반기 중 사상 최대를 기록하여 헤지펀드로 인한 국제금융시장의 불안이 가중되고 있다. 니혼게이자이신문(日本經濟新聞)은 2001년 8월 14일 주가지수선물 등 금융파생상품을 활용하여 고수익을 추구하는 투자기금인 헤지펀드의 순유입액(유입액 - 유출액)이 2001년 상반기 중 150억 달러를 기록하여 사상 최고 수준을 기록하였다고 보도한 바 있다.[4] 국제투자자들이 불투명한 금융시장상황에 따른 리스크를 감수하면서도 고수익을 기대하고 있는 것을 반영하여 총 150억 달러를 헤지펀드에 투자하고 있다고 평가할 수 있다. 실제로 2001년 들어 MSCI 세계지수, S&P 500, 다우존스공업지수(DJIA : Dow Jones Industrial Average) 등 대부분의 세계증시의 실적이 좋지 않은 가운데 상반기 헤지펀드의 평균수익률은 2.13%에 이르렀으며 리스크거래나 저평가된 주식에 투자하면서 다양한 공격적인 투자전략을 구사하는 일부 헤지펀드들은 6월에만 1.03%의 투자수익을 올렸으며 상반기 전체로는 7.43%의 고수익을 올린 바 있다.[5]

4) 세계주식시장의 침체가 지속되면서 헤지펀드들은 다시 활발한 투자행태를 보이고 있는데 한국을 비롯한 신흥시장의 채권을 대거 매입하고 있는 것으로 나타났다. 미국의 시장조사기관인 트레몬트트타스와 헤지펀드 자문업체인 헤네시그룹의 조사에 따르면 2001년 2분기 헤지펀드에 새로이 유입된 자금은 84억 달러로 지난 1994년 이후 분기별로 최대규모에 달한 것으로 나타났다.

5) 이 중에서도 특히 정크본드에 투자하는 펀드가 국제투자자들 사이에 가장 선호되고 있으며 이머징마켓펀드에도 13분기만에 처음으로 자금이 순유입된 것으로 나타났다.

〈표 13-3〉 헤지펀드 자산의 주요 운용방법

(단위 : %)

순 위	운 용 방 법	투 자 비 중
1	상대적으로 저평가된 주식 매입 및 상대적으 고평가된 주식 공매	46.9
2	M&A · 기업도산 등 환경급변 시 단기매매 치중	21.4
3	기타	13.0
4	각국 금융시장상품에 분산투자	7.8
5	전환사채 등을 활용한 투자	6.9
6	신흥시장 투자	4.0

2.3 국제금융위기 방지시스템의 미비

1997년 동아시아외환위기(East Asian Foreign Exchange Crisis) 이후 선진국이 중심이 되어 논의해왔던 금융위기 재발 방지대책이 아직까지 구체화되고 있지 않다. 국제금융위기의 재발을 방지하기 위해 새로운 국제금융환경에 적합한 세계금융기구(WFO : World Financial Organization)의 창설을 비롯하여 상시적인 금융협의체인 금융안정포럼(FSF), 단일통화의 도입, 인접국 간의 외자융통계획인 통화스와프협정(currency swap agreement) 체결 등이 논의되어 왔으나 2001년 들어 주요 선진경제권의 경기침체가 전세계로 확산되면서 세계 각국 간의 관계에 있어서 경제이기주의(economic egoism)가 팽배해지면서 단기적인 측면에서 외환위기 방지를 위한 세계적인 공동대응이 어려워지고 있다.

이 같은 상황 하에서 2000년 초에 달러화를 공식화폐로 도입한 바 있는 에쿠아도르 등 일부 중남미 국가들의 경제상황이 크게 개선되고 있어서, 특히 만성적인 외환위기 가능성에 노출되어 있는 개별국가들이 미 달러화를 자국통화로 도입하려는 달러라이제이션 현상이 확산되고 있는 추세이다.

2.4 달러화의 세계단일통화로서의 역할 증대

세계화(globalization)의 진전에 따라 지구촌 경제는 급속히 단일화되어가고 있다. 지구촌경제가 단일시장(single market)으로 재편되고 있는 상황에서 각국의 개별통화는 역할이 축소될 수밖에 없으며 현재 국제금융시장에서 가장 큰 힘을 발휘하고 있는 미 달러화가 세계단일통화로서 주목을 받고 있다. 유럽연합(EU)이 지난 1999년에 유로화를 출범시켰지만 아직 세계기축통화(global key currency)로서의 역할을 하기에는 역부족이며 동남아시아에서 가장 큰 영향력을 발휘하고 있는 일본 엔화 역시 세계적인 중심통화가 되기에는 아직 미흡하다고 할 수 있다.

3. 달러라이제이션의 효과

어느 일국(一國)이 달러라이제이션을 도입하게 되면 해당국의 경제는 지대한 영향을 받을 수밖에 없게 된다. 달러라이제이션 도입의 긍정적 및 부정적 측면과 더불어 세계경제에 미치는 영향을 간략히 살펴보고자 한다.

3.1 긍정적 효과

달러라이제이션이 도입되면 해당국은 사실상 독자적인 통화발행이 불가능해지게 된다. 따라서 물가와 통화가치가 안정된다고 할 수 있다. 즉, 통화에 대한 투기적인 요소가 크게 감소하면서 경제전반의 안정성과 대외신인도가 제고되는 효과가 발생한다. 특히, 개발도상국들은 세계경제의 글로벌화에 적극 편승할 수 있게 되고 외자도입이 유리해지는 상황을 맞이하게 된다.

3.2 부정적 효과

달러라이제이션을 채택하는 국가가 당면하게 되는 가장 큰 문제점은 경제주권(economic sovereignty)이 상실될 수 있다는 점이다. 경제·정치적으로 미국에 예속되어 국가의 정체성(national identity)이 위협받을 수 있다.

또한, 독자적인 화폐발행이 불가능해지기 때문에 일종의 국가 조세수입(tax revenue)으로 여겨질 수 있는 화폐발행차익(seigniorage)이 소멸되면서 재정수지가 악화될 수 있다. 중앙은행의 역할도 크게 위축될 수 있다. 즉, 중앙은행이 스스로 화폐를 발행할 수 없기 때문에 최종 대부자(final lender)로서의 기능이 상실되어 금융기관 스스로 파산위험에 대비해야 하는 상황이 전개될 수밖에 없게 된다. 자국의 금융기관이 유동성 부족으로 파산하게 되면 중앙은행에 의한 구제가 불가능해지기 때문에 금융시스템의 불안정(instability of financial system)이 야기될 수 있다.

3.3 세계경제에 미치는 효과

달러라이제이션 도입 논의의 확산은 세계경제, 특히 국제통화질서에 지대한 영향을 미칠 수 있다. 국제금융계가 경험하게 될 큰 변화는 단일통화 도입논의가 촉진될 가능성이 커지게 되는데 어느 일국이 달러라이제이션을 채택하게 되면 소수통화에 대한 집중과 통화동맹의 확대(concentration on fewer currencies and expansion of more currency unions) 현상이 나타날 것으로 기대된다.

또한, 주요 선진국가 간의 세계경제 주도권 쟁탈전이 더욱 가속화되며 지역주의의 확산 현상과 세계통화로서의 역할에 있어서 세계 3대 기축통화(달러, 유로, 엔) 간의 경쟁도 심화될 것으로 예상된다.

〈표 13-4〉 러라이제이션의 효과

채택국 경제	긍정적 효과	· 물가 및 자국통화가치의 안정 · 외환위기 방지 기능 - 환투기의 감소 · 경제전반의 안정성 제고 · 세계경제의 글로벌화에 편승 용이 · 외자도입 유리
	부정적 효과	· 경제주권의 상실 · 중앙은행의 역할 축소 · 국가의 정체성 위기 · 경제위기 발생 시 신속한 대응이 어려워짐 · 미국경제에의 의존성 증대
세계경제		· 세계경제의 주도권 확보경쟁이 치열해짐 - 주요 선진국들의 대(對)미국 견제 확대 · 지역주의(regionalism)의 확산 · 통화동맹의 추진 증대

4. 전망

달러라이이제이션은 고인플레이션 및 만성적인 외환위기를 경험하고 있거나 경험하게 될 가능성이 큰 국가들에게는 부정적 효과보다는 긍정적 효과가 더 클 것으로 기대된다. 따라서 이들 국가에게는 달러라이제이션의 도입 논의가 큰 이슈가 되고 있다. 2000년 초에 달러를 공식통화로 채택한 에쿠아도르는 달러라이제이션을 통해 미국경제에의 영향을 더욱 더 제고시킨 결과 2001년 하반기 이후 미국경제가 불황 조짐을 보이고는 있으나 아직까지는 미국 경제의 혜택을 보고 있다고 할 수 있다. 최근 경제위기의 심화로 모라토리엄(moratorium)을 선언하고 대통령이 수 차례 바뀐 아르헨티나의 경우에도 달러라이제이션 도입 가능성이 커지고 있으며 캐나다 역시 경제주권(economic sovereignty) 상실이라는 크나 큰 대가를 지불할 수 있음에도 불구하고 달러라에이제이션 도입논의가 활기를 띠고 있다.

미국경제의 직접적인 영향을 받고 있는 중남미지역에서는 미 달러의 통용이 보편화되고 있는 추세를 보이고 있다. 아르헨티나를 비롯한 중남미 국가들의 경우 예금의 60% 이상이 달러로 되어 있으며 엔화의 영향권 하에 있는 동남아 국가들의 경우에도 1997년 외환위기 이후 달러 사용 비중이 지속적으로 증가하고 있다.

미국 중심의 세계경제질서가 강화될수록, 즉 팍스 아메리카나(Pax Americana) 추진의 강화와 더불어 세계경제의 불확실성이 증대될수록 세계 각국의 달러라이제이션 도입 논의는 활발해질 것으로 기대된다. 사실상 선진국과는 달리 개발도상국들의 금리정책은 국제금융시장에 영향력을 거의 미치지 못하고 있으며 국제금융시장은 미국 연방준비제도이사회(FRB)의 금리정책에 더욱 더 큰 영향을 받고 있는 실정이다. 따라서 세계 각국, 특히 금융 및 외환위기를 겪을 가능성이 큰 나라들이 달러라이제이션을 지금 당장 도입하기에는 여러 가지 난관(관련법 개정 및 국민공감대 형성 등)이 존재하는 것이 사실이기는 하나 세계경제의 불확실성이 증대되고 21세기에도 여전히 미국이 세계경제질서를 주도하는 상황이 전개될수록 이에 대한 논의가 더욱 활성화될 것으로 보인다.

5. 한국에의 시사점

최근 로버트 배로(Robert Barro) 하버드대 교수는 '비즈니스 위크(Business Week)'지에 기고한 칼럼을 통해 한국이 외환위기를 방지하기 위해서는 원화 대신 달러를 자국통화로 사용할 것을 권고하였다.[6] 이와 관련하여 한국의 경우는 중남미제국(中南美諸國) 및 기타 외환위기를 경험하고 있는 국가들과는 달리 달러화를 사용할 경우 초래될 부정적 영향이 긍정적 효과보다 더욱 더 크다는 지적이 일반적이다.

우리의 경우 달러화를 공식통화로 도입할 경우에 초래될 문제점은 크게 4가지로 요약될 수 있다.[7]

5.1 국내금융시장에 대한 미국의 지배력 강화

배로 교수의 달러라이제이션 제안은 달러를 자국 통화로 도입한 국가들이 경험하고 있는 문제점들을 외면하고 있으며 그 배경에는 세계금융시장을 지배하려는 미국의 국익이 우선시되고 있다는 의혹이 제기된다. 배로 교수 역시 스스로 양키제국주의자(Yankee Imperialist)임을 인정하고 있다.

5.2 경제적 주권의 상실

한국의 원화포기는 곧 경제적 주권을 상실하는 것을 의미한다. 현재 달러를 자국통화로 사용하고 있는 파나마의 경우 지난 1988년 미국은 파나마의 독재자 노리에가를 체포하기 위해 파나마에 달러공급을 중단하였는 데 그 결과 파나마는 달러의 신규공급 부족과 기존에 사용하고 있는 달러화의 훼손이 가속화되어 극심한 경제적 불황을 경험한 바 있다.

6) 배로 교수는 한국의 달러화 공식통화 도입 주장과 관련하여 그 근거로 한국경제와 미국경제 간의 밀접한 연관성 및 미국과의 자유무역협상 시 유리한 점을 지적하였다.

7) 서경, 2001. 7. 3. 참조

5.3 경제위기의 발생 가능성

한국이 달러를 자국통화로 도입하였을 때 외환위기를 방지할 수 있다는 배로 교수의 주장과는 달리 한국이 달러를 도입하였을 때 또 다른 경제위기(economic crisis)가 초래될 수 있다는 주장이 제기되고 있다. 이러한 주장의 근거를 간략히 정리하면 지난 1997~1998년의 외환위기는 한국 정부가 원화를 달러에 고정시켰기 때문에 발생하였다고 보고 있다. 한국은 세계시장에서 반도체·전기전자 등 핵심 품목에 대해 일본과 치열한 경쟁을 벌이고 있는데 일본 엔화가 하락하고 있음에도 원화를 달러화의 가치에 연동시키게 됨으로써 한국 제품의 가격경쟁력 상실에 따른 수출경쟁력의 하락과 그에 따른 무역적자가 심화되어 기업들이 경영위기에 직면하게 되었다. 따라서 한국이 주요 통화에 대해 강세를 보이고 있는 달러를 도입하게 되면 일본 및 대만·홍콩·싱가포르·중국 등과의 경쟁에서 이길 수 없게 되어 외환위기 이후의 무역흑자 기조가 무너지고 무역수지가 적자로 반전되면 또 다른 경제위기에 직면할 수 있게 된다는 것이다.

5.4 한국경제에 대한 지배력 강화 및 화폐발행차익의 획득

한국이 달러를 도입하게 되면 한국에 득이 되는 면보다는 실제로는 미국이 막대한 이익을 보게 될 가능성이 크다. 미국은 한국경제에 대한 전반적인 지배력 강화와 함께 원화를 달러로 바꾸는 과정에서 막대한 화폐발행차익을 얻을 수 있게 된다. 한국과 경제규모가 비슷한 아르헨티나는 지난 1999년에 달러화를 자국통화로 도입하기 위해 미국과 협상을 하였는데 그때 페소화를 모두 달러로 교환하려면 약 160억 달러가 소요되는 것으로 조사되었다. 연간 금리를 7%로 계산할 때 미국은 아르헨티나에 달러를 제공한 대가로 막대한 이익을 얻게 된다. 즉, 11억 달러가 넘는 이자를 절감하게 되는 셈이다.

제 2 절 글로벌 통화(global currency)의 창설

미국 테러사태 이후 국제기구의 역할이 증대되면서 새로운 국제기구와 세계단일통화 창설에 대한 논의가 대두되고 있다. 이와 관련하여 벨기에의 버나드 리태어 전(前) 루뱅대 교수는 글로벌 통화로 '테라(Terra)'의 창설을 주장하여 국제금융계의 비상한 관심을 끌고 있다.[8)]

1. 테라의 기능

만일 테라가 세계단일통화로서 사용된다면 현재 세계단일통화 부재(不在)에 따른 거래비용의 절감과 국제단기자본의 투기적 행위를 근절하고 통화정책의 유용성까지 제고되어 세계경제의 성장과 안정이 달성될 수 있을 것으로 기대되고 있다.

테라의 창설을 주장한 리태어 교수는 테라의 발전기능을 원자재 생산업자들이 참여하는 '테라연합(Terra Alliance)'이 담당하는 것으로 제안하고 있다. 그의 제안을 보다 자세히 살펴보면 우선 테라연합이 국제상품의 수요와 공급을 조절할 수 있어서 테라의 화폐가치를 안정적으로 유지시킬 수 있다고 보고 있다. 테라의 화폐단위는 주로 원유 · 밀 · 구리 · 주석 등 국제상품을 표준화한 바스켓(basket)에 의해 정해지며 따라서 바스켓에 포함된 상품시세가 변동할 경우 테라의 실질가치도 변화하게 되므로 세계 각국의 물가에는 전혀 영향을 미치지 않게 된다는 지적이다.

2. 테라의 창설 가능성

일반적으로 화폐가 가지는 기능을 거래 · 투기 · 예비적인 측면에서 파악할 때 테라는 단지 거래기능에만 한정된다고 할 수 있다. 즉, 테라는 가치저장 수단보다는

8) 테라란 지구를 의미하는 라틴어로 '세계에서 유일하게 통용되는 화폐'라는 의미에서 명명된 용어이다(한경, 2001. 10. 29. 참조).

유통수단으로서 국가 간의 무역결제에 사용되는 거래적 용도로만 사용한다는 것이다. 또한, 테라가 창설된다면 중앙은행의 역할을 수행하게 되는 테라연합이 과연 중앙은행으로서의 기능을 할 수 있을지에 대해 강한 의문이 제기된다. 적어도 이론적으로는 이상적인 화폐(ideal currency)라고 할 수 있는 테라의 창설이 현실적으로 가능한지에 대해서는 다음 3가지 의문점을 제기할 수 있다.

2.1 테라연합의 대표성과 신뢰성에 있어서의 한계를 지적할 수 있음

왜냐하면 테라 바스켓을 구성하는 현물교역이 세계교역에서 차지하는 비중이 20%에 불과하기 때문이다.

2.2 국제상품시세의 가격변동성이 큰 점을 지적할 수 있음

국제상품의 가격변화가 심하게 되면 테라 가치를 유지시키기가 어렵게 된다. 또한, 만약 테라연합국들이 담합하여 테라 바스켓을 구성하는 상품의 시세를 조작할 경우 세계경제에 지대한 영향을 미치게 된다.

2.3 테라의 기능을 국제무역거래에만 한정시키고 있는 것도 문제가 될 수 있음

최근 들어 금융자유화(financial liberalization)의 진전과 더불어 화폐는 거래기능보다는 가치저장기능과 투기기능이 중요시되고 있는 추세를 보이고 있다. 이러한 현실을 감안할 때 테라의 기능을 한정시킨 채 타 화폐와 병행해서 사용된다면 결국 테라는 기능상의 제한점으로 인해 화폐시장에서 사라질 가능성이 커지게 된다.

3. 전망

상기한 문제점을 고려할 때 테라와 같은 새로운 화폐 발행을 통한 글로벌 통화 창설은 논의차원에 그칠 가능성이 크다고 할 수 있다. 현실적으로 국제거래에서 화폐로서의 모든 기능(거래·가치저장·투기) 측면에서 절대적인 영향력을 행사하고 있는 미 달러화나 지난 1999년 유럽연합(EU)이 도입한 유로화 등 지역블록별로 공동통화(common currency)의 도입 추세가 거세지고 있는데 궁극적으로 명실상부한 국제결제통화인 미 달러화를 비롯하여 지역블록통화 중에서 가장 널리 사용되고 있는 유로화 · 엔화 등 이들 통화 간의 가치수렴 과정을 거쳐 글로벌 통화가 탄생될 가능성이 더욱 크다고 할 수 있다.

또한, 미 테러사태 이후 국제금융시장의 안정을 제고시키기 위해 미 달러화를 공식통화로 도입하자는 '달러라이제이션'과 새로운 국제통화제도로서 환율변동에 있어서 상하제한 폭을 설정하자는 '목표환율대(target zone)' 논의가 테라의 창설보다 더욱 현실성이 크다고 할 수 있다.

제 3 절 유로화의 위상 제고

1. 유로화의 출범

1.1 유로화 출범의 요인

유로(Euro)화가 출범한 주된 요인 중의 하나는 경제적 측면에서 찾을 수 있다. 유로화 출범의 요인을 경제적 측면으로 보는 시각이 지배적이나 또 다른 요인은 정치적인 측면에서 찾을 수 있다. 지난 20세기 유럽은 제1, 2차 세계대전으로 무수한 인명피해와 국가자원의 손실을 경험하였는데 유럽통합은 유럽 각국간 이 같은 전쟁을 방지하고 평화를 실현하기 위해 고안되었다. 유럽통합안은 영국의 처칠 총리가 최초로 제시하였다. 처칠은 1946년 유럽인에게 행복과 번영, 영광을 가져올 유럽합중국(USE : United States of Europe)을 건설하자고 주장한 바 있다.

이 같은 제안은 1952년 독일 · 프랑스를 포함한 6개 서유럽 국가가 유럽석탄철강공동체(ECSC)를 설립함으로써 가시화되었다. 이는 경제공동체의 형식과 아울러 정치적인 목적도 포함하고 있다고 할 수 있다. 유럽통합과 단일화폐의 창설은 1958년 로마조약으로 현실화되었으며 유럽경제공동체(EEC, 1958년), 유럽공동체(EC, 1967년), 유럽통화제도(EMS, 1979년), 그리고 유럽연합(EU, 1992년)의 설립으로 점차 구체화되었다.

새로운 단일화폐(single currency)의 출범은 유로 각국에 다수의 경제적 혜택(economic benefit)을 가져다 주었다. 이러한 경제적 혜택은 크게 3가지로 요약할 수 있다.

(1) 유럽 각국간 환율변동 위험의 감소

이탈리아의 피아트(Fiat)사가 프랑스에 투자한 경우를 생각해 볼 수 있다. 프랑스 프랑화 가치가 이탈리아의 리라화에 비해 평가절하되면 피아트사는 프랑화의 평가절하로 인해 평가절하분만큼 투자손실을 입게 된다. 단일통화의 구축은 이 같은 환율변동의 위험을 제거시켜 준다.

(2) 상품 · 서비스 · 임금 등 가격투명성(price transparency)의 제고

유로화 출범 이전에는 유럽 각국의 통화가치가 상이하여 가격을 비교하기 어려웠으나 단일화폐(single currency)의 출범으로 각국 상품가격을 뚜렷이 구별할 수 있게 되었다. 이에 따라 회원국 간에는 시장경쟁이 치열해져서 결국은 유럽경제의 경쟁력을 제고시키게 된다.

(3) 거래비용의 축소

유로화 출범전 유럽여행자들은 국경을 통과할 때마다 화폐교환 시 평균 13달러 정도의 수수료를 지불해야 했는데 유로화 출범은 이러한 통화교환의 거래비용(transaction cost)을 대폭 감소시키게 된다.

〈표 13-5〉 유로화 창설 약사

연 도	주 요 내 용
1952	유럽석탄철강공동체(ECSC) 설립
1958	유럽경제공동체(EEC) 설립
1967	EEC와 ECSC를 통합해 유럽커뮤니티(EC) 설립
1970	'경제통화동맹(EMU)' 설립을 위한 워너리포트 제출
1979	통화동맹 초기단계인 유럽통화시스템(EMS) 출범
1989	단일통화 창설을 위한 3단계 방법을 제시한 들로르 리포트 제출
1990	EMU 제1단계 시동 : EC 내에서 상품과 서비스 등 이동 장벽 제거
1992	EC와 EMU를 통합해 유럽연합(EU) 출범
1994	EMU 제2단계 시동 : 유럽통화제도(EMI) 창설
1999	EMU 제3단계 시동 : 유로화 출범
2001	1월 1일 그리스 가입, EMU 가입국 12개 국으로 확대
2001	9월 1일 : 금융기관에 유로화 지폐, 주화 공급개시
2001	12월 15일 : 일반인에 대한 유로화 주화 공급
2002	1월 1일 : 법정통화로서 유로화 지폐 및 주화, 공식통용
2002	1~2월 : 유로화와 각국통화(NCU) 병행 통용
2002	Euro Zone(12개국) : 3월 1일 이후 유로화를 유일한 법정통화로 공식화함
2007	Euro Zone(13개국) : 1월 1일 슬로베니아 EMU 가입

1.2 유로화 출범의 평가

유로화 출범의 평가를 일정시점의 환율수준에 의해 평가를 내린다는 것은 성급한 일이며 장기적인 측면에서 고려되어야 한다. 사실 유럽경제가 1999년 하반기 이후 나름대로 성장세를 유지하고 있지만 미 경제가 지난 10여년간 정보기술 부문의 성장에 힘입어 장기호황을 지속함에 따라서 상대적으로 유럽경제가 저평가되어 있다고 볼 수 있다. 이러한 상황 하에서는 단일통화의 도입여부와 관계없이 유럽국가의 환율은 유럽과 미국 간의 경제성장 · 노동생산성의 차이에 영향을 받게 된다.

유로화는 제2차 세계대전 직후 시작해 지금까지 50여년 이상 진행되고 있는 유럽통합과정의 결정체로서 유럽단일시장 형성을 마무리함과 아울러 향후 유럽의 정치적 통합(political integration)을 선도하는 역할을 할 것으로 기대된다. 실제로 유럽통합은 경제적 · 정치적으로 상당히 진행되어 있는 상태이며 2000년 12월 프랑스 니스에서 개최된 정상회의를 계기로 유럽연합 확대에 대비한 제도와 지침이 정비되었으므로 향후 구사회주의권의 중부와 동부유럽의 체제 전환국을 포함한 모든 유럽이 하나의 통합체를 이룰 것으로 전망된다.

이러한 통합과정에서 유로화가 유럽통합을 확대시키고 심화시키는 주요 역할을 하리라는 것은 주지의 사실이다. 2001년 1월부터는 그리스가 경제통화동맹(EMU)에 가입함에 따라 유로화를 사용하는 국가는 12개국이 되었다.

또한, 2002년부터는 유로화 주화와 지폐가 시중에 유통되고 있어 유럽인들이 유럽경제통합을 실질적으로 실감하고 있다. 향후 유로화 환율 동향에 대해서는 장기적인 관점에서 경제의 실상을 반영하여 회복세를 나타낼 것으로 예상되며 세계의 3대 기축통화로서 그 위상 및 기능이 더욱 증대될 것으로 기대된다. 최근 미 경제의 둔화조짐이 가시화되면서 유로화가 2000년 12월 들어 회복세를 보이고 있고 국제금융시장에서 투자자들의 유럽시장에 대한 관심이 점차 고조되고 있다는 점이 유로화의 장래를 밝게 해주고 있다고 할 수 있다.

한편, 유로화 출범에 따라 한국도 이에 적절히 대응해야 하는 상황에 처해 있다. 1999년을 기준으로 할 때 한국의 대(對)EU 교역규모는 전체교역에서 12.5%를 차지하고 있고 1997년 외환위기 이후 EU의 한국에 대한 직접투자액도 178억 달러로 미국과 일본의 대한국 투자액을 초과하고 있으며 한국 기업의 해외 진출시장 다변화에 따라 1990년대 중반이후 자동차·전자산업을 중심으로 우리 기업들이 유럽에 활발히 진출하고 있다는 점을 감안할 때 유로화의 동향에 큰 관심을 가져야 한다. 특히, 우리 기업들은 유로화의 환율 변동으로 인한 환차손의 피해가 발생되지 않도록 파생금융상품을 활용한 첨단금융기법을 적절히 활용하여야 한다.

1.3 유로화 유통의 의미

2002년 1월 1일 0시를 기해 유로권 12개국은 유로화를 법정통화로 공식화하면서 실물화폐를 유로권에 유포하였다. 이에 따라 독일의 마르크화, 프랑스의 프랑화 등 유로권 12개국의 통화는 2개월 동안 퇴출절차를 밟았으며 3월 1일부터 퇴출되어 유로화가 유로지역의 유일한 법정통화가 되었다.[9] 유로권의 단일통화 도입과 유통은

9) 유로존이 유로화를 법정통화로 유통시키는 과정에서 15% 정도로 추정되는 지하경제(underground economy)가 드러나게 되는 부수효과가 발생하게 되는데 각국은 지하경제의

경제동맹 단계를 지나 전면적인 경제통합(economic integration)으로 진입하는 과정으로 이해할 수 있는데 아직은 유로권 각국이 세제나 재정 등을 완전히 통합하지는 않은 상태여서 전면적인 경제통합으로 간주할 수는 없으나 단일통화의 도입은 경제제도 통합의 시금석 역할을 하면서 궁극적으로 경제통합을 완성하는 데 있어서 촉진제 기능을 수행하게 될 것으로 전망된다.

(1) 유로화 참여국 현황 및 전망

2007년 기준 유로존(Euro Zone, 유로화를 도입하고 있는 13개국을 지칭함)에 참여하고 있는 국가는 독일, 프랑스, 이탈리아, 스페인, 벨기에, 네덜란드, 룩셈부르크, 아일랜드, 오스트리아, 포르투갈, 핀란드, 그리스, 슬로베니아 13개국이며 향후 가입이 예상되는 국가로는 유럽연합 회원국인 영국, 스웨덴, 덴마크와 동유럽의 루마니아, 불가리아 등이 될 것으로 기대된다.

(2) 유로화 현찰공급 및 교환일정

유로화와 각국통화를 병행하는 기간(2002년 1~2월) 중 금융기관들은 자국화로 예금을 수취하거나 자국화를 유로화로 교환해주며 상점들은 자국화로 물건대금을 영수하되 거스름돈은 원칙적으로 유로화로 지급하게 된다. 병행기간 종료 후에도 중앙은행들은 장기간에 걸쳐 자국화를 유로화로 교환할 예정으로 있다.

(3) 유로화 유통의 효과

① 경쟁확대의 심화 및 경쟁력 향상

유로화의 유통은 시장의 확대와 시장 내 차별의 제거를 초래하여 유로권 내부는 경쟁이 심화되게 된다. 예를 들면, 역내 A국에서 생산된 저렴한 가격의 제품이 B국이나 C국으로 아무런 제약없이 이동할 수 있게 되는데 이는 기존에 상대적인 고가격을 유지하던 B국과 C국의 동종기업에 심각한 타격을 입히게 된다. 이들 기업이 생존하기 위해서는 경영혁신(business innovation)을 통해 생산비용을 감축해야만 하며 그렇지 않을 경우 최악의 상황에서는 시장에서 도태되게 된다.

저항을 감소시키기 위해 일정액 이상에 대해 세금을 내면 전후 사정을 불문에 부치겠다고 약속한 바 있다(전국경제인연합회, 전경련, 2002. 1. 참조).

〈표 13-6〉 유로권 국가별 유로화 현찰 공급 및 교환 일정

국가명	현찰 초기공급 (Frontloading)	일반에 대한 주화 초기공급	자국통화의 법적 효력 종료일	은행의 대고객 교환 종료일	법적효력 종료후 중앙은행의 자국통화 교환기간
독 일	주화 : 2001. 9. 1 지폐 : 2001. 9. 1	2001. 12. 17	2001. 12. 31	은행 자율	영구
프랑스	주화 : 2001. 9. 1 지폐 : 2001. 12. 1	2001. 12. 14	2002. 2. 17 자정	논의 중	주화 : 3년 지폐 : 10년
이탈리아	주화 : 2001. 9. 1 지폐 : 2001. 11. 15	2001. 12. 15	2002. 2. 28	은행 자율	10년
스페인	주화 : 2001. 9. 1 지폐 : 2001. 9. 1	2001. 12. 15	2002. 2. 28	2002. 6. 30	영구
네덜란드	주화 : 2001. 12. 1 지폐 : 2001. 12. 1	2001. 12. 14	2002. 1. 28	2002. 12. 31 (4. 1 이후 수수료 청구가능)	주화 : 2007. 1. 1 지폐 : 2032. 1. 1
그리스	주화 : 2001. 9. 1 지폐 : 2001. 10. 1	2001. 12. 17	2002. 2. 28	은행 자율	주화 : 2년 지폐 : 10년
벨기에	주화 : 2001. 9. 1 지폐 : 2001. 11. 1	2001. 12. 15	2002. 2. 28	2002. 12. 31	주화 : 2004년말 지폐 : 영구
포르투갈	주화 : 2001. 9. 1 지폐 : 2001. 10. 1	2001. 12. 17	2002. 2. 28	은행 자율	주화 : 2002년말 지폐 : 20년
오스트리아	주화 : 2001. 9. 3 지폐 : 2001. 9. 3	2001. 12. 15	2002. 2. 28	은행 자율	영구
핀란드	주화 : 2001. 9. 1 지폐 : 2001. 9. 1	2001. 12. 15	2002. 2. 28	은행 자율	10년
아일랜드	주화 : 2001. 9. 1 지폐 : 2001. 11. 1	2001. 12. 17	2002. 2. 9	일정기간	영구
룩셈부르크	주화 : 2001. 9. 1 지폐 : 2001. 9. 1	2001. 12. 15	2002. 2. 28	2002. 6. 30	주화 : 2004년말 지폐 : 영구

주 : 일반에 대한 지폐는 모든 나라에서 2002년 1월 1일부터 공급
자료 : EBC, 2001. 10.

〈표 13-7〉 회원국 통화와 유로 교환비율

회원국	통화명	교환비율
독일	마르크	1.95583
프랑스	프랑	6.55957
이탈리아	리라	1936.27
스페인	페세타	166.386
핀란드	마르카	5.94573
네덜란드	길더	2.20371
오스트리아	실링	13.7603
포르투갈	에스쿠도	200.482
아일랜드	파운드	0.787564
벨기에	프랑	40.3399
룩셈부르크	프랑	40.3399
그리스	드라크마	340.75

주 : 1) 유로(Euro) 대 참가국 통화간 비율은 고정되어 있음
2) 각국간 화폐교환은 triangulation rule에 따름

이러한 과정을 통해서 유로권의 제품가격은 보다 저렴한 곳으로 수렴될 것으로 전망된다. 이는 이 지역의 소비자들이 보다 낮은 가격의 제품을 수요하게 되면 이러한 제품에 대한 수요증대를 야기시키게 되어 고가격을 유지하던 업체들도 생존하기 위해서는 가격을 인하할 수밖에 없기 때문이다. 결국 유로차원에서 자원의 효율적 배분(efficient distribution of resources)이 초래되게 된다. 이전에는 국내산업을 보호하기 위해 경쟁이 제한되던 부문이 적지 않았는데 농업부문은 유로차원에서 보호되는 대표적인 산업이라고 할 수 있다. 그러나 유로권 전체가 경제적 단일체가 되면서 각국의 비효율적 부문이 점차 제거되면서 국가차원에서 보호되던 많은 부문이 경쟁으로 편입되고 유로권 전체차원에서 자원의 효율적 배분이 이루어지게 되며 이는 결국 대외경쟁력의 향상을 가져오게 된다.

단일통화의 이점(advantage of single currency)과 관련하여 유럽중앙은행(ECB : European Central Bank) 이사인 유제니오 도밍고 솔란스는 경쟁의 확대와 경쟁력 향상을 지적하였다. 이는 단일통화 경제권이 확대됨에 따라서 경쟁이 치열해지고 그 결과 자원배분의 효율성이 이루어지게 되면서 궁극적으로 경쟁력이 향상된다는

것이다. 결국 단일통화가 유로권에 동일한 경쟁조건을 형성시키는 결정적인 계기가 될 것으로 보고 있다.

② 통화가치의 안정

통화가치의 안정은 통화자체의 안정을 넘어 투자, 무역 등 경제행위 전반에 대한 안정성을 제고시키게 된다. 1999년 유로화가 출범하면서 유로권 12개국은 통화가치의 안정에 따른 효과를 이미 경험한 바 있다. 유로화가 출범한 이후 통화가치가 달러에 비해 20% 이상 절하되기도 하여 유로권의 경제침체를 반영하기는 했으나 그동안 유로권 내의 통화위기(currency crisis)는 없었다고 할 수 있다. 이는 유로화가 이미 세계 2위의 결제통화로서 확고한 기반을 가지고 있었기 때문이라고 할 수 있다.[10]

또한, 유로화의 도입으로 유로권 내에서는 환위험의 제거(removal of foreign exchange risk)가 이루어졌다고 할 수 있다. 이는 유로권 12개국이 동일한 가치의 단일화폐를 사용하기 때문에 각국의 환율자체가 없어졌다고 할 수 있다. 1990년대 이후 금융자유화(financial liberalization)가 진전되면서 환차문제는 각국 정부 및 기업들이 가장 신경을 써야 할 분야의 하나가 되고 있다. 이는 환율의 움직임에 따라 자금이동이 급변하게 되어 각국의 금융시장에 지대한 영향을 미치기 때문이다. 결국 단일통화를 도입하게 된 유로권 12개국은 역내 투자나 무역의 경우 환차문제를 고려할 필요가 없게 되어 경제행위의 안정성(stability of economic behavior)이 제고되었다고 할 수 있다.

③ 정서적 통합의 진전

통화는 일국의 경제주권(economic sovereignty)을 표시하는 주요한 상징이라고 할 수 있는데 유로권 12개국은 각국의 상징을 포기하고 단일상징을 채택하였다. 이는 유로권 12개국이 경제주권에 관한 동일한 상징을 보유하고 동일한 주권을 인식하게 된다는 것을 의미한다.

그러나 독일, 프랑스를 비롯한 일부 유로권 국가들의 경우 상당수의 국민들이 자

10) 유로화 도입에 따른 통화가치의 안정은 이 지역 핵심국들인 독일, 프랑스에도 도움이 되고 있다. 이는 이전처럼 통화가 분리되어 있는 상태에서는 주변국들이 통화위기에 처할 경우 핵심국 역시 경제적 타격을 입게 되기 때문이다.

국통화를 포기한 데 대해 불만을 가지고 있는 것이 현실이다. 이는 이들 국가의 국민들이 다른 유로권 국가들과 공통의 상징(유로화)을 보유하고 싶지 않다는 것을 의미하는 것이라 할 수 있다.[11] 유로화의 도입은 '선통합 후유통'의 과정이 아닌 '선유통 후통합'의 과정을 통해서 이루어졌다고 볼 수 있다. 따라서 유로권 국가의 국민들 간에 정서적 통합(emotional integration)이 완전히 이루어지려면 어느 정도의 시간이 필요하다고 할 수 있다. 일부 경제전문가들은 단일화폐의 도입에 따른 긍정적 효과가 가시화되면 정서적 통합이 신속히 진전될 것으로 전망하고 있다.

④ 유로화 유통 및 유로통합 심화로 인한 아시아지역 블록화의 대두

1990년대 이후 세계화(globalization)의 급진전은 세계경제를 단일경제화시키고 있다. 또한, 지역주의(regionalism)의 대두로 인한 블록화 추세로 인해 세계 각국은 국가간 경쟁단계를 넘어 보다 큰 실체 간의 경쟁으로 향하고 있다. 유로화 유통으로 인해 유로통합이 심화될 것으로 전망되는 상황 하에서 일부 경제전문가들은 아시아 국가들도 세계경제에서 일정지분을 확보하기 위해서는 보다 큰 단위로 통합되어야 한다고 지적하고 있다. 이러한 측면에서 유로권의 경제전문가들은 유로유통과 통합이 아시아권에 대해서도 동아시아지역공동체의 설립과 관련한 지역통합논의를 가속화시킬 것으로 전망하고 있다.

1.4 신규 유럽연합 회원국들의 유로화 도입 전망

(1) 유로화 도입절차

EU집행위원회는 2002년 10월 동구권 8개국과 몰타, 키프러스 등 10개국을 신규회원국으로 받아들이는 권고안을 제출한 데 이어 12월 13일 덴마크의 코펜하겐에서 개최된 'EU 정상회의'에서는 이를 정식으로 승인한 바 있다.[12]

신규회원국들이 유럽연합 가입 후 직면하게 될 최대 과제는 유로화의 도입문제인

11) 최근 유로화 도입과 관련하여 유로권 각국 국민을 대상으로 한 여론조사에 의하면 독일 국민의 상당수는 마르크화를 포기한데 대해 강한 불만을 표출한 바 있으며 프랑스를 비롯한 일부 유로권 국가에서도 다수의 국민들이 비슷한 불만을 나타내고 있는 것으로 조사되었다.

12) EU 정상회의의 결정에 따라 신규가입 10개국들은 2003년 중 EU와 가입협정에 서명하고 각각 국민투표를 통한 비준절차를 거친 후, 2004년 5월 정식으로 EU의 회원자격을 얻은 바 있다(수출입은행, 수은해외경제, 2003. 2. 참조).

데 이들 국가가 유로화 수용조건을 모두 충족시킬 경우 경제·통화동맹(EMU : Economic and Monetary Union)에 가입하여 공식적으로 유로권에 통합될 예정이다. 현재 EMU에는 EU 15개 회원국 중 12개국(1999년 : 11개 회원국 가입, 2001년 : 그리스 가입)만이 가입해 있으며 영국, 스웨덴, 덴마크 3개국은 아직 EMU에 가입하지 않고 있다.

EMU에 가입하기 위해서 신규회원국들은 우선 유로화 도입을 위한 예비과정(preliminary process)으로서 기준환율(euro parity rate)을 중심으로 상하 15%의 환율변동이 허용되는 환율체제(ERM : Exchange Rate Mechanism)를 2년간 운영하고 그 기간동안 마스트리히트 조약(Maastricht Treaty)에서 정한 수렴조건을 충족시켜야 한다. 마스트리히트 조약의 수렴조건은 다음과 같다.

① 재정수지 적자는 국내총생산(GDP : Gross Domestic Product)의 3% 이내이어야 한다.
② 공공부채는 GDP의 60% 이내이어야 한다.
③ 물가상승률은 가장 양호한 물가상승률을 기록한 3개 EU 회원국 평균물가상승률의 1.5%포인트 이내이어야 한다.
④ 장기이자율은 이자율이 가장 낮은 3개 EU 회원국 이자율의 2%포인트 이내에서 유지해야 한다.

이러한 수렴조건은 ERM 기간 동안은 물론이거니와 EMU에 가입하여 유로화를 도입한 이후에도 지속적으로 유지해야 하는 조건이다. 유럽중앙은행(ECB : European Central Bank)은 회원국들이 수렴조건을 위반할 경우 막대한 벌과금을 부과시키고 있다.

(2) 유로화 조기도입과 관련한 논쟁

① 유로화 조기도입에 대한 옹호론

EMU 조기가입에 대한 옹호론자들은 소규모 개방경제(small open economy) 체제의 특성을 가지고 있는 신규회원국들은 이미 교역을 통해 EU와의 실질적 경제통합이 상당히 진전되어 있기 때문에 조기 EMU 가입을 지지하고 있다. EMU 조기 가입과 관련하여 이들이 주장하는 경제적 혜택(economic benefit)은 다음과 같다.

가. 저금리를 통한 경기부양
나. 자산가치의 상승
다. 환위험 소멸
라. 각국 중앙은행들의 방만한 재정운영 위험의 방지

② 유로화 조기도입에 대한 신중론

EMU 조기가입에 대한 신중론자들은 유로화 조기도입을 무리하게 추진할 경우 경제정책이 성장을 억제하는 방향으로 시행될 가능성이 커지기 때문에 신규회원국들의 유로화 도입에 보다 신중한 접근방법이 필요하다고 주장하고 있다. EMU 조기가입과 관련하여 이들이 주장하는 경제적 부작용은 다음과 같다.

가. 유로화 체제는 어느 정도 발전된 경제에 적합하도록 고안된 것이기 때문에 기존회원국들과 비교할 때 저발전 상태에 있는 신규회원국들이 수렴조건을 조급하게 충족시키려 할 경우 심각한 경제적 타격을 입을 가능성이 큼
나. 경제발전단계가 낮고 성장속도가 빠른 경제는 일반적으로 소득수준이 높고 경제성장률이 낮은 선진경제(advanced economy)에 비해 물가상승률이 높은 것이 일반적인데 중 · 동구 국가들에 있어 다소 높은 물가는 자연스러운 현상이며 수렴조건에 맞추기 위한 통화긴축은 생산성 향상 및 경제성장에 심각한 장애요인이 될 수 있음
다. 수렴조건을 충족시키기 위한 급격한 재정지출 억제도 심각한 부작용을 파생시킬 수 있는데 헝가리, 체코, 폴란드, 슬로바키아 등 중 · 동구 국가들은 급격히 확대된 재정적자를 억제시키기 위해 상당한 정책적 어려움을 겪고 있음[13)]

EMU 조기가입에 대한 신중론자들은 신규회원국들에게 더욱 시급한 것은 기존회

13) 중 · 동부 유럽 국가들은 EU 가입직후 3년간 추가되는 재정부담이 GDP의 3~4%에 이를 것으로 추산되고 있다.

원국들과의 경제적 격차(economic gap)를 축소시키기 위해 신속한 경제성장을 이루는 것이라고 주장하고 있다. 현재 EU 회원국들의 1인당 평균소득은 23,895Euro인데 비해 키프러스, 몰타를 포함한 신규가입 10개국의 1인당 평균소득은 3,600 Euro에 불과하여 신규가입국들이 현재 회원국 평균 소득의 70% 수준에 이르는 데만도 약 30년 정도 소요되는 것으로 조사된 바 있다.

한편, EU 내에서 조차 신규회원국들의 EMU 가입에 대한 속도조절 논의가 활발하게 이루어지고 있다. 2002년 초에 발표된 'EU 집행위원회 보고서'에 따르면 형식적인 수렴조건 충족보다는 신규회원국들의 경제성장이 보다 중요함을 언급한 바 있으며 유럽중앙은행도 유로화의 조기도입에 신중한 접근이 필요함을 강조하고 있다.

(3) 국가별 정책 방향

① 헝가리

헝가리 정부는 2007년까지 EMU 가입조건을 충족시킬 수 있을 것으로 전망하고 있으며 중앙은행과 재무부 간에도 2007년 유로화 도입을 합의한 것으로 알려지고 있다. 헝가리가 2007년까지 재정수지 및 물가기준을 충족시킬 수 있을지는 의문시되고 있다.

② 체코

유로화 도입에 대한 체코의 정책방향은 중·동구 8개국 중 가장 신중하다고 평가할 수 있다. 최근 체코정부는 2010년까지는 경제성장을 크게 저해하지 않고 재정수지 조건을 충족시키기 어려울 것이라고 언급한 바 있다. 그러나 중·동구의 다른 나라들이 유로화의 조기도입을 서두르고 있어서 유로화 도입과 관련한 체코 정부의 정책방향에 지대한 영향을 미치고 있으며 이를 반영하여 체코중앙은행은 유로화 도입을 전제로 정부의 적극적인 재정안정책을 촉구하고 있다.

③ 폴란드

폴란드 정부는 조속한 시일 내에 ERM에 참여하여 유로화를 도입한다는 방침을 확립한 것으로 보인다. 현재 경제여건상 폴란드가 조기에 유로화를 도입하는 데 가장 큰 장애요인은 재정수지 기준 충족여부라고 할 수 있으며 환율정책에 대한 정부와 중앙은행의 견해차이도 환율안정조건 충족에 부담이 되고 있다.

④ 슬로바키아

슬로바키아도 현 정부의 임기가 완료되는 2006년 말까지 마스트리히트 조약의 수렴조건을 충족시키고 2008년부터는 유로화를 도입할 방침을 확립한 것으로 알려지고 있으며 중앙은행은 유로화 도입시기를 앞당기기 위해서 정부와 협의 중에 있다.

⑤ 발트3국

중·동부 유럽 국가들에 비해 고정환율제도(fixed exchange rate system)를 유지하고 있는 발트3국은 상대적으로 유로화 도입이 보다 순조로울 것으로 전망된다. 에스토니아의 경우 비교적 마스트리히트 조약의 조건충족에 여유가 있어 ERM 도입을 생략하고 바로 유로화를 도입하는 방안을 추진 중에 있으며, 라트비아는 IMF 특별인출권(SDR : Special Drawing Rights)에 자국통화가치를 고정시키고 있는데 2005년 ERM에 가입한 후 조속한 시일 내에 유로화를 도입할 예정으로 있다. 또한, 리투아니아도 2002년 2월 페그대상 통화를 달러에서 유로화로 전환한 후 조속한 시일 내에(2007년 이후에야 가능할 것으로 전망됨) 유로화를 도입할 예정으로 있다.

(4) 전환환율문제

중·동부 유럽 신규회원국들이 유로화를 도입하는 데 있어서 가장 중요한 문제 중의 하나는 최종시점의 전환환율이라고 할 수 있다. 현재 가입조건에 따르면 신규회원국들은 ERM에 가입하는 시점의 시장환율을 기준환율로 정하여 2년간 ERM을 운용한 후 최종기준환율이 유로화 환율이 되며 이 기간에 신규회원국들은 인위적으로 자국통화를 평가절하할 수 없다.

최종기준환율이 어느 수준에서 결정될지는 유로화 도입 이후 이들 국가의 국가경쟁력과 관련된 문제로 신규회원국들은 국제투자자금의 지속적인 유입으로 인해 통화강세가 유지되고 있어서 자국의 경쟁력을 약화시키는 환율로 결정되는 것을 우려하고 있는 실정이다. 반면에 EU의 기존회원국들은 신규회원국들이 보다 강세환율로 유로화권에 가입하는 것을 바라고 있어서 신규회원국들뿐만 아니라 기존회원국들에게도 전환환율문제는 첨예한 경제적 이해관계가 얽혀있는 사안이라고 할 수 있다.

1.5 유로화와 국제금융시장의 변화

유로화는 2002년 1월 1일부터 현금이 유통되고 있으며 이러한 현금 유로화의 통용은 유럽지역의 금융시장뿐만 아니라 타 지역의 금융시장에도 지대한 영향을 미치고 있다. 유로권의 통화통합(currency integration)이 국제금융시장에 미치고 있는 변화를 간략히 살펴보고자 한다.

유로화 출범이후 국제자본의 조달과 투자측면에서 유로화는 이전보다 더욱 광범위하게 사용되고 있다. 1999년 유로화가 처음 도입된 이후 유로화 표시 국제채권 발행비중이 크게 증가했다. 이는 유로권 금융시장의 통합이 진전되면서 시장유동성이 제고된 데 기인하고 있다. 또한, 투자통화의 기능에서도 유로화의 사용은 증가했다.[14)]

IMF의 최근 보고서에 따르면 유로화는 1999년말 대외준비통화로서 미 달러화에 이어 세계 제2위의 위상을 지니고 있는 것으로 나타나고 있으며 유럽통합이 급진전되면서 유로화의 국제적·공적사용이 증가하고 있는 것으로 조사되었다. 현재 세계 56개국이 환율고정의 기준통화로서 유로화를 포함시키고 있으며 향후 EU에 가입을 희망하는 국가들을 중심으로 유로화를 자국통화제도에 연계시키는 움직임이 강화될 것으로 전망된다.

(1) 단기금융시장

유로화의 도입이후 유로화 단기금융시장(Euro Money Market)의 통합이 크게 진전되어 시장유동성(market liquidity)이 제고되고 있는 것으로 나타났다. 특히, 유로화의 도입이후 은행간 무담보 신용시장은 통합이 크게 진전되었으며 초단기 신용시장도 완전통합되었다. 그러나 담보부 단기금융시장은 담보물의 법률적 성격의 국가간 차이, 역내 유가증권의 국경간 청산 및 결제제도의 미비 등의 이유로 통합이 지연되고 있는데 추가적인 시장통합이 이루어지기 위해서는 이러한 구조적 문제점이

14) 유로화 출범이후 유로화의 여러 기능이 강화된 데 비해 유로화의 매개통화로서의 기능은 아직 미약하다고 평가할 수 있으나 현재 유로화거래의 위축은 서서히 회복되고 있고 향후 EU 확대과정이 본격화되면서 중·동구 국가통화와 기타 국가통화간 교환을 매개하는 통화로서 유로화의 기능은 강화될 것으로 전망된다(대외경제정책연구원, 세계경제, 2002. 4. 참조).

선결되어야 할 것으로 보인다.

(2) 국제금리스왑시장(유로화 표시시장)

단일통화의 도입으로 유로화표시 국제금리스왑시장의 경우는 시장이 통합되면서 유동성이 제고되고 이는 다시 시장참여자들(market participants)을 시장으로 유인하는 선순환구조를 형성하여 비약적인 발전을 하고 있다.

(3) 국제채권시장

국제채권시장에서도 유로화 표시채권의 발행비중이 증가하였다. 이는 유로화 도입으로 인한 시장유동성 증가로 인해 발행조건이 유리해진 데다 정보통신산업의 투자 증대, 인수·합병(M&A)을 위한 자금지원 필요성 대두 등이 복합적으로 작용하여 공급이 증가하였기 때문이다. 또한, 투자자들의 국제적 분산투자에 대한 인식제고로 인한 수요증대도 유로화 표시 민간채권발행의 증대에 크게 기여하였다. 한편, 채권발행의 증가로 유로화 금리선물시장과 금리스왑시장도 크게 성장하고 있다.

(4) 유로권 주식시장

유로권 주식시장은 유로화 출범 및 인수·합병(M&A), 기업구조조정, 민영화(privatization), 저금리 기조 등의 영향으로 고성장세를 보이고 있다. 2000년 이후 유로권은 증권거래소(Stock Exchange)들의 통합움직임이 가속화되고 있는데 이러한 추세는 향후 더욱 심화될 것으로 예상되며 현재 제2주식시장도 활발한 움직임을 보이고 있다. 또한, 유로화 도입에 따른 환위험의 제거(removal of foreign exchange risk)로 인해 유럽 각국의 주가동조화(synchronization of stock price)가 커지는 현상을 보이고 있다.

유로화 도입으로 은행산업의 통합도 촉진되고 은행간 경쟁도 한층 거세질 것으로 예상된다. 향후 EU 은행시장은 다음 3가지 유형으로 구분되어 발전될 것으로 전망된다.

① 국내업무에 국한된 은행
② 부분적으로 국제화된(partially internationalized) EU 지역은행

③ 범유럽적으로 국한된 은행

또한, 국제금융전문가들은 향후 유로권의 금융시장통합과 발전을 위해서는 회원국들간 차이를 보이고 있는 다음 3가지 사항에 대한 개선이 필요한 것으로 지적하고 있다.

① 조세제도의 표준화(standardization of tax system)
② 금융제도의 조화(harmony of financial system)
③ 역내 국제투자비용과 위험을 축소시키기 위해 국가별로 상이한 유가증권의 청산 및 결제제도의 개선

2. 국제통화로서의 유로화

2002년 1월 1일을 기해 유로화지폐와 주화 실물이 도입되었다. 이것은 유로지역을 형성하고 있는 12개국의 자금 및 금융시장에 성공적으로 도입된 1999년 1월 1일 이후 지난 3년여 기간 동안 진행되어 온 유로화를 향한 화폐전환을 마무리하는 의미를 가지고 있다고 평가할 수 있다. 이제 유로화는 유로지역의 3억여명에 이르는 국민들뿐만 아니라 전세계에 걸쳐 여행자, 관광객, 전문적 화폐취급기관, 무역회사 및 금융기관의 실제적인 통화가 되고 있으며 EUR5로부터 EUR500에 이르는 7권종의 지폐는 은행창구, 국제공항 출입구 및 교량을 통해 사용되고 있다.

유로지역이 세계경제에서 차지하는 비중과 유로화의 전신인 마르크, 프랑 등 유로지역의 참여국 화폐가 국제금융시장에서 차지했던 비중을 생각할 때 유로화가 이미 미국 달러화 다음으로 가장 광범위하게 사용되고 있음은 주지의 사실이다.

2.1 유로화의 국제적 역할

(1) 정책적 측면

유로화의 국제적 역할과 관련한 유럽중앙은행(ECB)의 정책적 측면을 살펴보면 과거 일부 국가들은 자국통화의 국제화(internationalization)에 대해 적극적인 입장

을 견지하여 왔다고 할 수 있다. 이는 자국통화의 국제적 사용을 권장하거나 지지하는 활동을 통해 이루어져 왔다. 이들 국가는 정책적인 고려사항 이외에도 일반적으로 화폐발행·주조를 통해 발생되는 이익, 국제수지 적자에 대한 용이한 자금지원, 긍정적 네트워크 외형 및 경쟁독려를 통한 국내금융시장의 효율성 제고 등 다수의 경제적 요인에 의해 자국통화의 국제화를 촉진하는 정책을 추구해 왔다.[15)]

통화정책에 관한 유럽중앙은행제도(Eurosystem)는 중립적인 입장을 견지해 왔는데 이는 유럽중앙은행제도가 독립적인 정책목표 하에 유로화의 국제화를 추진하고자 하는 입장도 유로지역 비거주자의 유로화 사용을 저지하는 입장도 취하고 있지 않고 있는 데서 알 수 있다. 유럽중앙은행제도가 이러한 중립적인 입장을 취하는 데는 다음 2가지 요인에 의해 설명될 수 있다.

① 유로화가 국제통화로서 사용되는지의 여부는 유로지역 내 및 역외지역에 걸친 경제적 및 금융적 발전과 정책의 결과로서 결정되어야 한다. 유로화의 국제적 기능은 점증하는 시장통합과 자유화의 맥락 하에 시장참여자의 의사결정으로 이루어져야 한다는 것이 일반적인 시각이라고 할 수 있다.

② 통화정책적 맥락에서 볼 때 유로화의 국제화가 통화정책에 미치는 영향이 지나치게 강조되는 것은 바람직하지 않으며 유럽중앙은행의 통화정책 전략, 방법 및 절차는 유로화의 국제적인 기능이 가지는 영향을 내부적으로 흡수하고 수용할 수 있다.

유럽중앙은행제도는 유로화의 국제적 사용을 저지하지 않고 있으나 일부 국제금융전문가들은 유로화의 국제적 사용은 다음 2가지 이유로 인해 감시될 필요가 있다고 지적하고 있다.

① 유럽중앙은행제도 활동의 역내 측면(domestic aspect)과 관련된 문제임

유로화의 국제적 사용이 추가적으로 증가할 경우 통화정책의 이전메커니즘

---

15) 일반적으로 거시경제정책(macroeconomic policy)의 운영, 특히 통화정책에 대한 불확실성의 증대로 인해 자국화폐의 국제화를 반대하는 국가들이 다수 존재하고 있다(무역협회, 유로화통용에 따른 우리기업의 대응전략 세미나 자료집, 2001. 12. 11. 참조).

(transmission mechanism of monetary policy)과 유럽중앙은행이 정책운영상 사용하고 있는 통화, 금융 및 경제지표와 관련된 정보비용 모두에 대해 어느 정도의 파급효과가 발생하게 된다. 그러나 포괄적이고도 다양한 방법 하에 관련정보의 분석을 바탕으로 수립되는 유럽중앙은행의 통화정책전략은 그러한 불확실성(uncertainty)을 수용할 수 있기 때문에 유로지역에서 가격안정성(price stability)을 유지하고자 하는 역할에 영향을 미치지는 않을 것으로 판단된다.

② 유럽중앙은행제도의 대외활동(external activity)과 관련된 문제임

유로화가 보다 광범위한 국제적 기능(international function)을 수행할 경우 다국적 차원 및 쌍무적 차원의 유럽중앙은행제도의 국제관계에 정책적 영향을 미치게 된다. 그러나 유로화의 국제화와 관련된 향후 추이와는 상관없이 단일통화인 유로화의 등장은 이미 실제적으로 다양한 방법으로 국제적 협력관계에 영향을 미치고 있는 제도적 체제를 나타내고 있다. 특히, 유럽중앙은행은 유로화와 관련한 국제협력활동에 광범위하게 참여하고 있다.

(2) 유로화의 국제화 현황

유로화의 국제화 현황은 유로지역 내 및 역외의 시장발전 및 정책의 결과로서 나타나고 있는데 이를 유로화의 국제적 기능측면에서 살펴보고자 한다.

① 자금조달 통화로서의 기능

유로화의 국제화를 자금조달 통화(financing currency)로서의 기능과 관련하여 살펴보면 상당수준 진척되었다고 할 수 있는데 자금조달 통화로서의 기능은 유로통합 자금시장의 출범으로 인해 제고된 유동성에 의해 강화되었다고 할 수 있다. 유로화가 도입된 시점으로부터 유로화로 표시된 자금시장 금융상품 및 채권이 국제금융시장에서 발행된 증권 및 채권 총규모에 대해 차지하는 비중은 크게 증가하였다. 유로화의 도입당시 16% 수준에 불과하였으나 2001년 3월말 기준으로 총 국제자금시장 금융상품 및 채권 대비 유로화 표시증권이 차지하는 비중은 각각 24%, 31%를 점하고 있다.

② 투자통화로서의 기능

유로화의 투자통화(investment currency), 즉 금융자산의 표시화폐로서의 기능과

관련하여 유로화가 주요 글로벌 자산관리자들(global asset managers)의 포트폴리오에서 차지하는 비중을 살펴보면 2001년 6월 기준으로 이 비중은 총 채권보유액 대비 25% 정도를 나타내고 있다. 유로지역의 주식보유액은 2001년 6월 기준으로 주요 글로벌 자산관리자들의 포트폴리오 중 총 주식보유액 대비 22% 정도를 차지하고 있다.

③ 기저통화로서의 기능

유로화의 기저통화(anchor currency)로서의 기능과 관련하여 유로화는 그 전신이라고 할 수 있는 유럽 핵심국가들의 화폐(독일 마르크화, 프랑스의 프랑화 등)가 이전에 담당하였던 역할을 대부분 수행하고 있다고 평가할 수 있다. 전체적으로 살펴볼 때 유로화는 유로 역외의 55개 국가에서 페그(peg)로서 그 역할을 담당하고 있다. 페그의 유형은 유로화에 매우 밀접한 연관성이 있는 형태에서부터 기저통화로서의 보다 느슨한 형태(관리변동환율방식, crawling fluctuation bands)에 걸쳐 다양하게 존재하고 있다.

유로화와 매우 밀접한 연관성이 있는 형태로는 마스트리히트 조약에서 알 수 있듯이 일부 경우에 있어 유로화를 법정통화로 사용할 수 있는 정식적인 권한을 부여하는 것을 의미한다. 이는 완전히 일방적인 유로화(purely unilateral euroization) 형태로서 currency boards 상에도 사용되고 있다. 한편, 유럽, 지중해 연안 및 아프리카 지역 같이 유로화만을 기저통화로 채택하고 있는 국가들을 Euro-Time Zone으로 지칭하고 있다.

유로화의 기저통화로서의 기능은 유로지역과의 밀접한 교역 및 금융연계관계가 주요 요인으로 작용하여 유로화가 외환정책의 지표로서 광범위하게 사용되고 있음을 나타내는 것이라 할 수 있다.

④ 개입통화로서의 기능

유로화가 개입통화(intervention currency)로서 사용되는 기능은 기저통화로서 사용되는 기능과 주로 관련이 있다고 할 수 있으나 유로화에 페그하지 않는 통화를 보유하고 있는 국가들 또한 서방선진7개국(G7)의 경우와 같이 유로화를 개입목적으로 사용할 수 있다.

⑤ 기타 기능

기타 기능과 관련한 유로화의 국제적 사용은 제한적이라고 할 수 있다. 미국 달러화는 국제금융시장에서 국제거래통화(vehicle currency)(2개의 여타 통화를 교환하는 수단으로 사용될 수 있는 통화) 및 지배적인 가격결정 및 환율고시통화(ruling pricing and quotation currency)로서 사용되어 왔다. 국제금융시장에서 미국 달러화의 지배적인 위치는 선도화폐로서의 미국 달러화 사용이 대부분 네트워크의 외형과 규모의 경제효과(economies of scale effect)가 결합되어 강화된 데 기인하고 있다.

유로화를 지역적 차원에서 볼 경우 유로화에 앞서 사용되었던 유로지역의 주요 통화(독일의 마르크화 등)가 보유했던 기능을 이어받고 있다. 외환보유통화(reserve currency)로서 2000년말 기준으로 유로화의 총 세계 외환보유고 대비 점유율은 17%로서 유로화 출범에 앞선 유로지역의 주요 통화들(독일 마르크화, 프랑스 프랑화, 네덜란드 길더화 등)이 차지했던 점유율과 비슷하다고 할 수 있다.

2.2 세계경제에 미치는 영향

유럽단일통화인 유로화는 2002년 1월 1일(E-day로 명명)부터 공식통용에 들어갔는데 이는 1971년 브레튼우즈체제(Bretton Woods System)가 붕괴된 이후 국제금융체제에 발생한 최대의 사건으로 평가할 수 있다.16)

유럽 12개국은 세계적으로 자유변동환율제도(flexible exchange rate system)를 채택하는 추세와는 달리 환율안정(stability of exchange rate)과 경제적 번영

16) 1944년 7월 미국 뉴햄프셔(New Hampshire)주의 작은 스키휴양도시 브레튼우즈에서 연합국들이 모여 국제통화금융회의(International Monetary and Financial Conference)를 개최하였다. 이는 당시 국제외환시장의 불안정을 해소하여 국제무역의 확대 및 외환의 안정, 국제수지의 균형을 달성하기 위해 새로운 국제통화체제를 탄생시키는 데 목적이 있었다. 브레튼우즈체제의 기본이념은 금달러본위제와 고정환율제를 기본골격으로 하여 환율의 안정, 자유무역과 경제성장의 확대를 추구하는데 있었는데 이를 실천하기 위해 국제통화기금(IMF)과 국제부흥개발은행(IBRD) 등이 창설되었다. 동 체제는 창설이후 전후 자본주의경제체제를 추구하는 자유진영국가들을 통합하는 중차대한 역할을 어느 정도 수행하였으나 1960년대 이후 지속된 국제유동성 딜레마와 기축통화인 달러화의 계속적인 신인도 하락으로 붕괴되기 시작하여 드디어 1971년 8월에는 미국 닉슨 대통령이 달러화의 금태환정지를 선언함으로써 와해되었다. 이후 1973년초 주요국의 환율을 유동화시킴으로써 IMF체제는 브레튼우즈체제가 갖추었던 금환본위제와 고정환율제라는 양대 기본이념이 크게 변질된 킹스턴체제라는 새로운 국제통화체제로 변화되었다.

(economic prosperity)을 위해 자국통화를 폐지하고 단일통화를 채택하였다. 따라서 유로화는 다수 국가가 통화주권을 포기하고 통화통합을 이루는 최초의 시도라고 할 수 있다.[17)]

유로화가 세계경제에 미치는 영향을 긍정적 측면과 부정적 측면으로 나누어서 살펴보고자 한다.

(1) 긍정적 영향

① 역내영향

유로화가 유로지역 내에 미칠 수 있는 긍정적 영향은 3가지로 정리할 수 있다.

가. 유럽시장의 동질화

유럽은 언어, 문화, 관습, 소비관행, 소득수준은 물론 시장규제, 세제, 유통구조 등 이질적인 요소들이 여전히 상존하고 있으나 유로화 통용을 계기로 인위적인 장애물들이 하나씩 제거됨으로써 시장의 동질화를 이루게 된다. 이를 통해 장기적으로 유럽 기업들은 규모의 경제를 이룰 수 있게 된다.

나. 유럽 기업의 경쟁력 강화

유로화 통용으로 통화장벽의 제거(removal of currency barrier)가 이루어져 금융비용이 절감되므로 유럽 기업들의 가격경쟁력이 강화된다. 또한, 환전비용 절감 효과도 상당한 수준에 이를 것으로 기대된다. 독일경제인연합회의 조사에 따르면 비용절감 규모가 매년 독일 전체 국내총생산(GDP)의 0.5~1.0%(200억~400억 DM)에 이르는 것으로 추정되고 있다.

다. 유럽식 신경제의 도래

EU차원에서 현재 추진 중인 정보화정책(e-Europe Initiative)이 경제구조개혁과 동시에 시행된다면 2005년 이후에는 유럽에서도 미국에서 발생했던 신경제 현상이

---

17) 실물유로화는 1957년부터 추진되어 온 유럽통합작업의 오랜 산물이라고 할 수 있는데 사실 통화통합은 1997년 경기침체로 한 차례 연기된 바 있으며 이번에도 일부국가(영국, 스웨덴, 덴마크)가 불참한 정치적 프로젝트라고 할 수 있다. 이들 불참국가는 국가주권 약화를 우려하여 유로화 참여를 거부하였다. 유로화를 정치적 타협의 산물로 볼 수 있는 이유는 참가요건을 구비한 영국, 덴마크 등은 불참하면서 참가요건이 미흡한 이탈리아, 스페인 등은 참여하였기 때문이다(전국은행연합회, 금융, 2002. 1. 참조).

도래할 전망이며 향후 유럽경제는 역동적인 시장경제로 전환하게 된다. 또한, 유로화의 도입에 따른 국제금융시장환경의 변화로 인해 유럽국가 간에 자본유치경쟁이 이전보다 더욱 치열해질 것으로 예상되고 있어서 각국 정부는 경제구조개혁에 박차를 가할 것으로 기대된다. 미국의 경우에도 1980년대 후반의 경제구조조정과 1990년대 초의 정보통신혁명(IT revolution)을 거쳐 1990년대 후반 신경제의 혜택을 누린 바 있다. 유럽경제분석기관의 조사에 따르면 유로화 도입과 함께 경제구조개혁이 순조롭게 이루어진다면 유로지역경제는 유로화가 도입되지 않았을 때보다 2010년까지 약 3%포인트의 추가성장이 예상되는 것으로 나타나고 있다.

② 역외영향

국제통화기금(IMF)은 유로화가 도입됨으로써 유로지역경제의 성장은 물론이거니와 세계경제 전체로도 1%포인트의 추가성장이 가능할 것으로 예측하고 있다. 또한, 유로화 통용에 따른 환거래비용 감소와 환리스크 제거 등으로 EU와의 교역이 용이해짐으로써 전반적으로 세계교역의 활성화(vitalization of global trade)에 기여할 것으로 예상된다. 이는 환율불안정 해소와 거래 통화수가 감소됨으로써 교역환경이 개선된 데 기인한다고 할 수 있다.

(2) 부정적 영향

유로화 통용으로 유로지역경제가 경쟁력(competitiveness)을 확보하게 되어 유로지역의 대외 무역수지 흑자폭은 확대될 것으로 예상되는데 기업의 입장에서도 유로지역 내 거래에서 환위험이 제거되어 역내무역이 활성화된다. 이는 결국 유럽경제의 자급자족(autarky) 경향을 심화시켜 역외국에게는 불리하게 작용하게 된다. 따라서 유로화 통용은 세계경제의 지역주의(regionalism) 및 블록화를 더욱 촉진시키는 역할을 할 가능성이 크다고 할 수 있다. 개별국가별로 보면 유럽과의 교역관계상 경쟁관계(competitive relationship)에 있는 국가들이 주로 영향을 받는다고 할 수 있으며 품목구조상 경쟁관계보다는 보완관계(complementary relationship)에 있는 국가들은 비교적 영향을 덜 받는다고 할 수 있다.

3. 유로화 통용에 따른 국내 기업과 금융기관의 대응방안

유로화는 1999년 1월 1일에 탄생하여 이 시점부터 장부통화의 형태로 계정단위는 물론이고 결제수단 또는 가치저장수단으로서 역내 국가통화들과 함께 사용되어 오다가 2002년 3월 1일부터 개별 국가통화들을 완전히 대체하게 되었다. 이제 유로화는 법률적 실체로서 뿐만 아니라 경제적 실체로서 본격 사용되기 시작했다고 할 수 있다. 물리적 실체를 지닌 현금통화로서 유로화가 통용되는 것은 유로권 내외에서 경제적 의사소통 수단으로서 유로화의 중요성을 크게 제고시키는 계기가 된다고 할 수 있다.

3.1 국내 기업의 대응방안

유로화의 본격적 통용은 유럽과 교역을 하거나 유럽에 이미 진출하고 있는 우리 기업들에게 지대한 영향을 미치게 된다. 이에 대한 우리 기업의 대응 방안은 유로권의 모든 통화가 완전히 사라지는 데 따른 기술적 측면의 대응과, 그러한 변화에 수반되는 경영환경의 변화에 적응하고 상황을 개선시키는 전략적 대응을 포함하게 된다. 우리 기업들의 대응전략을 간략히 살펴보면 다음과 같이 정리할 수 있다.

(1) 유럽연합 진출기업들은 유로권 기업들이 직면하고 있는 다양한 문제들에 동일하게 노출되어 있으므로 이를 시급히 해결해야 함

현지진출 기업들이 유로권 기업들과 동일하게 직면하고 있는 문제는 다음 2가지로 요약할 수 있다.

① 전산시스템 정비

전산시스템이 유로화 기준으로 정비되지 않은 경우에는 수작업에 의존할 수밖에 없기 때문에 대규모 비용이 초래된다. 이러한 전산시스템을 구축하지 않을 경우에는 해당기업의 업무가 마비될 수밖에 없게 된다.

② 회계정비

2002년 1월 1일부터 모든 세무자료가 유로화를 단위로 작성되어야 하기 때문에 회계가 유로화 기준으로 정비되지 않은 경우에는 부가세 환급, 법인세 납부 등에 있어서 세무행정기관과의 업무가 차질을 빚을 수밖에 없게 된다.

(2) 유럽연합 진출기업들의 경우 카탈로그, 계약 등에서 표시통화로 유로화의 사용을 적극 고려해야 함

표시통화가 이미 유로권 통화인 경우에는 당연히 유로화로 변경되어야 하지만 무역에서의 표시통화가 달러화인 경우에도 유로화를 사용하는 방안을 적극적으로 검토해야 한다. 이것은 유로화를 결제통화로서 적극 사용해야 한다는 것을 의미하는데 그렇지 않을 경우 유럽연합 또는 그 주변국가와 교역구조가 경쟁관계에 있는 경우에는 불이익을 받을 가능성이 크기 때문이다. 2001년 6월 KOTRA가 조사한 바에 따르면 유럽 구매자들이 역외국가와의 거래에서 유로화를 결제통화로 사용한 비율은 2001년 기준 31%에서 2002년에는 59.6%로 증가할 것이라고 응답한 것은 시사하는 바가 크다 하겠다.

(3) 기업의 제품가격이 유로화로만 표시됨으로써 소비자 수요(consumer demand)에 영향을 미칠 여지가 존재함

제품의 소매가격(retail price)은 마케팅 전략상 소비자수요를 증대시키기 위해 끝자리를 '.99'로 하는 경우가 있다. 예를 들면, 제품가격을 7.00FFR, 30.00DEM 대신에 각각 6.99FFR, 29.99DEM 등으로 표시하는 경우이다. 그러나 이러한 경계가격이 유로화로 전환되는 경우에는 의미없는 숫자가 될 수 있다.[18)]

유로화로 경계가격을 책정해야 할 때 제품 양의 변경을 통한 방법이 어려울 경우

18) 일부제품의 경우 유로화로 경계가격을 책정하기 위해 제품의 양을 조절함으로써 제품규격을 변경할 수 있으나 너무 급격한 규격의 변화는 오히려 제품의 이미지를 손상시킬 수 있다는 점에서 유의해야 한다(전국은행연합회, 금융, 2002. 1. 참조).

에는 제품 가격의 인상 또는 인하를 통해 새로운 가격을 책정해야 한다. 이 경우 수요의 가격탄력성(price elasticity of demand)에 따라서 기업의 매출이 상이하게 나타나게 된다. 가격을 전면적으로 유로화로 전환하는 것은 단순히 기술적인 변화가 아니라 시장점유율(market share)의 변화를 수반할 수 있기 때문에 기업들로서는 이를 마케팅 전략의 주요한 사안으로 간주하여야 하며 이와 관련하여 현지 유통업체들과 긴밀한 협조체제를 유지하여야 한다.

(4) 유로화의 본격적 통용은 상품가격의 국가별, 지역별 비교를 용이하게 하여 유로권 상품시장의 통합을 가속화시키게 되며 이러한 변화는 현지에 이미 진출하고 있거나 진출을 계획 중인 우리 기업들에게 상당한 장애요인이 됨

유로화 통용으로 현지의 대형유통업체들의 시장교섭력이 증대되는 것과 함께 현지 중소기업들도 기존의 자국시장에서 벗어나 전유로권을 대상으로 판매를 확대하게 되어 우리 수출기업들의 경쟁상대가 되고 있다. 우리의 대EU 수출상품의 60% 정도가 주문자상표부착(OEM : Original Equipment Manufacturing) 방식으로 이루어지고 있어서 자체브랜드로 수출하는 경우에는 대부분이 독자적인 판매망없이 현지 유통업체에 의존하고 있는 실정이라고 할 수 있다. 따라서 단기적인 측면에서는 주문상품의 납기준수나 제품의 품질 등에 유의하여 현지 유통업체와 긴밀한 관계를 구축해야 하며 중장기적으로는 브랜드가치 제고를 위한 마케팅전략 수립이 수반되어야 한다.[19)]

(5) 유로화의 본격적인 통용은 유로권 내에서 가격 및 임금투명성(price and wage transparency)을 제고시킴으로써 노동력과 자본재, 중간재, 경영기법 등 생산요소시장에서의 경쟁을 심화시키게 됨

19) 자체 판매조직을 구축하고 있는 대기업의 경우에도 유럽시장환경의 변화에 대응하기 위해 국가별 판매조직을 보다 광역화할 필요가 있다. 물론 여전히 부가가치세 등 세제의 차이 및 문화적, 언어적 차이가 상존하고 있는 상황에서 전유로권을 커버하는 단일시장이 형성되기에는 상당한 시일이 소요될 것으로 전망된다. 따라서 세제, 언어, 소비자선호도(consumer preference) 등을 종합적으로 분석하여 해당 대기업의 실정에 적합한 광역화된 판매망의 구축이 시급하다고 할 수 있다.

유로화 도입으로 인해 초래된 유로권 생산요소시장의 변화는 현지진출기업의 입장에서 보면 생산요소 공급선을 다변화하고 생산비를 절감시키는 긍정적 효과를 야기시켜 현지진출기업의 영업이익을 크게 하는데 기여하게 된다. 그러나 우리의 대EU 직접투자 추이는 1990년대 후반 이후 감소하고 있는 것으로 나타나고 있어 우리 기업들이 보다 적극적으로 유럽시장에 진출하여 긍정적 효과를 최대한도로 활용할 필요가 있다.[20)]

3.2 국내금융기관의 대응방안

국내금융기관의 대응방안은 유로현금통화가 2002년부터 통용됨에 따른 기술적 변화와 금융시장 환경변화로 나누어 살펴볼 수 있다.

(1) 기술적 변화

2002년 1월 2일부터 외국환은행에서 유로화 대고객 환전업무가 개시되고 있기 때문에 국내금융기관들은 유로화 현금통화를 충분히 보유하고 있어야 한다. 또한, 장부상 유로화로 전환하기 위한 전산프로그램의 구축이 이루어져야 하며 유로화와 관련한 대고객(기업 및 개인)정보를 제공하여야 한다.

(2) 금융시장 환경변화

유로화의 도입 이후 유럽금융시장에서는 통합이 진전되고 규모가 커지고 있다. 은행간 대차시장의 경우에는 완전통합된 것으로 나타나고 있으며 국제채권시장에서는 1999년 이후 유로화 표시채권의 발행이 차지하는 비중이 40% 정도로 나타나면서 발행규모에 있어 미 달러화 표시채권과 유사하게 나타났다.

유럽금융시장 중 가장 주목할 만한 발전은 주식시장이라고 할 수 있는데 유로권의 GDP 대비 주식시가총액은 1995년 말 28%에서 2000년 말에는 89%로 무려 3배 이상 급증하였다. 이러한 변화의 요인으로는 유로화 출범 및 민영화(privatization),

20) 우리의 대EU 직접투자액은 1996년에는 10억 달러에 달했으나 2000년에는 1억 4,000만 달러로 급감하였다. 물론 이러한 투자액의 급감에는 우리 기업들이 2004년 이후 EU의 확대에 대비하여 동유럽 가입예정국들(헝가리, 폴란드, 슬로베니아 등)에 투자된 액수를 감안해야 하지만 북미대륙의 경제규모와 유사하고 유로화 도입으로 그 어느 때보다 동질성이 제고되고 있는 EU 시장 자체에 대한 진출에 있어 국내 기업들이 소극적으로 대응하고 있는 것이 아닌가 하는 우려를 낳고 있다.

저금리, 기업구조조정 등을 지적할 수 있다. 또한, 유럽주식시장의 구조도 큰 변화를 겪고 있다고 할 수 있다. 예를 들면, 증권거래소의 통합움직임을 지적할 수 있다. 2000년에는 Euronext라 명명된 통합계획, 즉 파리, 암스테르담, 브뤼셀 증권거래소를 통합하려는 계획이 발표되어 추진 중에 있으며 Virt-X나 Jiway와 같이 범유럽증권거래소를 신설하려는 계획도 세우고 있다.

유럽금융시장의 통합에 있어서 아직은 해결해야 될 과제가 남아있기는 하다. 예를 들면, 유가증권 청산 및 결제제도와 같은 금융하부구조(financial infrastructure)가 범유럽차원에서 구축되어야 하고 증권거래법, 회사법 등 금융제도의 차이 등이 조화되어야 한다. 그러나 유로화 도입 및 EU 확대로 인해 향후 유로권 금융시장이 국제금융시장에 미치는 영향은 점점 증대될 것으로 보인다.

① 유럽금융시장 환경변화에 따라 국내금융기관들은 유로권 지역에 지점 확대 및 시장변화에 긴밀하게 대응할 수 있는 체제 구축이 시급함

2002년초 기준으로 국내금융기관들의 EU 지역 진출현황을 살펴보면 현지법인, 지점, 사무소를 포함하여 모두 34개로 나타나 1997년 말의 41개에 비해 오히려 전체 점포수가 감소한 것으로 나타났다. 이러한 감소는 주로 유로권에서 점포수가 감소한 데 기인하고 있는데 독일(12개→4개), 룩셈부르크(5개→1개), 프랑스(3개→1개)에서 감소한 데 비해 영국(19개→25개) 및 아일랜드(1개→2개)에서는 증가한 것으로 나타났다. 이 같은 변화, 특히 영국진출의 증대는 유로화 도입에도 불구하고 뉴욕과 더불어 국제금융시장의 양대 축인 런던금융시장의 위상이 여전한 데다 유로화 도입초기에 유로권 역내의 외환업무가 위축됨에 따라서 국내금융기관들이 점포를 런던으로 이전시킨 데 기인하고 있다.

유로화 출범이후 유로권 금융시장이 확대, 심화되고 있는 상황에서 소요자금의 조달과 운영 측면에서 중요하게 부각되고 있는 유럽금융시장을 적극적으로 활용할 교두보를 구축할 필요성이 그 어느 때보다 증대되고 있는 시점에서 국내금융기관의 유로지역 진출감소는 우려할만하다고 할 수 있다.

② 국내금융기관들은 유로권에서 기업들의 자금관리 파트너로서 중요한 역할을

수행할 수 있음

유로권에 진출한 기업들, 특히 국내 기업들이 유로권 여러 국가에서 지점 또는 현지법인을 보유하고 있을 때 이들 기업의 지점 또는 현지법인별 자금잉여 및 자금부족과 관련한 기업자금관리 일원화 서비스를 제공할 수 있게 된다. 이는 기업에도 이익이 될뿐더러 국내금융기관들도 서비스관련 수입을 제고시킬 수 있어 이익발생원을 다변화시키게 되고 결국 경영의 안정성을 크게 할 수 있다.

③ 국내금융기관들은 유로화 환율추이와 기업 및 개인들의 자금수요 등을 고려하여 해외자산 및 부채의 통화구성에 유의해야 함

유로화는 향후 유로권이 확대됨에 따라서 달러화에 필적하는 국제통화로 급부상하게 될 것이 자명하다고 할 수 있다. 즉, 유로화의 출범은 제2차 세계대전 이후 국제금융시장에서 미 달러화가 지니고 있는 제1의 기축통화와 미국이 주도하는 국제금융질서에 변화를 야기시킬 수 있는 잠재력을 충분히 지니고 있다고 할 수 있다.

이러한 맥락에서 향후 우리 기업들의 무역거래에서 분명히 유로화의 비중은 점점 커지게 되며 개인의 경우에도 유로화의 필요성은 증대될 것이다. 이에 따라 국내금융기관들은 기업 및 개인의 유로화 사용 증대에 대한 통화보유비중을 신중히 결정하여야 한다. 즉, 기업들의 무역거래에서 유로화 비중이 커짐에 따라 유로화를 결제에 사용할 수 있도록 하여야 한다. 따라서 금융기관들은 고객들의 유로화 결제를 인정할 수 있는 내부관리시스템을 정비하고 기업이 적정수준의 유로화 예금 보유를 통해 환위험을 관리할 수 있도록 유도해야 한다.

제 14 장

중동의 탈(脫)석유화 정책

제1절 개관

1. 오일머니 유입

1.1 2000년 이후 국제유가 상승에 따라 석유수출국기구(OPEC) 11개국의 오일머니 유입액은 사상 최고치를 기록하고 있음1)

※ 2002년 2,072억 달러 → 2005년 4,713억 달러

1.2 특히, 걸프연안 6대 산유국이 OPEC 오일머니 유입액의 69%를 차지하고 있음

※ 중동지역 6대 산유국 : 사우디아라비아, UAE, 쿠웨이트, 카타르, 이란, 이라크

1) 오일머니는 석유, 천연가스 수출로 획득한 외화를 의미한다. 맥킨지보고서는 지난 수년 간의 오일머니 폭증을 Windfall(돈벼락)로 표현하고 있다(KOTRA, Global Business Report 07-024, 2007. 6. 29. 요약·재구성).

〈표 14-1〉 오일머니 유입액(2000~2005년)

(단위 : 억 달러)

구분		1980	2001	2002	2003	2004	2005
걸프 연안 6 개국	이란	117	214	192	261	343	466
	이라크	261	157	126	75	177	234
	사우디	1,014	598	638	823	1,062	1,533
	UAE	194	224	218	252	381	456
	쿠웨이트	189	150	141	190	264	390
	카타르	54	70	70	88	117	191
걸프연안 (6개국 비중)[1]		1,829 (66.3)	1,413 (67.3)	1,385 (66.9)	1,689 (67.7)	2,344 (67.2)	3,270 (69.1)
나이지리아		249	172	171	222	323	451
베네수엘라		176	200	203	186	294	377
기 타[2]		505	315	313	399	529	633
OPEC 합계		2,759	2,100	2,072	2,496	3,490	4,731

주 : 1) ( )안은 걸프연안 6대 산유국이 OPEC에서 차지하는 비중, 반올림으로 인한 오차 포함
2) 기타는 알제리, 인도네시아, 리비아

자료 : OPEC, EIA

1.3 최근의 고유가에 힘입어 높은 경제성장을 보이고 있으며 이 같은 추세는 당분간 지속될 것으로 보임

〈표 14-2〉 중동 국가별 경제성장률 추이

(단위 : %)

국 가	2001	2002	2003	2004	2005	2006
이 란	3.7	7.5	6.7	5.6	5.4	5.4
사 우 디	0.5	0.1	7.7	5.3	6.6	5.8
쿠 웨 이 트	0.7	5.1	13.4	6.2	8.5	6.2
U A E	1.7	2.6	11.9	9.7	8.5	11.5
카 타 르	4.5	7.3	5.9	11.2	6.5	6.7
바 레 인	4.6	5.2	7.2	5.4	6.9	7.1
오 만	7.5	2.6	2.0	5.6	6.7	7.1

자료 : IMF WEO Database, 2006. 9.

〈표 14-3〉 중동 국가별 1인당 GDP 동향

(단위 : 달러)

순위	국가	2001	2002	2003	2004	2005	2006
1	카타르	27,343	28,857	32,975	37,609	43,110	53,511
2	UAE	19,689	19,864	21,815	24,059	27,700	35,099
3	쿠웨이트	15,113	15,752	18,141	20,234	26,020	31,277
4	바레인	11,657	12,066	13,657	15,291	18,402	21,395
5	오만	8,794	8,838	9,343	10,414	12,663	15,526
6	사우디아라비아	8,736	8,785	9,758	11,055	13,409	15,352
7	이란	1,776	1,761	1,989	2,362	2,766	3,465

자료 : IMF WEO Database, 2006. 9.

2. 오일머니 사용처 변화와 개혁의 부진

2.1 오일머니 사용처의 변화

(1) 중동 산유국은 1970, 1980년대 고유가에 기인한 재정흑자(fiscal surplus)를 왕정유지 및 정치적 자유 유보를 위해 국민의 복지후생 증대 및 중동지역 불안에 따른 군사비 지원 등으로 사용하면서 재정수지 악화 및 실업문제를 야기하였음

※ 원유생산이 미미한 두바이는 1980년대 초부터 자유무역지대(free trade area)를 설치하는 등 탈석유화 정책을 시행하였음

(2) 1990년대에는 대규모의 오일머니를 건설·플랜트나 석유화학, 알루미늄산업 등의 에너지 다소비 제조업에 집중 투자하였음. 이 시기는 원유수출의 부가가치(value added)를 제고시키려는 시도가 주종을 이루었음. 특히, 원유가 풍부한 사우디아라비아, 쿠웨이트 등은 이 분야에 대한 투자비중이 높은 편이었음

(3) Y2K, 디지털시대(digital era), 지식산업 등의 신조어가 일반화되는 1990년대

후반부터 비석유 분야에 대한 관심이 급격히 고조되고 있음

2.2 개혁의 부진

맥킨지는 2007년 6월 12일 'Beyond Oil'이라는 보고서를 통해 최근 두바이 스카이라인이 변화하는 등 중동에서 다양한 변화가 시도되고 있으나 여전히 3대 분야(노동시장, 교육, 금융시장)에서는 더욱 강도 높은 개혁이 필요하다고 지적하였다.

(1) 노동시장

① 걸프지역(Gulf Area)은 전체 노동인구의 40%가 외국인이며, 특정국가에서는 민영부문 노동력 90% 이상을 저임 외국인에 의존하고 있는 실정임. 저임 외국인 고용은 단기적으로 유용하나 지역 청년실업의 증가로 연결되게 됨

② 공무원 인건비 지출규모가 국내총생산(GDP)에서 차지하는 비중은 경제협력개발기구(OECD) 국가 평균치 5% 보다 월등히 높은 12% 수준에 이르고 있음

③ GCC의 노동인력 증가율은 3.7%로 중국(1.5%), EU(0.5%) 보다 높은 편이며 직업창출 속도를 크게 추월하고 있음

(2) 교육

① 이 지역의 15세 미만 인구비율은 42%로 중국(23%), EU(17%) 보다 월등히 높은 편임. 또한, 세계에서 가장 낮은 교사 1인당 학생비율을 지니고 있으나 교육수준은 현대경제가 필요로 하는 수준을 충족시키지 못하고 있음

② 오일머니의 대량 유입 이후 교육부문 투자를 대폭 증가시켰으나 교육장비와 교사의 수를 늘리는 정도였고 질적 변화는 극히 미흡한 것으로 평가됨

(3) 금융시장

GCC의 주식시장은 상당수준 발전되어 있으나 신용평가시스템 낙후로 자금이 중소·중견기업으로 유입되지 않고 있다.

3. 중동 주요 산유국의 탈석유화 정책

최근의 중동 산유국들은 오일머니를 장기성장 기반 구축에 투자하고 있다. 중동

의 젊은 지도자들은 최근의 오일머니를 미래를 위한 투자 위주로 전환하고 경제개발계획(economic development plan)의 중점 과제를 석유의존도 감소와 장기적 성장기반 구축에 두고 있다.

※ 경제개발전략의 3대 기본 방향은 시장경제체제의 도입 및 정착, 사회간접자본(SOC)과 인적자원(human resources)의 확충, 산업구조의 다각화임

〈표 14-4〉 각국의 주요 탈석유화 정책

국 가	주요 탈석유화 정책	기타 추진사업
U A E	인재육성, 관광·문화산업, 의료허브	물류·유통허브, 금융허브
사 우 디	인재육성, IT산업, 의료허브	-
쿠 웨 이 트	인재육성, IT산업, 의료허브	-
이 란	인재육성, IT산업, 관광산업	-
카 타 르	인재육성, 의료산업, 스포츠산업	국제금융허브, 부동산 개발, 제조업(알루미늄, 비료, 철강)
바 레 인	국제금융허브, 부동산개발	알루미늄 제련산업(조선 수리업, 알루미늄 및 화학제품)

제 2 절 주요 국가별 탈석유화 정책

1. 아랍에미리트(UAE)

1.1 오일머니 동향

(1) 고유가 및 오일머니 유입에 따른 경제성장 지속

① UAE는 5~8%대의 양호한 경제성장률이 예상되고 있으며 고유가로 인한 재정확대 및 이를 기반으로 한 각종 프로젝트 부문의 활황이 기대됨

② 2005년 전체 재정수입액 437억 달러 중 에너지부문이 약 70%를 차지하여 재

정수지 흑자의 주요 요인이 되고 있음

※ 2004년 200억 달러 → 2005년 303억 달러(51% 증가)

※ 2005년 석유부문의 재정수입이 전체(437억 달러)의 69% 점유

〈표 14-5〉 정부재정 현황

(단위 : 백만 달러)

구분	2000	2001	2002	2003	2004	2005
총수입 석유・가스부문 비석유부문	24,439 16,342 8,096	21,373 14,073 7,300	18,007 11,151 6,856	22,910 15,504 7,406	30,129 19,979 10,150	43,733 30,352 13,381
총지출	22,491	26,038	23,601	24,949	25,445	33,324
재정수지	1,948	-4,665	-5,594	-2,039	4,684	10,409

주 : 1) 1$ = 3.67AED 기준 환산 적용
자료 : IMF Country Report No. 06/256, UAE 경제부(Ministry of Economy) 2005 경제보고서

〈표 14-6〉 주요 경제지표 추이

(단위 : %, 천 b/d, 백만 달러)

구분	2005	2006[1]	2007[2]
실질 GDP 성장률	8.5	11.5	5.8
원유 생산량	2,460	2,591	2,710
원유 수출	43,496	54,785	56,704

주 : 1) 추정
2) 예측
자료 : IMF, EIU, CIA

③ 국제통화기금(IMF)에 따르면 UAE의 2006년 GDP는 사우디아라비아, 이란에 이어 중동국가 중 3위를 기록하였음. 1인당 GDP는 약 35,099달러 수준으로 카타르에 이어 2위를 차지하였음

(2) 비석유부문 개발을 통한 국가발전계획 수립

① UAE는 7개 토후국으로 이루어진 연합국으로 석유자원의 94%가 수도인 아부다비에 집중되어 있음. 상대적으로 자원이 부족한 두바이(Dubai)에서 탈석유화 정책이 활발히 추진되고 있으며, 최근 아부다비도 석유화학, 중공업, 관광을 축으로 탈석유화 정책을 추진하고 있음

> ※ UAE는 7개의 에미리트 연합국으로 아부다비(Abu Dhabi), 두바이(Dubai), 샤자(Sharjah), 아즈만(Ajman), 움알 케인(Umm Al Quwain), 라스 알 카이마(Ras Al Khaimah), 후자이라(Fujairah)로 이루어졌음

② UAE 정부는 2007년 4월 동국의 위상 제고를 목표로 '2010 UAE 국가발전계획'을 발표하여 2010년까지의 경제개발계획 및 전략방향을 제시한 바 있음

③ 동 국가발전계획은 6대 주요 분야에 대한 세부 추진방향을 제시하고 있음. 특히, 자국민 및 UAE 거주 외국인들을 위한 정부서비스 개선 등을 포함한 정부부문 개발을 중심으로 교육, 의료, 사법체계(legal system) 등을 국제적 수준으로 제고시키기 위한 정책을 마련하고 있음

〈표 14-7〉 2010 UAE 국가발전계획 6대 주요 내용

구분	중점 사업 및 정책
사회개발	· 자국민 및 외국인을 포함하는 포괄적 인구정책 마련 · 업무 환경 기준 마련 등 노동부문 규정 보완(불법 노동 관련 처벌 강화 등) · 의료부문 투자 증대 등
경제개발	· 국가경쟁력위원회(National Competitive Council) 및 통계청 설립 · 자유무역지대 및 특별경제지구 규정 보완 등
정부부문 개발	· 대민(자국민 및 UAE 거주 외국인) 서비스부문 현대화 및 관련법 개정 · 부처간 업무처리 단순화
사법부문 및 안보	· 국가비상기구(National Emergency System) 설립 · 연방 차원 비상대책 규정 마련
인프라	· 주택정책, 도로 · 교통정책 정비
지역개발	· UAE 지역개발을 위한 정부 부처간 위원회(Ministerial Council) 설립

④ 두바이의 경우 2007년 2월 '2015 두바이 경제개발계획'(Dubai Strategic Plan 2015)을 발표하면서 경제분야는 물론 사회, 문화, 교육, 의료분야 등 7대 분야에 대한 가시적 성장방향을 제시한 바 있음

※ 두바이는 2000년 발표했던 '비전 2010 계획'의 목표를 2005년 조기 달성하여 2008~2015년간 경제성장의 목표를 확대·수정하여 '2015 두바이 경제개발계획'을 수립하고 2007년 2월 발표하였음

〈표 14-8〉 두바이의 7대 분야 발전 방향

구 분	내 용
국가 정체성 강화	· 자국민의 사회참여 강화 및 고유문화 인식 제고
자국민 일자리 창출	· 자국민 노동경쟁력 제고 및 일자리 창출
공 교 육	· 학교운영 투명성 및 재정능력 제고 · 교과과정 및 교수법 개선 · 교육환경 개선
의료 서비스	· 의료부문에 대한 정부지원 강화 · 의료보험제도 개선 · 의료산업에 대한 전반적인 수준 개선
사회 서비스	· 자국민에 대한 사회서비스 개선
노 동	· 외부 노동인구 유입 증가와 관련 노동자 권익 향상 · 노동법 및 관련규정 개선
문 화	· 영화관, 극장, 박물관 등 문화시설 확충 · 국제적 문화예술 행사 개최

1.2 주요 분야별 탈석유화 정책

(1) 교육분야

① 일반 현황

가. 정부는 산업발전(industrial development)이나 에미리트화(Emiratisation) 부진이 자국민의 인적 경쟁력 부족에 있다고 판단하고 인재육성에 주력하고 있음

※ 에미리트화는 민간부문에서의 외국노동력을 자국민으로 대체하려는 자국민고용의 무제도로 걸프지역의 공통된 목표임

나. '2010 UAE 국가발전계획'에 따르면 정부는 고등교육 강화, 국제적 수준의 학술인증시스템 도입, 노동시장이 필요로 하는 인재육성, 세계 유수대학과의 공동 프로그램 공유, 연방 교육부 및 토후국의 교육관련 기관과의 유기적 협력체계 강화 등을 지적하고 있음

다. 교육분야에 연방예산의 약 25%를 투입하고 있으나 직업교육(job education)과 무관한 종교분야에 치중되어 있어 교육의 질(quality of education)에 대한 내부 비판이 제기되고 있음

〈표 14-9〉 UAE의 교육관련 주요 지표

성인문자해독률	77%
초등학교진학률	83%
중등학교진학률	71%
대학현황	2개 종합대학, 12개 기술대학
교육예산 비중	25%
학생/교사 수	15명

자료 : UNDP, Human Development Report ; UAE Yearbook 2007

라. UAE 교육과정은 초·중·고등학교 및 대학교로 각 6, 3, 3, 4년으로 이루어져 있음. 자국민에게는 대학교까지 무상교육 혜택이 주어지며 고등학교까지는 의무교육임

마. 2006/2007년도 UAE에는 총 1,207개의 국·공립 및 사립학교가 있으며 아부다비, 두바이, 샤자 순으로 학교가 많고, 전체 학생수는 65만명으로 이 중 40%에 이르는 학생이 사립학교에 재학하고 있음

바. UAE 전체인구 410만명(2005년 12월 기준) 중 자국민 비율은 약 20~22% 수준으로 자국민 고용비율 역시 낮은 편이나 2020년까지 공립학교 교육인력의 90%를 자국민으로 구성할 계획임

② 정부정책 및 시행내용

가. 교육정책은 교육부를 중심으로 추진되고 있으며 2005년 UAE 대통령에 의해 설립된 아부다비 교육위원회(Abu Dhabi Education Council)가 교육부와 협력하고 있음

나. UAE 교육부의 주요 관심사는 교육과정별 일정 수준의 IT 기자재를 공급하는 등의 IT 교육인프라 구축에 있음

※ 유치원(10명당 컴퓨터 1대), 초등학교(5명당 1대), 중·고등학교(2명당 1대), 대학교(1명당 1대) 과정에 따라 컴퓨터 배정을 실시하고 있음

다. 2000년에 시작된 ITEP(www.itep.ae)라는 IT 교육프로젝트를 통해 자국민 학생 및 공무원의 IT 적응능력을 강화하고 있음

※ 현재 40개 고등학교(두바이 및 아부다비에 각각 20개 학교)의 약 13,000명의 학생이 동 프로젝트 교육코스를 수행하고 있음

라. 두바이 정부는 공교육 발전을 위한 장기적 전략 하에 선진기업과의 협력체제 구축 및 시설투자에 집중하고 있음(2004년 4월 MS와 e-School 설립)

마. 고등학교 졸업생 중 여학생의 95%, 남학생의 80%가 고등교육과정 이수를 위해 대학진학 또는 해외유학 중임

〈표 14-10〉 정부의 해외유학 지원제도

구분	내용
자격조건	· 자국민 중 학교성적, 토플(TOEFL) 성적 등을 기준으로 선별
국가장학지원 프로그램	· EDAAD : 영국, 호주, 미국, 캐나다 유학 지원 · SCO : 미국 유학 중점 지원, 단 의학분야는 영국, 아일랜드, 호주 지원
지원 과정	· 학사 및 석 · 박사 과정
지원 금액	· 수업료 전액 및 매년 왕복 항공권 지급 · 의료보험 제공 및 매월 소정의 학비 추가 지원 · 기혼자의 경우 추가 자금 지원 · 지원금액의 상한선은 책정되어 있지 않음

바. 해외 유수대학 유치 활동

㉠ 2006년 아부다비에 프랑스 소르본대학 분교 설립, 두바이 지식마을(Knowledge Village)에 호주의 월룽공대학이 진출하는 등 적극적으로 해외 유수대학의 분교를 유치하고 있음

㉡ 두바이는 2002년 두바이 지식마을이라는 교육관련 자유무역지대(free trade area) 설립, 2006년 두바이 아카데미시티 설립을 추진하면서 세계적인 교육허브가 되기 위해 노력하고 있음

③ **파급효과**

가. UAE는 주변국들의 벤치마킹(benchmarking) 대상이 되고 있어서 주변국들의 교육부문 투자확대를 유발할 것으로 기대되고 있음

나. UAE 학교들은 외국학교들과의 자매결연 등 교류확대를 통해 질적 변화를 도모할 것이며 교육관련 IT 기기류의 수요도 지속적으로 확대될 것으로 보임

(2) 관광(문화)산업

① **정책 수립 배경**

'두바이 경제개발계획 2015'(Dubai Strategic Plan 2015)에서는 서비스산업을 신성장 동력산업으로 강조하고 있다. 특히, 관광산업 관련 프로젝트 진행이 활발하게 추진되고 있다.

※ 두바이 경제개발청(Department of Economic Development)은 2001~2006년간 두바이 GDP 평균성장률 10.40%는 관광휴양산업 중심의 서비스부문 성장에 기인한 것으로 분석함

② 정부정책 및 시행내용

가. 두바이는 2015년까지 국내총생산(GDP) 1,080억 달러, 1인당 GDP 44,000달러 달성을 경제성장 목표로 제시하였으며, 다양한 분야에서 균형된 발전을 추진하고자 함

〈표 14-11〉 두바이의 경제개발 목표

(단위 : 억 달러, 달러, %)

구 분	2005 성과	2010 목표	2015 목표
GDP	374	300	1,080
1인당 GDP	31,140	23,000[1)]	44,000
비석유부문 비중(GDP 내) (서비스부문 비중)	95.1 (73.6)	96 (70)	

주 : 1) 2010 GNP 달성 목표를 2005년에 이미 초과달성하여 2015년까지의 성장률을 상향 조정하였음

나. 아부다비도 최근 대규모 문화·관광 프로젝트를 발표하면서 두바이와 경쟁하고 있음

※ 2006년 두바이를 방문한 연 관광객 수는 약 1,000만명으로 추산됨

③ 파급효과

가. UAE의 관광·휴양산업 육성정책은 건설호황으로 이어졌고 외국자본의 투자유입에도 기폭제가 되고 있음

> ※ 2001년 외국인의 대UAE 투자금액은 200만 달러를 기록하였음

> ※ 2005년에는 200억 달러로 급증하는 파급효과를 가져왔음

나. 두바이는 2010년까지 1,500만명의 관광객 유치를 목표로 하고 있어 각종 문화·관광 관련 건설호황은 수년간 지속될 것으로 보임

다. 아부다비는 루브르 박물관 분점 개설 등 전방위적으로 고급문화관광 개념의 각종 개발 프로젝트를 진행하고 있음

> ※ 건설기자재(내외장재, 건설장비 등) 및 전시컨벤션(MICE : Meetings, Incentive Trade, Convention and Exhibition)과 같은 유관산업 발전을 유발할 것으로 기대됨

〈참고 1〉 아부다비 및 두바이 관광·문화 개발 대표 프로젝트

1. 아부다비 Al Saadiyat Island(Island of Happiness, 행복의 섬)

1.1 건설 배경 및 현황

아부다비 관광청(ADTA : Abu Dhabi Tourism Authority) 주도로 진행되고 있는 관광 및 휴양 중심지 개발사업으로 전략적 자연섬 개발 프로젝트이며 총 투자액은 270억 달러로 추산되고 있다.

> ※ 상업, 거주, 레저, 관광분야를 육성하기 위한 동 개발사업은 2006~2018년까지 3단계에 걸쳐 진행되며, 2015년까지 약 300만명의 관광객을 유치하여 지역경제의 활성화(vitalization of regional economy)를 도모하고자 함

1.2 세부 프로젝트별 상세 내용

총 6개의 구역으로 나뉘어 개발되며 전체적으로는 백색 모래 해안, 2 개의 골프 코스, 29개 호텔(7,000여개 객실), 7성 호텔, 1,000여척의 요트가 정박가능한 선착장 3개, 8,000세대의 빌라 및 리조트, 38,000세대의 아파트, 박물관 등이 건설될 계획이다.

〈표 14-12〉 구역별 개발 상세내역

구역	상세 내역
문화 구역	과거와 미래의 모습을 형상화하는 컨셉이며 총 270헥타르의 구역에 국립 박물관, 현대미술 박물관, 고급 호텔 및 아파트, 상업지구 등으로 구성 예정임
Saadiyat 해안	섬지역의 특징을 살려 해외 유명인사들의 사생활을 최대한 보장해주는 구조로 개발 예정이며 총면적 433헥타르에 약 9킬로미터의 천연 해안을 배경으로 5성급 호텔과 리조트, 호화 주택시설을 포함한 최고급 골프 코스가 건설될 예정임
남부 해안	가족 단위의 관광객 유치를 목표로 가족중심 리조트(resort)를 표방하여 설계하였으며 총 면적은 268헥타르에 이름
습지 구역	총면적 523헥타르로 주택시설을 포함한 최고급 골프 코스 및 친환경적 호텔 등이 건설될 예정임
Saadiyat 공원	총면적 600헥타르로 거주공간과 함께 해양활동은 물론 승마 등을 즐길 수 있는 편의시설이 건설될 예정임
마리나	동 섬의 중심부로 1,000여척의 요트 선착장은 물론 해양수족관, 각종 레저 위락시설, 고급 호텔, 상업지구 등으로 구성될 예정이며 총면적은 440헥타르에 이름

2. 두바이 랜드

2.1 건설 배경 및 현황

(1) 2010년까지 관광객 유치 목표 1,500백만명 달성을 위해 계획됨

(2) 미국 디즈니월드(Disney World)의 2배에 달하는 세계 최대의 신개념 관광도시로 두바이 외곽에 건설하여 관광객들의 두바이 체재시간 연장 및 신규 관광수요 창출을 목표로 함

(3) 총 7개 테마를 중심으로 45개의 메가 프로젝트(megaproject) 및 200여개의 서브 프로젝트(subproject)로 구성되어 테마별 구역을 정하고 테마 프로그램에 적합한 시설을 구축할 예정임

2.2 세부 프로젝트별 상세 내용

(1) 총 공사비 : 650억 달러(2,350AED)

(2) 총 면적 : 30억 m^2

(3) 총 공사기간 : 2004~2018년

〈표 14-13〉 테마별 상세 내역

테 마	상세내역
테마 파크	Great Dubai Wheel, Dubai Snowdome으로 구성 · Great Dubai Wheel은 두바이 랜드의 중심부에 설치될 예정으로 약 50킬로미터의 시야가 확보되는 전망을 즐길 수 있음(런던의 London Eye 보다 큰 규모로 세계 최대 규모임) · Dubai Snowdome은 지름 200미터, 높이 70미터 규모로 140만 평방피트로 건설될 예정임
문화 및 예술	· 이슬람 문화 및 과학문명을 중심으로 세계적 건축물 구조를 바탕으로 한 다양한 문화 시설물 건설 예정임
과학 및 천문관	· 165만 평방피트 규모로 에미리트 과학박물관, 천체 테마 호텔 등 우주과학을 주제로 한 멀티 콤플렉스 프로젝트(multi-complex project)
스포츠 및 관련 아카데미	· 두바이 골프 시티, 두바이 스포츠 시티, 경마 및 폴로 클럽 등으로 구성됨
웰빙 및 헬스	· 뷰티 랜드, 리버사이드, Al Barari로 구성 · 뷰티 랜드 : 348만 평방피트 규모로 뷰티 아카데미, 관련 박물관, 미용 관련 상품 전문 매장, 호텔 리조트로 구성됨
쇼핑 및 소매	· 두바이 바자, 두바이 아울렛으로 구성됨
리조트 및 호텔	· Al Sahara Kingdom 및 City of Arabia로 구성됨 · Al Sahara Kingdom : 5천만 평방피트 규모, 천일야화를 테마로 한 2개의 4성 호텔, 실내 테마파크로 구성됨 · City of Arabia : 2천만 평방피트, 1천만 평방피트 규모의 Mall of Arabia 건설 예정임

3. 바와디 프로젝트

3.1 두바이 숙박, 관광산업 개발 및 육성을 위한 1,000억 디람(약 280억 달러) 규모의 개발 프로젝트임

3.2 세계 최대, 최고의 숙박, 관광시설 건설 프로젝트를 추구하는 고밀도 종합단지로 현 두바이 통치자의 기획에 의해 초안이 결정되어 2006년 5월 발표됨

3.3 두바이 홀딩스(Dubai Holdings) 계열사인 타트위르사가 추진하게 되며 완공 시 두바이 관광산업을 획기적으로 변화시킬 것으로 예상됨. 2010년까지 1,500만명의 관광객 유치 목표 달성에 핵심이 될 것으로 기대됨

3.4 바와디 프로젝트의 핵심부분인 관광, 레저, 오락, 쇼핑 관련시설의 경우 세계 최고, 최대의 위락시설을 건설한다는 계획을 수립하여 두바이 시내 인근사막에 도로를 중심으로 약 10km의 길이에 걸쳐 1억 3,900만 m^2 규모로 건설될 전망이며 100여개의 극장과 1,500여개의 음식점 등이 입주예정임

※ 이외에도 향후 8년간 총 31개 호텔이 건설될 예정이며 이 중 하나가 6,500개의 객실(5,100개 - 4성급, 1,400개 - 5성급)을 갖춘 세계 최대의 '아시아 아시아호텔'임

※ 바와디 프로젝트의 호텔부문 완공 시 총 31개 호텔, 29,200개의 객실이 확보되어 전세계에서 유입되는 관광객의 숙박문제가 해결될 것으로 보이며 이 중 2개의 테마 호텔(객실 12,450개)은 타트위르사가 건설하게 됨

※ 프로젝트 1단계는 2010년까지 5개의 5성급 호텔이 건설되며, 2~5단계는 2011~2014년까지 매년 6개, 7개, 7개, 6개 순으로 완공될 예정임. '아시아 아시아 호텔'은 1단계인 2010년까지 완공될 예정이며 타트위르는 동 호텔 및 인프라 건설에 약 12억 디람을 투입할 예정임

3.5 동 프로젝트는 두바이를 포함한 UAE 관광산업에 직접적인 효과뿐만 아니라 MICE(Meetings, Incentive Travel, Conventions & Exhibitions) 산업 전반에 대한 성장을 촉진할 것으로 기대됨

(3) 의료분야

① 일반현황

가. UNDP의 인간개발보고서(Human Development Report)에 따르면 UAE의 인간개발지수(Human Development Index)는 2004년 49위에서 2005년 41위로

상승한 것으로 나타났음

나. 아랍 인간개발보고서(Arab Human Development Report)에 따르면 UAE의 산모 및 영·유아 사망률은 국제적 기준에 준하는 것으로 나타났고, 평균수명도 78세에 이르는 등 중동지역 중 의료수준이 높은 것으로 평가되고 있음

다. 전체 의사의 약 10%만이 자국민으로 의료인에 대한 외부의존도가 심각한 실정임

② 정책 수립 배경

가. 의료시설 및 의료진 수준이 낮아 그동안 치료를 위해 선진국으로 향하는 사례가 다수 발생하였으나 9·11 테러사태 이후 미국 등 선진국 여행에 제약을 받게 되면서 중동 정부에 사고의 전환이 발생하게 되었음

나. 2010년 UAE 경제개발계획 및 2015 두바이 경제개발계획에서 정부 유관기관과 세계 유명 의료기관 간의 협력을 통한 의료수준 제고 및 국가 의료 데이터베이스 구축 등 다양한 육성방안이 제시되었음

※ 2007년도 UAE 연감에 따르면 1996~2003년간 UAE 연방정부의 의료부문 예산은 약 436백만 달러를 기록하여 매년 증가 추세를 보이고 있음

③ 정부정책 및 시행내용

가. 아부다비는 체류 외국인 노동자를 위한 의료보험 제공 규정을 제정하는 등 공공 및 민간부문의 의료서비스 개선을 지속적으로 추진하고 있으며 UAE 보건부를 중심으로 의료행정 구조조정을 시행하고 있음

※ 2005년 기준 아부다비의 경우 법률 No. 2005/23호에 의거하여 아부다비 내 외국인 거주자에 대한 의료보험 가입이 필수이며, 고용주는 피고용인은 물론 배우자 및 18세 미만의 자녀 3인에 대해 보험 제공 의무를 지고 있음(다만 상기 조항 이외의 가족구성원은 피고용인인 외국인 노동자가 직접 가입 의무를 지게 됨)

> ※ 아부다비 소재 민간기관의 경우 채용인원이 1,000명 이상인 사업장은 모든 외국인 노동자에 대해 의료보험 가입을 의무화하고 있음

나. 2006년 아부다비 보건청(Abu Dhabi General Authority for Health Service)은 2006년에 존스홉킨스대학교(Johns Hopkins University)와 업무협약을 체결한 바 있음

㉠ 2016년까지 아부다비 내 Tawam 병원 운영

㉡ 2010년 중동 최대 규모의 암센터 건립 및 관리감독에 대한 지원을 받는 등 미국의 선진 의료기술 도입을 통해 의료부문 개발 및 수준 제고를 추진하고 있음

다. 두바이는 지역 내 의료분야 육성은 물론 외국기관 진출 시 클러스터(cluster) 역할을 할 수 있도록 2002년에 '두바이 헬스케어시티'를 설립하였음

㉠ 두바이 헬스케어시티에 이주하는 의료기관은 모두 100% 지분 소유가 가능하며 50년간 세금이 전면 면제되고 해외에서 수입되는 모든 의료장비와 용품에 대한 관세가 면제되고 있음

㉡ 두바이 헬스케어시티는 세계 최초의 의료부문 특화 자유무역지대로 해외의료서비스 기관을 포함한 학교, 병원 등을 유치하여 자국 내 의료 서비스 부문에 대한 수준 제고를 도모하고 있음

㉢ 2007년 1분기말 기준 18개 병원이 입주하였음

> ※ 향후 하버드 의과대학이 진출하여 '두바이 하버드 의료재단'(Dubai Harvard Foundation for Health Research)을 설립할 계획이며 하버드 의대와 UAE 의료연구기관간 의학연구 협업이 이루어질 것으로 보임

> ※ 2008년까지 영국의 아동전문병원(Great Ormond Street 병원)도 입주 예정으로 7층 건물의 2,700만 달러 규모의 의료보건센터가 건립될 것으로 보임

㉣ 자유무역지대(free trade area)는 2단계로 진행되는 데 2002년 11월~2005년 5

월간 1단계 공사(410만 m^2)가 완료되었고, 2006년 6월~2007년 하반기까지 2단계 공사가 진행되게 되어 전체 프로젝트 규모는 18억 달러에 이르고 있음

④ 파급 효과

가. 정부의 직접적인 투자는 물론 해외 유수 전문기관을 UAE로 유치하여 중동·아프리카 지역 내 최고 의료허브로 부상할 것으로 기대됨

나. 또한, 관광 및 레저산업과 연계하여 의료 및 관광서비스를 동시에 제공하는 복합적 산업발달이 예상되고 있음

2. 사우디아라비아

2.1 오일머니 동향

(1) 오일머니 유입

세계 최대의 원유매장(2,650억 배럴)·생산(1일 933만 배럴)·수출국인 사우디아라비아의 2006년 오일머니 유입액은 1,915억 달러로 사상 최고치를 기록하였다.

※ 2003년 이후 고유가로 인해 원유수출액이 급격히 증가하였으며 고유가 기조는 당분간 지속될 것으로 보임

〈표 14-14〉 연도별 원유생산 및 수출현황

(단위 : 억 배럴, 천 b/d, 달러/배럴, 억 달러)

구 분	2002	2003	2004	2005	2006
원유 매장량	2,628	2,627	2,642	2,643	2,650
원유 생산량	7,634	8,848	9,101	9,550	9,330
유 가	24.46	28.10	36.05	50.64	61.08
원유 수출액	636	820	1,104	1,620	1,915

자료 : OPEC, Ministry of Economy and Planning of Saudi Arabia, SAMBA

(2) 오일머니 집행현황

① 과거 소비지출 위주로 사용하였던 오일머니는 최근에 국가부채 상환, 정부 지출확대, 국내외 저축 및 투자확대 등의 미래지향적 투자활동으로 변화함

가. 대외부채가 GDP에서 차지하는 비중 : 97%(2002) → 41%(2005)

나. 2003년 이후의 재정수지 흑자를 교육, 보건, 사회간접 인프라 확충에 집중적으로 투자하고 있음

② 정부재정지출은 2007년에 전년 대비 13.4% 확대된 1,013억 달러를 기록하였음. 이 중 43%를 교육, 보건, 사회인프라(social infrastructure) 확충에 투자할 계획으로 있음

2.2 주요 분야별 탈석유화 정책

(1) 교육분야

① 일반현황

가. 급속한 인구증가에 따른 교육수요 확대

㉠ 사우디아라비아 인구는 2005년 기준 23.1백만명(자국인 16.85백만명, 현지거주 외국인 6.3백만명)으로 매년 2.5~3%의 인구 증가율을 기록하고 있음

㉡ 특히, 15세 미만의 인구가 전체의 45.1%(사우디아라비아인 49.8%), 20세 미만이 55.4%(사우디아라비아인 61.4%)를 차지하고 있어 아동 및 청소년의 교육수요가 지속적으로 증가하고 있음

나. 교육제도 개요

사우디아라비아의 교육체제(educational system)는 유치원(4~6세), 초등학교(6년), 중학교(3년) 및 고등학교(3년), 그리고 전문학교(Institute), 전문대학(College) 및 종합대학(University : 4년)을 운영하고 있다.

〈표 14-15〉 교육관련 주요지표(2005년 기준)

성인문자해득률(2004년)	79.4%
초등학교 진학률	남 : 62%, 여 : 56%
학생수	534만명
학교수	31,513개
대학현황	11개 종합대학, 206개 단과대학(전문학교)
학생/교사 수	11명

자료 : WHO, Health Indicators, 2007.

다. 사우디아라비아는 학생수 지속 증가, 교육수요 확대, 세제화(globalization) 필요성 증대, 신기술 습득을 위한 교육환경개선의 필요성이 증대되고 있음

교육부가 관장하는 '일반교육(초등~고등학교) 10개년 개혁계획'과 고등교육부가 관장하는 '대학교육 25개년 개혁계획'이 진행되고 있다.

② 정부정책 및 시행내용

가. 정부는 국민의 삶의 질(quality of life) 제고를 위해 2024년까지 1인당 국민소득(per capita National Income) 2배 달성을 목표로 하는 '제8차 경제개발 5개년 계획'(2005~2009)에서 인재개발 목표를 포함하고 있음

나. 외국인력 의존도를 감소시키고 자국인력 고용확대(Saudization)를 통해 자국민이 국가경제발전의 중추적 역할을 수행할 수 있도록 인적자원 개발(development of human resources)을 최우선 과제로 설정하고 있음

다. 일반교육에서의 10개년 계획과 고등교육 25개년 계획에 의거한 교육개혁(educational reform)을 추진하고 교육의 질적·양적 확대 및 교육시설 인프라 확충, 선진지식 습득을 위한 해외유학 지원 등 교육훈련 분야에 매년 막대한 재원을 투자하고 있음

라. 2007년 교육부문 예산은 전년 대비 10.8% 증가한 257억 9,000만 달러 규모임

〈표 14-16〉 연도별 교육예산 현황

(단위 : 백만 달러, %)

구분	2003	2004	2005	2006	2007
교육 및 인력개발 예산	14,731	16,242	18,480	23,280	25,787
전년대비 증감률(%)	6.2	10.3	13.8	26.0	10.8

자료 : Ministry of Economy and Planning

마. 2007년 예산 중 교육인프라 투자는 77억 3,000만 달러임

건설 중인 4,800개 학교 이외 2,000개 학교 신설, 기존 2,000개 학교 증·개축, 4개 종합대학, 1개 대학병원, 75개 전문대학 신설 및 빌딩건설, 26개 기술훈련센터 신설 등에 투자하고 있다.

③ 국비유학 지원제도

가. 사우디아라비아가 지향하는 목표국가(targeting country)와의 국제관계 개선 및 발전과 사우디아라비아 전문인력 양성을 위해 2005년 해외유학 지원 프로그램(King Abdullah Scholarship Program)을 도입한 바 있음

※ 사우디아라비아 정부가 지향하는 특정국가와의 국제관계 개선 발전 및 사우디아라비아 노동시장에 부족한 인력 양성을 위해 중점지원 국가를 선정함

㉠ 총 예산은 26억 7,000만 달러(100억 사우디 리얄)로 25,000명 이상의 유학생에 대해 5년간 지원하고 있음

㉡ 주요 유학국(targeting country)은 미국, 캐나다, 영국, 독일, 프랑스, 이탈리아, 중국, 싱가포르, 한국, 인도, 말레이시아, 호주, 뉴질랜드 등이며 최근의 동방정책으로 아시아 국가를 지원 대상국에 포함하고 있음

※ 동방정책(Look East)은 압둘라 국왕이 즉위하면서 대미의존도 탈피, 신흥강국인 중국을 비롯한 아시아 국가들과의 관계개선을 통해 사우디아라비아의 대외정책 다변화를 추구하기 위해 도입되었음. 국왕 취임 후 사우디아라비아와 인도, 중국 등의 아시아 국가간 국가원수의 상호 방문회수가 증가하였으며 정상회담 시 유학생 파견 등 인적교류 활성화를 Agenda에 포함하고 있음

나. 사우디아라비아의 전체 해외유학생(2007년 1월 기준)은 28,516명이며 이 중 국비 유학생은 19,744명임(총 유학생의 70%)

다. 미국에서 국비 유학 중인 학생(2007년 2월 기준)은 총 11,681명임(총 국비 유학생의 60%)

㉠ 이수과정은 ESL 및 학사과정에 집중되어 있음

㉡ 정부의 중점지원 전공분야는 의학, 공학(엔지니어링), 컴퓨터과학, 법률, 회계분야임, 미국 유학생의 전공도 이와 유사한 형태를 나타내고 있음

라. 최근 국비유학생 파견 현황

사우디아라비아는 2006년에 미국 15,000명, 아시아 3,000명 규모의 신규 국비유학생을 파견하기로 확정하였다.

※ 한국의 경우 2007년에 총 84명의 유학생 파견이 확정되어 1차로 선정된 47명이 파견되었으며 연말까지 약 30명이 추가로 파견될 것으로 보임

〈표 14-17〉 아시아 국가별 파견 확정 인원 (2007년)

(단위 : 명)

파견국	호주	뉴질랜드	말레이시아	일본	중국	인도	싱가포르	한국	합계
인원(명)	800	350	300	200	140	140	80	84	2,094

주 : 2007년까지 약 906명 추가 선발 및 파견 예정
자료 : 사우디아라비아 고등교육청

마. 정부는 유학국 선택 시 신청자의 희망사항을 우선적으로 반영하고 있으나 지

원자가 많은 영어권 선진국의 경우에는 전공, 최종학교 성적 등을 고려하여 선정하고 있음

한국, 일본, 중국 등의 아시아 국가의 경우에는 언어문제 및 문화적 차이(cultural difference) 등으로 지원자가 적어 지원자의 대부분을 선정하고 있다.

④ 파급효과

가. 교육인프라 구축에 2007년에는 77억 3,000만 달러의 예산을 투입할 것으로 보여 학교, 훈련센터, 대학병원 등을 중심으로 한 건설호황이 기대됨

㉠ 학교건축 프로젝트 : 4개 종합대학, 75개 전문대학, 26개 훈련센터, 2,000개 일반학교(초-고등학교) 신축 또는 증·개축 등임

㉡ 대학병원 건축 프로젝트 : 1개 병원 신설, 5개 병원 건설 중임

㉢ 2005~2006년에 발표한 6대 신도시 개발(총 500억 달러 이상 투자)에 연계되는 각종 교육시설 건설 프로젝트가 발주될 것으로 기대됨

나. 상품분야의 경우 프로젝터(projector), 스크린 등의 교육기자재와 TV, PC 등 교육용 가전 및 컴퓨터 하드웨어부문, 기타 학교용품에 대한 수요가 크게 증가할 것으로 보임

다. 해외유학생의 대규모 파견에 따라 사우디아라비아 유학생의 한국 유치여건이 성숙되어 있음

(2) IT 분야

① 정책수립 배경

사우디아라비아는 IT 및 통신을 비석유분야의 핵심으로 인식하여 집중 육성하고 있으며 비석유분야 중 가장 성장 속도가 빠른 편이다.

가. IT 시장은 2006년 기준 연 25억 달러 규모로 2010년에는 36억 달러 규모로 성장할 것으로 보임

〈표 14-18〉 연도별 IT 시장규모 및 전망

(단위 : 백만 달러, %)

구 분	2003	2004	2005	2006	2007	2008	2009	2010
IT 시장규모	1,870	2,080	2,319	2,528	2,755	3,003	3,303	3,601
하드웨어(컴퓨터)	972	1,082	1,183	1,264	1,350	1,472	1,586	1,692
서비스	561	624	719	784	882	961	1,057	1,188
소프트웨어	337	374	417	480	523	570	660	721
시장증가율	5.5	11.23	11.49	9.01	8.98	9.00	10.0	9.0
GDP 대비율	0.7	0.8	0.7	0.7	0.8	0.9	0.9	1.0

주 : 2006년 추정, 2007년 이후는 전망치
자료 : BMI

나. 젊은층 인구(25세 미만이 전체 인구의 55%임) 증가에 따른 휴대폰(cellular phone), 인터넷 수요가 통신산업의 성장 견인차 역할을 하고 있음

〈표 14-19〉 휴대전화 및 인터넷 가입자

(단위 : 만명)

휴대전화 가입자		인터넷 가입자	
2006	1,865(인구의 80%)	2006	362
2009[1)]	2,540(인구의 90%)	2010[1)]	660

주 : 1)은 추정치

② 정부정책 및 시행내용

가. 사우디아라비아는 석유의존적 경제(oil-dependent economy)를 탈피하기 위해 IT 산업을 경제발전의 핵심산업 중 하나로 선정하여 국가차원의 'IT 산업 발전 중장기계획'(NITP : National Information Technology Plan)을 수립하여 추진하고 있음

※ NITP는 IT 산업 및 전자상거래(e-Commerce), 통신산업 발전을 통한 국가경제 발전을 위해 20년 간의 장기계획으로 수립되었음. 1단계 5개년 중기계획은 2001~2005년 완료되어 국가 IT 산업발전전략의 근간을 수립하였음

나. 정부의 예산은 IT 산업 발전을 위해 2006년까지 지속적으로 증액 배정되었음

〈표 14-20〉 연도별 IT 산업 예산현황

(단위 : 백만 달러, %)

구분	2003	2004	2005	2006	2007
IT관련 예산	21.3	26.7	49.3	80.0	74.7
전년 대비 증감률	14.3	25.0	85.0	62.1	-6.7

자료 : Ministry of Economy & Planning

다. 국민 정보화촉진 정책(Home Computing Initiative)

※ 사우디아라비아는 정보화사회(informationized society)를 대비하여 가정에 최소 100만대 이상의 PC를 추가로 공급하고, 컴퓨터 제조지원 및 신기술 활용을 통한 경제의 생산성(economic productivity) 증대를 위해 국민 정보화촉진정책(Home Computing Initiative)을 추진하고 있음

라. 전자정부 프로그램(e-Government Program)은 국가 IT 산업 발전에 대한 중장기계획(NITP) 이행 프로젝트 중의 하나로 2001년에 5개년 계획(파일럿 프로젝트)으로 수립된 것으로 정보통신부가 주관하고 재무부와 정보통신위원회가 참여하는 포괄적인 국가프로젝트임

※ 2006년에는 본격적인 전자정부 프로젝트 1단계 구축(2006~2010)을 위해 8억 달러의 예산을 배정하였으며 2008년 말까지 40개 정부기관에서 150개의 전자서비스 및 1,000개의 하부 전자정부서비스가 완성될 것으로 보임

③ 파급효과

가. IT 및 통신시장 발전에 따라 관련 인프라구축 프로젝트가 발주될 것으로 보임

> ※ Medinah Knowledge Economy City(MKEC) 개발 계획
> - 2006년 6월 발표된 사우디아라비아 제3의 신도시 개발 계획으로 과학, 정보통신 중심의 지식도시 건립 프로젝트임
> - 총 70억 달러 규모로 지식산업단지, 의학, 생명화학센터, 이슬람문화센터를 구축하여 IT 및 정보통신 하드웨어부문 인프라 구축을 위한 세부 프로젝트 발주가 기대되고 있음

나. IT 부문 하드웨어 시장은 향후 5년간 약 43% 증가될 것으로 보이며 IT 장비 및 PC 등의 수요도 함께 증가할 것으로 기대됨

> ※ 전자정부 프로젝트 이행과 관련하여 전산장비의 수요 증대가 전망됨. 또한, 이동통신과 인터넷 사용자 증가에 따라 휴대폰 단말기, 관련 장비·기자재 수요도 증가할 것으로 보임

(3) 의료분야

① 정책수립 배경

가. 사우디아라비아 정부는 국민의 삶의 질 제고 및 소득증대에 따른 의료수요 확대에 따라 보건의료분야 선진화에 우선순위를 두고 의료시설 확충 등에 대한 지원을 확대 추진하고 있음

나. 사우디아라비아 보건의료산업을 병원수와 환자수용인원 증가율로 분석해 볼 때 최근 5년간 연평균 1.43% 증가에 그쳐 인구 증가율(연평균 2.8%)에 크게 못 미치는 상황이며, 교육문제와 함께 의료시설 확충이 사우디아라비아 정부의 주요 과제가 되고 있음

㉠ 높은 인구증가율, 고령화사회로의 진입, 비만·당뇨·심장질환 등 만성질환의 증가로 의료서비스 수요는 급증하고 있음

㉡ 사우디아라비아 보건의료분야는 정부(보건부), 기타공공기관, 민간부문에 의해 서비스되고 있음

㉢ 2005년 기준 병원 364개, 병실 51천개이며, 병원 수 기준으로 공공부문이 69%를 담당하고 있으며, 병실 수 기준으로 78%가 공공부문임

〈표 14-21〉 보건의료서비스 시설현황(2005년)

(단위 : 개, 실, %)

구 분	병원수(비중)		환자수용인원(Beds)		보건소 (Health Centers)	민간 클리닉
보건부 소속	213	58.5	30,020	58.7	1,848	-
기타공공기관소속	38	10.5	9,975	19.5	-	-
민간부문	113	31.0	11,135	21.8	-	404
계	364	100	51,130	100	1,848	404

자료 : Statistical Yearbook 2005, Ministry of Economy & Planning

다. 사우디아라비아의 의료산업분야(2005년 기준)는 약 85억 달러 규모로 추정됨. 이는 걸프국가 중 가장 큰 규모로서 의료장비부문은 60%, 의약품 분야의 65% 비중을 차지하고 있음

㉠ 의료장비 시장규모(2006년 기준)는 5억 1,000만 달러로 추정되며 최근 4년간 연평균 33%의 높은 신장세를 나타내고 있음

㉡ 의약품분야의 시장규모(2006년 기준)는 연간 약 12억 달러로 추정되며 국내총생산(GDP) 대비 0.4%의 비중을 차지하고 있음. 수입제품이 시장수요의 85%를 점유하고 있으며 국내 27개 제약공장에서 연간 1억 8,000만 달러의 의약품을 생산하고 있음

② 정부정책 및 시행내용

가. 사우디아라비아 정부는 2006년 4월 새로운 노동법 발효에 따라 2006년 6월부터 외국인에 대해 사업장의 근로자수에 따라 단계적으로 의료보험가입을 의무화하였음. 공공병원이 민간으로 전환되는 2008년 하반기부터는 사우디아라비아인에게도 의무 의료보험이 적용될 것으로 보임

※ 의료보험 가입자(2007년 기준)는 총 113만 6,000명(외국인은 97만명으로 총 의료보험 가입자의 85%임)이며 의료보험시장 규모는 연간 2억 달러 수준이나 2010년경에는 21억~48억 달러 규모로 성장할 것으로 보임. 반면 600만 외국인 의료보험시장은 26억 7,000만 달러 규모로 추정됨

나. 보건의료부문 예산은 2004년 이후 매년 급증하여 2007년에는 전년 대비 27% 증가한 105억 달러를 기록하였음

※ 380개의 기초의료시설(보건소 등) 신설 및 현재 건설 중인 9,850병실 규모의 64개 병원 이외에 13개의 병원을 신설하여 보다 양질의 의료서비스 제공을 위한 인프라 구축을 추진하고 있음

〈표 14-22〉 연도별 보건의료부문 예산현황

(단위 : 백만 달러, %)

구 분	2003	2004	2005	2006	2007
보건의료 예산	3,774	4,025	6,133	8,267	10,533
전년대비 증감률	6.7	52.3	27.8	34.8	27.4

자료 : Ministry of Economy and Planning

③ 파급효과

가. 380개의 기초의료시설(보건소 등) 신설 및 현재 건설 중인 64개 병원(총 9,850병실) 및 13개 병원 신설 등 건설 프로젝트 발주가 확대될 것으로 보임

※ '8차 경제개발 5개년 계획' 중 추진될 8개 의과대학 및 54개 병원 신설, 150개 응급센터 구축 등에 따른 건설프로젝트가 발주될 것으로 보임

나. 의료시설 확충 및 의료수요 급증에 따라 의료장비·기기 및 의료용품의 수요

가 증가될 것으로 보임

> ※ 의료보험 확대실시 및 의료수요의 증가로 의약품 수요가 크게 확대될 것으로 보이며 관련 의약품 수입이 증가할 것으로 전망됨

3. 쿠웨이트

3.1 오일머니 동향

(1) 오일머니 유입

최근 오일머니(oil money) 유입액은 매년 대폭 증가하고 있으며 2006년 정부재정의 94%가 오일머니일 정도로 쿠웨이트 경제는 석유의존도가 높은 편이다.

〈표 14-23〉 쿠웨이트 오일머니 유입현황

(단위 : 백만 달러)

구 분	2002	2003	2004	2005	2006
수 출	15,367.00	21,795.00	30,089.00	46,874.00	55,704.90
수 입	8,117.00	9,880.00	11,663.00	15,671.00	15,993.80
무역수지	4,218.60	9,428.00	18,162.00	32,634.00	42,264.10

자료 : OPEC

(2) 오일머니 집행현황

① 오일머니는 석유산업 인프라 개발사업, 석유산업의 고부가가치를 위한 석유화학 시설단지 건설사업 및 국민 교육, 보건사업에 활용되고 있음

② 매년 오일머니 중 10%는 차세대 기금(KFFG : Kuwait Fund for Future Generation)으로 해외에 투자하고 있으며 나머지를 활용하여 정부 지출 및 각종 프로젝트를 추진하고 있음

> ※ 차세대 기금은 현재 1,000억 달러 이상으로 추정됨

3.2 주요 분야별 탈석유화 정책

(1) 교육분야

① 인재 육성책 수립 배경

가. 정부는 청년실업(youth unemplyoment)의 근본 대책이 교육강화라고 인식함

나. 인재 육성 정책은 쿠웨이트 정부가 사회간접자본(SOC) 투자와 함께 가장 의욕을 보이고 있는 분야임

> ※ 유치원에서 국립대학까지 학비 전액을 지원하고 해외유학 시 학비 및 왕복항공료 등을 무상 지원할 뿐만 아니라 매달 약 2,000달러의 생활비까지 지급함

> ※ 최근에는 열악한 국내 교육시설 및 교수인력 수준 향상을 위해서도 집중투자를 하고 있음

② 국내교육 육성시책 및 시행내용

국내교육 육성은 대학교육에 역점을 두고 있으며 36억 달러를 투입할 예정이다. 2014년에 완공될 쿠웨이트대학 신 캠퍼스 프로젝트가 가장 대표적인 교육 인프라 사업이라고 할 수 있다.

> ※ 쿠웨이트는 열악한 교육시설과 교수인력 부족으로 대학교육을 희망하는 많은 학생들이 유학을 가고 있는 실정임

③ 국비유학 지원제도

가. 해외 유학생 육성 정책은 Ministry of Education과 Public Authority for Applied Education and Training(PAAET)이 담당하고 있으며 목적은 영재 육성과 여성 고급인력 양성임

나. 영재육성책

㉠ 조기 영재육성을 위해 초등학교에서부터 영재 발굴 및 등록

㉡ 정부가 지원해 온 인재들에게는 대학졸업 후 정부부처 취업보장

㉢ 정부가 지원한 국내유학생들의 해외취업을 방지하기 위해 유학생들의 국내복귀 및 희망직장 알선

㉣ 우수 인재를 정부 등록시스템에 등록・관리하는 인재 POOL 제도 운영

㉤ 최근에는 엔지니어링과 의료분야에 집중 지원

다. 여성 고급인력 양성

여성 참정권 법안이 2005년에 국회를 통과하여 여성은 운전・교육・직업에서 남성과 동등한 권리를 가지게 되었다. 현재 쿠웨이트 국립대학교 학생의 70%가 여성으로 구성되어 있다.

④ 해외유학 현황 및 육성책

가. 인구증가와 높은 교육열로 쿠웨이트인의 해외유학 사례는 매년 크게 증가하고 있음

해외유학생 수는 전체 학생수의 약 12.11%이며, 2020년에는 현재의 1.5배인 약 2,721명에 이를 것으로 전망된다.

나. 주요 유학국은 미국, 영국, 호주, 캐나다 등이며, 특히 미국에 대한 선호도가 높은 편임

다. 최근 정부가 중점 지원하는 전공은 엔지니어링 및 의학분야임

라. 해외 유학생 지원 자격은 쿠웨이트인 중 쿠웨이트 소재 고등학교 졸업자임. 쿠웨이트 국적 외교관 자녀를 우대하고 있으며 유학생은 광범위한 지원을 받고 이에 따른 의무를 이행해야 함

〈표 14-24〉 쿠웨이트 국내학생 수 vs 해외유학생 수

(단위 : 명)

연도	국내학생 수	해외유학생 수(12.11%)	계
2005	20,861	1,879	22,740
2006	21,383	1,926	23,308
2007	21,917	1,974	23,891
2010	23,603*	2,126*	25,728*
2015	26,704*	2,405*	29,109*
2020	30,213*	2,721*	32,934*

주 : *는 추정치
자료 : Kuwait Ministry of Education

⑤ 파급효과

가. 현재 교육부문 투자는 하드웨어부문에 집중되어 있음. 향후 각종 첨단 교육장비 및 우수 교수진 확보 등 소프트인프라(soft infrastructure) 확충이 기대되고 있어 첨단 교육장비 및 시스템 수요증가가 예상됨

나. 쿠웨이트 정부는 유학생 본인의 교육비 및 생활비는 물론 가족 3인에 대해 대폭 지원하고 있어서 1인 유학생 유치에 따른 경제적 부가가치는 지대하다고 할 수 있음

(2) 의료분야

① 정책수립 배경

가. 1인당 국민소득이 30,000달러에 근접하고 있으나 국내 의료인프라(medical infrastructure)가 열악하여 외국으로 치료여행을 떠나는 경우가 많은 편임

나. 전국 병원의 80% 이상이 국립병원으로 자국민에게는 무상 의료서비스를 제공하고 있으며 국민 보건복지 차원에서 더 많은 투자를 계획하고 있음

〈표 14-25〉 쿠웨이트 각 분야별 의료시설 규모

구 분	병원수	병상수	비 고
정부부문	18	4,500	6개 종합병원, 10개 전문병원
민간부문	8	600	전국의 수많은 소규모 개별 Clinic은 별도
석유부문	3	171	국영 석유회사(KCC) 운영
기타	1	-	당뇨병 전문병원(최근 5,000만 달러 투자)
총계	30	5,271	

② 정부정책 및 시행내용

가. 예산규모 및 자금조달

㉠ 인프라 확충을 위해 매년 7억 달러 이상의 예산을 편성하고 있으며 대부분 병원 신・증축, 새로운 장비 도입・교체, 병원 전산화 등에 투자하고 있음

㉡ 자본은 전적으로 국내자금을 활용하고 있음

나. 전산화는 민간병원을 중심으로 본격적으로 추진되고 있으며 국립병원이 뒤따를 것으로 예상됨

선두는 Dar Al-Salam Hospital로 IT 기술을 활용한 최첨단 시설을 갖추었고 이보다 더 많은 첨단장비를 갖춘 American Hospital이 곧 완공될 것으로 보인다.

다. 국립병원은 신규 첨단의료장비, 특히 IT 기술이 접목된 장비도입에 관심이 많으며 주로 글로벌 브랜드(global brand)를 전적으로 선호하는 경향이 있음

라. 정부는 의료산업의 효율성을 제고시키기 위해 적극적으로 의료시설 민영화 및 민간병원 증축을 지원하고 있어 민간병원의 규모는 더욱 증가할 것으로 보임

③ 파급효과

가. 현대식 시스템을 갖춘 병원건설과 IT 관련기술이 접목된 최첨단 의료기기 수요가 크게 증가하여 선진 외국건설사와 의료기기 공급업체들의 경쟁이 더욱 치열해질 것으로 보임

나. 주요 필요 의료기기는 치과용 장비, 병원・실험실 연구 임상 실험장비・심전도, 내시경장비, 배뇨진단기기・심장병, 당뇨, 고혈압 진단 치료기기 등인데 거의 전량 수입에 의존하고 있음. 의료기기 시장규모는 연 2억 달러 이상으

로 확대될 것으로 보임

(3) IT분야

① 정책수립 배경

가. 도시국가 특성상 전국토 IT화가 상대적으로 용이한 편임

나. 정부는 전자정부(e-Government) 등 IT 산업 육성을 적극적으로 추진하고 있음

㉠ 세계에서 3번째로 높은 372m의 통신탑을 건립해 고도의 국가정보통신 기반구축 의지를 천명하고 있으며 국민의 100%가 위성방송을 청취하고 있음

㉡ 전자정부 프로젝트 추진은 중동국가 중 상대적으로 심한 공무원 부패를 방지하는 데도 기여하게 됨

㉢ 주로 국제입찰을 통해서 각종 장비 및 소프트웨어를 조달하고 있고 관련 인프라 구축을 위해서 통신탑, 통신망 및 5억 달러 규모의 위성 기지국 프로젝트를 추진하고 있음

② 정부정책 및 시행내용

가. 쿠웨이트는 전국토의 통신인프라 구축, 전자주민증 도입, 전자 입찰, 전자상거래(e-Commerce), PC・전화・휴대폰 보급 확대, 국경 전자보안시스템 도입 및 국민들의 정보통신 교육강화, 해외정보통신기술의 도입을 적극적으로 추진하고 있음

나. 전자정부 사업으로서 규모는 연간 10억 달러 이상, 약 3억 달러는 일반통신장비 및 부품 등이고 나머지 약 7억 달러는 국방, 보안관련 장비임

다. 인구규모가 비슷하며 IT 선진국인 싱가포르가 기술을 지도하고 있음

라. 미국은 IT 관련 최대 하드웨어 및 소프트웨어 공급국으로 2007년 4월 Microsoft사와 쿠웨이트 정부간 전자정부와 교육시스템 전산화를 위한 계약을 체결한 바 있음. 이전에 Falcon사는 쿠웨이트통신부(Ministry of Communication)에 5억 달러 규모의 광통신망(Fiber Optics) 공급계약을 체결하였음

마. 향후 발주 예정인 주요 프로젝트 : 미디어 시티(Media City)

㉠ 규모 : 4억 달러(건설공사 만)

㉡ 향후계획 : 2008년 4분기 발주, 2011년 4분기 완성

㉢ 면 적 : 200만 m^2

㉣ 내 용 : ICT(Information, Communication, Technology) 허브 구축

〈표 14-26〉 기타 주요 사업 현황

구 분	사업개시	사업완료
광통신망 구축사업	2003년	2009년
통신망 및 우편제도 민영화사업	2008년 이후	-
정보통신 장비 현대화사업	2004년	2010년

바. 일부 프로젝트의 경우 이미 미국, 싱가포르 등이 쿠웨이트와의 특수관계를 이용하여 시장을 선점하고 있음. 한국 기업의 IT 기술에 관한 인지도가 크게 상승하고 있는 점을 고려할 때 국내 첨단 IT 기술을 접목할 수 있는 분야를 개발하여 기존 진출 외국 기업과의 협력 가능성을 모색해 볼 필요가 있음

③ 파급효과

가. 쿠웨이트의 IT 관련 산업은 인근 국가들에 비해 상당히 앞서가고 있으나 정부의 지속적인 육성정책 추진으로 향후 IT 산업이 매년 10~20%씩 증가할 것으로 보임

나. 또한, 쿠웨이트는 이라크 국경과 인접하고 있어 이라크 내 정세가 안정될 경우 쿠웨이트에서 이라크 시장을 목표로 한 마케팅도 가능할 것으로 보여 그 시장 규모는 한층 배가될 것으로 기대됨

※ 쿠웨이트 내에서 Watania Telecom과 더불어 양대 통신사업자 중 하나인 MTC(Kuwait Mobile Telecommunication Company)가 이라크 남부지역 휴대폰 사업운영권을 획득한 바 있음

4. 이란

4.1 오일머니 동향

(1) 오일머니 유입

① 이란은 석유 매장량 세계 4위, 가스 매장량 세계 2위의 국가로 중동의 자원부국임. 이란의 최근 오일머니 유입액은 2002년 약 229억 달러에서 2005년 488억 달러로 2배 이상 증가한 것으로 나타났음

〈표 14-27〉 연도별 오일머니 유입현황

(단위 : 억 달러)

연도	2002	2003	2004	2005	2006[1)]
금액	229	273	363	488	550

주 : 1) 2006년은 OPEC 추정치
자료 : 이란 중앙은행, OPEC(2007년 5월 공식 발표수치)

② 이란의 석유산업은 전체산업에서 차지하는 비중이 28%에 이르고 있음

(2) 오일머니 집행현황

① 석유분야

2006년부터 시작된 정부 발주 프로젝트는 총 84건, 545억 달러 규모로 이 중 석유가스 관련 프로젝트는 건수 기준 34%, 금액 기준 70% 수준을 나타내고 있다.

〈표 14-28〉 분야별 발주 예상 프로젝트 규모

(단위 : 백만 달러)

분야	건설	산업	발전	석유 및 가스	화학	기타	합계
발주금액	950	1,750	6,600	38,470	6,620	150	54,540

자료 : Meed Project

② 비석유분야

가. 1990년대 이후 제조업 중심의 탈석유화 정책을 추진하여 산업화(industrialization)에 성공한 일부 국가를 모델로 자국 제조업을 육성하기 위해 기술교육 훈련, 보건, 안보, 사회기반시설(급수, 전기, 통신, 도로확충) 확충에 주력하고 있음

나. 이를 위해 국제유가 등락에 대비한 경제안정(economic stability)과 민간투자 활성화를 목적으로 Foreign Exchange Reserve Fund(FRF)를 설립하여 오일머니를 활용하고 있음

> ※ FRF는 오일머니를 재원으로 하여 2000년 59억 달러 규모로 출범하여 정부지출, 민간 제조업 지원 등 경제발전에 사용하고 있음

4.2 주요 분야별 탈석유화 정책

(1) 교육분야

① 폐쇄적인 교육시장

가. 교육시장이 개방되지 않아 외국계 학교가 없으며 이란 정부가 운영하고 테헤란에 소재하는 유일한 국제학교(중학교 과정)는 이란인 교수진으로 구성되어 있어 진정한 의미의 국제학교로 볼 수 없음

나. 전반적으로 교육시설이 매우 열악한 수준인 데도 정부차원의 적극적인 개방 또는 개발의지는 미약한 것으로 판단됨

> ※ 부유층은 자녀를 이란 내 사립학교로 진학시키거나 캐나다, 영국 등 서구 선진국으로 조기 유학을 보내고 있는 실정임

② 정부의 인재육성 정책

가. 기술교육의 필요성 인식

㉠ 최근 이란 정부는 국가 산업육성정책을 뒷받침하기 위해서 현재의 미약한 기술수준을 제고시키는 것이 절실하다는 점을 인식하여 기술 및 직업교육에 관심을 기울이고 있음

㉡ 현재 대학 및 고등학교 수준의 기술 및 엔지니어링 관련 정규 교육기관은 약 2,500여개, 학원 수는 1,900여개임, 이란 정부는 이들 교육기관을 2010년까지 약 55% 이상으로 확대할 계획임

㉢ 기술관련 중점 육성 분야는 자동차, CNC 기계, 전기 · 전자, 환경시스템 분야 등이며 외국과의 산업교육 교류를 기대하고 있음

> ※ 최근 독일, 말레이시아, 일본 등과는 산업교육 교류 MOU를 체결하고 해외 유명 기술교육기관과의 협력을 통해 관련 교육시설 설립을 원하고 있으나 아직까지 가시적인 성과는 없는 것으로 보임

나. 중동의 많은 산유국은 정부 차원에서 자국민의 해외유학을 적극적으로 지원하고 있는데 반해, 이란 정부는 인재육성을 위한 일관성있는 장학제도(유학제도 포함)를 마련하지 않고 있음

> ※ 한국에 유학 중인 이란인(2006년 4월 기준)은 총 23명으로 이들은 한국 국제교류재단, KOICA 또는 기타 민간 교류단체로부터 장학금을 받거나 자비로 유학하고 있는 것으로 파악됨

(2) IT분야

① 정책수립 배경

가. IT 산업 및 관련시장은 이란의 정치 · 사회 · 종교적 이유로 낙후되어 있으나

축적된 오일머니에 힘입어 정부차원에서 IT 산업 육성과 인프라구축에 지대한 관심을 표명하고 있음

나. 정부차원의 적극적인 IT분야 육성책은 1998년 최고 ICT위원회(Supreme Council of ICT) 설립 이후 2002년 ICT를 축으로 국가발전전략 TAKFA를 수립하여 정보통신육성 기본틀을 마련함

㉠ ICT는 정보기술(Information Technology)과 통신기술(Communication Technology)의 합성어임

㉡ 과거 IT 관련 정부부처인 MPT&T(Ministry of Post, Telephone & Telegraph)의 명칭을 Ministry of ICT로 변경함

㉢ TAKFA는 National Iranian ICT Agenda(NICTA)의 이란어식 표기임

다. 사회 전반적으로 이란의 IT부문은 초기단계에 있으며 향후 인프라 구축을 포함한 잠재시장 규모가 클 것으로 기대되고 있음

〈표 14-29〉 이란의 IT 부문 시장규모

분야	시장규모(백만 달러)	분야	시장규모(백만 달러)
IT 하드웨어	1,200	인터넷	180
소프트웨어, 솔루션	580	컨설팅 등 서비스	190
네트워크	280	합계	2,430

주 : 인프라 구축 등 정부주도 프로젝트는 제외함

② 정부정책 및 시행내용

가. 예산규모 및 자금조달 방안

㉠ 이란 최고 ICT위원회는 TAKFA에 따라 2008년까지 총 120억 달러를 투자할 예정인데 이란 정부가 50억 달러를 투자하고 나머지 70억 달러는 외자 유치를 추진하고 있음

〈표 14-30〉 TAKFA에 따른 ICT 투자액 예상 규모(2008년까지 기준)

(단위 : 억 달러)

분야	Communication	e-Government	e-Learning	e-Health	e-Commerce
투자액	45	27	18	12	18

자료 : Vetus Systems, Tehran, Iran

㉡ 최근 발표된 2007년 예산에는 IT분야에 대한 예산이 포함되어 있지 않음. 이는 정부와 국회의 의견 차이에 기인한 것으로 지속적인 예산투입에 비해 가시적인 성과가 미미하다는 국회의 비판 때문임

나. 법령 정비 및 외국인투자절차 간소화

정부는 IT분야의 발전을 위해 법령 제정 등을 통한 지원을 확대하고 있으며 2004년 전자상거래법 승인 및 지적재산권법 개정 등을 통해 IT 부문의 외국인투자 절차를 간소화하고 있다.

다. 국가산업 및 경제활성화(economic vitalization)를 위해서는 IT 산업의 육성이 불가피한 상황으로 장기적으로 이란 IT부문의 성장은 지속될 것으로 보임

③ 파급효과

가. 정치 · 종교적 이유로 인터넷 개방에는 미온적이나 국토 전역을 연결하는 대규모 기간통신망 확충 프로그램을 추진할 계획이어서 유무선 전화기 수입 확대가 기대되고 있음

※ 2010년까지 유 · 무선전화 라인을 대폭 확충할 계획임
· 유선전화 : 현재 1,800만 → 2010년 1,960만 라인
· 무선전화 : 현재 450만 → 2010년 800만 라인

나. 전세계적 IT 산업의 성장에 따라 이란에서도 은행 전산화가 급속히 이루어질 것으로 보이며 ATM 또는 은행 자동화 시스템 및 소프트웨어의 수요가 증가할 것으로 기대되고 있음

(3) 관광산업

① 관광자원

가. 이란은 5,000년의 역사와 고대 페르시아 문명의 본거지로 풍부한 역사와 전통, 유적지가 산재해 있음

㉠ 세계관광기구(World Tourism Organization)는 이란을 세계 10대 문화유산 보유국이며 세계 5대의 지형학적 매력이 있는 국가로 발표한 바 있음

㉡ 현재 8개의 유적이 UNESCO의 세계문화유산으로 등록되어 있으며 이슬람 시아파의 종주국인 이란의 Qom, Mashad 등에는 이슬람 시아파들의 성지순례가 지속되고 있음

나. 이란은 중동에서는 드물게 4계절을 동시에 즐길 수 있는 천혜의 자연조건을 가지고 있음(겨울철이 되면 북쪽에서는 스키를, 남쪽 열대 해안에서는 스노우쿨링을 즐길 수 있음)

다. 1979년 이슬람 혁명 이후 서방국과의 반목 및 지속되는 경제제재(economic sanctions)로 인한 정치적, 사회적 폐쇄성으로 인해 관광산업에 대한 관심 및 투자가 거의 없으며 홍보 부족으로 이란의 관광지는 세계 관광시장에 잘 알려져 있지 않은 상황임

라. 관광부문 관련 인프라가 열악하여 내·외국인을 불문하고 숙박, 음식, 오락 관련 서비스의 질에 비해 고가의 비용을 지불하고 있어 이에 대한 시정이 시급한 상황임

② 정부의 정책 수립 배경

가. 세계화(globalization)의 영향으로 내·외국인 관광객, 특히 유럽 및 일본 관광객 수가 증가함에 따라 이란 정부에서도 관광산업의 경제적 효과에 주목하고 있음

※ 이란 관광청에 준하는 ICHHTO(Iran's Cultural Heritage, Handicrafts and Tourism Organization)의 분석에 따르면 이란의 관광부문은 약 1조 달러의 투자 가치가 있으며 정부는 동 산업 육성으로 GDP 상승뿐만 아니라 약 11%의 고용증대 및 외국인투자 확대, 부의 균등한 분배효과를 기대할 수 있어서 향후 적극적으로 개발할 필요성을 지적하고 있음

나. 이란 정부는 일차적으로 관련 인프라 구축 및 시설, 서비스 보강에 집중 투자할 예정임

③ 정부정책 및 시행내용

가. 예산규모 및 자금조달 방안

㉠ 이란 정부는 장기적 경제개발계획인 'The 20 Year'에 관광산업 육성책을 포함시키고, 2020년까지 매년 18%의 성장 및 2,000만명 이상의 관광객 유치를 통해 250억 달러의 수익을 창출할 계획을 세우고 있음

㉡ 정부는 관광산업 육성을 위해 미화 약 80억 달러의 예산을 국회에 신청하였으나 국회의 이해 부족 및 의견 대립으로 2007년 약 1억 9,000만 달러의 예산을 배정받는 데 그쳤음

※ 상기 예산은 관광자원으로 부족한 시설 보충, 손상된 각종 인프라 구축 또는 각종 박물관 및 연구개발센터(R&D Center) 건립, 유적지 보존, 국내외 홍보 및 관련 전문인력 양성 등에 투자될 것으로 보임

㉢ 이란은 아직까지 관광산업의 문호를 개방하지 않고 있어 외국인직접투자(FDI : Foreign Direct Investment)를 통한 자금 조달이 힘든 상황으로 전액 정부지출로 추진하고 있음

㉣ 향후 관광산업 육성을 위한 컨퍼런스 개최를 계획하고 있으며 ICHHTO는 2006년 스페인과 양국 관광 진흥을 위한 MOU를 체결하였음. 이란-스페인 관광진흥공동위원회 및 20억 달러 규모의 컨소시엄 설립에 합의하여 향후 외

국과의 협력확대가 기대되고 있음

나. 정부지원 정책

㉠ 이란 정부는 관광분야 투자 시 장기 저리 융자, 세금 면제, 저비용의 시설 설립 지원 등의 혜택을 부여하고 있음

㉡ 외국인 관광객의 이란에 대한 접근성을 제고시키기 위해 2006년부터 관광객 비자 취득을 간소화하고 인터넷으로 비자를 신청하면 48시간 이내 발급해주는 서비스를 시행하고 있음

④ 파급효과

가. 호텔 및 리조트 건설의 확대

㉠ 관광지마다 해외관광객 유치를 위한 국제 수준의 호텔 및 리조트(resort) 건설이 활성화될 것으로 보임. 현재는 대부분이 이란 국영호텔 또는 2~3성급 민간호텔로 서비스 및 시설이 국제수준에 크게 못 미치고 있음

㉡ 현재 카스피해 연안, 테헤란, 지방 주요 도시 및 이란 남부 페르시아해 연안에서 호텔이 신축 또는 계획되어 있으나 외국 기업의 직접투자는 아직까지 제한적임

나. 박물관 건설 및 관리·보안시스템의 수요 증가

※ 방치되어 있는 페르시아 유적지 및 유물들을 효과적으로 보존할 수 있는 박물관 건설 및 박물관 내 보안시스템(security system) 및 유물 관리 설비 수요가 증가할 것으로 기대됨

제3절 시사점

중동 탈석유화 정책이 한국 기업에 주는 시사점으로 다음 3가지를 지적할 수 있다.

1. 중동 산유국의 탈석유화 정책은 초기단계로 평가됨

1.1 중동 산유국들은 과거 1970, 1980년대 고유가 시대에 오일머니를 왕정유지 및 정치적 자유 유보를 위해 사용했으나 오일머니가 투자로 이어지지 않을 경우 언제든지 재정적자(fiscal deficit)에 직면할 수 있음을 인식하고 있음

1.2 1990년대에 원유의 부가가치를 제고시키는 분야에 투자를 해왔다면 21세기에는 원유고갈에 대비한 탈석유화 정책으로 전환하고 있음

1.3 그러나 중동의 탈석유화 정책은 아직은 초기단계로 평가할 수 있음. 원유자원이 무한하지 않을 뿐만 아니라 고유가 지속에 따른 대체에너지 개발 움직임이 가속화되고 있기 때문에 탈석유화 정책 추진은 가속될 가능성이 큰 상황임

2. 한국 기업의 장기적 시각 필요성

2.1 두바이의 스카이라인을 변화시키고 바다를 육지로 탈바꿈시킨 탈석유화 정책은 다분히 모험적이나 지체할 수 없는 과제가 되고 있음

2.2 두바이를 핵(Core)으로 진행 중인 탈석유화는 선진국을 벤치마킹(benchmarking)한 결과이면서 다른 한편으로는 인근 중동국가들의 벤치마킹 대상이 되고 있음. 탈석유화 초기에 진입성공한 기업은 성과를 인근국가로까지 파급시키는 결과를 발생시킬 수 있음

2.3 따라서 단기이익에 급급하는 것 보다는 장기적 안목을 가지고 진출전략을 수립해야 됨

3. 교육의 수출산업 인식 필요성

3.1 중동의 지도자들이 가장 고심하는 분야는 청년교육문제임

3.2 스카이라인을 변화시키고 직업을 창출하는 것은 정부 노력으로 성과를 거둘 수 있으나 청년들의 취약한 경쟁력 제고는 정부의 의도대로 되지 않을 가능성이 존재하고 있음

3.3 인재육성 없이는 원유생산 감소 또는 고갈이 사회후퇴 또는 붕괴로 직결된다는 것을 중동의 지도자들이 인식하고 있기 때문에 교육부문 투자는 지속적으로 증가될 것으로 보임

3.4 한국은 부존자원없이 성장했으며 30년만에 선진권에 진입한 거의 유일한 국가로서 인적자원 개발의 중요성을 체험시킬 수 있는 중요한 모델국가임. 'Look East'의 동쪽에는 일본, 중국도 있으나 일본은 침략국가라는 원죄를, 중국은 사회체제적 문제를 지니고 있음

3.5 한국의 경제성장 경험을 교육과정으로 개발하고 외국유학생 유치환경을 개선할 경우 교육도 중요한 수출산업이 될 수 있음

제4절 한국 기업의 분야별 진출확대 방안

중동의 탈석유화 정책에 따른 한국 기업의 진출 확대 방안을 주요 분야별로 살펴본다.

1. 교육(인재양성) 분야

1.1 중동 산유국들의 공무원 급여예산이 국내총생산(GDP)에서 차지하는 비중은 경제협력개발기구(OECD) 평균치의 3배를 초과하고 있음. 이는 공무원 일인당 연봉수준이 높음을 시사하는 것임

1.2 높은 급여수준은 자녀들의 태만과 교육열 저하로 연결될 수 있는 가능성을 크게 하고 있음. 실제로 청년들의 경쟁력은 취약한 편이며 원유가 고갈될 경우 그동안 구축해 놓은 사회시스템마저 붕괴될 수 있는 가능성이 존재함

1.3 중동국가들은 15세 미만 인구의 비중이 세계 어느 지역보다 높은 실정이어서 정부가 인재양성에 역량을 결집시킬 필요성이 증대되고 있음

1.4 이에 따라 한국 기업은 교육관련 IT 제품 및 소프트웨어 수출확대와 교육인프라 구축사업에 적극적으로 참여할 필요가 있음

※ 한국 기업의 진출 유망분야는 첨단 교육장비 및 소프트웨어 공급임

※ 캠퍼스 완공 후 각종 교육장비 및 시스템 수요 관련 입찰정보 입수와 현지의 유력한 에이전트 발굴에 주력할 필요가 있음

1.5 한편, 이들 정부의 유학지원 장학제도를 최대한 활용하는 방안을 모색할 필요가 있으며 한국의 급속한 경제발전 성공경험을 이론적으로 체계화하여 틈새프로그램을 개발해야 됨

(1) 사우디아라비아 정부는 동방정책(Look East) 및 사우디 국비 유학지원 프로

그램에 따라 아시아 국가에 3,000명의 유학생을 파견하기로 확정하였음. 따라서 사우디 한국 유학생 유치의 호기를 적극적으로 활용할 필요가 있음

(2) 해외유학 희망자 중 한국에 대한 정보가 부족하여 한국을 선택하지 못하는 경우가 상당히 존재하고 있음. 사우디 정부계획이 단기간 내 다수의 유학생을 파견하는 정책이므로 단기간 내 홍보를 극대화하면서 적극적인 유학생유치 활동을 전개할 필요가 있음

(3) 중동계 유학생 유치를 위해 개선이 필요한 내용은 다음 3가지로 요약할 수 있음

① 언어장벽 해소를 위한 노력으로 언어연수 프로그램 집중 개발(한국어 및 영어, 아랍어)

② 기숙사 제공 및 아랍음식 지원 등 생활환경 개선이 필수임. 특히, 아랍의 종교적 특징으로 돼지고기를 먹지 않는 이들의 식습관을 이해하고 이를 반영한 식당시설 등이 필수적임

③ 기타 외국학생 생활수준 개선을 위한 인프라 확대

2. 관광산업 분야

2.1 UAE와 이란의 관광인프라 확충사업에 적극적인 참여가 요구되고 있음

(1) UAE

UAE는 탈석유화 정책의 일환으로 관광(문화)허브를 지향하면서 막대한 예산을 투입하는 등 전폭적으로 지원하고 있다.

(2) 이란

이란은 구체적인 관광개발 계획을 수립하지 못한 실정이나 중동지역 최고의 관광

자원을 보유하고 있고 정치적 폐쇄성으로 구미와의 관계가 원만하지 않음을 고려할 때 시장선점의 노력이 필요하다. 현지 유력업체(호텔업체)와 합작투자 형태로 진출하는 것이 바람직한 것으로 판단된다.

2.2 홈 네트워킹(home networking), 통신, 내·외장 인테리어 등 관광인프라 건설 후속수요 분야에 대한 진출 전략도 요구되고 있음

3. 의료분야

3.1 의료시설 건립을 위한 지속적인 건설수요 증가와 함께 건설 기자재 수요도 동반 상승하고 있어 관련기업의 관심이 요구됨

3.2 의료 기자재 수요증가는 중동 산유국 공통사항으로서 대부분 정부조달(입찰) 형식을 통해 구매되고 있음. 따라서 보건당국의 발주정보 확인, 입찰관련 기술표준 숙지, 유력 에이전트 선정, 벤더 등록 등 철저한 사전준비가 필요함

(1) 유력 에이전트 발굴 시 한국제품의 품질에 대한 확신을 심어주는 것이 중요함(정부나 병원 관계자들은 미국, 유럽 등 세계적인 브랜드에 과도하게 의존하는 경향이 있음)
(2) UAE 기술표준의 경우 품목별로 유럽 및 미국 인증을 요구하는 경우가 있는데 보건부 관련 사이트(www.moh.gov.ae)를 통하여 기본정보의 수집이 가능함

3.3 현지업체와 합작을 통해 생산법인을 설립하여 진출하는 경우에는 정부입찰에 각종 혜택이 있으므로 활용할 필요가 있음

(1) 사우디 공공입찰제도에서 국내산은 외국산 대비 10% 비싸게 구매하는 등의 국산품 우선구매정책을 시행하고 있음

(2) 국내 의료기기 생산기반이 없기 때문에 현지합작생산의 경우 현지시장에서 비교적 용이하게 포지셔닝할 수 있음

3.4 의료서비스 분야 진출을 원하는 경우 두바이 헬스케어시티 자유무역지대 활용 방안에 대한 검토가 바람직함

4. IT분야

4.1 IT 및 통신부문의 성장은 정부 또는 공공부문에서 선도하고 있어 공공부문을 중심으로 진출을 추진할 필요가 있음

4.2 대형사업 위주의 IT 프로젝트가 대형 다국적기업들(MNCs : Multinational Corporations)에 의해 다수 수행되고 있어서 국내 SI 및 솔루션업체들은 기진출 다국적기업과의 전략적 제휴(strategic alliance)를 통한 프로젝트 참여도 고려할 필요가 있음

4.3 IT 관련 프로젝트 발주 상황을 수시로 확인하여 발주처의 요구사항을 정확히 파악하고 프로젝트를 준비하는 한편, 장기적으로 현지에서 활동하고 있는 기업과의 파트너십(partnership) 또는 조인트벤처(joint venture) 등을 통해 제품 판매의 현지화 전략(localization strategy)을 수립할 필요가 있음

4.4 휴대폰, LCD, PDP 등 디지털 IT 관련제품(하드웨어)에 대한 높은 한국산 인지도와 초고속 정보통신망 구축 및 인터넷 강국의 이미지를 소프트웨어 강국과 연계하는 마케팅을 통해 각종 IT 프로젝트 참여 시 한국 기업의 기술우위(technological advantage)를 효과적으로 인식시킬 수 있는 전략이 필요함

4.5 한편, 한국 기업의 중동지역 IT 시장 진출을 확대시키기 위해서는 한국이 경쟁력(competitiveness)이 있고 진출 가능한 분야, 즉 유무선 통신망 구축사업, 전자정부(e-Government), 미디어시티, 인터넷 부문, 전자상거래(e-Commerce)

등의 부문과 중소기업의 주력 제품인 휴대전화기용 배터리 및 충전기, 휴대전화기용 악세사리 등의 수출에 주력할 필요가 있으며 현지 수요동향 및 트랜드(trend)를 고려한 제품개발이 요구되고 있음

※ 휴대폰의 경우 슬라이드나 폴더형 수요는 작은 반면에 이슬람 기도시간 알람기능, 메카방향 표시 기능 장착 제품이 히트한 사례가 있음

〈참고 2〉 중동지역 IT 산업 개관

1. 중동의 IT 산업은 전세계적으로 열악한 수준임

중동지역의 인터넷 보급률은 1.6%에 불과한 실정이다.

※ PC 보급률도 1,000명당 18대로 세계 평균 78.3대 보다 매우 낮은 수준을 보이고 있음

2. 정보통신분야의 낙후는 막대한 성장잠재력을 지니고 있음을 의미함

마이크로소프트(MS)사는 중동지역의 매출이 전체매출의 1%에 불과하나 시장성장률은 동유럽에 이어 2번째로 높은 지역으로 중동시장의 성장잠재력(growth potentials)을 높게 평가하고 있다.

※ 중동 IT 시장은 연평균 15%의 고성장이 예상되고 있음

〈표 14-31〉 중동의 IT 및 통신분야 주요 지표(2005년)

(단위 : 100명 기준)

구분	전세계	중동	GCC	아프리카
전화보급률	52.1	70.7	102.7	15.9
이동전화보급률	34.0	51.9	81.8	15.0
PC 보급률	13.4	17.6	19.5	2.2
인터넷 사용료	15.2	16.0	20.5	3.7

주 : 북부아프리카를 제외한 14개국을 의미

자료 : International Telecommunications Union, ITC Statistics 2005

3. 탈석유정책으로 인한 막대한 오일머니 투자로 IT 시장이 확대되고 있음
6년간 연평균 20%가 증가할 것으로 나타났다.

연도	2003	2004	2005	2006	2007	2008
시장규모(달러)	60억	69억	79억	-	119억	133억

부 록

Ⅰ. 한 · 미 · 일 기업경영성과 비교분석

한국 기업(제조업)은 외환위기(foreign exchange crisis) 후의 구조조정 기간(1998~2001년)을 거쳐 2002년 이후에는 기업의 경영성과(business performance)가 크게 개선된 것으로 나타났다.

① 부채비율

부채비율이 외환위기 직전인 1997년말 396.3%에서 2005년 말에는 100.9%로 크게 하락하는 등 1965년(93.7%) 이후 가장 낮은 수준을 기록하였다.

② 수익성

환율 및 유가요인으로 2005년 다소 하락하기는 하였으나 2004년 매출액경상이익률이 1965년(7.9%) 이후 가장 높은 수준인 7.8%를 기록하는 등 수익성이 크게 개선된 모습을 보여주고 있다.

③ 유형자산증가율

유형자산증가율은 외환위기를 경험하면서 크게 하락하여 2002~2005년 중 평균 2.6%에 그쳤으나 동 기간 중 미국(-0.4%), 일본(-2.4%)에 비해서는 높은 수준을 보였다.

상기한 한국 기업의 경영성과 개선이 경쟁력(competitiveness) 제고에 따른 결과라기 보다는 외환위기를 맞아 정부와 금융기관이 주도한 기업구조조정(corporate structural arrangement) 정책의 영향과 기업의 수익성(profitability) 위주의 경영으로 비교적 단기간에 이루어진 괄목할 만한 변화라는 점에서 내실있는 개선이 이루어졌는지에 대해 분석할 필요가 있다.

미국, 일본 등 비교적 안정된 경영여건을 갖춘 선진국 기업의 1980년대 이후 경영성과 추이의 비교와 기업경영성과의 주요 특징을 분석한 한국은행의 보고서를 중심으로 살펴본다.

1. 한 · 미 · 일 제조업의 경영성과 비교

1.1 재무구조

(1) 부채비율

한국 제조업의 부채비율(2005년말 기준)은 100.9%로 미국의 136.5%, 일본의 136.1%(2005년 3월말 기준)에 비해 낮은 수준을 나타내고 있다. 한국 기업의 부채비율은 1980년대와 외환위기 이전의 기간(1991~1997년) 중 대부분 300%를 상회하여 100%대의 미국과 200%대의 일본에 비해 크게 높았으나 외환위기를 극복한 2002~2005년 중에는 평균 116%로 미국(150%) 및 일본(145.9%) 보다 낮은 수준을 보였다.

한국 기업의 부채비율은 정부의 강력한 구조조정 노력과 더불어 기업의 수익성위주 경영으로 외환위기 이후 급격히 하락한 것으로 분석된다.

〈표 1〉 한·미·일 부채비율 추이

(단위 : %)

	1981~1990	1991~1997	1998~2001	2002~2005	2002	2003	2004	2005
한국	341.6	317.6	227.6	116.0	135.4	123.4	104.2	100.9
미국	124.0	160.5	160.1	150.0	167.3	154.8	141.2	136.5
일본	284.7	206.5	167.4	145.9	156.2	145.4	136.1	-

(2) 고정비율

한국 기업의 고정비율(2005년말 기준, 고정자산/자기자본)은 116.0%로 미국(159.5%) 및 일본(2005년 3월말 121.1%) 보다 낮은 수준을 보였다. 한국은 1980년대(222.8%) 및 외환위기 이전(228.0%)에는 고정비율이 미국과 일본에 비해 매우 높았으나 외환위기 이후 투자부진으로 고정자산 비중은 감소한 반면에 수익성위주의 경영으로 자기자본 비중은 확대되어 2002~2005년에는 평균 128.1%로 크게 하락한 것으로 나타났다.

한편, 일본은 1980년대 후반 이후 130% 내외의 낮은 수준을 지속하고 있으며, 미국은 1980년대 134.6%를 기록하였으나 1990년 이후 경기호황에 따른 설비투자 확대로 170% 내외를 유지하다 2002년 이후 하락세로 반전하였으나 변동폭은 크지 않은 것으로 나타났다.

〈표 2〉 한·미·일 고정비율 추이

(단위 : %)

	1981～1990	1991～1997	1998～2001	2002～2005	2002	2003	2004	2005
한국	222.8	228.0	206.2	128.1	145.1	132.2	118.9	116.0
미국	134.6	169.5	175.8	172.0	184.5	176.5	167.4	159.5
일본	143.9	138.9	132.5	127.6	133.2	128.4	121.1	-

1.2 수익성

(1) 매출액영업이익률

한국 제조업의 매출액영업이익률(2005년 기준)은 6.1%로 미국(6.5%) 보다는 낮으나 일본(2004년 기준, 4.5%) 보다는 높은 것으로 나타났으며 2002～2005년 평균으로는 6.8%로 미국(6.0%)을 상회하였다.

한국은 1981년 이후 평균적으로 일본보다는 3.0%포인트 이상 높은 수준인 것으로 나타났으며 미국에 비해서도 외환위기 이후의 구조조정기간(1998～2001년)을 제외하고는 높은 수준을 보였다.

〈표 3〉 한·미·일 매출영업이익률 추이

(단위 : %)

	1981～1990	1991～1997	1998～2001	2002～2005	2002	2003	2004	2005
한국	7.2	7.3	6.4	6.8	6.7	6.9	7.6	6.1
미국	6.3	6.6	6.8	6.0	5.5	5.3	6.6	6.5
일본	4.3	3.3	3.0	3.9	3.2	3.9	4.5	-

미국은 1994년 이후 정보통신산업의 호황으로 7%대의 높은 매출액영업이익률을

기록하였으나 2001년에는 9·11 테러사태의 영향으로 4.4%로 하락하였으며, 2004년 및 2005년에는 각각 6.6%, 6.5%를 기록하였다.

(2) 매출액경상이익률

매출액경상이익률(2005년 기준)은 미국이 9.6%로 가장 높은 가운데 한국(6.5%), 일본(2004년 4.8%) 순으로 나타났다.

① 미국

미국은 1996년 이후 9·11 테러사태의 영향 등으로 세계경제 불황시기였던 2001~2003년을 제외하고는 8~9%대의 높은 수준을 기록하였다.

② 일본

일본은 1981년 이후 3% 내외의 수준을 지속적으로 유지하여 온 가운데 2005년에는 1981년 이후 가장 높은 4.8%를 기록하였다.

③ 한국

한국은 1981년 이후 7%대의 비교적 높은 수준의 매출액영업이익률을 유지하였음에도 불구하고 금리 등 영업외적인 요인으로 인해 경상이익률이 2001년까지 4% 미만의 낮은 수준을 보였으나 2002년 이후 금리하락 및 차입금 감소 등으로 금융비용(financial cost)이 크게 경감됨으로써 매출액경상이익률이 급속히 개선되었다.

〈표 4〉 한·미·일 매출액경상이익률 추이

(단위 : %)

	1981~1990	1991~1997	1998~2001	2002~2005	2002	2003	2004	2005
한국	2.5	1.7	0.4	5.9	4.7	4.7	7.8	6.5
미국	6.6	5.9	6.8	7.6	4.9	7.0	9.0	9.6
일본	3.5	2.8	3.0	4.0	3.2	3.9	4.8	-

(3) 금융비용부담률

금융비용부담률(2005년 기준, 금융비용/매출액)은 각국의 금리수준에 따라 일본이 0.5%(2004년)로 가장 낮은 가운데 한국(1.2%), 미국(1.6%) 순으로 나타났다.

※ 2005년 중 시장금리(국채 3년물 기준)는 일본 0.4%, 한국 4.3%, 미국 4.4%임

① 미국

미국의 금융비용부담률은 1998년 이후 2% 내외 수준을 보이는 가운데 2000년대 들어 완만한 하락세를 보이고 있다.

② 일본

일본은 1980년대초 금융비용부담률이 3% 수준이었으나 지속적으로 하락세를 보여 1990년대 중반 이후에는 1% 이하로 하락하였다.[1)]

③ 한국

한국은 외환위기 이전까지 미국과 일본에 비해 금융비용부담률이 매우 높은 수준을 보였으나 외환위기 이후 급속도로 하락하여 미국보다 오히려 낮은 수준을 보였다. 한국은 1990년대까지는 평균 100%대에 불과하였으나 외환위기 이후 기업의 금융비용부담률이 크게 하락하면서 2002년 이후에는 평균 400%대로 급속히 개선되는 추세를 보였다.

〈표 5〉 한·미·일 금융비용부담률 추이

(단위 : %)

	1981~1990	1991~1997	1998~2001	2002~2005	2002	2003	2004	2005
한국	5.3	5.9	5.6	1.6	2.6	1.9	1.3	1.2
미국	-	-	2.2	1.4	2.0	1.8	1.7	1.6
일본	2.1	1.4	0.7	0.6	0.7	0.7	0.5	-

(4) 이자보상비율

이자보상비율(2005년 기준, 영업이익/금융비용)은 금리수준이 크게 낮은 일본이 954.7%로 가장 높은 가운데 한국(525.4%), 미국(401.5%) 순으로 나타났다.

1) 일본은 1990년대의 지속된 불황으로 금리가 지속적으로 하락하여 1999년 2월에는 공식적으로 제로금리 정책을 선언한 바 있다(한국은행, 한은정보, 2006. 12. pp. 19~28 요약·재구성).

① 미국

미국은 1998년 이후 2001년까지 지속적으로 하락하는 추세를 보였으나 2002년 이후 영업이익률이 개선되면서 상승세를 지속하여 2005년 중 401.5%를 기록하였다.

② 일본

일본은 1980년대와 1990년대 초반에는 200% 내외의 낮은 수준을 보였으나 저금리 정책의 영향으로 1990년대 중반 이후 큰 폭의 상승세를 보였다.

〈표 6〉 한·미·일 이자보상비율 추이

(단위 : %)

	1981~1990	1991~1997	1998~2001	2002~2005	2002	2003	2004	2005
한국	136.3	123.9	113.5	432.1	260.3	367.1	575.8	525.4
미국	-	-	308.9	341.4	278.9	288.2	397.1	401.5
일본	203.8	241.2	398.2	668.6	472.8	578.2	954.7	-

1.3 성장성

(1) 매출액증가율

매출액증가율(2005년 기준)은 미국이 10.9%로 가장 높은 가운데 일본(2004년 6.4%), 한국(5.1%) 순으로 나타났다. 한국의 매출액증가율이 2005년 중 미국이나 일본에 비해 낮은 것은 원화환율 하락으로 원화기준 수출액이 소폭의 증가에 그친 데 기인한다.

〈표 7〉 한·미·일 매출액증가율 추이

(단위 : %)

	1981~1990	1991~1997	1998~2001	2002~2005	2002	2003	2004	2005
한국	17.3	13.9	6.4	9.3	8.3	6.1	17.1	5.9
미국	4.1	5.0	2.5	6.3	-2.1	3.8	12.5	10.9
일본	4.6	0.4	-2.0	2.3	-1.4	2.0	6.4	-

한편, 1981년 이후 한국의 매출액증가율은 1989년과 2005년을 제외하면 미국이나 일본보다 매년 높은 수준을 기록하였으나 외환위기 이후 그 격차는 축소되는 양상을 나타내고 있다.

(2) 유형자산증가율

유형자산증가율(2005년 기준)은 한국이 6.2%로 가장 높은 가운데 미국(2.5%), 일본(2004년 -0.2%) 순으로 나타났다.

① 한국

한국은 1980년대와 외환위기 이전의 기간 중(1991~1997년)에는 각각 연평균 18.1, 15.6%의 높은 수준을 기록하였으나 외환위기 직후기간 중(1998~2001년)에 4.5%로 하락하였다가 2003년 이후 3년 연속 유형자산증가율의 상승세가 확대되는 양상을 나타내고 있다.

② 미국·일본

미국과 일본은 2002~2005년 중 유형자산증가율이 연평균 각각 -0.4%, -2.4%를 기록하는 부진한 모습을 보였다.

〈표 8〉 한 · 미 · 일 유형자산증가율 추이

(단위 : %)

	1981~1990	1991~1997	1998~2001	2002~2005	2002	2003	2004	2005
한국	18.1	15.6	4.5	2.6	-2.2	1.7	4.8	6.2
미국	5.7	3.1	2.8	-0.4	-1.0	-3.0	-0.2	2.5
일본	7.2	3.4	-0.2	-2.4	-4.3	-2.7	-0.2	-

2. 한 · 미 · 일 기업경영성과의 주요 특징

2.1 보수적인 기업경영의 확산

(1) 한국

한국은 외환위기 이후 글로벌 경영환경의 불확실성(uncertainty of global

business environment) 등으로 차입경영에 의한 외형성장보다는 자기자본범위 내에서 수익성위주의 보수적인 투자성향을 보임으로써 부채비율이 100% 수준까지 대폭 하락한 데 이어 유형자산증가율도 급격히 하락하였다.

※ 상장 및 등록기업(제조업)의 부채비율은 2006년 6월말 80.4%(2005년말 80.5%)까지 하락하였음

(2) 미국 · 일본

미국과 일본도 정도의 차이는 있으나 1990년대 이후 지속적으로 부채비율이 하락하여 140% 이하로 낮아졌으며 2000년대 들어 유형자산 증가세도 둔화되는 양상을 나타내고 있다.

〈표 9〉 한 · 미 · 일 부채비율 추이

(단위 : %)

	1981~1990	1991~1997	1998~2001	2002~2005	2002	2003	2004	2005
한국	341.6	317.6	227.6	116.0	135.4	123.4	104.2	100.9
미국	124.0	160.5	160.1	150.0	167.3	154.8	141.2	136.5
일본	284.7	206.5	167.4	145.9	156.2	145.4	136.1	-

2.2 금융비용 감소로 인한 수익성 개선

(1) 한국

한국 제조업의 금융비용(financial cost)은 외환위기 이후 국내외의 금리하락 및 차입금 감축에 힘입어 대폭 감소되었다. 외환위기 직후(1998~2001년)까지 5%대를 유지하던 금융비용부담률이 최근 4개년(2002~2005년) 중에는 1.6%까지 하락하여 금융비용의 경상이익에 대한 영향력(금융비용부담률/매출액경상이익률)이 27.1%로 하락하였다.

(2) 미국 · 일본

미국은 저금리의 영향으로 2000년대 들어 금융비용부담률이 하락하였으며, 일본도 1980년대 평균 2.1%이던 금융비용부담률이 지속적인 금리하락으로 인해 2000년대 이후 1% 미만으로 낮아졌다.

〈표 10〉 한·미·일 매출액경상이익률 및 금융비용부담률 추이

	매출액경상이익률(%)				금융비용부담률(%)				금융비용부담률/매출액경상이익률(%)			
	1981~1990	1991~1997	1998~2001	2002~2005	1981~1990	1991~1997	1998~2001	2002~2005	1981~1990	1991~1997	1998~2001	2002~2005
한국	2.5	1.7	0.4	5.9	5.3	5.9	5.6	1.6	212.0	347.1	1,400.0	27.1
미국	6.6	5.9	6.8	7.6	-	-	2.2	1.7	-	-	32.4	22.4
일본	3.5	2.8	3.0	4.0	2.1	1.4	0.7	0.6	60.0	50.0	23.3	15.0

2.3 기업규모별, 업종별 양극화의 심화

(1) 기업규모

① 한국

한국은 외환위기 직후 대기업과 중소기업간 매출액영업이익률 격차가 축소되었으나 2002년부터 다시 확대되는 모습을 보이고 있다.

※ 2005년 중 대기업과 중소기업간 격차 축소는 환율하락으로 수출비중이 높은 대기업의 수익성이 악화된 데 주로 기인한 것으로 판단됨

② 미국 · 일본

미국은 대기업과 중소기업간 격차가 크지 않은 가운데 큰 변화를 보이지 않는 것으로 나타났다. 일본은 동 격차가 2002년부터 확대된 것으로 나타났다.

〈표 11〉 한·미·일 제조업 규모별 매출액영업이익률 추이

(단위 : %)

		1991~1997	1998~2001	2002~2005	2002	2003	2004	2005
한국	대기업(A)	8.3	7.0	8.1	7.5	8.2	9.4	7.2
	중소기업(B)	4.8	5.2	4.6	5.3	4.6	4.1	4.4
	A-B(%포인트)	3.5	1.9	3.5	2.2	3.6	5.3	2.8
미국	대기업(A)	6.7	7.0	6.1	5.6	5.4	6.7	6.5
	중소기업(B)	5.9	5.9	5.1	4.2	4.4	5.7	6.0
	A-B(%포인트)	0.9	1.1	1.0	1.4	1.0	1.0	0.5
일본	대기업(A)	3.7	3.6	4.6	4.0	4.6	5.2	-
	중소기업(B)	2.6	1.9	2.2	1.5	2.2	2.9	-
	A-B(%포인트)	1.0	1.7	2.4	2.5	2.4	2.3	-

(2) 업종

각국의 상위 3대 주력업종에 전기전자 및 화학제품업종이 공통으로 포함된 가운데 주력업종들에 대한 경제력 집중도가 제고됨으로써 업종간 양극화가 심화되는 양상을 보이고 있다.

① 한국

한국의 3개 주력업종이 제조업 전체 매출액에서 차지하는 비중은 외환위기 이전(1993~1997년)에는 35.5%였으나 외환위기 이후(2002~2005년)에는 44.5%로 크게 상승하였으며 제조업 전체 영업이익에서 차지하는 비중도 50%에 근접하였다.

② 미국·일본

미국도 1990년대 중반까지 33.4%이던 제조업 3대 주력업종의 매출액 비중이 2002~2005년 중에는 평균 41.1%로 제고되었으며 일본도 43.5%의 높은 집중도를 보이고 있다.

〈표 12〉 제조업 주력업종의 매출액 및 영업이익점유율 추이

(단위 : %)

		1991～1997	1998～2001	2002～2005	2002	2003	2004	2005
매출액	한국[1]	35.5	39.1	44.5	43.6	44.5	45.7	44.5
	미국[2]	33.4	35.7	41.1	38.9	40.1	41.7	43.6
	일본[3]	40.9	43.9	43.5	42.8	43.9	43.9	-
영업이익	한국[1]	44.4	39.1	49.8	47.4	50.4	54.0	47.2
	미국[2]	42.8	40.5	42.8	35.8	44.1	43.8	46.9
	일본[3]	35.4	38.6	37.3	37.9	39.6	34.5	-

주 : 1) 전기전자, 자동차(부품포함), 화학제품업종
2) 1993～2001 : 전기전자, 화학제품, 음식료품
2002～2005 : 전기전자, 화학제품, 석유제품
3) 전기전자, 자동차(부품포함), 음식료품

한편, 한 · 미 · 일 모두 매출액점유율 하위 3개 업종이 제조업 전체에서 차지하는 비중은 하락한 것으로 나타났다.

〈표 13〉 제조업 하위 3개 업종의 매출액 및 영업이익점유율 추이

(단위 : %)

	매출액			영업이익		
	1993～1997	1998～2001	2002～2005	1993～1997	1998～2001	2002～2005
한국[1]	3.4	2.7	2.4	1.9	2.4	1.5
미국[2]	5.0	4.6	3.7	5.3	4.0	3.8
일본[3]	5.4	4.6	3.6	6.3	1.3	2.0

주 : 1) 가죽 · 신발, 목재 · 나무제품, 정밀기기
2) 1993～1997 : 가구, 목재 · 나무제품, 비금속광물
1998～2001 : 가구, 목재 · 나무제품, 방적업
2002～2005 : 가구, 방적업, 인쇄출판
3) 1993～1997 : 목재 · 나무제품, 조선, 정밀기기
1997～2004 : 목재 · 나무제품, 조선, 섬유제품

3. 시사점

외환위기 이후 한국 기업은 적극적인 재무구조 개선 노력으로 인해 각종 경영지표가 크게 개선됨으로써 미국, 일본 등 선진국보다 오히려 양호한 경영성과를 보이

고 있다.

한편, 3국 대부분이 보수적인 기업경영으로 투자가 부진한 가운데 기업규모간, 업종간 격차는 확대되고 있는 것으로 나타나 새로운 성장산업의 발굴 및 투자확대에 어려움을 경험하고 있는 것으로 판단된다. 특히, 한국의 경우 1980~1990년대에는 활발한 설비투자로 유형고정자산증가율이 높은 수준을 유지하였으나 외환위기 이후 보수적인 기업경영으로 유형고정자산증가율이 급격히 하락한 데다 기업규모간, 업종간 격차도 미국 및 일본보다 다소 큰 것으로 나타나고 있어 한국경제의 지속적인 성장에 장애요인이 되고 있다.

따라서 향후 한국 기업은 재무구조의 안정성(stability of financial structure)을 기반으로 새로운 성장동력의 확충과 투자기회(investment opportunity)의 발굴에 역량을 결집시켜야 하며 자동화(automation) 및 연구개발(R&D) 투자를 확대하는 등 투자의 질적 제고에도 주력해야 한다. 또한, 중소기업이 경쟁력을 가질 수 있는 산업을 적극적으로 발굴하여 지원하는 한편, 대기업과 중소기업 간의 협력을 강화하여 상생(相生)할 수 있는 정책을 시행해야 한다.

〈참고〉 한 · 미 · 일 제조업 주요 업종별 경영성과

1. 1993년 이후 각국의 주요 업종(제조업)은 한국과 일본은 모두 3개 업종에 불과한 데 반해, 미국은 6개 업종에 이름으로써 미국이 한국 및 일본에 비해 업종별 경쟁력 격차가 작은 것으로 평가할 수 있음

※ 주요 업종은 1993년 이후 제조업 내 매출액 구성비가 10%를 상회한 기록이 있는 업종을 의미함

미국과 일본의 경우 대표적인 내수업종인 음식료품업종의 비중이 지속적으로 10%를 상회하고 있는 반면에 한국의 대표업종은 수출의존도가 높은 업종 위주로 구성되어 있다.

2. 각국별 제조업 주요 업종의 매출액영업이익률을 살펴보면 2002~2005년 중 한국은 제조업평균을 하회하는 업종이 3개 중 1개 업종(자동차 및 부품), 미국은 6개 중 3개 업종(전기전자, 자동차 및 부품, 석유제품), 일본은 3개 중 2개 업종(전기전자, 음식료품)으로 나타났음

3. 각국별 제조업 주요 업종의 부채비율을 살펴보면 한국의 주요 업종이 외환위기를 경험하면서 부채비율이 급속히 하락하여 외환위기 이전의 1/3 수준으로 낮아진 반면, 미국과 일본은 완만한 하락세를 보였음

3.1 한국

한국의 전기전자(67.2%) 및 화학제품(82.2%)의 2005년 부채비율은 100%를 크게 하회한 것으로 나타났다.

3.2 미국 · 일본

미국 및 일본의 경우에는 미국의 전기전자업종(73.8%)을 제외한 모든 주요 업종의 부채비율이 100%를 상회한 것으로 나타났다.

〈표 14〉 제조업 주요 업종의 매출액구성비 추이

(단위 : %)

		1993~1997	1998~2001	2002~2005	2002	2003	2004	2005
한국	전기전자	14.4	18.1	20.1	18.9	20.3	21.3	20.0
	자동차 및 부품	11.6	11.4	13.9	14.2	13.7	13.5	14.3
	화학제품	9.5	9.6	10.5	10.5	10.5	10.9	10.2
	합계	35.5	39.1	44.5	43.6	44.5	45.7	44.5
미국	전기전자	9.3	12.8	14.3	14.8	14.1	14.6	13.5
	자동차 및 부품	8.9	10.6	12.0	13.0	12.6	11.6	10.9
	화학제품	11.0	11.4	12.0	12.6	12.5	11.6	11.5
	석유제품	8.4	8.4	14.8	11.5	13.5	15.5	18.6
	음식료품	13.1	11.5	11.0	10.8	11.5	11.2	10.6
	기계	10.5	9.7	5.8	6.0	5.8	5.6	5.8
	합계	65.6	68.4	74.4	73.3	74.4	74.6	75.4
일본	전지전자	18.2	20.4	18.7	18.1	18.2	19.9	-
	자동차 및 부품	11.7	11.7	13.6	12.9	14.8	13.0	-
	음식료품	11.0	11.8	11.2	11.8	10.9	11.0	-
	합계	40.9	43.9	43.5	42.8	43.9	43.9	

〈표 15〉 제조업 주요 업종의 매출액영업이익률 추이

(단위 : %)

		1993~1997	1998~2001	2002~2005	2002	2003	2004	2005
한국	전기전자	12.4	8.9	8.9	7.9	8.6	11.5	7.5
	자동차 및 부품	5.5	1.7	4.9	5.2	6.2	4.6	3.8
	화학제품	9.7	8.9	8.4	8.8	7.7	9.0	8.0
	제조업평균	7.6	6.4	6.8	6.7	6.9	7.6	6.1
미국	전기전자	9.0	5.5	4.2	1.6	3.4	5.7	6.0
	자동차 및 부품	3.4	2.6	-0.6	-0.1	-0.6	0.9	-2.7
	화학제품	10.5	9.4	9.4	10.9	10.5	7.9	8.4
	석유제품	6.1	6.5	5.4	3.1	4.0	7.5	6.8
	음식료품	8.4	9.4	9.3	10.9	8.9	8.7	8.7
	기계	4.1	5.3	6.0	5.2	4.9	6.6	7.3
	제조업평균	7.2	6.8	6.0	5.5	5.3	6.6	6.5
일본	전지전자	2.7	1.9	2.5	1.5	2.8	3.2	-
	자동차 및 부품	2.6	3.3	4.6	4.8	4.6	4.4	-
	음식료품	2.9	3.1	3.1	2.8	3.3	3.3	-
	제조업평균	3.2	3.0	3.9	3.2	3.9	4.5	

〈표 16〉 제조업 주요 업종의 부채비율 추이

(단위 : %)

		1993~1997	1998~2001	2002~2005	2002	2003	2004	2005
한국	전기전자	268.0	172.2	83.3	93.9	101.6	70.4	67.2
	자동차 및 부품	494.3	1,302.5[1)]	125.1	148.0	116.2	117.7	118.3
	화학제품	252.1	161.6	103.1	133.6	102.9	93.6	82.2
	제조업평균	319.5	227.6	116.0	135.4	123.4	104.2	100.9
미국	전기전자	108.9	91.4	82.3	92.7	85.5	77.1	73.8
	자동차 및 부품	323.3	289.6	340.0	343.3	322.0	319.4	375.4
	화학제품	178.0	193.3	177.5	214.0	205.3	151.9	138.9
	석유제품	133.4	115.9	104.5	110.9	92.4	108.2	106.4
	음식료품	188.9	217.6	186.7	223.4	193.6	172.2	157.5
	기계	137.1	147.3	158.0	169.0	152.4	158.9	151.9
	제조업평균	161.6	160.1	150.0	167.3	154.8	141.2	136.5
일본	전지전자	165.2	154.0	138.7	150.6	132.1	133.5	..
	자동차 및 부품	139.9	118.6	111.6	115.1	115.2	104.4	..
	음식료품	196.1	173.5	157.4	159.8	169.4	143.2	..
	제조업평균	201.6	167.4	145.9	156.2	145.4	136.1	

주 : 1) 대우자동차의 대규모 자본잠식에 기인

Ⅱ. 오일머니의 부상

1. 오일머니의 형성

1.1 유가 급등으로 인한 산유국으로의 자금 유입 급증

(1) 2001년 배럴당 26달러까지 하락했던 국제유가는 2007년 72.29달러를 기록(WTI 연평균 가격 기준)하고, 2008년 들어서는 세 자리수를 유지할 정도로 고공행진을 지속하고 있음. 이에 석유 소비국으로부터 석유 수출국으로 대규모 소득이 이전되면서 석유 수출국들의 경상수지 흑자(current account surplus)가 급증하고 있음

※ 이 같은 경상수지 흑자 급증에는 석유판매 수입의 증가뿐만 아니라 수입 증가세의 둔화도 작용하고 있음. 석유 수출국들은 1970년대 오일 붐(oil boom) 시기에는 석유소득 증가분의 75% 이상을 재화 및 서비스 수입에 사용했으나 당시의 소모적 소비 확대에 대한 자성의 결과 최근에는 50% 미만만을 수입에 사용하고 있음

(2) 산유국으로의 자금 유입이 급증하며 페트로달러(petro dollar) 또는 오일머니(oil money)가 글로벌 금융시장(global financial market)에서 차지하는 위상 또한 제고되고 있음2)

※ GCC 6개국의 석유판매 수입(2006년 기준)은 약 3,700억 달러(2002~2006년간 누계 1조 5,000억 달러)로 세계 석유 수출액의 약 40%에 해당하며, 나머지는 러시아·노르웨이·베네수엘라·나이지리아 등으로 유입되었음

〈표 17〉 유가·GCC국가의 석유수출금액·경상수지

구 분	2002	2003	2004	2005	2006	2007
석유수출금액 (십억 달러)	122	155	211	303	374	406
경상수지 흑자(십억 달러)	25	52	89	169	205	227
연평균 유가(달러)	26.2	31.1	41.4	56.5	66.0	72.3

주 : 오만과 바레인의 경우 석유판매 수입 대신 상품 수출액을 집계, 2007년 경상수지는 추정치

자료 : IMF(경상수지), OPEC(석유 판매 수입액), EIA(연평균 유가)

2) 오일머니 또는 오일달러와 유사한 개념으로 '페트로달러'라는 용어가 사용되고 있다. 페트로달러는 1973년 조지타운대학교(Georgetown University) 이브라힘 오웨이스(Ibrahim Oweiss) 경제학 교수가 창안한 개념으로 대부분 달러화를 사용한 무역불균형(trade imbalance)이 지급준비통화로서의 달러화 위상으로 인해 대체로 상쇄되고 있는 OPEC 국가의 독특한 실상을 묘사하는 개념으로 등장하였다. 페트로달러는 석유판매 수입(oil revenue)과 같으며, 이 중 수입은 물론 해당국가 내에서의 투자 수요도 충족시키고 남아 해외에서 투자처를 모색하는 돈, 즉 페트로달러 잉여(petro dollar surplus)를 오일머니 또는 오일달러라고 할 수 있다(하나금융경영연구소, 하나금융정보, 2008. 9. 9. 요약·재구성).

1.2 페트로달러는 외환보유고와 국부펀드로 저축됨

(1) GCC 국가들은 1970년대에 1, 2차 오일 쇼크(oil shock)를 거치면서 석유산업을 국유화하였기 때문에 석유판매 수입은 국영 석유회사를 경유하여 정부로 집중됨

(2) GCC 국가들은 이 같이 정부재정으로 축적된 석유판매 수입을 국가적 목표 하에서 국내와 국외, 소비와 투자에 지출하고 남은 페트로달러를 '특별재정제도'(Special Fiscal Institutions) 하에서 저축하고 있는데 이는 유가 하락 시 정부재정 보조 및 경제안정을 위해 사용하는 한편, 석유고갈에 대비하기 위해서임

(3) 특별재정제도에 의한 저축은 다시 중앙은행의 외환보유고(foreign exchange reserves)와 석유기금(Oil Fund) 및 정부(왕실) 소유의 투자펀드 형태로 운영되고 있음. 이 중 외환보유고 일부를 제외한 금액이 최근 국제적으로 주목의 대상이 되고 있는 '국부펀드'(Sovereign Wealth Fund)로 해외에 투자되고 있음

> ※ 국부펀드(SWF)는 공적 외환보유고와 재정·경상수지 흑자 등의 잉여자금을 재원으로 수익 창출을 목적으로 외국에 투자하는 투자기구를 의미함. 그 규모는 2007년 약 3조 달러까지 확대되었으며, 이 중 GCC 국가들의 국부펀드가 차지하는 비중은 46.2%에 이르고 있음

(4) 국가들의 경제와 금융시장이 초과 유동성을 자체 흡수할 정도의 기반을 확보하지 못한 탓에 GCC 국가들의 총 석유판매 수입 중 소비와 국내투자에 사용되지 않은 금액이 국부펀드 등으로 해외에 투자되고 있음

(5) 또한, 정부가 산유국 현지에서 소비 또는 투자로 지출한 부분 중 일부가 민간 부유층(HNW)과 국영 또는 민간기업을 거쳐 해외에 투자되고 있음

〈표 18〉 GCC 6개국 경상수지와 공식 외환보유고

(단위 : 십억 달러)

구분		2003	2004	2005	2006	2007	2008
바레인	경상수지	0.2	0.4	1.67	2.0	2.9	2.8
	외환보유고	1.4	1.6	1.9	1.0	4.4	5.6
쿠웨이트	경상수지	9.4	18.2	32.7	41.3	39.1	40.4
	외환보유고	7.7	8.3	9.0	12.6	19.1	26.6
오만	경상수지	0.98	0.3	2.7	3.0	1.1	3.2
	외환보유고	3.6	3.6	4.5	3.4	4.5	1.4
카타르	경상수지	5.9	7.1	14.2	16.4	22.3	29.5
	외환보유고	2.9	3.4	4.6	5.4	6.5	8.1
사우디 아라비아	경상수지	28.1	52	90.1	95.5	83.1	81.8
	외환보유고	59.8	87.9	153.2	225.2	277.1	341.0
UAE	경상수지	7.6	10.3	24.3	35.9	42.8	49.5
	외환보유고	15.1	18.7	21.3	27.9	34.3	41.8
총계	경상수지	52.1	88.3	165.6	194.1	227	207.3
	외환보유고	90.5	123.4	194.3	275.5	346.0	424.5

주 : 2007년은 추정치(연평균 유가 68.5달러 가정),
2008년은 예상치(연평균 유가 75달러 가정)

자료 : IMF Regional Economic Outlook

〈표 19〉 GCC 국가 주요 국부펀드

국가명	국부펀드명	설립연도	규모(억 달러)
U A E	아부다비 투자청(Abu Dhabi Investment Authority)	1977	8,750
	두바이 인터내셔널 캐피탈(Dubai International Capital)	2004	120
	Istithmar	2003	80
	무바달라(국영 투자회사)	2002	N/A
	합 계	8,950	
사우디 아라비아	사우디아라비아 통화청(Saudi Arabian Monetary Agency)	N/A	3,000
	기타 다양한 펀드	-	200
	합 계	2,200	

〈표 19〉 (계속)

쿠웨이트	쿠웨이트 투자청 (Kuwait Investment Authority)	1953	2,500
카 타 르	카타르 투자청 (Qatar Investment Authority)	2005	600
오　　만	State Genaral Reserve Fund	1980	60

주　: 국부펀드 규모는 각종 자료의 추정치 중 주로 사용되는 수치 또는 최대 규모를 사용

자료 : LG 경제연구원

2. 오일머니의 현황

2.1 전체현황

(1) 2002년 이후 5년간 GCC 국가들의 해외자산은 모두 5,420억 달러 증가한 것으로 나타났음(국제금융협회(IIF)). 또한, 2006년말 GCC 해외자산 총액은 약 2조 달러에 이르는 것으로 추정됨(맥킨지)

(2) 산유국의 해외자산은 막대한 석유판매 수입과 경상수지 흑자(current account surplus)를 배경으로 향후 급증세를 유지할 것으로 보임

> ※ 맥킨지(McKinsey)에서는 유가가 장기적으로 배럴당 50달러를 기록한다고 해도 2020년 GCC 국가의 누적 석유판매 수입은 4조 7,000억 달러에 이를 것으로 추정되고 있음. 이 경우 석유판매 수입 대비 경상수지 흑자 비율이 2002~2007년 평균 수준(43.8%)을 유지할 경우 2020년 누적 경상수지 흑자는 2조 900억 달러를 기록할 것으로 전망됨

(3) 산유국들은 현재의 부(富 ,wealth)를 안정적으로 운영하기 위해서는 부를 석유와 같은 형태에서 금융 또는 실물자산 형태로 전환시켜야 할 필요성을 충분히 인식하고 있음

(4) GCC의 경우 석유부(富)를 비(非)석유부(富)로 전환시키는 초기과정을 나타내고 있다는 점에서도 향후 추가 해외투자 가능성이 매우 크다고 할 수 있음. 일례로 GCC 국가의 석유부는 금융 및 실물자산의 28배로 지난 10여년간

석유 및 천연가스를 금융자산(financial assets)으로 적극적으로 전환시켜 온 노르웨이의 6배에 비해 매우 높은 수준으로 평가됨

2.2 지역별 투자현황

(1) 미국 및 유럽에 편중된 대규모 자금 투자

① 미국 재무부 자료에 따르면 GCC 6개국과 이란, 이라크 등 총 8개국의 미국 유가증권 보유액(2007년 6월말 기준)은 최소 3,080억 달러임. 또한, 국제금융 허브(international financial hub)인 영국계 투자기관들의 보유액은 9,210억 달러인데 이 중 상당부분도 오일머니일 것으로 추정됨

② 또한, 영란은행(Bank of England) 자료에 따르면 중동 및 북아프리카 지역 거주자들이 영국은행에 예치한 외화예금 잔액(2008년 1분기 기준)은 3,039억 달러를 기록하고 있음. GCC 국가의 해외자산 총액(2006년말 기준)이 2조 달러로 추정됨을 고려할 때 상당부분이 여전히 영국, 미국 등 서방 선진국에 투자되고 있음을 알 수 있음

③ 맥킨지(McKinsey)에서는 2002~2006년간 GCC 국부펀드의 55%(2,980억 달러)가 미국 자산을, 20%(1,084억 달러)가 유럽 자산을 매입하는 데 사용한 것으로 추정하고 있음

④ 특히, 2007년말 아부다비 투자청(ADIA)이 씨티그룹(Citigroup)의 지분 4.9%(75억 달러)를 인수한 것에서 알 수 있듯이 오일머니는 서브프라임 위기(subprime crisis)로 어려움에 직면해 있는 서구 금융기관들의 주요 자금원 역할을 하고 있음

(2) 아시아 투자 비중의 점진적 증가

① 고위험(high risk)을 감수해야 하나 고수익(high profit)을 올릴 수 있다는 신흥시장(energing market) 지역의 특성 외에 미국에서의 투자기회 제약, 달러화 가치 하락, 서브프라임 사태로 인한 서구 금융시장의 불확실성 증대 등의 영향으로 오일머니의 신흥시장 투자는 증가하고 있음

※ GCC 국가들은 9·11 테러사태 이후 미국에서 자산동결을 경험하였고 두바이포트 월드(DPW)의 미국 항만회사 인수 시도 좌절에서 알 수 있듯이 까다로운 법적·정치적 제약을 경험한 바 있음. 영국의 경제지 파이낸셜타임스(Financial Times)는 이뿐 아니라 달러 가치 하락까지 겹쳐 중동 주요 국부펀드가 달러화 자산 비중을 2007년 80%에서 2008년 60% 이하로 축소했다고 보도함

※ 서브프라임 사태로 인해 유럽 금융기관들까지 대규모 손실에 노출됨. 이에 따라 중동 산유국들은 서브프라임 위기의 영향이 비교적 적은 신흥시장에서의 투자를 모색하고 있음

② 국제금융협회(IIF)에 따르면 2002년 이후 5년간 GCC의 해외자산 증가분은 총 5,420억 달러인데 아시아로는 이 중 11%인 600억 달러가 투자되었을 것으로 추정됨. 아시아 신흥시장의 높은 투자수익률 등을 고려할 때 미국 등에 투자된 자금 중 상당수도 아시아 지역으로 재투자되었을 가능성이 큼

③ 2006년 중국 공상은행의 세계 최대 규모 IPO(219억 달러) 참여 15개 주요 기관에 KIA(쿠웨이트 투자청), ADIA를 포함한 GCC 국부펀드가 50% 이상을 차지한 점을 고려할 때 GCC의 대아시아 투자는 본격화된 것으로 판단됨

〈표 20〉 중동 국부펀드의 주요 투자사례(2007년 이후)

국가명	국부펀드·투자기관명	투자시기	내용
UAE	아부다비 투자청 (Abu Dhabi Investment Authority)	2007. 11.	·씨티그룹 지분 4.9%, 75억 달러에 인수
	무바달라(국영 투자회사)	2007. 9.	·사모펀드그룹 칼라일 지분 7.5% 13.5억 달러에 인수
	아부다비 투자위원회(ADIC)	2008. 7.	·크라이슬러 빌딩 지분 75% 8억 달러(추정가)에 인수
쿠웨이트	쿠웨이트 투자청 (Kuwait Investment Authority)	2008. 1. 2008. 5.	·씨티그룹 및 메릴린치 지분 투자 ·카타르 국부펀드와 함께 GM 빌딩 28억 달러에 인수
카타르	카타르 투자청 (Qatar Investment Authority)	2008. 5.	·쿠웨이트 국부펀드와 함께 GM 빌딩 28억 달러에 인수

※ 국제금융협회(IIF)에 따르면 지금과 같은 증가세가 유지될 경우 향후 중동과 아시아 간의 자본흐름은 현재 연간 150억 달러 규모에서 2020년에는 2,900억 달러 수준으로 대폭 증가하게 됨

④ 실제로 ADIA는 2007년말 기준 전체 포트폴리오(portfolio)의 14%를 신흥시장 주식에 투자한 것으로 추정됨. 일반적으로 북미와 유럽 연금 등의 신흥시장 주식 투자가 5%를 초과하지 않음을 고려할 때 이는 상당히 큰 규모로 평가됨. 이외에도 KIA는 아시아 투자 비중을 2005년 10%에서 2010년 20%까지 증가시킬 것이라고 발표했음. QIA(카타르 투자청)도 운용자산을 2010년 1,200억 달러까지 확대함과 동시에 아시아 투자 비중을 40%까지 증가시킬 것이라고 발표한 바 있음

⑤ 산유국들의 주변 아랍·이슬람 국가들에 대한 투자도 증가하면서 오일머니는 이슬람 금융 급성장의 원동력이 되고 있음. 이슬람 금융자산의 규모(2007년말 기준)는 약 1조 달러 내외로 추산되며, 연평균 성장률은 15% 내외로 알려져 있음

※ 이는 지역통합(regional integration)에 대한 관심 증가, 중동 및 북아프리카 경제권의 상호의존도(interdependence) 증가, 역내 주도권 확보 시도, 금융허브(Financial Hub) 등에 의한 역내 투자기회 증가 등에 따른 것으로 분석됨

(3) 오일머니의 한국 유입 증가

① 금융감독원의 2008년 상반기 외국인 국내투자동향 자료에 따르면 중동 투자자들은 2008년 상반기 코스피(KOSPI) 시장에서 2조 633억원을, 코스닥(KOSDAQ) 시장에서 1,019억원을 매입하는 등 총 2조 1,658억원 정도의 주식을 매수하여 전체 외국인들이 순매도를 기록한 가운데 가장 많은 규모를 매수한 것으로 나타났음

② 오일머니는 증시 직접투자뿐만 아니라 국내펀드, 벤처캐피털(venture capital)

등 간접투자에도 적극적인 것으로 나타나 2008년 3월 한국기술투자는 두바이, 사우디아라비아 등 중동국가들로부터 3억 달러 규모의 펀드(KTIC-재스퍼 아시아 걸프 호라이즌 펀드) 자금을 유치한 바 있음

※ 이외 영국과 역외금융센터에서의 투자액 중 일부를 포함하여 글로벌 금융기관들을 경유해서도 상당한 자금이 유입된 것으로 추정됨

③ 중동 오일머니의 경우 주식 편입 비중이 높고 신흥시장에 대한 관심도 증대되고 있어 향후에도 주식시장을 중심으로 추가적인 자금유입 여력이 큰 것으로 평가됨

〈표 21〉 GCC의 지역별 투자 비중(2002~2006년)

(단위 : %)

미국	유럽	아시아	중동 및 아프리카	기타
56	18	11	11	4

자료 : McKinsey Global Institute

2.3 투자 특징

(1) 고위험-고수익 전략 선호

① 수입 결제 및 외채 상환 등 외화 수요에 대비하고 통화가치 안정을 위해 비축한다는 기본 목적상 외환보유고는 채권 등 위험이 낮은 자산에 보수적으로 투자하고 있음

② 한편, 국부펀드는 수익극대화(profit maximization)를 목적으로 함. 또한, 중동 국부펀드들의 경우 대부분 명시적인 부채가 없고 단기간에 환매 요청을 단행할 투자자들이 부재하기 때문에 상대적으로 장기투자를 취할 수 있는 환경이 조성됨. 따라서 전통적인 투자자들에 비해 고위험-고수익 전략을 선호하는 것으로 평가됨

③ 이 같은 성향에 따라 주식을 비롯해 헤지펀드(hedge fund), 사모펀드, 상품, 신흥시장 자산 등 고위험 자산의 비중을 확대하고 있음. GCC 국부펀드의 자산배분은 채권, 주식(지분) 및 기타 자산(헤지펀드, 사모 펀드, 현물 등)에 대략 30 : 40 : 30 의 비율로 투자된 것으로 추정됨

※ 그러나 개별 투자주체 별로 포트폴리오 내역은 매우 다양하게 구성됨. 사우디아라비아 통화청(SAMA)과 같은 보수적 투자자들의 경우 포트폴리오 중 75%를 채권이나 은행 예금 등에 운용하고, 25% 정도만 주식에 운용하는 반면에 ADIA와 같은 덜 보수적인 투자자들은 주식에 50% 이상, 부동산과 사모펀드 및 기타 대안 투자에 15~28%, 채권과 은행 예금에는 25% 정도만을 운용하고 있음

(2) 금융기관에의 위탁 투자 증가

국부펀드들은 투자규모가 대형화되고 위험자산 비중이 확대되면서 전문성을 갖춘 글로벌 IB에 위탁 투자하는 경향이 두드러지고 있다. 이들은 런던이나 스위스 등 국제금융허브의 금융중개기관들을 활용하고 있는데 이는 과거 직접주식 투자의 실패 경험도 영향을 미친 것으로 판단된다.

※ 아부다비 투자청(ADIA)의 경우 위탁 운영 비율은 70~80%인데 동 비율은 라틴아메리카(100%), 아시아(30%) 등 지역별로 상이하게 나타남

3. 오일머니에 대한 평가

3.1 글로벌 금융시장의 새로운 자금원으로 부상

(1) 오일머니가 국제금융시장(international financial market)에 대규모 투자되는 것은 석유 소비국가에서 산유국들로 이전된 대규모 소득이 다시 석유수입국으로 유입되어 국제적인 불균형(international imbalance)을 해소한다는 긍정

적 기능이 있음

(2) 오일머니는 2006년 세계 최대의 순자금 유출원으로 부상했음. 특히, 2007년 이후에는 미국 서브프라임 모기지 부실 위기로 대규모 손실을 본 서구 금융기관들의 주요 자금 조달원의 역할을 담당하고 있음. 미국이나 유럽 외의 투자자들이 글로벌 금융시장의 트렌드(trend)에 지대한 영향을 미치는 것은 1980년대 일본 투자자들 이후 처음임

3.2 국제금융시장의 교란요인

(1) 유가 하락으로 중동 산유국들의 투자금액이 일거에 감소할 가능성이 있으며 수익극대화를 목표로 하는 GCC 국가 국부펀드들의 핫머니(hot money, 단기투기성자금)와 유사한 행태는 국제금융시장 교란요인으로 작용할 수 있음

(2) 또한, 국부펀드는 일반 금융기관과는 달리 포트폴리오의 규모와 구성을 공개할 의무가 없으므로 투자내역을 파악하기 매우 어려운 실정임. 특히, GCC 국부펀드의 투명성(transparency)이 매우 낮은데 이는 시장불안을 증대시킬 수 있음

(3) 국부펀드 운용 주체가 정부라는 사실은 국부펀드의 투자결정이 정치화될 수 있음을 의미함. 아직 이러한 사례가 실제로 발생한 적은 없으나 일부에서는 1970년대 중동 산유국들이 석유 수출을 무기화했던 것처럼 국부펀드 투자 또한 정치화할 수 있다고 우려하고 있음. 즉, 해당국가와의 갈등 시에 급격한 투자회수를 위협하거나 전략적으로 투자대상을 선택함으로써 타국에 대한 정치적 통제 수단으로 사용할 수 있는 가능성이 존재하고 있음

찾아보기

[ㄱ]

[ㄴ]

[ㅇ]

[ㅈ]

[ㅊ]

[기타]

〈주요 저서〉

『국제통상환경론』(2005), 『현대중국경제론(2005)』, 『21세기 글로벌 기업론』(2006), 『APEC · ASEM · ASEAN+3 Focus』(2006), 『21세기 글로벌 금융의 이해』(2006), 『21세기 글로벌 무역의 이해』(2006), 『현대일본경제론』(2007), 『현대동남아경제론』(2007), 『21세기 글로벌 통상의 이해』(2007), 『21세기 글로벌 투자의 이해』(2007), 『국제경영과 경제의 이해』(2007), 『현대한국무역론』(2007), 『FTA의 경제학』(2007), 『Post-BRICs 경제의 이해』(2007), 『글로벌 산업과 국가경쟁력』(2007), 『세계화 · 세계포럼 · 신경영 포커스』(2007), 『북미경제론』(2008), 『신유럽경제론』(2008), 『신중국경제론』(2008), 『현대러시아경제론』(2008), 『신한국경제론』(2008), 『신국제투자환경론』(2008), 『현대동아시아경제론』(2008), 『현대오세아니아경제론』(2008), 『신경영 · 경제분석』(2008), 『현대인도경제론』(2008), 『현대VISTA경제론』(2008) 외 다수

〈주요 논문〉

- "미국과 일본의 거시경제적 충격이 한국경제에 미치는 상대적 영향", 경제학연구, 제43집 제3호, 한국경제학회, 1995.
- "Empirical Test of The Market-oriented CAPM and January Effect", LSU Working Paper, 1997.
- "Money Demand Model of Inflation : Reexamined", LSU Working Paper, 1997.
- "Cointegration Test of Purchasing Power Parity", Western Social Science Association, 40th Annal Conference Proceeding, 1998.
- "A VAR Analysis of the Influence of the U.S. Economic Disturbances on the Korean Economy", Journal of Korea Trade, Vol. 3, 1999.
- "Economic Interdependence between Korea and Japan : Empirical Inquiry", Journal of Korea Trade, Vol. 4, No. 2, 2000.
- "교육용 유사주문형 비디오에 대한 지불의사액 분석", 경제학연구, 제48집 제13호, 한국경제학회, 2000.
- "산업연관 분석을 이용한 전파통신산업의 산업파급효과 분석", 중소기업연구, 제22권 제2호, 한국중소기업학회, 2000.
- "남북경협과 중소기업의 대북한 진출방안", 무역학회지, 제26권 제1호, 한국무역학회, 2001.
- "Modeling Zero Response Data from Willingness to Pay Surveys", Economics Letters, Vol. 71, No. 2, 2001.
- "Real Exchange Rate-Interest Rate Differentials : Empirical Inquiry", Journal of Korea Trade, Vol. 5, No. 1, 2001.
- "International Transmission of Economic Disturbances : Reexamined", 국제통상연구, 제7권 제1호, 한국국제통상학회, 2002.
- "An Empirical Analysis of Economic Linkages between Korea and U.S.", 산업경제연구, 제16권 제5호, 2003.
- "남북한 금융협력에 관한 연구", 국제통상연구, 제8권 제3호, 한국국제통상학회, 2003.
- "동북아허브 발전전략에 대한 고찰", 한국항만경제학회지, 제19집 제2호, 한국항만경제학회, 2003.
- "An Empirical Analysis of Economic Linkages between Korea and Germany", 유럽연구, 제21권(2005년 여름), 한국유럽학회, 2005.
- "동북아 금융허브 발전전략에 관한 연구", 국제지역연구, 제10권 제3호, 국제지역학회, 2006.

외 다수

현대시사 경영 · 경제분석

2009년 2월 10일 초판인쇄
2009년 2월 15일 초판발행

저 자 이 재 기
발행인 유 성 렬
발행처 청목출판사
서울특별시 영등포구 신길동 233-96
전화 (02) 849-6157(代) · 2820
FAX (02) 849-0817
등록 제318-1994-000090호

파본은 바꾸어 드립니다. 값 20,000원

http : //www.chongmok.co.kr

ISBN 978-89-5565-283-3